权威·前沿·原创

皮书系列为
"十二五""十三五""十四五"时期国家重点出版物出版专项规划项目

BLUE BOOK

智库成果出版与传播平台

四川蓝皮书
BLUE BOOK OF SICHUAN

四川经济社会发展报告
（2025）

ANNUAL REPORT OF ECONOMIC AND SOCIAL DEVELOPMENT IN SICHUAN (2025)

主　编／刘立云
副主编／刘金华　虞　洪　刘　伟

社会科学文献出版社
SOCIAL SCIENCES ACADEMIC PRESS (CHINA)

图书在版编目（CIP）数据

四川经济社会发展报告.2025/刘立云主编；刘金华，虞洪，刘伟副主编.--北京：社会科学文献出版社，2024.12.--（四川蓝皮书）.--ISBN 978-7-5228-4688-0

Ⅰ.F127.71

中国国家版本馆 CIP 数据核字第 2024FB1271 号

四川蓝皮书
四川经济社会发展报告（2025）

主　　编／刘立云
副 主 编／刘金华　虞　洪　刘　伟

出 版 人／冀祥德
责任编辑／吴　敏
责任印制／王京美

出　　版／社会科学文献出版社·皮书分社（010）59367127
　　　　　地址：北京市北三环中路甲29号院华龙大厦　邮编：100029
　　　　　网址：www.ssap.com.cn
发　　行／社会科学文献出版社（010）59367028
印　　装／天津千鹤文化传播有限公司

规　　格／开本：787mm×1092mm　1/16
　　　　　印张：33.75　字数：508千字
版　　次／2024年12月第1版　2024年12月第1次印刷
书　　号／ISBN 978-7-5228-4688-0
定　　价／249.00元

读者服务电话：4008918866

版权所有 翻印必究

四川蓝皮书编委会

主　任　刘立云　杨　颖

副主任　廖祖君

编　委　（按姓氏笔画为序）

王　芳　王　倩　王　楠　向宝云　刘　伟
刘金华　李晟之　李晓燕　张立伟　张克俊
陈　妤　陈　映　罗木散　庞　淼　赵　川
彭　剑　蓝定香　虞　洪　翟　琨

主要编撰者简介

刘立云 教授，文学博士，四川省社会科学院党委书记，硕士研究生导师，博士后合作导师，四川省第十五批学术和技术带头人。国家社科基金评审专家，国家艺术基金评审专家，《社会科学研究》主编，四川历史研究院院长，四川省第九次、十一次党代会代表。研究和实务领域集中于文艺研究、基层党建和高等教育。主持国家级、省部级、厅级科研项目等多项，出版著作多部，公开发表CSSCI期刊论文多篇，其中多篇被人大复印资料、中宣部"学习强国"等平台转载。多项成果获四川省社会科学优秀成果二等奖、三等奖，四川省政府教学成果二等奖，中组部嘉奖。多篇对策建议获上级领导的肯定性批示。

刘金华 研究员，人口学博士，四川省社会科学院马克思主义学院院长、硕士研究生导师，四川天府青城社科菁英、四川省第十四批学术和技术带头人。国家社科基金和四川省社科规划项目通讯评审专家，四川省婚姻家庭与妇女理论研究会会长，中国农村发展学会乡村治理专业委员会副主任委员。研究领域包括社会保障、人口社会学、人口与健康、民族人口学等。主持国家级重点项目、一般项目、省部级重大项目、一般项目等多项，出版著作多部，公开发表各类论文30余篇。多项成果获四川省社会科学优秀成果二等奖、三等奖。多篇对策建议获上级领导的肯定性批示。

虞洪 研究员，经济学博士，四川省社会科学院产业经济研究所所长，硕士研究生导师，博士后合作导师，四川省第十二批学术和技术带头人后备人选。《经济体制改革》常务副主编，中国农村发展学会理事，四川省农业经济学会常务理事、副秘书长。研究领域为粮食安全、农村改革、城乡融合、产业经济等。主持国家级、省部级课题多项，出版著作多部，公开发表各类论文30余篇。多项成果获四川省社会科学优秀成果一等奖、二等奖、三等奖等奖项，多篇对策建议获得上级领导的肯定性批示。

刘 伟 研究员，社会学博士，四川省社会科学院社会学研究所副所长（主持工作）、硕士研究生导师，四川省第十五批学术和技术带头人后备人选。中国社会变迁研究会理事，中国社会学会农村社会学专委会委员。研究领域为组织社会学、公共政策执行、基层治理等。主持国家级、省部级课题多项，出版著作多部，公开发表各类论文20余篇。多项成果获四川省社会科学优秀成果二等奖、三等奖，江苏省哲学社会科学优秀成果二等奖，中国社会学会学术年会优秀论文一等奖、二等奖。多篇对策建议获得上级领导的肯定性批示。

摘 要

《四川经济社会发展报告（2025）》是由四川省社会科学院组织编撰的年度报告，旨在全面研判四川省2024年经济与社会发展形势并对2025年发展趋势作出预测。

四川省社会科学院已连续多年分别发布《四川经济发展报告》和《四川社会发展报告》，产生了较大的社会反响。本年度首次将四川省经济、社会发展报告联袂发布，是基于对呈现四川发展的两个"升级"的考量：一是报告将致力于促进经济形势与社会形势相互映照，进而实现对四川经济与社会发展图景更为全面且系统地呈现。在现实中，经济发展与社会发展一体两翼、高度关联、互助互促，经济与社会发展的影响因素，往往存在于"对方"的发展之中。比如，经济发展受到社会秩序的约束，而社会发展则建立在经济基础之上。因此，将经济、社会发展报告联袂呈现，更有利于全面展示四川发展之全貌。二是报告将致力于持续展示四川高质量发展的全域图景。在高质量发展已成为新时代主题的当下，其所内含的内容分散于经济与社会发展的方方面面，不论是经济发展还是社会发展，作为单本报告都无法全面展示高质量发展的全域图景，亟待将经济与社会发展叠加审视，方能对高质量发展作出更为全面、有力的时代回应。

2024年，四川省经济运行基本延续上年走势，第一产业保持稳定增长势头，第二、第三产业增速波动回落，要实现年初预期目标存在一定难度。2025年，四川投资和消费仍有保持较快增长的潜力，但由于国际环境复杂多变，增长动力继续减弱是大概率事件，经济增长速度可能会进一步下调，预计全年地区生产总值增速为5%~6%，高于全国平均水平，发展质量继续改善，城乡居民收入、财政收入、就业、物价等指标基本能保持在2024年的水平。为实现预期目标，要深入实施"制造强省"战略，推进成渝地区双城经济圈建设，充分用好新出台的政策，在重点产业链实施"链长制"，谋划构建新型能源体系，发挥旅游业对服务业的牵引作用等，进一步释放投资和消费潜能。

2024年，面对多元多样、发展进程不一的社会形态，四川转变区域社会发展的非均衡格局这一当代基本省情的社会建设成效初步显现，组织载体、结构调适、城乡融合、民生发展等呈现出区域社会的均衡发展型特征，可以说，正在开启区域社会均衡发展之新篇章。但与此同时，2025年四川在社会建设领域还需要直面如下新情境：社会发展的结构调适改革突进深水区，群众诉求呈多元进阶进而产生了区域均衡发展的新挑战，社会工作体系需进一步同四川地方社会实现契合，提升统筹与分类双重发展能力以促进"辩证式"地城乡融合，激活多元力量以探索应对新社会风险的不同路径等。

为了多面向、多维度地描述四川高质量发展的阶段性特征，本年度四川经济社会发展报告聚焦新质生产力、高质量发展、高品质生活、区域发展和城乡治理五大主题。通过对这些富有"朝气"的研究议题展开四川经验的描述性研究，折射并呈现四川经济社会变迁的年度缩影。

特别需要说明的是，本报告在研究方法上坚持实证研究取向，研究资料力图客观、全面、权威，能有效反映四川发展基本状况。在四川省各级统计部门、组织部门和民政部门的帮助下，本书课题组多次在全省范围开展了系统的资料收集和深度的田野调查，收集了大量宝贵的一手资料，从不同角度呈现四川经济社会发展的不同面向，具有较高的参考和借鉴价值。

关键词： 经济发展　社会发展　高质量发展　四川省

目 录

Ⅰ 总报告

B.1 添动能要供需发力，提质量应创新先行
　　——四川省2024年经济形势分析与2025年趋势预测
　　　　　　　　　　　　　　　　　　盛　毅　吴　彤　谭喻亓 / 001

B.2 开启区域社会均衡发展的新篇章
　　——四川省2024年社会形势分析与2025年趋势预测
　　　　　　　　　　　　　　　　　　　　　　刘立云　刘　伟 / 023

Ⅱ 新质生产力篇

B.3 数字经济赋能四川新质生产力发展的实现路径………… 陈　映 / 052

B.4 新质生产力促进成渝地区制造业全要素生产率提升的路径研究
　　　　　　　　　　　　　　　　　　　　　　蓝定香　白佩玉 / 071

B.5 新质生产力背景下促进四川省科技创新与产业创新
　　深度融合的路径研究……………………　周　杰　朱艳婷 / 085

B.6 新质生产力视域下四川高水平开放路径研究…………… 冉　敏 / 096

B.7　新质生产力视域下四川省人口高质量发展报告

………………………………… 贾兴元　张语轩　石　欣 / 108

B.8　新质生产力视域下四川企业公益慈善的挑战、现状

与趋势研究报告 ………… 兰　琴　冯月嵘　刘德清 / 127

Ⅲ　高质量发展篇

B.9　2024~2025年四川省固定资产投资发展分析与预测

………………………………………………… 陈　好　罗玖林 / 139

B.10　2024~2025年四川省进出口贸易形势分析与预测

………………………………………………… 虞　洪　蒋舒琴 / 151

B.11　2024~2025年四川省制造业研究报告 …… 陈红霞　张怡林 / 172

B.12　2024~2025年四川省战略性新兴产业发展形势分析和预测

………………………………………………………… 邵平桢 / 184

B.13　2024~2025年四川省服务业发展研究 ………… 何　飞 / 197

B.14　四川省清洁能源产业发展研究 ………………… 吴建强 / 206

B.15　四川省健康产业高质量发展研究

……………………… 张　鹏　曹羽茂　谢惠玲　李琳琳 / 218

B.16　四川省高新区高质量发展研究 ………………… 王　磊 / 233

B.17　四川省属国有企业核心竞争力提升的实现路径研究

………………………………………………… 王　澜　杜雪锋 / 244

B.18　川西高原民族地区农业生态资产赋能乡村振兴产业实践报告

………………………………………………… 张舒婷　德西央金 / 258

Ⅳ　高品质生活篇

B.19　新时代四川妇女和儿童权益保障现状研究报告

………………………………………………… 张雪梅　管墨霏 / 270

B.20 "一老一小"双龄养育背景下四川家庭政策体系的构建
与实施路径 ………………………………… 候 蔺 李飞扬 / 294
B.21 中国式现代化视域下四川省社区卫生服务资源公平性
研究报告 ……………………… 刘金华 黎繁琳 王械冰 / 312
B.22 四川森林康养产业发展研究报告 ………………… 金小琴 / 326
B.23 四川城镇老旧小区改造的背景、举措与成效研究报告
…………………………………… 刘宗英 陈 晨 陶成蹊 / 337
B.24 成都市青年发展型城市建设专项调查与分析报告
…………………………………………… 张兴月 陈 欣 / 350
B.25 新质生产力视角下四川省消费发展研究 ………… 刘艳婷 / 364

Ⅴ 区域发展篇

B.26 2024~2025年成都平原经济区经济形势分析与预测
…………………………………………… 贺培科 周婧苑 / 376
B.27 2024~2025年川南经济区经济形势分析与预测
…………………………………………… 龚勤林 万一孜 / 393
B.28 2024~2025年川东北经济区经济形势分析与预测
……………………………………………………… 曹 瑛 / 408
B.29 2024~2025年攀西经济区经济形势分析与预测
…………………………………………… 段 莉 孟祥娜 / 424
B.30 2024~2025年川西北生态示范区经济形势分析与预测
…………………………………………… 贾兴元 刘宇轩 / 439

Ⅵ 城乡治理篇

B.31 乡村振兴背景下四川乡村建设的现实困境与优化路径报告
…………………………………………… 徐 杰 刘 萍 / 452

B.32 四川易地扶贫搬迁安置区社区治理研究报告
　　………………………………………………… 曾旭晖　缪诗雨 / 474
B.33 四川城市非正规空间更新改造治理研究报告
　　………………………………………………… 王海蓉　宾　航 / 487
B.34 四川省社会组织理事会建设调研报告 ……… 李　羚　李　明 / 497
B.35 成都党建引领"微网实格"基层治理报告
　　………………………………………………… 王　楠　庄　恬 / 509

皮书数据库阅读使用指南

总 报 告

B.1
添动能要供需发力，提质量应创新先行

——四川省2024年经济形势分析与2025年趋势预测

盛毅　吴彤　谭喻亓*

摘　要： 2024年，四川省经济运行基本延续上年走势，第一产业保持稳定增长势头，第二、第三产业增速波动回落，要实现年初提出的预期目标存在一定难度。2025年，四川投资和消费虽有保持较快增长的潜力，但由于国际环境复杂多变，增长动力持续减弱是大概率事件，经济增长速度可能会进一步下调，预计全年地区生产总值增速为5%~6%，高于全国平均水平。发展质量继续改善，城乡居民收入、财政收入、就业、物价等指标基本能保持在2024年的水平。为实现预期目标，要深入实施"制造强省"战略，推进成渝地区双城经济圈建设，充分用好新出台的政策，在重点产业链实施"链长制"，谋划构建新型能源体系，发挥旅游业对服务业的牵引作用等，进一步释放投资和消费潜能。

---

* 盛毅，四川省社会科学院研究员，主要研究方向为宏观经济、区域经济和产业经济；吴彤，四川省社会科学院，主要研究方向为宏观经济、区域经济和产业经济；谭喻亓，四川省社会科学院，主要研究方向为宏观经济、区域经济和产业经济。

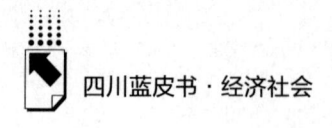

关键词： 经济运行　稳增长　提质创新　四川省

一　2024年四川省主要经济指标完成情况

2024年，四川省经济增长以略高于全国平均水平的态势运行，在农业发展稳定、服务业增长速度走稳、工业发展加力的情况下，动能减弱问题有所缓解。

（一）综合指标[①]

从地区生产总值和三次产业增长看，2024年前三季度，四川实现地区生产总值45441.82亿元，增长5.3%，低于一季度的6.1%，走势有所减弱。由于四季度完成的经济总量占全年比重相对较高，加上近期稳投资和促消费力度加大，有利于四季度经济增速回升，全年预计能够实现接近6%的经济增长。从产业结构看，四川省2024年前三季度产业结构为11.2∶34.8∶54.0，相比于2023年全年的10.1∶35.4∶54.5，第一产业比重上升1.1个百分点，第二产业和第三产业分别下降0.6个、0.5个百分点。

从三次产业来看，2023年一季度至2024年三季度，第一产业增加值增速为2.7%~4.0%，表现相对平稳，2024年前三季度增长2.8%；第二产业增加值增速为-0.9%~6.4%，波动较大，不过2024年前三季度增长5.6%，略高于GDP增速；第三产业增加值增速为5.6%~7.7%，虽有波动但较第二产业幅度小，但已经连续4个季度出现回落，2024年前三季度增长5.6%，略高于GDP增速。同期，工业增加值增速为0.4%~7.1%，2024年二季度较一季度下降近1个百分点，前三季度增长6.4%，明显高于GDP增速（见图1）。

[①]　如无特殊说明，本报告数据均来源于四川省统计局网站。

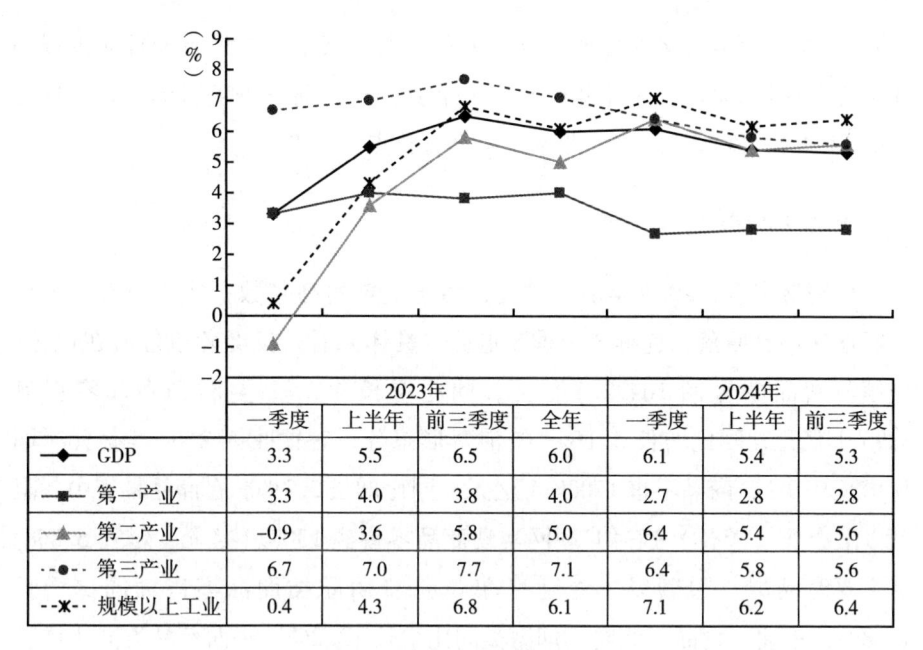

	2023年				2024年		
	一季度	上半年	前三季度	全年	一季度	上半年	前三季度
◆ GDP	3.3	5.5	6.5	6.0	6.1	5.4	5.3
■ 第一产业	3.3	4.0	3.8	4.0	2.7	2.8	2.8
▲ 第二产业	−0.9	3.6	5.8	5.0	6.4	5.4	5.6
● 第三产业	6.7	7.0	7.7	7.1	6.4	5.8	5.6
✳ 规模以上工业	0.4	4.3	6.8	6.1	7.1	6.2	6.4

图1 2023年一季度至2024年三季度四川省GDP、三次产业和工业增加值累计增速

（二）投资

从投资来看，2024年前三季度，四川省固定资产投资（不含农户）增长1.9%，增速比上半年加快1.0个百分点，扭转连续5个月的下滑态势，其中第一产业投资同比增长10.9%，第二产业投资同比增长18%（工业投资同比增长17.8%），第三产业投资同比下降4.0%（房地产开发投资同比下降11.1%）。制造业投资前三季度同比增长17.8%，增速比上半年加快3.8个百分点，高于投资增速15.9个百分点；31个制造业行业大类中，有24个实现增长，22个增速超过两位数。设备工器具购置投资前三季度同比增长13.6%，增速比上半年加快2.2个百分点。高技术产业投资前三季度同比增长10.0%，增速比上半年加快3.2个百分点，高于投资增速8.1个百分点，其中高技术制造业投资增长7.6%，增速比上半年加快7.1个百分点。基础设施投资、房地产开发投资降幅收窄，前三季度全省基础设施投资同比

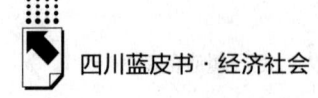

下降3.3%，降幅比上半年收窄0.1个百分点，其中公共设施管理业投资同比下降8.3%，降幅比上半年收窄1.1个百分点；前三季度房地产开发投资下降11.1%，降幅比上半年收窄1.4个百分点。

（三）消费

从消费来看，2024年前三季度，由于上年的高基数，社会消费品零售总额增速略有回落，连续3个季度走低。具体来看，按经营单位所在地分，城镇消费品零售额16472.6亿元，同比增长4.2%；乡村消费品零售额3295.1亿元，同比增长5.1%；按消费形态分，餐饮收入2767.5亿元，同比增长9.0%；商品零售17000.1亿元，同比增长3.7%。在商品零售中，限额以上企业（单位）通过互联网实现商品零售额1308.4亿元，增长6.8%。从主要商品看，限额以上企业（单位）日用品类商品零售额同比增长15.8%，粮油、食品、饮料、烟酒类同比增长12.2%，中西药品类同比增长11.4%，体育、娱乐用品类同比增长7.7%，建筑及装潢材料类同比增长6.3%。

（四）进出口

从进出口来看，2024年前三季度，四川货物贸易进出口总值7510.6亿元，规模创历史同期新高，列全国第八，同比增长10.4%，较一、二季度明显加速，增速列全国第十，总体上呈现回暖向好态势。其中，出口4356.4亿元，同比增长2.1%；进口3154.2亿元，同比增长24.2%。进口规模排名较上年同期提升1个位次至全国第九，增速高出全国20.1个百分点，列全国第三，在前十大外贸省份中增速最快。①

（五）财政和金融

从财政和金融来看，2024年上半年，四川省地方一般公共预算收入

---

① 《（数据分析）前三季度四川外贸进出口增长10.4%》，http：//chengdu.customs.gov.cn/chengdu_customs/519425/fdzdgknr1/bgtj43/519412/6158114/index.html，2024年10月18日。

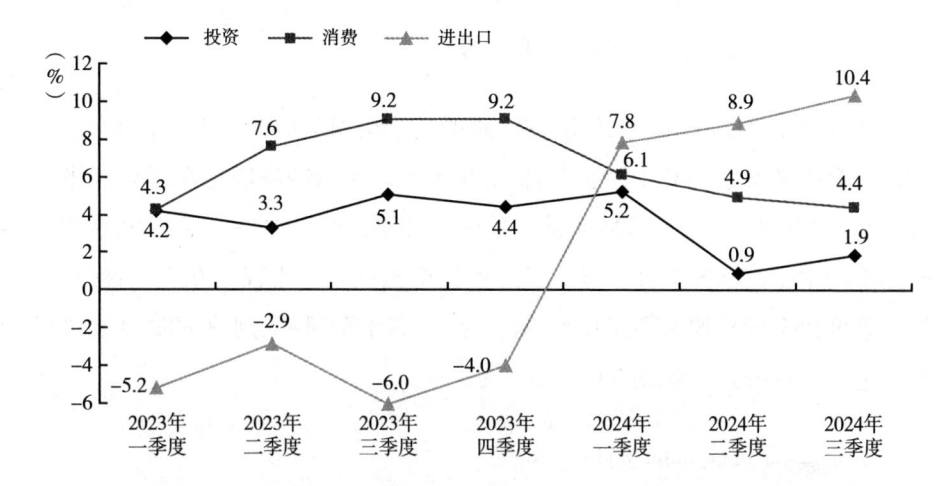

图 2　2023 年一季度至 2024 年三季度四川省投资、消费和进出口累计增速

3110.7亿元，为预算的53.8%，增长3.3%，其中税收收入1918.4亿元，非税收入1192.3亿元；全省一般公共预算支出6984.1亿元，完成预算的49%，增长3.6%。全省政府性基金预算收入1022.8亿元，占预算的26.2%；支出2392.7亿元，完成预算的36.5%。2024年前三季度，四川省金融机构本外币存贷款余额增长11.2%，保持较快增长态势。

（六）其他经济指标

从其他指标看，2024年前三季度，四川省居民收入增长平稳，全体居民人均可支配收入同比名义增长5.5%，增速与上半年持平，除去价格因素的影响，实际增长5.6%，与GDP增速基本保持同步，其中城乡居民人均可支配收入同比分别增长4.6%和6.6%，城乡居民收入比较上年同期缩小0.04，相对差距进一步缩小。就业形势总体保持稳定，2024年前三季度四川省城镇调查失业率平均值为5.3%，同比下降0.3个百分点；四川居民消费价格指数（CPI）比上年同期下降0.1%，降幅较上半年收窄0.2个百分点、较一季度收窄0.3个百分点。

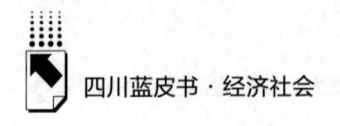

（七）与全国主要经济指标的比较

2022年，四川GDP增速由2021年的高于全国平均水平0.1个百分点转为低于全国平均水平0.1个百分点。2023年，四川经济增速高于全国平均水平0.8个百分点。从2024年前三季度走势看，四川省一季度GDP增速比全国平均水平高0.8个百分点，二季度比全国平均水平仅高0.4个百分点，第三季度比全国平均水平高0.5个百分点，高于全国平均水平的幅度始终没有超过1个百分点（见图3）。

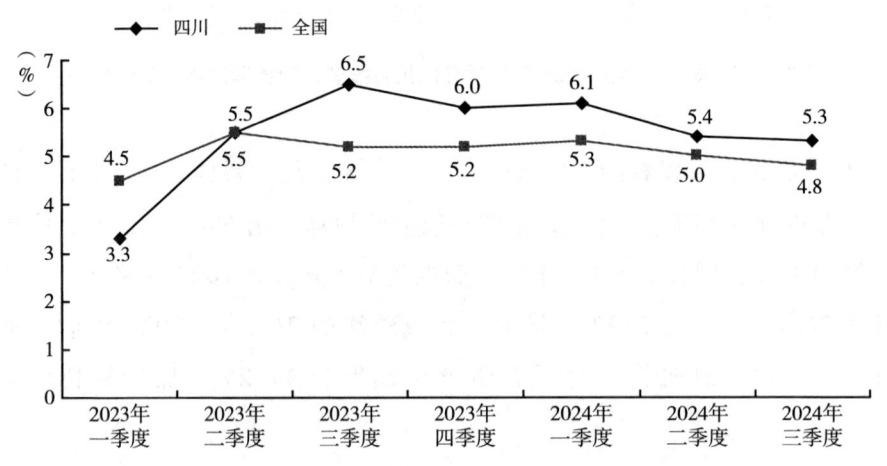

图3 2023年一季度至2024年三季度全国和四川省GDP累计同比增速对比

资料来源：国家统计局和四川省统计局网站。

2024年前三季度，除四川省第一产业和全社会固定资产投资增速分别低于全国平均水平0.6个百分点和1.5个百分点外，其余指标增速均高于全国平均水平。第三产业增加值增速比全国平均水平高0.9个百分点，工业增加值增速比全国平均水平高0.6个百分点。社会消费品零售总额增速比全国平均水平高1.1个百分点，进出口增速比全国平均水平高5.1个百分点(见表1)。

表1 2020年至2024年前三季度全国和四川省主要经济指标增速对比

单位：%

指标	2020年		2021年		2022年		2023年		2024年前三季度	
	四川	全国	四川	全国	四川	全国	四川	全国	四川	全国
GDP	3.8	2.3	8.2	8.1	2.9	3.0	6.0	5.2	5.3	4.8
全社会固定资产投资	9.9	2.7	10.1	4.9	8.4	4.9	4.4	2.8	1.9	3.4
社会消费品零售总额	-2.4	-3.9	15.9	12.5	-0.1	-0.2	9.2	7.2	4.4	3.3
进出口	19.0	1.9	17.6	21.4	1.3	7.7	-4.0	0.2	10.4	5.3
工业增加值	3.9	2.4	9.5	9.6	3.3	3.4	5.3	4.2	6.4	5.8
服务业增加值	3.4	2.1	8.9	8.2	2.0	2.3	7.1	5.8	5.6	4.7

资料来源：国家统计局网站。

与经济大省比较，四川省上半年GDP排在广东、江苏、山东、浙江、河南之后，居第六位；增速排在江苏、山东、湖北、浙江、福建之后，居第六位（见表2）；第一产业增加值超过2000亿元，排在山东、广东、河南之后，居全国第四位，排名虽然靠前，但增速低于前些年；第二产业增加值超过万亿元，排在江苏、广东、山东、浙江、河南、福建之后，居全国第七位，虽然四川省第二产业增长强劲，但与其他经济大省相比，总量还有待提高；第三产业增加值排在广东、江苏、山东、浙江之后，居第五位，比河南省略多一点；全社会固定资产投资增速排第八位，仅高于广东和湖南，远低于其他经济大省；社会消费品零售额增速与江苏并列第六；进出口增速仅低于广东，排第二。

表2 2024年上半年经济总量排名前十省份的主要经济指标增速

单位：%

省份	GDP	第一产业	第二产业	第三产业	工业增加值	全社会固定资产投资	社会消费品零售额	进出口
广东	3.9	3.1	5.7	2.7	6.0	-1.5	1.2	13.8
江苏	5.8	3.0	7.1	4.8	8.6	3.7	4.9	8.5
山东	5.8	3.8	7.1	5.2	8.5	4.9	5.5	4.3

续表

省份	GDP	第一产业	第二产业	第三产业	工业增加值	全社会固定资产投资	社会消费品零售额	进出口
浙江	5.6	3.8	6.5	5.0	8.0	4.0	4.5	7.8
河南	4.9	3.7	7.5	3.2	7.8	6.5	5.6	-13.8
四川	5.4	2.8	5.4	5.8	6.2	0.9	4.9	8.9
湖北	5.8	3.1	6.6	5.6	7.9	5.9	5.5	6.9
福建	5.6	3.6	6.8	4.8	6.3	5.7	5.0	4.6
湖南	4.5	2.7	5.4	4.2	6.8	0.4	5.7	-14.6
安徽	5.3	3.5	7	4.2	8.5	4.0	4.1	7.4

资料来源：国家统计局网站。

二 四川省经济运行中呈现的亮点

从2024年前三季度四川经济运行看，正在朝着潜在增长率区间靠近，表现为"5个稳"，即增速稳、生产稳、需求稳、质效稳、环境稳。

（一）经济增速延续高于全国平均水平的态势

2024年，四川经济增速延续了2023年以来高于全国平均水平的态势。2024年一季度、上半年和前三季度GDP增速分别高于全国平均水平0.8个、0.4个和0.5个百分点（见表3）。其中，2024年前三季度，第二产业增加值高于全国平均水平0.2个百分点，第三产业增加值增速高于全国平均水平0.9个百分点。

表3　2024年前三季度四川省GDP增速与全国平均水平对比

单位：%

区域	一季度	上半年	前三季度
四川	6.1	5.4	5.3
全国	5.3	5.0	4.8

资料来源：国家统计局和四川省统计局网站。

（二）工业增加值增速明显高于全国平均水平

进入2024年，四川省工业增加值增速有"高开低走"的迹象，但三季度以来，这种状况得到改变，7月触底后，8月增长6.1%，环比回升1.7个百分点，扭转了"低走"态势；9月增长8.4%，环比提升2.3个百分点，进一步巩固了回升势头。工业经济运行经历了从平稳开局到稳中下行再到触底回升的过程，前三季度增速高于全国平均水平0.6个百分点、高于上半年0.2个百分点。高技术制造业增速持续领跑规模以上工业平均水平，前三季度增加值同比增长8.5%；绿色低碳优势产业增加值增长10.35%，处于行业调整期的晶硅光伏产业增加值也有明显回升，增长7.5%、较1~8月回升8.8个百分点。动力电池、钒钛产业增加值分别增长41.7%和18.4%，单晶硅、多晶硅等产品产量分别增长71.9%、45.7%。

表4　2024年前三季度四川省工业增加值增速与全国平均水平比较

单位：%

区域	一季度	上半年	前三季度
四川	7.1	6.2	6.4
全国	6.1	6.0	5.8

资料来源：国家统计局和四川省统计局网站。

（三）服务业"压舱石"的作用显现

2024年第三产业增加值累计增速在一季度、二季度、三季度均高于全国平均水平，其中第一季度高于全国平均水平1.4个百分点，上半年高于全国平均水平1.2个百分点，前三季度高于全国平均水平0.9个百分点。前三季度第三产业增加值增速比全省GDP增速快0.3个百分点。服务业稳定增长。前三季度社会消费品零售总额增速比全国平均水平高1.1个百分点（见表5）。2024年前三季度，部分服务业呈现快速增长势头。其中，租赁和商务服务业增加值增长19.8%，信息传输、软件和信息技术服务业增长

12.5%，交通运输、仓储和邮政业增长8.2%，住宿和餐饮业增长7.3%。机场国际航线数量进一步恢复，同时受益于144小时过境免签政策，上半年成都航空口岸共有269万余人次、2万余架次航班出入境，上半年较2023年同期分别增长292%和222%。服务业新动能加快成长壮大，1~8月，互联网和相关服务的营业利润增长30.9%，收入增长29.2%，比全国平均水平高18.4个百分点，新赛道加速形成，拓展了发展新空间。

表5　2024年前三季度四川省第三产业增加值、社会消费品零售总额增速与全国平均水平比较

单位：%

区域	一季度		上半年		前三季度	
	第三产业增加值	社会消费品零售总额	第三产业增加值	社会消费品零售总额	第三产业增加值	社会消费品零售总额
四川	6.4	6.1	5.8	4.9	5.6	4.4
全国	5.0	4.7	4.6	3.7	4.7	3.3

资料来源：国家统计局和四川省统计局网站。

（四）对外贸易增速有所回升

2024年前三季度，四川货物贸易进出口总量逐季抬升，第一、第二、第三季度分别进出口2398亿元、2491.9亿元、2620.7亿元。进一步，从出口和进口看，前三季度，出口4356.4亿元，同比增长2.1%；进口3154.2亿元，同比增长24.2%。进口规模排名较上年同期提升1个位次至全国第九，增速高出全国平均水平20.1个百分点，列全国第三，在前十大外贸省份中增速最快（见表6）。

表6　2024年前三季度四川省外贸进出口总额增速与全国平均水平比较

单位：%

区域	一季度	上半年	前三季度
四川	7.8	8.9	10.4
全国	5.0	6.1	5.3

资料来源：国家统计局和四川省统计局网站。

（五）创新发展取得新成效

2023年全省研究与试验发展经费投入总量达1357.8亿元，其中基础研究经费增长23.1%；应用研究经费增长24.6%；各类企业研究与试验发展（R&D）经费支出增长8.6%。持续的经费投入促使创新发展不断取得新成效，前三季度全省高技术产业投资增长10%，带动高技术制造业增加值同比增长8.5%。

（六）成渝地区双城经济圈建设取得积极进展

2024年上半年，成渝地区双城经济圈的地区生产总值（GDP）达40365.7亿元，相当于全国GDP的6.5%、西部地区的30.7%，相较于上年同期，分别提高0.1个、0.2个百分点；同时，同比增长5.8%，与全国和西部地区平均增速相比，均高出0.8个百分点。其中，四川部分26267.5亿元、同比增长5.6%，重庆部分14098.2亿元、同比增长6.1%，两地增速均高于全国、西部地区平均水平。

三 存在的问题

（一）固定资产投资低迷

2024年一季度，全社会固定资产投资增速高于全国平均水平0.7个百分点，上半年低于全国平均水平3个百分点（见表7）。2024年前三季度增长1.9%、增速比上半年加快1个百分点，但在制造业投资增长17.8%的情况下，在经济大省中仍排倒数第二位，其原因是，一方面房地产开发投资出现大幅下降。2024年前三季度房地产开发投资下降11.1%，即使扣除房地产开发投资下降因素，全社会固定资产投资仅增长4.8%左右。另一方面作为投资"领头羊"的基础设施投资下降3.3%。此外，服务业投资明显下降，民间投资仅增长0.5%，对投资增速产生了不利影响。

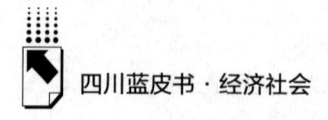

表7　2024年前三季度四川省全社会固定资产投资增速与全国平均水平比较

单位：%

区域	一季度	上半年	前三季度
四川	5.2	0.9	1.9
全国	4.5	3.9	3.4

资料来源：国家统计局和四川省统计局网站。

（二）社会消费品零售总额增速下降

近年来四川省社会消费品零售额增速一直居于经济大省前列，2024年上半年排名下降到第六位，其原因是，除了上年基数较高外，受消费需求进一步回落的影响。其中，1~8月城镇社会商品零售额增长速度低于全省平均水平0.1个百分点。分行业看，商品零售额仅增长3.6%，近几年增长快的网上消费，也出现较大幅回落，限额以上企业（单位）通过互联网实现商品零售额仅增长5.0%。

（三）工业企业利润再次回落

1~8月，四川省规模以上工业企业实现利润总额同比下降16.8%，其原因是国有企业增加值同比下降4.3%，集体企业增加值同比下降2.5%，外商及港澳台商投资企业增加值同比增长0.6%。近几年增长较快的电气机械和器材制造业，汽车制造业，医药制造业，非金属矿物制品业，黑色金属冶炼和压延加工业，计算机、通信和其他电子设备制造业等，2024年上半年增长速度均明显下降。重点产品钢铁、白酒、水泥、汽车、计算机等的产量下降幅度明显。特别是2023年利润较高的晶硅光伏、锂电池等企业，2024年上半年利润下降幅度更大，不少企业出现亏损。

（四）各市州增速差异明显

成都平原经济区和川南经济区的多数市州新增项目多、投资规模大，地区生产总值、工业增加值等增长速度明显高于其他区域的市州，其中眉山市、绵阳市、德阳市、自贡市等处于领跑地位（见表8）。从五大经济区来看，2024年上半年，成都平原经济区实现地区生产总值18341.3亿元，占全省GDP的比重为62.25%，较2023年同期下降0.04个百分点；川南经济区实现地区生产总值4690.5亿元，占全省GDP的比重为15.92%，较2023年同期提高0.16个百分点，经济区各市州经济增长明显加速；川东北经济区实现地区生产总值4218.1亿元，占全省GDP的比重为14.32%，较2023年同期下降0.24个百分点；攀西经济区实现地区生产总值1741.8亿元，占全省GDP的比重为5.91%，较2023年同期提高0.05个百分点；川西北生态示范区实现地区生产总值471.6亿元，占全省GDP的比重为1.60%，较2023年同期提高0.07个百分点。

表8 2023年上半年与2024年上半年四川省及21个市州GDP增速对比

单位：亿元，%

区域		2024年上半年		2023年上半年		经济区GDP
		绝对值	增速	绝对值	增速	
全省		29463.3	5.4	27901.01	5.5	29463.3
成都平原经济区	成都	11152.1	4.8	10705.49	5.8	18341.3
	德阳	1436.4	8.0	1340.61	5.0	
	资阳	489.4	7.6	455.45	2.7	
	眉山	853.5	8.5	791.32	3.5	
	绵阳	1949.7	8.1	1775.50	8.5	
	遂宁	841.9	6.8	789.69	6.2	
	雅安	472.3	6.5	423.29	5.9	
	乐山	1146.0	4.1	1108.18	6.0	
川南经济区	泸州	1265.4	3.6	1218.84	2.7	4690.5
	宜宾	1694.9	6.7	1571.20	6.4	
	自贡	856.3	7.8	797.76	3.8	
	内江	873.9	6.9	813.33	5.6	

续表

区域		2024年上半年		2023年上半年		经济区GDP
		绝对值	增速	绝对值	增速	
川东北经济区	南充	1283.4	4.5	1264.13	4.3	4218.1
	广元	573.2	6.7	549.12	4.3	
	广安	721.0	7.2	670.46	5.0	
	达州	1231.3	5.0	1180.87	5.6	
	巴中	409.2	6.4	400.49	3.5	
攀西经济区	攀枝花	665.6	6.5	623.61	5.5	1741.8
	凉山	1076.2	6.2	1011.03	6.5	
川西北生态示范区	阿坝	229.7	4.1	213.18	5.5	471.6
	甘孜	241.9	5.4	214.03	5.0	

资料来源：四川省统计局网站。

四 2025年四川经济运行趋势分析

2025年，四川经济增长速度要保持高于全国平均水平，就需要深入挖掘工业、新型城镇化、科技成果转化方面的潜力，抓住国家新一轮西部大开发、深入推进成渝地区双城经济圈建设和四川作为国家发展战略腹地带来的机遇，深入实施"制造强省"战略，落实好中央出台的稳增长政策，发挥好服务业"压舱石"作用，进一步在供需两端发力，充分释放经济增长潜力。

（一）2025年经济发展的主要潜力

当前，从全国来看，四川经济发展在以下几个方面有较大的潜力。

一是四川工业增长后劲有所增强。近几年，四川加大了稳工业力度，实施了工业兴省、制造强省战略，按照优势产业高端化、传统产业新型化、新兴产业规模化的要求，实施优势产业提质倍增行动，大力发展战略性新兴产业，加快布局未来产业。这些举措使四川工业增加值年均增速高于全国平均水平1个百分点。2024年上半年，制造业投资同比增长14.0%，增速高于全部投资13.1个百分点，拉动全部投资增长2.5%，其中投资规模较大的通用设备制造业、专用设备制造业、酒饮料和精制茶制造业同比分别增长39.2%、31.3%和33.6%，航空、航天器设备制造与医疗仪器设备及仪器仪表制造的投资增速也远高于全部工业投资，预示着工业发展后劲增强。2024年四川开启"工业投资提升年"行动，已经在成渝地区双城经济圈建设、推进新型工业化、促进六大优势产业提质倍增、加强技术改造和科技创新能力、壮大县域经济和乡村振兴等方面，谋划了一大批项目。这些项目的陆续实施和投资质量的提高，不仅会为经济增长注入新动力，而且会为固定资产投资增长、新增工业产能等提供有力支撑。

二是推进新型城镇化还有一定空间。近几年四川省一直在努力推进城镇化发展，缩小同全国平均水平的差距，常住人口城镇化率保持了年均提高1个百分点以上的速度。2023年，全国城镇化率比上年末提高0.94个百分点，而四川则比上年末提高1.14个百分点。2023年末全国常住人口城镇化率达到66.16%，而四川省只有59.49%，相差6.67个百分点。城镇化率的提升会释放巨大的消费和投资需求。从城市结构看，四川省除成都之外的区域中心城市中，经济总量最大的绵阳和宜宾的GDP也只有3000多亿元。四川省100多个县城，集聚人口多的只有50多万人，少的不足1万人，与沿海地区的县城规模差距很大。显然，四川省城镇化率明显低于全国平均水平，区域中心城市经济总量小，县城集聚人口少，正是投资和消费可以挖掘的潜力所在。在过去几年四川省固定资产投资高于全国平均水平，主要得益于城镇化发展。

三是科技成果转化的潜力有待释放。四川科研机构数量、高校数量、科技人才数量、每年申请专利量等指数在全国均居前列，但成果转化率低。四川推进科技成果转化的潜力很大。科技创新已成为驱动经济发展的关键动力，四川借助科教大省与军工强省的优势，致力于汇聚并高效利用战略科技资源，进一步完善科技创新体系，打造西部地区创新高地，在推动科技成果研发和转化上积极部署，如加速推进国家精准医学产业与超高清视频创新中心建设，并力争在网络安全、清洁能源等尖端领域创立国家级技术创新中心，完善创新平台体系。同时，着重促进成渝综合性科学中心与西部（成都）科学城的高端创新要素资源聚集，提升成渝地区"一带一路"科技创新合作区及国际技术转移中心的世界影响力和合作效能。这些举措将为经济增长注入新动能。

（二）2025年面临的机遇与挑战

第一，国家稳增长政策带来的机遇。2024年7月召开的中共中央政治局会议作出了国内外环境"不利影响增多"的判断，指出"经济运行出现分化""新旧动能转换存在阵痛""要持续用力、更加给力""要加强逆周期调节"，为此加大了巩固外需和提振内需的政策力度。在具体政策举措上，按照党的二十届三中全会部署，以改革为动力，稳增长、调结构，及时推出一批条件成熟、可感可及的改革举措。国家在稳增长方面的部署，为四川经济发展创造了有利条件。

第二，推进成渝地区双城经济圈建设带来的机遇。2024年初，四川省根据推进成渝地区双城经济圈建设的情势，对川渝共建项目与合作事项加快落实，采取"清单制+责任制"双制并举推动重点任务实施，围绕打造世界级产业集群的目标任务、建设成渝"氢走廊"、深化10个毗邻地区合作平台建设、更新便民生活行动等目标，安排了滚动建设的重大项目超过300个。抓住成都与重庆都市圈"双核"联动的机遇，支持成都建设西部经济中心、对外交往中心、科技创新中心和全国先进制造业基地，推动成德眉资同城化发展以提升成都都市圈发展能级，全面实施成都都市圈建设成长期三年行动计划、产业建圈强链攻坚行动，加快落实成都—德阳段、成都—眉山段、成都—资阳段的轨道交通线建设。推进成德临港经济产业带、成资临空经济产业带、成眉高新技术产业带加快成型成势等。

第三，西部大开发政策带来的机遇。中共中央政治局于2024年8月召开会议，审议《进一步推动西部大开发形成新格局的若干政策措施》，标志着西部大开发进入又一个新的阶段。支持西部地区将特色优势产业做大做强、重点提升科技创新能力、推动传统产业转型升级、深入开展环境污染防治、推进绿色低碳发展、提升开放型经济水平等任务，为四川上马的各类建设项目提供了新的机遇。特别是强化能源资源保障、推进清洁能源基地建设、加快推进新型城镇化、巩固拓展脱贫攻坚成果、落实39个欠发达县域托底性帮扶十条措施、确保农村人口不发生规模性返贫致贫等方面，既有中央直接投资的项目，也有贴息、长期贷款、专项资金和政策支持的项目。

第四，四川作为我国发展战略腹地带来的机遇。2024年1月，国务院批复《四川省国土空间规划（2021—2035年）》，明确"四川省地处长江上游、西南内陆，是我国发展的战略腹地，是支撑新时代西部大开发、长江经济带发展等国家战略实施的重要地区"。置身国家战略全局审视，加强国家战略腹地建设，是四川的重大历史机遇和新的时代使命。近年来，四川省紧紧围绕"两高地、两基地、一屏障"建设国家战略腹地核心承载区，锚定"打造带动西部高质量发展的重要增长极和新的动力源"这一目标，统筹推进高质量发展和高水平安全，抓好重点环节锻长板、补短板工作，努力在提高科技创新策源能力、构筑向西开放战略高地、保障国家重要初级产品供给、构筑参与国际竞争新基地、筑牢国家生态安全屏障等方面不断推进。四川作为建设国家战略腹地的重要区域，要建立常态化承接东部沿海地区产业转移机制，争取到更多的投资和项目，推动经济高质量发展。

当然，四川经济稳增长面临的挑战也在增多。一是经济下行导致投资低迷。许多企业经营困难，一些有投资项目的企业，由于发展信心不足，观望情绪较浓。国有企业、政府投资平台普遍负债率较高，缺乏更多的资金投资新项目。房地产市场低迷，开发投资短期难以摆脱负增长局面。二是需求减弱导致消费增速回落。国内社会消费品零售总额增长速度回落，物价指数长时间低位徘徊，连续出台的刺激消费措施效果并不明显，这都是消费需求不足的表现。同时，国际市场需求低迷，出口加工贸易订单逐年下降，制约了商品出口规模扩大。三是有限的投资争取难度加大。中西部各省区市都将加大招商引资力度作为重点，但是在产业转移项目数量减少的情况下，吸引外部投资的竞争更加激烈。无论是承接国际产业转移还是已有的外商企业再投资，增速都在下降。东部地区越来越多的产业转移项目正在转向东南亚、南美洲甚至非洲，四川承接东部沿海地区企业投资的规模和数量持续下降。四是经济增速下降和企业效益不好，部分贫困地区返贫压力大，县域产业发展乏力，制约着就业、税收、居民收入的增加等。

（三）对2025年主要经济指标的预测

基于以上分析，对2025年四川主要经济指标预测如下。

地区生产总值增速为5%~6%。从就业、城乡居民收入、推进高质量发展、深入实施成渝地区双城经济圈战略、构筑向西开放战略高地和参与国际竞争新基地、缩小与东部地区发展差距、更好地承担起经济大省重任等维度看，四川经济需保持5%以上的增长速度。

工业增加值增速保持在6%以上。工业是四川经济增长的潜力所在，目前工业增加值占GDP比重较低，近年来支持工业发展的政策措施力度持续加大，促进了工业投资增速回升，为实现6%以上的增长提供了保障。

服务业增速保持在6%以上。2024年服务业增速迅速向正常运行区间回归，但有的领域回落幅度还较大，由此影响了服务业的整体增长。预计2025年，随着各地积极搭建新的消费场景，落实工业设备更新政策，打造新的消费增长点，外加旅游、餐饮、交通运输、住宿、文化娱乐等服务生产领域的居民消费意愿不断增强，部分传统消费领域如餐饮、住宿、批发与零售等能够保持稳定增长，全年服务业有望实现6%以上的增长。

投资增加值增速在6%以上。在经过一轮交通设施、市政设施、环保设施、公共服务设施等建设后，可投资项目减少，投资主体能力下降。通过深入推进成渝地区双城经济圈建设，落实西部大开发政策措施，实施"五区共兴"系列支持政策促进区域协调发展，"一中心一方案"助力省域经济副中心和区域中心形成新的增长极，支持革命老区、脱贫地区、民族地区、盆周山区乡村振兴，推动企业设备更新改造等，进一步深挖投资潜力。

城乡居民收入、财政收入增速有望与经济增速保持同步，物价指数预计仍在低位运行,失业率走高是大概率事件,需要引起政府有关部门的高度重视。

五 对保持经济稳定增长的建议

(一)深入实施"制造强省"战略

深挖工业,特别是制造业发展潜力,抓住经济发展的"牛鼻子"。目前,四川工业发展为 GDP 增长贡献 2~3 个百分点,并且受到生产性服务业和投资的牵引。在促进"四化同步"中,四川明确了工业的主引擎作用,实施六大优势产业提质倍增行动,通过抓工业发展带动经济增长。当然,抓制造业发展,需要突出特色和优势,注重质量和效益,充分发挥科技赋能的作用,推动科技创新资源融入制造业,并坚持分层次开展传统产业技术改造,扩大新兴产业规模,加快布局未来产业,同时,在组织方式方面以产业链、产业集群为依托,形成龙头企业带动、中小企业跟随、科研高校参与、政府因势利导的格局。要进一步巩固通用设备制造业、专用设备制造业、酒饮料和精制茶制造业较快增长的势头。加快发展潜力大的航空、航天器设备制造和医疗仪器设备及仪器仪表制造,以及关联度大的生产性服务业,围绕六大优势产业,打造一批在国内外有影响的特色产业链和集群。

(二)推进成渝地区双城经济圈建设

成渝地区双城经济圈建设已经在一体化体制机制、统筹规划编制,打造世界级产业集群,共享公共服务,加强生态环境治理,推进科技创新等方面取得了实质性进展,包括完善了党政联席会议、常务副省(市)长协调会议等一体化体制机制,实施了成渝中线高铁等 200 余个重大项目,推动了 10 个毗邻地区功能平台建设,建立了双核联动联建机制,并签署了"1+5"系列合作协议,出台了科技创新中心、金融中心、生态环境保护等规划方案,实施了 300 多项"川渝通办"事项、40 多项便捷生活举措。要继续推

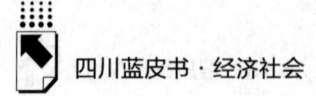

进一体化建设，一方面完善城市群领导小组、党政联席会议、行政首长联席会议等管理体制和决策机制；另一方面探索对管委会、理事会、执行委员会的适当授权，赋予"双城办"、各都市圈和合作平台协同办公室一定的规划实施、要素配置、目标考核等权力，建立经济区与行政区适度分离的多样化治理模式。

（三）充分用好新出台的政策

国家不断出台政策支持经济发展。第一，四川要贯彻落实党的二十届三中全会精神，在发展新质生产力、打造西部地区创新高地、构建现代化产业体系、促进城乡融合发展、推进区域协调发展、构筑向西开放战略高地等方面谋篇布局，使改革落到实处。第二，四川省要落实《进一步推动西部大开发形成新格局的若干政策措施》，支持西部地区做强做大特色优势产业，推动传统产业转型升级，推进绿色低碳发展，推进清洁能源基地建设等，用好用活政策。第三，落实好《四川省推动大规模设备更新和消费品以旧换新实施方案》[①]，结合优势产业提质倍增、"智改数转"等行动，大力推动设备更新、消费品以旧换新、回收循环利用、标准提升四大行动，扩大有效投资。针对传统产业，"一企一策"制定更新改造计划，支持龙头骨干企业带动中小企业更新信息技术集成应用设备。第四，国务院先后出台支持做强做优实体经济、支持中小企业专精特新发展、强化财政金融政策协同、保障中小企业融资需求、促增收和扩消费、推动高水平科技自立自强、支持战略性新兴产业发展、推动稳外贸和稳外资等政策措施，其中有诸多需要深度发掘的增长点。

（四）在重点产业链中推行"链长制"

"链长制"是在尊重市场规律的前提下，充分利用政府力量推动产业建

---

① 《四川省推动大规模设备更新和消费品以旧换新实施方案》，https://www.ndrc.gov.cn/xwdt/ztzl/tddgmsbgxhxfpyjhx/dfjy/202406/t20240606_1386718.html，2024年6月6日。

链、补链、延链、强链，从"抓企业"竞争转向"抓链条"竞争，以产业链思维构建链长制组织体系，推动产业高质量发展和构建现代化产业体系的新模式。我国约有4个省份出台了链长制实施方案，还有多个省份在关于产业发展的意见中将实施链长制列为重要任务，由省领导兼任链长，具有统筹协调能力强、资源动员范围广、政策措施力度大的优势。目前全省已经确定选择10多条产业链，实施由省市领导主抓的"链长制"。各市（州）可以根据省上确定的产业链，选择细分链条，建立链长制。

（五）谋划构建新型能源体系

建设新型能源体系，不仅是推动能源清洁低碳高效利用的重要举措，也是从能耗总量和强度"双控"转向碳排放总量和强度"双控"的关键。新型能源体系新在更绿色的能源结构、更强劲的供应韧性、更优质的产品体系、更智慧的治理方式。党的二十大报告提出加快规划建设新型能源体系的重大战略决策，中央经济工作会议明确作出部署，反映出我国对推进新型能源体系建设的前瞻性考量。四川省清洁能源种类多、总量大、资源配套条件好，最适合通过建设新型能源体系来支撑特色优势产业发展，依托新型能源体系大力发展绿色制造，构建世界级绿色制造基地。《2024年四川省人民政府工作报告》就建设水风光氢天然气等多能互补发展的新型能源体系做出了部署。2025年，可以考虑在继续推进水电、天然气开发的基础上，加快发展光伏发电、天然气发电、风电，加快配备抽水储能、化学储能，有针对性地补强电网、调峰电厂等。同时依托新型能源体系发展绿色制造、绿色建筑、绿色交通等。

（六）发挥旅游业对服务业的牵引作用

旅游业是四川省的支柱产业，近几年增长速度较快，已经成为新的经济增长点。近年来，四川着力建设一批旅游名县、名镇、名村、名宿、名导、名品和美食等"天府旅游名牌"，促进了产业结构、旅游业态、服务产品、消费场景的多元化，形成了全域旅游发展格局。下一步，根据消费热点集中

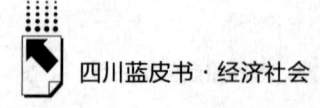

在旅游、文化、康养等更加个性化领域的情况，可以考虑以旅游业为抓手，带动服务业发展。通过推动新技术应用，发展新兴产业，拓展消费场景，推行新的经营模式等，推动旅游企业加快转变发展方式，支持有实力的旅游企业，通过收购兼并成为旅游龙头企业，引导旅游投资公司参与旅游项目投资和企业重组。支持研学旅游、营地教育、自然科普、户外运动、亲子度假、康养游、民宿游、宅旅游、云旅游等新产品门类的发展，加快建设数字旅游、智慧旅游、在线旅游、体验式场景、VR技术、线上办公等体系，构建基于大数据的营销方式，推动自驾游、家庭游及体验性旅游的发展。在景区推广一卡通服务，让游客在景区、酒店及不同业态下只需一卡或穿戴式设备就可以解决全部问题。积极探索文旅融合，如"互联网+商业模式""智能化+降低成本""数字科技+内容创新""新媒体+营销"等跨界融合经营模式，充分运用各类公众号、小程序平台等为企业构建全方位的品牌展示场景，探索为客户提供多维度的体验，在税收、财政、产业政策、土地政策、要素政策等方面给予一定的支持。

参考文献

国家统计局：《上半年国民经济运行总体平稳，稳中有进》，https://www.stats.gov.cn/sj/zxfb/202407/t20240715_1955618.html，2024年7月15日。

四川省统计局：《2024年上半年四川经济形势新闻发布稿》，https://tjj.sc.gov.cn/scstjj/c105849/2024/7/17/12a16100d40148a09494d9c9cadd884b.shtml，2024年7月17日。

《三十一省份经济"半年报"发布——地区经济运行总体平稳》，http://www.news.cn/fortune/20240805/7c1693c141eb443ead36e3a62d3bc3ec/c.html，2024年8月5日。

B.2 开启区域社会均衡发展的新篇章

——四川省2024年社会形势分析与2025年趋势预测

刘立云 刘伟*

摘 要： 区域社会的非均衡发展是当代四川的基本省情。改变区域社会发展的非均衡格局，是四川社会建设的一项重要任务。面对多元多样、发展进程不一的社会形态，四川省积极开展社会均衡发展实践，并取得初步成效。组织载体、结构调适、城乡融合、民生发展等方面呈现出区域社会均衡发展特征，可以说四川正在开启区域社会均衡发展之新篇章。但与此同时，四川在社会建设领域还需要直面如下新情境：四川社会发展的结构调适改革突进深水区，群众诉求呈多元进阶进而产生了区域均衡发展的新挑战，社会工作体系需要进一步同四川地方社会实现契合，还需提升统筹与分类双重发展能力以促进"辩证式"地城乡融合，以及激活多元力量以探索应对新社会风险的不同路径等。

关键词： 社会发展 社会均衡发展 社会建设 四川省

人民生活幸福是"国之大者"，也是中国式现代化的奋斗目标。2024年7月，党的二十届三中全会胜利召开，正式吹响进一步全面深化改革、推进中国式现代化的时代号角。在社会领域，"聚焦提高人民生活品质"作为进一步全面深化改革"七个聚焦"之一，既成为中国式现代化之于社会建设

---

* 刘立云，博士，四川省社会科学院党委书记、教授，研究和实务方向为文艺研究、基层党建和高等教育；刘伟，博士，四川省社会科学院社会学研究所副所长（主持工作）、研究员，研究方向为组织社会学、公共政策执行和基层治理。

的重要体现，也成为中国式现代化之于社会发展的关键目标。2024年9月，四川省委十二届六次会议召开，正式拉开进一步全面深化改革、奋力谱写中国式现代化四川新篇章的大幕。站在社会学与社会发展的角度，我们更关心的问题是：在民生领域，如何令改革发展成果更好更公平地惠及全体人民，进而不断满足人民群众对美好生活的向往？

一 迈向区域社会的均衡发展：2024年四川社会发展总体形势[①]

区域社会的非均衡发展，是当代四川的基本省情。四川省作为我国西部地区的内陆大省，社会形态多元多样、治理情境复杂多变，区域内民族、地貌、资源禀赋差异较大，既有超大城市也有工业城镇，既有发达乡村也有民族村落，社会发展的不平衡与不充分矛盾一度较为突出。同中东部相比，四川省的社会结构具有十分明显的区域特色，也遵循着较为不同的理论与实践逻辑。比如，社会发展的重点在于通过省域统筹，探索多元多样的社会发展模式，而不是一种模式"遍打天下"。面对多元多样、发展进程不一的社会形态，在区域高质量发展与均衡发展的视域下，四川省多年来不断探索符合省情的社会发展格局，夯实经济社会全面发展的根基，系统探索社会发展的历史文脉与当代实践。这些探索的成效，在2024年开始初步显现。

概而言之，2024年四川社会发展形势可作出大体判断：全省范围内区域社会均衡发展的新篇章大幕正在开启，呈现组织载体、城乡融合、结构调适、民生发展等四个面向的发展型特征。

（一）组织载体：省、市、县三级党委社会工作部成立

1. 组织快速成立，以"头号工程"探索多样化组织发展路径

组建党委社会工作部门，是以习近平同志为核心的党中央，坚持和加强

[①] 限于分析资料的可获得性，本报告对于2024年社会发展总体趋势的判断，以综合的实证资料分析得出，包括但不限于2023~2024年的数据。

党的全面领导，推进国家治理体系和治理能力现代化的重要举措。2024年上半年，四川省、市、县三级党委社会工作部相继挂牌成立，标志着四川在社会治理与社会工作领域建立起了体系化、综合性、统筹性的组织载体。组建各级党委社会工作部，也成为四川年度社会建设与社会发展领域的首要大事。

四川三级党委社会工作部以历时不到五个月的时间，完成了组织机构的组建并实体化运行。组建历程紧凑而高效：2023年12月19日，党中央、国务院批准了四川省机构改革方案。2024年1月5日，四川省委召开全省机构改革工作推进会议，对改革工作作出安排部署；3月21日，四川省委社会工作部"三定"规定印发实施，省委社会工作部机构改革工作基本完成并全面履职；4月底，四川全省21个市（州）党委社会工作部完成组建；5月31日，全省社会工作部部长、信访局局长座谈会召开，会上省、市（州）、（区）县三级党委社会工作部负责同志首次集体亮相，标志着省—市（州）—（区）县三级社会工作部基本完成组建。

以"中心工作"推动组织体系"职责同构"，[①] 创新探索多样化的发展路径。各级党委社会工作部成立后，采取以"中心工作"推动组织运行的组织体系治理策略。具体而言，在正式"成军"的第一年，四川全省党委社会工作系统，将着力破解基层治理"小马拉大车"突出问题，作为年度"头号工程"。围绕这一目标，鼓励各级党委社会工作部发挥创造性智慧，以本地基础民情为试验场，探索多样化的发展路径。四川各地在优化镇街机构设置、厘清镇村权责边界、构建利民惠民网络、完善社会动员机制、搭建智慧治理平台等方面展开了积极探索，纷纷出台有力措施，探索出一批以社会建设为目标的政策视域下，多元多样的实践经验。例如，成都推动全市社会工作系统开展基层一线蹲点调研、"两企三新"上门走访；绵阳社会工作系统梳理出13个涵盖基层治理、"两新"党建、小区治理、志愿服务等领

---

① 朱光磊、张志红：《"职责同构"批判》，《北京大学学报》（哲学社会科学版）2005年第1期。

域的典型做法；宜宾市委社会工作部牵头举办首届长江社区文化节、和美乡村文化节，分城乡地探索组织与动员群众的工作办法。就党委社会工作的组织建设方面，全省已大体形成了社会建设统领型、"两新"党建引领型、社区发展治理型等多种类型。以治理有效为导向，多省各地多元探索、均衡发力的党委社会工作发展的组织格局初现。

2. 组织职能明确，党建引领下社会建设领域的综合统筹部门

经济建设的目标明确、行动易于集中，社会建设却往往情境复杂，诉求多元，区域差异大。四川省广土众民、民族多样、地貌复杂、文化多元，造就了同一省域内不同区域间相对独立的社会治理单元。因此，社会建设领域的职能部门应当兼具综合性与统筹性，方能作出应对。全省各级党委社会工作部在组织职能上便兼具这种综合性与统筹性的特点，呈现出如下两个方面的特征。

一是以党建引领，把党的领导贯穿到社会建设各方面、各环节，以实现对社会建设的整体统筹。根据四川省委3月印发实施的省委社会工作部"三定"规定，省委社会工作部有如下职责：负责统筹指导人民信访工作，指导人民建议征集工作，统筹推进党建引领基层治理和基层政权建设，统一领导全省行业协会商会党建工作，协调推动行业协会商会深化改革和转型发展，指导混合所有制企业、非公有制企业和新经济组织、新社会组织、新就业群体党建工作，指导社会工作人才队伍建设，负责志愿服务工作等。按照"职责同构"，全省各级党委社会工作部门的职能定位以此对标，一脉相承、上下贯通。此前，上述工作主要由组织、宣传、民政、机关工委等部门负责运行，各级党委社会工作部在组建时，前期划转人员也主要来自上述部门。面对社会发展的新形势与新要求，以党建为引领，把党的领导贯穿到社会建设的不同领域、不同发展情境中，满足不同群众的多元化诉求，并对上述复杂多变的工作进行高位统筹、高效提升，是进一步夯实执政根基，激发社会活力，实现社会统筹发展的核心要义。

二是在承扬中发展党的十八大以来四川各地已深度探索、证明有效的优秀社会治理经验。自党的十八大，特别是党的十八届三中全会以来，社会发

展与社会治理成为从中央到四川省委的重大关切与时代命题。近年来，以成都为代表的四川各地市州，在社会治理领域深耕细作，纷纷在不同程度上探索了不同区域、不同模式、不同类型下的城乡社会治理建设路径，改革与创新实践经验不断涌现，积累了大量的实践经验，具有十分鲜明的时代与区域特征。2017年，成都市成立中共成都市委城乡社区发展治理委员会，在机构名称中直接写入"城乡""社区""治理"，展现出成都市社会建设与社会发展工作突出"城乡一体"理念、注重基层治理的地方特色。2020年1月3日，四川省委城乡基层治理委员会第一次全体会议在成都召开，表明四川省在承扬成都市的探索经验基础上，将城乡基层作为社会发展与社会治理的主阵地，推动四川各地的广大基层在各自情境中探索有利于区域社会均衡发展的社会治理创新举措。以成都、绵阳、宜宾、德阳、凉山州等为代表的一批市州，在超大城市治理、市域社会治理、智慧治理、县域治理、民族地区治理等领域探索出了不同的社会发展与社会治理经验，相对于未设置相关工作领域职能部门的省份，四川省的各级各地党委社会工作部拥有同级同地城乡基层治理委员会业已创新探索、弥足珍贵的地方经验作为"遗产"，在统筹与整合社会发展上，可谓高起点。

（二）城乡融合：社会发展与社会治理之十年趋势

党的十八大以来，全省上下深入贯彻中央各项决策部署，坚持民生优先，从脱贫攻坚到决胜全面小康再到乡村振兴，在奋力推进"两个跨越"中，社会发展逐渐进入高质量增进阶段。社会变迁具有历程性与时代性，社会发展与社会治理的变迁趋势很难在短期内快速显现，需要在时间轴上更长的时段中予以审视。本部分，将党的十八大以来四川省社会发展领域的年度数据作综合分析，以探究社会发展与社会治理的变迁趋势。回溯十年变迁历程可以发现①，社会发展与社会治理领域呈现出明显的城乡融合趋势。

---

① 限于统计数据，本报告所涉数据截至2023年。

1. 居民收入：城乡居民收入差距呈显著缩小趋势

2013~2023年，四川居民人均可支配收入持续增长，城乡居民收入差距持续缩小，且缩小速率增大。2013~2023年，四川居民人均可支配收入从14231元上升至32514元，增加18283元，增长128.47%，年均增长率为11.7%，增长趋势明显。同期，分城乡来看，四川城镇居民人均可支配收入从22228元增长到45277元，增加23049元，增长103.69%，年均增速9.42%；农村居民人均可支配收入从8381元增长到19978元，增加11597元，增长138.37%，年均增速12.58%。农村居民人均可支配收入增速明显快于城镇居民。全体居民人均可支配收入由2019年的24703元上升至2023年的32514元，增长7811元，增幅31.62%，其中城镇居民人均可支配收入增长9123元，增幅为25.23%，农村居民人均可支配收入增长5308元，增幅为36.18%。可见，2019~2023年的相对增幅大于2013~2018年，农村居民的收入增幅明显大于城镇居民，城乡居民收入差距持续缩小（见表1）。

表1　2013~2023年四川省居民人均可支配收入情况

单位：元

类别	2013年	2014年	2015年	2016年	2017年	2018年	2019年	2020年	2021年	2022年	2023年
全体居民人均可支配收入	14231	15749	17221	18808	20580	22461	24703	26522	29080	30679	32514
城镇居民人均可支配收入	22228	24234	26205	28335	30727	33216	36154	38253	41444	43233	45277
工资性收入	13116	14262	15242	16219	17299	19033	20479	21951	23934	25053	26228
经营净收入	2567	2904	3054	3327	3586	3900	4393	4334	4799	4999	5250
财产净收入	1842	1891	2169	2363	2627	2696	2891	3059	3322	3381	3508
转移净收入	4702	5177	5740	6426	7215	7587	8391	8910	9389	9801	10240
农村居民人均可支配收入	8381	9348	10247	11203	12227	13331	14670	15929	17575	18672	19978
工资性收入	2785	3157	3463	3738	4016	4311	4662	4978	5514	5844	6220
经营净收入	3617	3878	4197	4525	4821	5117	5641	6152	6651	7045	7599
财产净收入	148	185	224	269	323	379	456	510	587	628	609
转移净收入	1831	2129	2363	2672	3067	3524	3910	4289	4823	5156	5548

资料来源：2013~2022年数据来源于《四川统计年鉴》，2023年数据来源于《2023年四川省国民经济和社会发展统计公报》。

工资性收入发挥重要支撑作用。2023年全省居民工资性收入占居民人均可支配收入的比重和增收贡献率分别为49.7%和50.1%，均为收入中最大项，发挥了"压舱石"的作用。分城乡看，城镇居民和农村居民人均工资性收入较上年分别增长4.7%和6.4%。同时，经营净收入保持较快增长。随着市场主体活力不断激发，尤其是接触型、聚集型服务行业经营活动持续快速恢复，加之农业增产增收形势良好，2023年全省居民人均经营净收入6433元，增长6.4%，为四项收入中增长最快项。分城乡看，城镇居民和农村居民人均经营净收入较上年分别增长5.0%和7.9%。而财产净收入增长较为乏力。需要注意的是，2023年四川居民人均财产净收入对居民增收的带动作用十分有限，城镇居民和农村居民人均财产净收入较上年分别增长3.8%和下降3.0%。

同时，四川省两个群体的收入情况值得关注。一是农民收入结构发生了较大变化。2023年，全省农村居民工资性收入、经营净收入、财产净收入、转移净收入占收入比重分别为31.1%、38.0%、3.04%、27.8%，工资性收入和经营净收入占比下降，财产净收入和转移净收入占比相对提高，农村居民的财富积累效果明显。二是民族地区城乡居民的收入显著提高，传统的"落后"印象有待扭转。四川省阿坝州、甘孜州、凉山州等三个少数民族自治州，全年城镇居民人均可支配收入达到39489元，增长5.1%；农村居民人均可支配收入17659元，增长7.3%。①

2. 消费趋势：呈稳步增长与城乡趋同的双重特征

将居民消费数据放置于更长的时间变迁中予以审视时不难发现，四川省城乡居民消费呈稳步增长与城乡趋同双重特征。②

首先，城乡居民消费呈稳步增长趋势。2012~2022年，同城乡居民收入增加相对应，四川城乡居民的人均消费支出增长明显，增长126.72%，年均增长率11.51%。城镇居民人均消费支出由2012年的14824元上升至2023

---

① 数据来源于《2023年四川省国民经济和社会发展统计公报》。
② 限于资料的可获得性，本报告仅分析2012~2022年四川省城乡居民消费状况。

年的29280元，增幅为97.52%，年均增长8.87%；同期，农村居民人均消费支出由6265元上升至17901元，增幅185.73%，年均增长16.88%。同城乡居民收入增长对应，2013~2018年城乡居民人均消费支出增长率高于2019~2022年。2019~2023年，城镇居民人均消费支出增长3913元，增幅为15.43%，农村居民人均消费支出增长3845元，增幅为27.35%。总体而言，城乡居民人均消费支出呈持续增长态势，农村居民消费增速明显快于城镇居民。

其次，城乡居民消费水平趋同。从城乡居民人均消费支出比例的变迁情况来看（见表2），2012年，城镇居民人均消费支出为农村居民的2.37倍；2017年，城镇居民人均消费支出为农村居民的1.93倍，城乡居民人均消费支出比例缩减至2以内；2022年，城镇居民人均消费支出为农村居民的1.61倍，城乡居民人均消费支出比例进一步缩小，表明城乡居民消费水平趋同。就整体居民而言，城乡居民对美好生活的需求逐渐升级，消费结构呈稳健变迁趋势。2023年，城乡居民的消费结构中，医疗保健类上涨0.6%，居住类上涨0.4%，教育文化和娱乐类上涨2.5%，而食品烟酒类下降0.2%。

表2 2012~2023年四川省居民人均消费支出情况

类别	2012年	2013年	2014年	2015年	2016年	2017年	2018年	2019年	2020年	2021年	2022年	2023年
全体居民人均消费支出（元）	9837	11055	12368	13632	14839	16180	17664	19338	19783	21518	22302	—
城镇居民人均消费支出（元）	14824	16098	17760	19277	20660	21991	23484	25367	25133	26971	27637	29280
农村居民人均消费支出（元）	6265	7365	8301	9251	10192	11397	12723	14056	14953	16444	17199	17901
城乡居民人均消费支出比例	2.37	2.19	2.14	2.08	2.03	1.93	1.85	1.80	1.68	1.64	1.61	1.63

资料来源：国家统计局。

3. 恩格尔系数：城乡居民呈高质量生活趋势

在经济建设意义上，恩格尔系数可体现消费结构变化趋势，进而间接体现经济的整体发展水平。而在社会建设意义上，恩格尔系数还可体现城乡居民的整体生活状况，进而间接体现城乡居民的整体社会位阶变化。如表3所示，2012年，四川省城乡居民生活水平普遍较低，城乡居民的整体社会位阶偏低。具体而言，2012年，城镇居民恩格尔系数为40.4%，农村居民恩格尔系数高达46.9%，接近一半的消费支出为食品类。这表明即使在并不久远的十余年前，四川城乡居民的生存型支出比例依然较大，而非食品类支出比例偏低。作为衡量居民所处社会位阶的重要指标，恩格尔系数高位表明，十余年前四川省城乡居民还处在相对较低的生活水平与社会位阶的整体社会情境之下。

2012~2023年，四川城乡居民恩格尔系数持续降低，居民消费结构持续升级，在城乡居民生活品质逐年提高的同时，城乡居民的整体性社会位阶逐步提升。城镇居民恩格尔系数由2012年的40.4%降至2023年的32.8%，生存型消费比例显著降低；农村居民恩格尔系数由2012年的46.9%降至2023年的34.1%；农村居民的生存型消费比例显著降低的同时，其与城镇居民的支出比例大为缩减。其中，值得关注的是，2018年，城乡居民的恩格尔系数相对上年均明显下降；2023年，城乡居民恩格尔系数在前几年波动中微调后，再次呈下降趋势。城乡居民的整体社会性位阶提升，提示四川城乡居民中的"中产"队伍正在扩大。

表3 2012~2023年四川省城乡恩格尔系数

单位：%

类别	2012年	2013年	2014年	2015年	2016年	2017年	2018年	2019年	2020年	2021年	2022年	2023年
城镇居民	40.4	39.6	34.9	35.2	34.5	33.3	31.8	32.6	34.8	34.3	33.9	32.8
农村居民	46.9	43.5	39.8	39.1	38.1	37.2	35.2	34.7	36.6	36.3	36.0	34.1

资料来源：2012~2022年数据来源于《四川统计年鉴》，2023年数据来源于《2023年四川省国民经济和社会发展统计公报》。

4. 城镇化水平：呈稳步增长趋势，城乡间社会呈稳健调适格局

四川城乡融合的社会发展趋势，还体现在过去十余年稳步提升的城镇化水平。具体而言，四川城镇化率由2012年的43.4%提升至2023年的59.5%，其间2016年城镇化率首次突破50%，与全国的差距缩小到6.9个百分点（见表4），预计到2025年常住人口城镇化率将超过60%。2012～2023年，伴随着成渝地区双城经济圈建设等国家重大战略的实施，四川的城镇体系结构日渐优化，城市产业支撑能力不断增强，城镇的功能品质不断提升，四川省的城镇化率呈现稳步提升的稳健型增长态势。稳健型的城镇化发展，投射到城乡社会发展领域，营造出了稳健发展的社会环境。四川省在城镇化发展中稳步推动户籍制度改革、提高非户籍城镇常住人口公共服务水平等，促进农业转移人口市民化和基本公共服务均等化，助力城乡融合发展与治理成为时代主题。

表4 2012～2023年四川省城镇化率

单位：%

项目	2012年	2013年	2014年	2015年	2016年	2017年	2018年	2019年	2020年	2021年	2022年	2023年
城镇化率	43.4	45.0	46.5	48.3	50.0	51.8	53.5	55.4	56.7	57.8	58.4	59.5

资料来源：2012～2022年数据来源于《四川统计年鉴》，2023年数据来源于《2023年四川省国民经济和社会发展统计公报》。

具体而言，四川农业转移人口市民化水平明显提升。2012～2023年，四川城镇落户共计1285万人，城镇体系结构明显优化，形成由1个超大城市（成都）、4个大城市（绵阳、南充、宜宾、泸州）、11个中等城市、21个小城市和2016个建制镇构建的城镇体系；同期，城市产业支撑能力明显增强，全省工业增加值从1.06万亿元增至1.64万亿元、服务业增加值从0.82万亿元增至2.96万亿元，同期城镇新增就业1100万人；城镇功能品质明显提升，累计改造城镇老旧小区1.65万个、惠及居民176万户。

（三）结构调适：社会结构良性调适，稳健成为社会发展主旋律

党的二十届三中全会明确将"聚焦提高人民生活品质"作为进一步全面深化改革的"七个聚焦"之一。这不仅体现了人民至上、民生为先的社会价值，还体现了以推动构建健康有序、良性运行、协调发展的社会结构为目标的社会建设内涵，带有"社会调节"意义。

在社会学研究中，关于怎样的社会结构是稳定且良性的，学者们尚未达成一致，但对怎样的社会结构是非良性与亚健康的，却有共识。比如，贫富差距不能过大、群众基础性的公共服务能够持续获得，普惠性、基础性、兜底性的民生得到保障，社会群体心态积极健康，社会稳定风险得到有效控制等。近年来，随着经济下行压力加大、外部环境复杂严峻，面对14亿多人口大国的复杂治理与民生保障，影响社会稳定风险的社会现象不可避免地出现，特别是收入分配、人口发展、社会保障、就业医疗等领域的社会问题不断出现，影响着社会结构的总体稳健水平。就四川省社会发展趋势而言，呈现出如下两个方面的社会结构调适特征。

1. 人口结构：常住人口城乡结构深刻调整，社会老龄化程度逐渐加深

首先，常住人口的城乡分布结构深刻调整。四川省常住人口由2012年的8085万人增加至2023年的8368万人，增加283万人。尽管全省人口的总体增幅不大（仅为3.5%），但城乡人口的分布格局，已发生了较大的结构性调整。比如，一方面城镇常住人口增加1473.1万人，增幅高达42.03%，而农村常住人口减少1190.1万人，增幅为-26.0%。2012~2023年，从"乡"向"城"的人口流动格局变化，可谓"沧海桑田"。值得注意的是，人口自然增长率于2021年首次出现负增长，为-1.89‰。2023年，人口自然增长率为-3.12‰，常住人口比上年减少6万人。在人口自然增长率下降的背景下，四川通过稳定经济增长与产业优化升级大力支持农民工和农民企业家返乡创业就业，并凭借得天独厚的宜居宜游环境和开放共享的包容性，吸引各类人才来川就业、创业、定居，保持了人口的平稳增长。

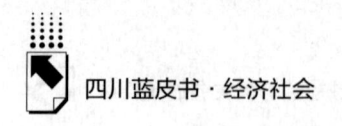

表5　2012~2023年四川省常住人口情况

单位：万人

类别	2012年	2013年	2014年	2015年	2016年	2017年	2018年	2019年	2020年	2021年	2022年	2023年
年末常住人口	8085	8109	8139	8196	8251	8289	8321	8351	8371	8372	8374.0	8368.0
城镇人口	3505	3646	3785	3956	4126	4292	4452	4623	4749	4841	4886.2	4978.1
乡村人口	4580	4463	4354	4240	4126	3997	3869	3728	3622	3531	3487.8	3389.9

注：常住人口包括居住在本乡镇街道且户口在本乡镇街道或户口待定的人、居住在本乡镇街道且离开户口登记地所在的乡镇街道半年以上的人、户口在本乡镇街道且外出不满半年或在境外工作学习的人。

资料来源：国家统计局。

其次，人口老龄化程度逐渐加深。总体呈老年人口规模大、老龄化进程加快、老龄化程度高等特点。截至2022年末，全省60岁及以上人口达到1816.4万人，居全国第三，四川的老年人口占全省人口总量的21.7%，老龄化率位居全国第七。2022年，四川省每100名劳动年龄人口的总抚养达到49.6名，与之前年份相比呈上升趋势；而每100名劳动年龄人口少年儿童抚养比仅为22.5名，与之前年份相比呈下降趋势，"一降一升"的现象，共同印证了四川人口结构的老龄化趋势。

值得注意的是，省内区域间人口差异加大。根据第七次全国人口普查数据，2020年四川常住人口8367万，已不是全国人口最多的省份。与六普数据相比，四川人口维持正增长的城市不到8个，有12个市（州）人口出现不同程度的负增长，如内江、巴中、南充等。

2. 就业结构：劳动就业形势总体稳定

2023年，四川坚持把稳就业作为重大的政治任务，落实就业优先政策，重点抓高校毕业生、农民工、就业困难人员等重点群体的就业问题，全方位做好就业服务，不断促进高质量充分就业，全省就业局势总体稳定。2023全年，四川省城镇新增就业104.02万人，比上年增加4.42万人；城镇失业人员再就业30.43万人，比上年增加1.10万人；就业困难人员就业8.78万人，比上年减少0.79万人。全年共帮助206户零就业家庭每户至少1人实现就业，动态清除"零就业"家庭；帮助1.17万名退捕渔民实现转产就业。年末实有城镇登记失业人员52.41万人，比上年末增加0.82万人；调查失业率5.5%，比上年末下降0.2个百分点。①进一步呈现如下结构性特征。

首先，就业局势总体稳定。截至2023年末，全省城乡就业人员4722万人，其中，城镇就业人员2545万人，乡村就业人员2177万人。城乡就业结构由上年的53.3∶46.7变为53.9∶46.1，城镇就业比重比上年上升0.6个百分点。按产业划分，第一产业1535万人，第二产业1100万人，第三产业2087万人，产业就业结构由上年的34.0∶22.8∶43.2变为32.5∶23.3∶44.2（见表6）。②

表6　2012~2023年四川省城乡就业人员情况

单位：万人，%

项目	2012年	2013年	2014年	2015年	2016年	2017年
就业人员合计	4635.00	4634.00	4638.00	4652.00	4657.00	4667.00
城镇就业人员	1746.44	1828.37	1910.49	2009.35	2108.54	2207.38
乡村就业人员	2888.56	2805.63	2727.51	2642.65	2548.46	2459.62
城镇就业人员占比	37.7	39.5	41.2	43.2	45.3	47.3
乡村就业人员占比	62.3	60.5	58.8	56.8	54.7	52.7
项目	2018年	2019年	2020年	2021年	2022年	2023年
就业人员合计	4690.00	4714.00	4745.00	4727.00	4706.00	4722.00
城镇就业人员	2303.75	2406.78	2489.00	2522.00	2508.00	2545.00
乡村就业人员	2386.25	2307.22	2256.00	2205.00	2198.00	2177.00
城镇就业人员占比	49.1	51.1	52.5	53.4	53.2	53.9
乡村就业人员占比	50.9	48.9	47.5	46.6	46.7	46.1

资料来源：2012~2022年数据来源于《四川统计年鉴》，2023年数据来源于《2023年四川省人力资源和社会保障事业发展统计公报》。

---

① 资料来源于《2023年四川省人力资源和社会保障事业发展统计公报》。
② 资料来源于《2023年四川省人力资源和社会保障事业发展统计公报》。

其次，就业结构进一步优化。四川服务业规模持续位于三次产业之首，2023年全国服务进出口6.6万亿元，创历史新高，同比增长10%。按就业产业结构统计，2012~2022年，第一产业就业人员比重逐渐下降，由41.1%下降至34%；第二产业就业人员由25.3%下降至22.8%；第三产业就业人员快速上升，由33.6%上升至43.2%。2018~2022年，第一产业就业人员比重下降0.5个百分点，第二产业就业人员比重下降0.9个百分点，第三产业就业人员比重上升1.4个百分点（见表7）。从行业角度分析，过去十年间，制造业和采矿业等传统行业的就业人数比例有所下滑。与此同时，租赁和商务服务业、房地产业、信息传输、软件和信息技术服务业等领域的就业人数比例则呈现显著的增长趋势。

表7 2012~2022年四川省按三次产业分就业人员情况

单位：万人，%

项目		2012年	2013年	2014年	2015年	2016年	2017年	2018年	2019年	2020年	2021年	2022年
就业人员合计		4635.0	4634.0	4638.0	4652.0	4657.0	4667.0	4690.0	4714.0	4745.0	4727.0	4706.0
就业人员	第一产业	1905.0	1854.0	1804.0	1758.4	1709.0	1661.5	1618.0	1579.5	1542.0	1506.0	1602.0
	第二产业	1173.0	1163.0	1155.0	1144.4	1132.0	1120.0	1112.0	1098.0	1098.0	1111.0	1074.0
	第三产业	1557.0	1617.0	1679.0	1749.2	1816.0	1885.5	1960.0	2036.5	2105.0	2110.0	2030.0
占比	第一产业	41.1	40.0	38.9	37.8	36.7	35.6	34.5	33.5	32.5	31.9	34.0
	第二产业	25.3	25.1	24.9	24.6	24.3	24.0	23.7	23.3	23.1	23.5	22.8
	第三产业	33.6	34.9	36.2	37.6	39.0	40.4	41.8	43.2	44.4	44.6	43.2

资料来源：2012~2020年数据来源于《四川统计年鉴2021》，2021年数据来源于《2021年四川省人力资源和社会保障事业发展统计公报》。

最后，登记失业率基本保持稳定。2012~2022年，四川城镇登记失业率保持在3.3%~4.2%（见表8），劳动力供求市场基本平稳。2024年，为了激发失业保险在促进就业方面的潜力，四川省继续执行三项关键政策：分阶段降低失业保险费率、实施失业保险稳岗返还措施、提供技能提升补贴。

表8 2012~2022年四川省城镇登记失业人数及登记失业率情况

单位：万人，%

项目	2012年	2013年	2014年	2015年	2016年	2017年	2018年	2019年	2020年	2021年	2022年
城镇登记失业人数	40.7	42.9	54.4	54.6	56.3	55.8	53.3	50.4	54.4	53.9	51.6
城镇登记失业率	4.0	4.1	4.2	4.1	4.2	4.0	3.5	3.3	3.6	3.6	3.6

资料来源：国家统计局。

在继续执行分阶段降低失业保险费率方面，四川省将该费率下调至1%的政策延续至2025年末，以减轻企业负担。2024年上半年，该政策已为全省参保单位和员工减轻负担超过40亿元，预计全年减负总额将超过80亿元。在实施失业保险稳岗返还措施方面，对于未进行裁员或裁员率控制在国家设定目标以下的企业，在国家政策允许的最大范围内，按照最高标准返还失业保险费。具体来说，大型企业将获得30%的返还，中小微企业可获得60%的返还。预计全年返还的失业保险费将超过20亿元，有超过24万家参保企业受益。

2024年，四川省出台《关于进一步稳定和扩大就业若干政策措施》，从激发活力扩大就业容量、突出做好高校毕业生等青年就业工作、促进其他重点群体就业、强化就业帮扶和服务等方面提出20条政策措施，具体有以下特点：一是更加突出就业优先导向，聚力构建各方支持就业的促进工作格局；二是尽最大努力挖掘岗位资源，统筹提供政策性岗位支持高校毕业生就业；三是充分发挥企业稳岗作用，注重民营企业扩围提标增效；四是更加关注就业困难群体，加大对乡村公益性岗位的支持力度。[1]

总之，就业结构作为最重要、最基础的社会发展民生事业，将继续发挥社会发展"安全阀"与"稳定器"的功能。

---

[1] 《四川省人民政府办公厅印发〈关于进一步稳定和扩大就业若干政策措施〉的通知》（川办发〔2024〕34号），2024年7月13日。

（四）民生发展：基础性公共服务的民生兜底能力显著增强

基础性公共服务是重要民生，具有普惠性，影响着每一位普通老百姓的生活幸福感、满足感与获得感。同时，基础性公共服务也是优化区域社会均衡的"底部基础"，维持着社会的总体良性运行与稳定发展。可以说，基础性公共服务的供给水平越高，民生服务越好，区域社会均衡发展的"根基"也就越稳固。总之，基础性公共服务为民生发展提供了基础性和兜底性保障。在具体的民生发展领域，四川呈现出如下特征。

1. 居民支出：调整后的恢复回升

首先，城乡居民的民生支出经历短暂波动调整后，回升态势明显。2023年，四川社会消费品零售总额26313.4亿元，比上年增长9.2%。按经营地分，城镇消费品零售额21994.0亿元，比上年增长9.3%；乡村消费品零售额4319.4亿元，比上年增长8.5%。按消费类型分，商品零售额22716.0亿元，比上年增长7.7%；餐饮收入3597.4亿元，比上年增长19.5%。全年通过互联网实现的实物商品零售额3725.3亿元，占社会消费品零售总额的比重为14.2%，比上年增长5.8%。从限额以上企业（单位）主要商品零售额看，金银珠宝类同比增长18.9%，化妆品类增长12.5%，服装、鞋帽、针纺织品类增长8.7%，体育、娱乐用品类增长8.6%，汽车类增长7.1%，粮油、食品、饮料、烟酒类增长7.0%，石油及制品类增长6.3%，中西药品类增长5.0%，家用电器和音像器材类增长2.4%，通信器材类增长0.7%。①总之，在前两年城乡居民的民生支出短暂波动调整后，回升态势明显。

表9 2019~2023年四川省社会消费品零售总额

单位：亿元

指标	2019年	2020年	2021年	2022年	2023年
社会消费品零售总额	21343.0	20824.9	24133.2	24104.6	26313.4

资料来源：根据《2023年四川省国民经济和社会发展统计公报》整理。

---

① 根据《2023年四川省国民经济和社会发展统计公报》整理。

随着生产生活秩序的恢复，居民文娱消费意愿释放，加之文艺演出、体育赛事持续火爆，以及西博会、大运会等活动的成功举办，四川文化娱乐消费呈现大幅增长趋势。2023年，四川居民人均教育文化娱乐消费2418元，较上年增长20.6%。值得一提的是，服务性消费回升态势十分明显，2023年，居民的旅游、餐饮、交通运输等接触性、聚集性服务消费意愿增强，服务性消费持续恢复，居民人均服务性消费支出10247元，增长11.5%，增速比上年提高7.2个百分点。

其次，重要民生商品价格保持稳定。2023年，四川居民消费价格指数温和增长，CPI与上年持平。其中，医疗保健类上涨0.6%，居住类上涨0.4%，教育文化和娱乐类上涨2.5%，食品烟酒类下降0.2%。工业生产者出厂价格指数同比下降2.4%，其中生产资料价格下降3.0%，生活资料价格下降0.6%；工业生产者购进价格指数同比下降2.9%。重要民生商品保供稳价，具备了较好的物质基础，随着全省重要民生商品保供稳价工作的持续开展，各项重点任务落地落实，为稳增长、稳物价、稳民生作出了贡献。

2. 教育事业：高质量发展与规模稳步扩大

近年来，全省在校学生数与专任教师数持续增加，呈现稳步发展态势。截至2023年末，全省共有各级各类学校2.2万所，在校生总计1595.3万人（不含非学历教育注册学生及电大开放教育学生），教职工126.5万人，其中专任教师101.3万人。共有普通小学5119所，招生95.3万人，在校生549.1万人；普通初中3233所，招生91.2万人，在校生275.5万人；普通高中817所，招生51.1万人，在校生150.1万人；特殊教育学校138所，招生0.4万人，在校生（含附设特教班）2.0万人；中等职业教育学校（不含技工学校）341所，招生30.0万人，在校生86.7万人；中等职业技术培训机构1890个，中等职业技术培训注册学员107.8万人次。全省共有普通高校137所。其中，普通本（专）科招生69.7万人，增长3.3%；在校生216.4万人，增长5.5%；毕业生55.2万人，增长8.1%。全省共有研究生培养单位37个，招收研究生5.5万人，在校生16.7万人，毕业生4.5万人。全省共有成人高等学校12所，成人本（专）科在校生41.4万人；参加学历教育自学考试63.4万人次。① 教育规模持续稳步扩大，为居民终身学习和个人发展提供了广阔的平台。

表10 2019~2023年四川省各类学校在校学生数

单位：万人

类别	2019年	2020年	2021年	2022年	2023年
普通小学	555.8	552.9	549.0	545.0	549.1
普通中学	413.5	420.8	423.6	424.0	425.6
普通高等学校	166.2	180.1	192.1	205.2	216.4

资料来源：根据《2023年四川省国民经济和社会发展统计公报》整理。

从纵向变迁来看，四川省着力于推动各级教育事业快速、均衡、高质量发展。根据第七次全国人口普查数据，每10万人口中拥有各类受教育人口人数方面，2020年四川省具有小学及以下文化程度的人数为3.13万人，比全国平均水平高0.66万人；具有初中、高中、大学文化程度的人数分别为3.14万人、1.33万人、1.33万人，分别比全国平均水平低0.3万人、0.18万人、0.22万人。与第六次全国人口普查数据相比，全省15岁及以上人口的平均受教育年限由2010年的8.35年提高至2020年的9.24年，文盲率则由5.44%下降为3.98%，四川省教育事业取得了长足进步，但四川人口受教育程度总体仍低于全国平均水平，有待持续关注。②

从在校人数来看，2012~2022年，每10万人口各级学校平均在校生人数总体趋于多样化。小学、初中、高中呈明显下降趋势，幼儿园、高等学校呈上升趋势。从学生教师比来看，高中以下学生教师比进一步优化，呈现逐步下降趋势，小学生师比、初中生师比、高中师生比分别从2012年的18.39、14.92、17.54下降至2022年的15.59、12.40、13.15，同期普通高校生师比呈现逐步上升趋势，由18.36上升至19.81，高等教育生师比还需进一步优化（见表11）。

---

① 根据《2023年四川省国民经济和社会发展统计公报》整理。
② 数据来源于第七次全国人口普查主要数据结果新闻发布会。

表11 2012～2022年四川省每十万人口各级学校平均在校生人数及生师比情况

指标	2012年	2013年	2014年	2015年	2016年	2017年	2018年	2019年	2020年	2021年	2022年
每十万人口各级学校平均在校生人数（人）											
幼儿园	2724	2866	2970	3049	3161	3177	3142	3170	3167	3127	3034
小学	6966	6513	6554	6655	6698	6679	6691	6663	6602	6558	6510
初中	3779	3365	3187	3027	2984	3015	3154	3282	3341	3343	3315
高中	3585	3497	3312	3162	3025	2889	2799	2776	2814	2760	2834
高等学校	2037	2140	2244	2312	2314	2339	2409	2546	2754	2925	3129
各级普通学校生师比（教师人数=1）											
小学生师比	18.39	17.21	17.43	17.59	17.48	16.98	16.84	16.45	16.03	15.71	15.59
初中生师比	14.92	13.41	12.86	12.39	12.34	12.37	12.78	12.93	12.81	12.49	12.40
普通高中生师比	17.54	16.85	16.18	15.59	15.04	14.5	13.94	13.82	13.68	13.48	13.15
普通高校生师比	18.36	18.33	18.01	17.95	17.84	19.37	19.33	19.56	19.85	19.87	19.81

资料来源：国家统计局。

3. 卫生健康：医疗救助能力进一步增强

近年来，四川省卫生健康领域的软硬件建设同步加快，医疗救助能力进一步增强。2023年末，全省医疗卫生机构有75109个，其中，医院2608个（民营医院1925个），基层医疗卫生机构71581个。医疗卫生机构床位70.9万张，卫生技术人员74.2万人，其中，执业医师23.6万人，执业助理医师4.5万人，注册护士33.5万人。妇幼保健机构201个，执业医师和执业助理医师1.0万人，注册护士1.4万人。乡镇卫生院2762个，执业医师和执业助理医师3.9万人，注册护士3.5万人。

全年医疗机构总诊疗人次59018.7万人次，其中，医院26053.5万人次（民营医院4242.3万人次），基层医疗机构30852.1万人次。出院2260.1万人，其中，医院1642.2万人（民营医院377.7万人），基层医疗机构551.7万人。县域内住院率94.9%。孕产妇死亡率、婴儿死亡率和5岁以下儿童死亡率持续下降，分别降至12.77/10万、3.90‰、5.73‰。[①]

---

① 根据《2023年四川省国民经济和社会发展统计公报》整理。

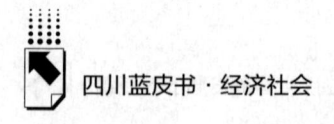

表12 2019~2023年四川省卫生机构床位数

单位：万张

指标	2019年	2020年	2021年	2022年	2023年
卫生机构床位数	63.2	65.0	66.1	68.4	70.9

资料来源：根据《2023年四川省国民经济和社会发展统计公报》整理。

4. 社会保障：多层次、全覆盖的保障体系逐步健全

社会保障体系是人民生活的安全网，也是社会良性运行与均衡发展的稳定器。四川省多层次、全覆盖的社会保障体系逐步健全，社会保险人人享有，社保基金安全稳定，城乡衔接、普惠共享、安全可控的社保体系建设日渐成熟。具体而言，从数额来看，城镇职工基本养老保险、城乡居民社会养老保险、失业保险、工伤保险等社会保险的参保人数，分别从2012年的1615.4万人、2828.4万人、585.5万人、689.4万人增加至2022年的3327.2万人、3185.3万人、1179.0万人、1544.8万人，增幅分为105.97%、12.62%、101.37%、124.08%。城镇职工基本养老保险基金收入与支出，分别由2012年的1132.0亿元、927.7亿元增长至2022年的3701.9亿元、3411.1亿元，增幅分别为227.02%、267.7%。城乡居民社会养老保险基金收入与支出，分别由2012年的114.2亿元、69亿元增长至2022年的390.3亿元、243.8亿元，增幅分别为241.77%、253.33%。失业保险基金收入与支出均呈现较大波动，2019年及2020年失业保险基金支出大于收入。工伤保险基金收入波动幅度较大，支出呈上升趋势，2020年工伤保险基金支出大于收入（见表13）。总之，各项社会保障呈现明显的增强特征，助力社会保障体系进一步完善。

2023年末，全省参加城镇职工基本养老保险人数3426.3万人，参加城乡居民基本养老保险人数3150.1万人，参加基本医疗保险人数8132.8万人，参加失业保险人数1191.3万人，参加工伤保险人数1584.8万人，参加生育保险人数1218.9万人。全年纳入城市低保人数51.4万人，农村低保人数358.2万人，城乡特困人员43.7万人。2023年末社区服务机构和设施35766个。各项社会保险较上年呈现较大进步。

表13　2012~2023年四川省社会保障情况

单位：万人，亿元

指标	2012年	2013年	2014年	2015年	2016年	2017年	2018年	2019年	2020年	2021年	2022年	2023年
城镇职工基本养老保险												
参保人数	1615.4	1720.3	1839.7	1939.0	2157.6	2335.1	2543.7	2700.3	2830.1	3178.5	3327.2	3426.3
基金收入	1132.0	1392.9	1576.8	1680.7	2739.9	3295.9	2884.2	2754.9	2662.3	3596.7	3701.9	—
基金支出	927.7	1107.6	1313.2	1527.6	2679.9	2276.4	2532.1	2764.2	3105.0	3346.2	3441.1	—
城乡居民社会养老保险												
参保人数	2828.4	3001.6	3013.9	3020.4	3052.3	3074.9	3222.4	3368.7	3224.2	3181.1	3185.3	3150.1
基金收入	114.2	145.2	150.5	192	190.4	250.2	246.5	246.7	313.9	384.1	390.3	—
基金支出	69	93.9	110.9	144.1	141.6	159.8	200.3	204	212.5	231	243.8	—
失业保险												
参保人数	585.5	613.5	635.9	661.0	702.0	776.7	875.1	953.5	1045.7	1128.9	1179.0	1191.3
基金收入	71.6	81.61	105.7	102.7	95.3	135.9	104.3	98.9	53.9	76.7	81.7	—
基金支出	24.9	29.4	41.1	59.5	75.6	62.2	80.8	102.9	134.4	71.8	69.8	—
工伤保险												
参保人数	689.4	690.1	709.7	753.2	799.1	876.0	1012.6	1177.1	1320.1	1472.8	1544.8	1584.8
基金收入	22.0	27.5	29.1	30.6	23.3	32.7	41.9	38.9	23.4	45.3	50.4	—
基金支出	18.0	20.2	22.3	23.3	23.8	26.2	30.2	34.1	34.3	45.3	47.4	—

注：2012年8月起，新型农村社会养老保险和城镇居民社会养老保险制度全覆盖工作全面启动，合并为城乡居民社会养老保险。

资料来源：国家统计局。

5. 增力帮扶：脱贫攻坚成果进一步巩固拓展

2024年，四川省脱贫攻坚成果进一步巩固拓展，处于巩固拓展脱贫攻坚成果同乡村振兴有效衔接的过渡期，相关工作面临新形势与新任务，工作重心有了新转向，推动脱贫群众持续增收以及抓好重点区域和协作帮扶是重点任务。为此，四川省高度重视，密集出台相关举措与有针对性的政策。

2024年，四川召开了巩固拓展脱贫攻坚成果同乡村振兴有效衔接考核评估问题整改暨工作推进会议，发出了全力打好巩固拓展脱贫攻坚成果整体战、翻身仗，坚决守住不发生规模性返贫的底线的动员令。四川省委农村工作领导小组印发《巩固拓展脱贫攻坚成果"1+8"工作方案》，聚焦6个方面的整改工作，即提升脱贫群众收入水平、重点区域发展质量、"三保障"和饮水安全保障水平、综合帮扶工作质效、常态化监测帮扶效能、衔接资金项目管理绩效。①

在推动脱贫群众持续增收方面，2024年，全省深入开展防止返贫就业攻坚行动，坚持数量质量"两手抓"、外出务工与就近就业"双发力"，多措并举促进脱贫人口就业增收。截至6月底，全省脱贫人口务工就业规模达242.57万人，超额完成年度目标任务。省政府办公厅印发《关于进一步稳定和扩大就业若干政策措施》，针对脱贫人口专门推出了就业创业服务补助、一次性求职补贴、就业帮扶基地奖补等一系列硬招实招。脱贫人口通过有组织劳务输出到户籍所在县以外地区就业的，给予不超过400元/人的一次性求职补贴；对吸纳脱贫人口就业10人以上的企业，可以认定为就业帮扶基地，并给予5万元的一次性奖补。②产业是促进脱贫群众持续增收的关键支撑。四川明确按照"巩固、升级、盘活、调整"原则分类施策，该帮就帮、该退就退，推进帮扶产业提质增效。同时，建立多干多补、少干少补、不干不补的到户产业奖补机制，精准制定、优先实施到户产业帮扶增收计划，把利益联结机制作为实施帮扶产业项目的必要条件，让脱贫群众共享产业增值收益。

在重点区域和协助帮扶方面，四川省凉山州作为曾经的全国脱贫攻坚的主战场之一，成为此项工作的重点区域。2024年，针对大小凉山彝区巩固拓展脱贫攻坚成果任务较重的实际，四川启动大小凉山夯基强本行动，并同时在全省161个有巩固拓展脱贫攻坚成果任务的县（市、区）全面开展，

---

① 资料来源于四川省人民政府。
② 《四川省人民政府办公厅印发〈关于进一步稳定和扩大就业若干政策措施〉的通知》（川办发〔2024〕34号），2024年7月13日。

从监测帮扶、群众增收、综合保障、后续扶持等方面入手，解决了漏测失帮、脱贫群众收入不增反降、风险反弹等问题。在协作帮扶上，四川明确深入实施特色产业提升、产业集群打造、劳务协作提升、消费帮扶助农增收等东西部协作"四项行动"。同时扩大了驻村范围，持续向全省9356个脱贫村、99个规模较大的易地扶贫搬迁集中安置村（社区）选派驻村第一书记和工作队，保持驻村力量不减。在社会帮扶上，四川深化了省内结对帮扶和省直部门（单位）定点帮扶，持续加大资金、项目、人才等方面的支持力度；坚持政府、市场、社会协同发力，深入开展"万企兴万村"行动，提高群团组织、社会组织、民营企业、个人的参与度。

6. 文化服务：群众精神生活载体进一步拓展丰富

文化服务是公共服务中满足人民群众精神生活的重要载体。四川省文化产业日渐繁荣，群众精神生活载体日渐丰富。截至2023年末，全省拥有文化和旅游部门艺术表演团体47个，文化和旅游部门艺术表演场所34个，公共图书馆209个，文化馆206个，美术馆66个，综合文化站4063个；国家级文化产业示范（试验）园区2个，国家级文化和科技融合示范基地2个，国家文化消费试点城市5个，国家级动漫游戏基地1个，国家级文化产业示范基地15个，省级文化产业示范园区10个，省级文化产业试验园区5个，省级文化产业示范基地59个；共有博物馆320个，文物保护管理机构173个，全国重点文物保护单位262处，省级文物保护单位1214处；世界文化遗产1处，世界文化和自然遗产1处；国家级非物质文化遗产名录153项，省级非物质文化遗产名录1132项；广播电视台162座，中短波转播发射台42座，广播综合人口覆盖率99.5%，电视综合人口覆盖率99.8%，有线广播电视实际用户918.0万户。全年出版地方报纸70种，出版量90788.0万份；出版期刊354种，出版量4685.5万册；出版图书14930种，出版量42905.0万册；录像制品41种，电子出版物207种。文化类基本公共服务高水平建设的同时，城乡居民的精神生活得到了较大程度的丰富与满足。

二 直面区域社会均衡发展的现实挑战：
2025年四川社会发展形势预测

2025年，以社会形态"多元多样"为基本省情的四川，将依然处于"城乡形态深刻重塑、社会结构深刻变化、利益格局深刻调整"的时代背景之下。回溯四川省十余年的社会发展历程，区域均衡发展取得成效，要让区域均衡发展趋势保持稳健，为社会的良性运行与协调发展注入持续动力，不断提高人民群众的获得感、幸福感与安全感，就还需要下深水、谋改革，直面时代挑战、寻求创新突破。

（一）改革突进深水区：社会发展的结构性调适任重道远

党的二十届三中全会提出到2029年推动人的全面发展、全体人民共同富裕取得更为明显的实质性进展，明确完善收入分配和就业制度、健全社会保障体系、增强基本公共服务均衡性和可及性三大民生任务领域，所涉及民生改革内容均具有下深水、破难题、啃硬骨的攻坚意义。如前文所述，党的十八大以来，四川在社会发展领域取得了令人瞩目的成就。但也必须看到，四川在部分社会发展仍然存在差距，比如，城乡区域发展和收入分配方面的差距仍然较大，公共服务与民生保障等方面仍然存在短板。具体而言，区域、群体、城乡间的贫富差距依然较大，医疗、教育、就业等基础性公共服务还需进一步均衡供给，社会进程发展中还不断涌现出新的结构性民生问题，如人口老龄化、住房诉求多样化、结构性就业矛盾（特别是青年人就业问题）凸显，这些问题在四川省的特大中心城市、地级市城市、县级市城市、一般县城和集镇社区以及城乡之间呈现差异化特征。党的二十届三中全会围绕完善收入分配制度、完善就业优先政策、健全社会保障体系、深化医疗卫生体制改革、健全人口发展支持和服务体系等提出一系列重大改革举措，解决人民最关心最直接最现实的利益问题，表明社会发展领域的结构性调适已突进深水区，各项改革均需要下深水、补短板、啃硬骨，要稳步探索行有实效的体制机制与行动方案，前行之路还任重而道远。

（二）群众诉求多元进阶：直面区域均衡发展的新情境与新挑战

站在个体发展的角度，四川群众发展需求日益多样化，对追求美好生活的需求日益多元化。随着群众诉求的多元式进阶，区域均衡发展的难度将持续增大，新情境与新挑战将不断涌现。

从发展阶段来看，社会发展不均衡、不平衡的状况依然突出。四川省既有超大城市又有快速成长的大中小城市，以及类型多样、发展差异明显的大量乡村集镇和较大范围的民族地区城乡形态。特殊的省情，令省域各地社会发展阶段不一。比如，成都平原地区高水平的城乡社区发展治理红利持续释放，加速了人口流动，形成了虹吸效应，促进了社会发展；川南、攀西、川东北等地次之，社会发展取得了较快进展，专业社会工作者队伍、志愿者队伍的组织化程度逐渐提升；而川西北地区发展程度则整体偏低，个别地方还停留在解决"有场地"的基层社会治理发展的初级阶次。

从群众诉求来看，人民群众对个体发展与社会发展的诉求不断增多，推动区域均衡发展的难度加大。随着社会发展不断进步，人民群众对个体发展的诉求不断增多，逐渐由"生存性需求""发展性需求"向"价值性需求""精神性需求"转变。随着城乡融合发展不断深入，四川省常住人口城镇化率已达到59.5%。同时，城乡居民恩格尔系数分别降至32.8%和34.1%，人们不仅期盼更优质的医疗教育、更舒适的居住环境、更可靠的社会保障、更丰富的精神文化，还产生了加入各类社群组织、发展个体社会价值、直接参与社会治理的强烈意愿，对城乡社会发展提出了更高的要求。

从公共服务供给的角度，在进一步优化基础性公共服务与增量性公共服务的同时，完善公共服务供给体系。一方面，不断提升全省范围内基本公共服务的整体性供给水平，特别是均衡供给水平，以不断增进民生福祉；另一方面，不断完善各地政府购买社会组织服务、基层社会工作站建设等机制，逐步建立起可满足增量型、差异化、个性化的群众需求的公共服务与民生福祉供给机制，助推四川省经济社会高质量发展。客观来说，在供给增量性公共服务能力方面，各地的发展水平参差不齐，发展差距相对较大，还需要更多的政策引导与保障投入。

（三）完善社会工作体系：进一步探索同四川地方社会的契合程度

党委社会工作部门是支持社会发展的新成立部门，四川还需要加快推动省—市—县三级党委社会工作部职能的"还权、赋能、归位"。

省—市—县三级党委社会工作部的成立，标志着四川在社会治理与社会工作领域建立起了体系化、综合性、统筹性的组织载体。根据机构改革方案，各级党委社会工作部有五项核心工作领域，这五项领域构成了各级党委社会工作部的主要职责。过去，这些工作分散在组织、政法、宣传、民政、共青团等党政和群团部门中，统一组建党委社会工作部门，整合相关党政部门职责，有利于实现社会治理与社会发展事项的总体统筹。

然而，当直面履行职能时，越是基层党委社会工作部，职能职责还权、赋能、归位的问题越紧迫。这是因为，在（区）县域层级，基层治理事务繁多、治理情况复杂，党政机构职责交叉重叠问题仍较为突出，建设社会治理共同体仍需转变基层党政机构职能。比如，一些地市的党委部门在基层社会治理中仍然按照传统方法管理，将党对基层治理的全面领导误解为事无巨细地管理一切基层事务，将政府公共服务简单地等同为无限兜底服务。党委、政府和社会主体在基层治理中的作用出现"两级摇摆"，有的地方党建引领过度泛化、随意化、形式化，组织引领变成包办、替代；有的地方则基层组织涣散薄弱，面临公共事务集体行动困境，甚至造成基层治理失管、失控。因此，各级党委社会工作部门仍需进一步转变党政机构职能，探索各级党委社会工作部的还权、赋能与归位，准确把握党委、政府和社会主体在基层社会治理中的职能定位，推动政府治理和社会调节、居民自治的良性互动。

（四）"辩证式"城乡融合：提升统筹与分类双重发展能力

城乡融合是近十年四川社会发展的重要趋势，但这并不意味着同一种社会发展与社会治理模式可以适用于全省。恰恰相反，社会建设的多方主体更需要同时提升城乡整体统筹与城乡差异化治理的双重发展能力，以应对城乡融合发展趋势。

具体而言，四川区域社会均衡发展，需要进一步强化统筹城乡融合的辩证发展，提升统筹与分类双重发展能力，既要促进城乡融合，又要精准于分层次、分类别异化施策。

从社会演变历程来看，对于城市社会而言，随着"单位人"向"社会人"转变、"熟人社会"向"陌生人社会"转变，特别在特大中心城市与地级市的城市核心区，人口流动速率较高、外来移民特征较强，"陌生人社会"特质较为明显。城市基层社区作为重新整合社会功能的微观组织形态，居民期待通过城市基层社区建设，重构以邻相伴、与邻为善、温馨和谐的"半熟人社会"。对于农村社会而言，随着新型城镇化的发展，人口大量流向城市，乡村中的"公共性"开始衰落，乡村居民对村庄农林资源的发展能力减弱。何以通过乡村社会治理，重塑乡村的内在"公共性"，进而保障公共利益、有效维护乡村的公共秩序和盘活村庄内部的各类发展性资源，进而实现产业发展、人才聚集与乡村治理的相互成全，成为乡村社会发展的主要内容。还有一些地区呈"非城非乡、亦城亦乡"的城乡结合地区形态，社会冲突与群体性事件发生概率更大，为群众提供畅通的诉求表达渠道，满足群众差异化的公共需求，减少社会冲突、维护社会稳定团结是这类地区的重点治理目标。

总之，全省城乡社会差异化较大，各类社会形态同步发展，既需要整体统筹，不能非此即彼或厚此薄彼，也需要分类施策，分层分类差异化地为发展谋局。为此，城乡社会的统筹发展还需要探索更多的有效机制。

（五）持续激活多元力量：探索应对新社会风险的不同路径

近年来，全球化和技术进步加速了不同文化和社会制度的碰撞，科技变革、产业迭代、技术进步等给社会发展带来机遇的同时，也改变着国际国内经济社会发展环境。因此，社会发展进程中的不确定性加大，可能发生的风险也常常伴随着较大的社会破坏性。四川是我国西部的内陆大省和战略腹地，保持社会的协调与稳定发展十分重要，因此需要系统谋划、全面整合多元化的资源，探索应对新社会风险的不同路径。

首先，在民生发展方面，既要回应当下，又要立足长远。坚持人民至上，既要解决当下面临的紧迫任务，还要立足长远、系统性地健全制度体系。一方面，各级党委政府应推出民生所急、民心所向的改革举措，多办一些惠民生、暖民心、顺民意的实事；另一方面，从人民整体利益、根本利益、长远利益出发，系统谋划，以基础性公共服务和增量性公共服务相结合的方式，优化公共服务体系，不断提高人民生活品质。其次，要在民生的重点领域发动社会力量，开展创新探索。民生领域的创新，具有鲜明的从局部探索、破冰突围到系统集成、全面深化的进阶特征。如今，一些影响社会发展进步的重大民生难题亟待破解，探索出行之有效的工作机制。比如党的二十届三中全会提出的"规范财富积累机制""促进医疗、医保、医药协同发展和治理""加快构建房地产发展新模式"等，均关联着与人民群众密切关联、人民群众感受深刻的民生难题，需要动员广大人民群众开展创新探索。最后，进一步在基层治理领域开展"造血"功能的探索。基层治理是国家治理的基础，基层治理成效深刻影响着国家治理成效。与东中部地区相比，四川的基层治理工作主要依赖地方财政保障，社会的造血功能不足，社区基金会和社区社会企业等发展相对滞后。总体来讲，城乡社区治理，中央无预算、省上无投入、市上无资源、县上无手段、社区无抓手、造血无政策的情形依然存在。应当鼓励社区服务类社会企业发展、试点社区综合服务设施社会化运作、分层分类探索社区基金（会）发展模式等，发掘多方资源，动员多元治理主体参与基层治理。

总之，面对可能出现的新的社会风险与社会发展挑战，要充分激活多元力量、探索多元资源、直面多元领域，以众志成城、聚沙成塔之势"共建、共治、共享"，实现对各类社会风险的稳步应对。

参考文献

朱光磊、张志红：《"职责同构"批判》，《北京大学学报》（哲学社会科学版）2005年第1期。

《2023年四川省国民经济和社会发展统计公报》，https：//www.sc.gov.cn/10462/10464/10797/2024/3/14/aef7f698a38246f8abedaf2cbad7b328.shtml，2024年3月14日。

国家统计局：《2023年前三季度居民收入和消费支出情况》，http：//www.stats.gov.cn/sj/zxfb/202310/t20231018_1943659.html，2023年10月18日。

《2023年四川省人力资源和社会保障事业发展统计公报》，https：//www.sc.gov.cn/10462/10464/10465/10574/2024/8/14/61984f0352 7947a69c1450 fd82d993cd.shtml，2024年8月14日。

《2021年四川省人力资源和社会保障事业发展统计公报》，https：//www.mohrss.gov.cn/xxgk2020/fdzdgknr/ghtj/tj/ndtj/202206/t20220607_452104.html，2022年6月7日。

《国务院新闻办就第七次全国人口普查主要数据结果举行发布会》，https：//www.gov.cn/xinwen/2021-05/11/content_5605842.htm，2021年5月11日。

四川省人民政府：《巩固拓展脱贫攻坚成果，四川绘出整改"施工图"全力打好整体战翻身仗》，https：//www.sc.gov.cn/10462/10464/10797/2024/8/7/ab2f860fd6b847979e9c359f4c3c6a37.shtml，2024年8月7日。

新质生产力篇

B.3
数字经济赋能
四川新质生产力发展的实现路径

陈 映*

摘 要： 数字经济是新质生产力发展的重要推动力量。近年来，四川以数据要素市场化、数字产业化、产业数字化、数字化治理为主线推进数字经济创新发展，为培育和形成新质生产力提供了强大动力和支撑，但在要素、技术、应用等层面仍面临诸多制约。面向未来，四川应充分发挥自身独特优势，夯实新质生产力新要素支撑，推进新质生产力新技术发展，形成新质生产力新产业新业态。

关键词： 数字经济 新质生产力 四川省

---

* 陈映，博士，四川省社会科学院产业经济研究所研究员，主要研究方向为区域经济、产业经济。

近年来，四川认真贯彻落实数字中国建设的决策和部署，围绕国家数字经济创新试验区建设创新发展数字经济，充分发挥数据资源大省、信息产业大省和人力资源大省优势，在推进数据要素市场化改革、发展数字核心产业、促进产业数字化转型等方面取得了重大进展，为四川培育和形成新质生产力提供了有力支撑。

一 数字经济是培育和形成新质生产力的重要推动力量

作为典型的新经济形态，数字经济的高创新性、强渗透性、广覆盖性等核心特征与新质生产力高度契合，成为新质生产力发展的重要推动力量。

（一）新质生产力的内涵和特性

新质生产力是以科技创新为主导、摆脱了传统增长路径、符合高质量发展要求的生产力质态，核心是新要素，关键是新技术，载体是新产业，具有高科技、高效能、高质量特征，是数字时代更具融合性、更体现新内涵的生产力。新质生产力是由生产要素创新性配置、技术革命性突破、产业深度转型升级而催生，以劳动者、劳动资料、劳动对象及其优化组合的跃升为基本内涵，以全要素生产率大幅提升为核心标志，是先进生产力的具体体现形式，是马克思主义生产力理论在中国的创新实践。

（二）数字经济为新质生产力发展提供强大动力和支撑

1. 数字经济推动要素创新性配置赋能新质生产力

作为新的关键生产要素，数据推动生产要素创新性配置，与新质生产力的核心是新生产要素的形成和运用高度契合；数字经济通过在线平台打破时空限制，实现更大范围内的资源配置，促进不同地区、不同产业间的合作与融合，拓展新质生产力发展空间；数字经济通过其规模收益递增特性促进生产要素的高效利用，满足新质生产力对绿色发展的要求，提升整体经济效益。

2.数字经济引领技术革命性突破赋能新质生产力

数字经济以新一代信息技术为基础,持续推动技术创新和突破,为新质生产力发展提供重要的技术支撑和平台;数字技术的应用实现了企业生产流程的自动化、智能化,促进企业创新能力提升,持续开发新产品、提供新服务;数字经济利用大数据、云计算等技术手段,实现资源的精准匹配和高效利用,有助于企业降本增效,增强其市场竞争力;数字技术打破传统产业链界限,促进产业链上下游企业之间协同创新,提升整个产业链的附加值和竞争力;数字技术为科技成果的转化和应用提供更加广阔的平台和更为便捷的途径,推动科技成果更快地转化为现实生产力。

3.数字经济促进产业深度转型升级赋能新质生产力

数字经济打破传统产业的界限,推动产业交叉融合与重构,推进传统产业高端化跃升、智能化升级、绿色化转型,赋能战略性新兴产业发展壮大,促进未来产业创新发展,形成更加多元化、现代化的产业结构,增强新质生产力发展动能;数字经济推动形成个性化定制、按需生产等新型生产模式,更好地满足消费者的多样化需求,为发展新质生产力提供广阔空间;数字经济孕育了大量新兴产业和创新型企业,高度智能化的产业和企业成为推动新质生产力发展的重要载体;数字经济通过推动产业深度转型升级,不断催生兼具数字化、网络化、智能化的生产力新形态,具有更高的生产效率、更强的创新能力和更大的发展潜力。

二 数字经济赋能四川新质生产力发展的创新实践及成效

四川紧扣新质生产力的特点、关键和本质,积极探索数据要素市场化改革,充分发挥数字技术的赋能效应,以推进产业数字化和数字产业化加快培育发展新动能,推动四川数字经济发展取得了突破性进展,为四川新质生产力发展提供了强大支撑。

（一）积极探索数据要素市场化改革

释放数据要素潜能是发展新质生产力的内在要求。四川围绕数据要素市场化配置改革先行先试，以数据要素创新性配置赋能新质生产力发展。

1. 构建数据资源开放供给体系

四川提升公共数据共享开放质效，挖掘社会数据资源价值，形成了丰富多元的数据资源供给体系。截至2024年9月，四川已开放48个部门、21个市（州）、7236个数据目录、41636个数据资源、29.94亿条数据以及12个创新应用；全国首个以数据要素为核心产业的"四川数据要素产业园"已入驻数商163家，汇聚全国60多类主题数据资源、接口11499个，初步形成"内部沉淀+外部引流"的数据开放供给体系。[①] 德阳作为数据要素市场化改革试点城市，已编制17个元数据标准，建成8个基础库和15个专题库，归集结构化数据143亿条，发布政务数据资源共享交换目录11500个，被评为全国首批数据要素改革"最佳范例城市"。

2. 构建数据要素技术支撑体系

利用人工智能、物联网、卫星遥感等技术手段整合涉农数据资源，推动建设四川天府粮仓数字中心，加快推进农业生产全产业链数字化改造；聚焦六大优势产业，实施DCMM贯标行动，提升企业数据管理和服务能力；在全国率先提出数据元件概念、制订数据元件团标，实现了数据产品可计量、可估值、可流通。积极运用数字技术促进多源数据融合，丰富数据应用场景。

3. 构建数据流通交易应用体系

支持市（州）及相关行业探索全域全量、行业主导、场景牵引等公共数据授权运营模式，建立公共数据运营收益分配机制。成立四川数字资产交易中心，推进数据交易所建设，打造资源和市场两头在外的全国性数据要素

[①] 德阳市数据局：《德阳市聚力打造数据要素市场化配置改革综合试验区》，https://www.scdsjzx.cn/scdsjzx/shizhoudongtai/2024/9/4/56525c01826c454aa730868255595dfc.shtml，2024年9月4日。

加工交易中心。成都"管住一级、放活二级"数据资源开发利用模式成功入选国家数据局的案例集，德阳"四中心、两平台"全栈式数据流通交易机制实现了数据资源供给、资产确权、价值评估、产品加工、流通交易、安全监管的闭环运行，[①] "德阳造"数据产品进入北京、上海、深圳等数交所。[②]

4. 推动数据要素创新应用

在工业制造、现代农业、商贸流通等12个重点领域推进"数据要素×"行动，推动数据要素在各领域创新应用，全方位发挥数据要素乘数效应。开展了规上工业企业智能化改造数字化转型行动、金融数字化转型提升工程等37项重点工作，鼓励具备条件的市（州）打造了一批行业数据融合标杆应用场景和示范典型。推进"一件事一次办"集成化改革，扩大"跨省通办""一网通办""掌上办"事项范围，推动公共安全、应急管理、城市运行管理等"一网统管"，探索"数据+信创"双核驱动新型智慧城市建设，实行数字乡村发展行动。积极培育数据要素产业，支持有条件的市（州）建设数据要素产业园区。

5. 构建数据制度标准规范

德阳在全国地级城市率先发布"1+4+N"基础制度，其数据要素三级市场体系荣获"数字化发展创新奖"，其"1+6+1"数据要素组织管理运营体系实现了数据流通交易制度化、组织化。四川建立了首席数据官制度，选择部分领域、市（州）、企业开展试点。支持具备条件的市（州）开展公共数据资产登记和评估制度试点，探索建立了数据知识产权确权、用权、维权机制。

6. 健全数据安全治理体系

立法层面，出台《四川省数据条例》，对数据安全、数据交易与流通等进行了规范；数据平台建设层面，四川公共数据平台在政务服务智能化、社

[①] 曾征：《2023中国智慧城市发展水平"数字化发展创新奖"花落德阳》，《德阳日报》2023年11月30日。

[②] 《数据也能闯市场，德阳以"数市"赋能"万市"》，四川在线，2024年8月31日。

会治安综合管理等方面取得了显著的应用成果，德阳市依托工业互联网安全公共服务平台建立了全周期监管和服务体系，提升了工业互联网安全防护能力；应用示范层面，加强数据合规管理，有效降低了数据流动安全风险，保障了企业利益，保护了个人隐私。

（二）充分发挥数字技术的赋能效应

新质生产力以科技创新为主要驱动力量，旨在实现以高科技、高效能和高质量发展为目标的生产力跃升。四川积极探索和创新应用数字技术，充分发挥数字技术对新质生产力发展的赋能效应。

1. 创新数字技术供给体系

培育和壮大工业互联网，推动"互联网+先进制造业"发展，成都、德阳、宜宾等市（州）对工业互联网重大示范项目给予高额补助。建设省级数字中心、智慧农场等数字化创新平台，为数字化转型提供了平台支撑；加大财政资金支持力度，从省级工业发展资金中拿出50%专项支持制造业"智改数转"；持续加大在人工智能、大数据、云计算等关键领域的研发投入，形成了一批具有自主知识产权的核心技术；推广国产密码、隐私计算等数字安全技术应用，推动形成了覆盖数实融合全生态的安全技术体系。

2. 支持数字技术平台建设

以数字技术平台建设夯实新质生产力发展根基。一是强化政策支持。出台了《四川省数字化转型促进中心建设实施方案》《四川省2024年"数据要素×"重点工作方案》等，支持数字技术平台建设，支撑数字技术创新。二是完善关键设施。发挥云网融合优势，聚焦通信传感、电磁空间等领域，组建天府兴隆湖实验室等，加快推进5G网络、天府数据中心等关键设施建设，华丰连接器等多个项目被纳入国家关键核心技术攻关布局。三是实行重点突破。在工业互联网、数字文创、数字金融等领域培育了一批具有较强影响力的数字平台，加速了数实融合进程。四是强化行业应用与推广。依托数字技术平台实施制造业"智改数转"行动、促进文旅融合发展和资源综合利用，长虹CHiM工业互联网平台和东方电气集团的东智同创Co-Plat工业

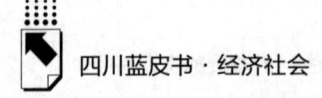

互联网平台成功入选国家级双跨平台,"智游天府"平台促进文旅深度融合,积微循环再生资源综合服务平台实现再生资源一体化服务。

3.实现行业数字技术突破

在工业制造领域,深入实施规上工业企业智能化改造数字化转型行动,打造"智改数转"标杆项目,提升工业企业数字化水平;在现代农业领域,运用物联网、大数据等技术手段推动农业生产精准化管控和智慧化发展,探索"5G+AI智慧农业"项目;在商贸流通领域,实施消费新场景五年培育计划,支持打造独具特色、多元融合的"蜀里安逸"消费新场景。四川通过实现主要行业数字技术突破,加速了其数字化转型进程,赋能新质生产力发展。

4.以数字技术促进产业创新

以数字技术优化资源配置,拓展产业发展空间。以数字技术推动产业全链条数字化转型和赋能产业绿色低碳发展,塑造产业发展新生态。以数字技术融合应用提升产品附加值,增强了企业竞争力,如在智能制造领域,四川通过引入物联网、大数据和人工智能等技术,实现生产过程的智能化监控和程序优化,提高了生产效率和产品质量;在智慧农业领域,四川电信与四川农业农村厅合作推进天府粮仓5G智慧农业试点项目,利用无人机、卫星遥感等技术指导精准种植和灌溉,提高了农作物产量和品质;在数字服务创新领域,利用数字技术精准营销,提升服务产品质量,满足了消费者的多元化需求。

(三)以数字产业化和产业数字化激活发展新动能

四川聚力数字产业化和产业数字化"双轮驱动",为新质生产力发展注入了强大动力。

1.着力提升数字核心产业竞争力

一是积极实施电子信息产业提质倍增计划。围绕柔性显示、芯片等16个标志性产品遴选50家链主企业,推动重点领域发展壮大,形成了涵盖集成电路、新型显示、终端制造、软件研发等的完整产业链。推动"芯屏端软智网"全产业链集群集聚,加快打造具有国际竞争力的数字产业集群。目前,四川已初步形成了以集成电路、显示产业、智能终端、电子元器件、软件和信息服务业为支撑,先进计算、存储、工业软件等新兴产业竞相发展的电子信息产业格局,集成电路、新型显示等的整体规模和核心竞争力居全国前列,被纳入国家重大生产力布局,华为成都鲲鹏生态基地、京东方第6代柔性面板生产线等重点项目落户四川,已有9家国内主流计算芯片厂商在川布局,成功获批成渝地区电子信息先进制造集群、成都市软件和信息服务集群。二是做大做强大数据产业。"成德绵眉泸雅"大数据产业集聚区推动大数据、人工智能等数字核心产业集聚发展,四川数据要素产业园聚焦算力汇聚和企业集聚,创新了数据要素市场化发展模式。三是加快发展人工智能产业。积极培育智能机器人、无人机等人工智能重点产品和人工智能龙头企业,已实现人工智能产业链全覆盖,其应用层多个细分领域全国领先。四是促进5G产业突破发展。打造5G产业领域重点产品,构建5G完整产业链。全省21个市(州)5G-A全面商用,川内算力规模最大智算中心——中国移动智算中心(成都)落地投产。五是大力发展数字文创产业。加快建设天府文创城、成都游戏动漫基地、四川传统文化影视内容基地和四川电竞产业基地。此外,打造出电子信息、装备制造、食品饮料等多个行业的"四川造"数字经济品牌,加快构建数字品牌矩阵。经过多年培育,四川数字核心产业已展现出强劲的发展势头和全面的产业布局,2023年数字经济核心产业实现增加值4899.07亿元,占GDP的比重提升至8.1%。①

2. 深入推进产业数字化转型

一是稳步提升农业数字化水平。四川将数字化融入农业全产业链的各领域、各环节,支持智慧农(牧、渔)场建设,探索建设无人农场,打造智慧农业生产应用场景和物联网示范基地。搭建农业生产和农产品质量安全追溯智慧农业云平台,为农产品织就一张质量安全网。建设天府粮仓数字永丰

---

① 廖振杰、白兆鹏、鲍安华:《2023年我省数字经济核心产业增加值超4899亿元》,《四川经济日报》2023年5月8日。

大数据平台，推动农副产品生产企业入网上云。打造川茶、川猪、川酒等优势农产品数字化生产线，利用大数据实现"以销定产"。截至2024年9月，四川已创建国家数字农业创新应用基地5个，评定全国农业农村信息化示范基地4个。① 二是纵深推进制造业数字化转型。四川将制造业作为产业数字化主战场，推动制造业降本、增效、提质、扩绿。第一，完善数字化转型设施。抢抓"东数西算"机遇，加快推进全国一体化算力网络成渝枢纽节点建设，做优做强天府数据中心集群，为数实融合提供算力支撑。截至2023年12月底，全省数据中心规模达37万标准机架，已建成9个国家绿色数据中心、3个国家新型数据中心典型案例、2个国家先进计算典型应用案例，形成了"1+3+X+N"的数据中心空间布局，成都成为全国第二个拥有超算智算双中心的城市。第二，完善工业互联网体系。首个国家工业互联网标识解析白酒行业节点在四川上线，工业互联网标识解析体系初步建成，已覆盖六大优势产业和14个重点行业，形成了一批优秀省级创新应用试点示范。推动重点区域、重点行业建设工业互联网交换中心，支持市（州）和龙头企业升级工业互联网园区网络。已建成工业互联网标识解析国家顶级节点（成都托管与灾备节点），并累计建成15个标识解析二级节点。围绕重点产业领域已打造省级重点工业互联网平台47个，带动企业上云用平台超42万户。第三，实施制造业"智改数转"行动。省级工业发展资金每年新增安排30亿元重点支持产线升级、智改数转等项目，实现规上工业企业"智改数转"全覆盖，累计打造近400项国家级数字化转型示范项目。泸州老窖等3家企业获评全国"数字领航"企业，宁德时代宜宾工厂等3个工厂入选"灯塔工厂"，培育国家智能制造示范工厂15家。打造38个国家级智能制造优秀场景，其中10个入选国家"智赋百景"人工智能典型应用场景。② 2023年，四川工业企业关键工序数控化率、数字化研发设计工具普及率分别达59.4%、81.7%，工业云平台应用率达55.1%，智能制造就绪度达

---

① 《2024年全国数字乡村建设工作现场推进会在四川绵阳召开》，中国网信网，2024年9月9日。
② 《四川制造业"智改数转"取得阶段性成效 智能制造就绪度居全国第4》，https://www.163.com/dy/article/J1MAA7AV0514R9KQ.html，2024年5月8日。

20.2%、居全国第四。① 第四，支持企业数字化转型。在全国首批开展数字化转型促进中心建设，建设区域型、行业型、企业型三类转促中心，自2021年以来共认定数字化转型促进中心37个，② 为优势产业数字化转型提供工具、产品、技术和行业解决方案，为产业集聚区、产业链上下游企业、行业内中小企业提供转型服务。三是促进服务业数字化扩面提质。推动生产性服务业向专业化和价值链高端延伸，在现代金融、现代物流、科技信息等领域重点发力。推动数字化生活性服务业不断扩容，实现商业贸易、文体旅游、医疗康养等领域的品质化多样化升级。引入多家全球、中国（内地）、西南首店，实施巴蜀文旅全球推广计划。推进商贸流通数字化升级，实施消费新场景五年培育计划，拓展信息消费服务新场景新业态新模式，挖掘夜间消费、文旅消费、健康消费数字化需求。推动电商平台与各类商贸经营主体深度融合，提升跨境电商产业园区和海外仓的数字化综合服务水平。

三 数字经济赋能四川新质生产力发展面临的制约

四川数字经济赋能新质生产力已取得了初步成效，但在数据要素层面、数字技术层面及数字化应用层面仍存在不足。

（一）要素层面：数据要素价值释放任重道远

作为驱动数字经济发展的关键创新要素数据的作用尚未充分凸显，以数据开发利用为引擎促使生产要素实现创新性配置任重道远。一是数据资源开发利用不足。四川数据基础设施仍然薄弱，导致海量数据无法及时被存储与应用，造成数据资源浪费。各市（州）自行开发建设信息系统，各类数据分布于各行业、各部门、各平台，且处于较为分散和割裂的状态，形成"数据孤岛"。公共数据资源开放规模不足，开放程度和应用范围有限。大

---

① 张守帅：《新时代治蜀兴川展新颜——四川实施"四化同步、城乡融合、五区共兴"发展战略扫描》，《四川日报》2024年7月3日。
② 高敬：《2023年度四川省数字化转型促进中心名单发布》，《四川日报》2023年8月30日。

数据标准体系尚未完全统一，制约着全省数据资源跨行业、跨领域应用。二是体制机制尚不健全。数据源头治理机制不健全，数据完整性、准确性、时效性有待提升。全省跨区域、跨部门、跨层级的协调机制和统一规范的数据流通规则尚未建立，定价难、成本高、安全风险大等问题亟须解决。数据交易所数量少，截至2024年3月全国共48家数据交易所，而四川仅有1家。数据产权不明，数据要素配置收益分配机制有待完善。三是安全保障能力不足。数据安全制度体系尚待完善，数据泄露风险、数据隐私保护、数据跨境流动监管面临极大的挑战，数据采集、存储、传输、使用全链条安全管控任重道远。

（二）技术层面：数字经济关键核心技术创新亟待增强

四川在关键核心技术创新方面仍显不足，对以数字经济培育和形成新质生产力形成制约。一是技术创新基础薄弱。四川在集成电路、微电子组件等关键组件的生产上尚无法自给自足，在高端芯片、工业控制软件等核心技术和关键领域存在短板，部分关键技术和核心组件依赖外部供应，在数字经济产业链中处于中低端位置，自主可控的技术体系尚未形成。二是科技资源整合不力。四川省内科技力量条块分割现象依然存在，数据资源尚未有效整合，制约着数据资源的开发和利用。三是融合创新能力不足。四川高能级创新平台数量不多，核心技术和关键产品的突破式创新不足，还未形成具有广泛影响力的"名片级"典型产品和应用。打通数字技术创新突破"从无到有""从有到优""从优到强"堵点尚需时日。四是数字人才短缺。四川数字化专业人才、数字化应用人才缺乏，能将数字化专业知识和实体经济相融合的人才更是短缺。五是融合生态体系不完善。四川数实融合在体制机制、基础设施、场景应用、安全基石、融合生态等方面还存在短板，制约着数实深度融合。

（三）应用层面：数字经济和实体经济融合程度有待提升

数字经济和实体经济的深度融合是培育数字新质生产力的关键。然而，四川总体上数实融合程度还不高，其应用的深度和广度亟须拓展。一是技术创新与研发投入不足。与全国数字经济领先省份相比，四川研发投入仍显不足。2022年，四川R&D经费投入已迈过千亿元门槛（1215亿元），①但与位居全国首位的广东（4411.9亿元）和排位第二的江苏（3835.4亿元）相比差距较大。二是产业融合深度不够。农业数字化转型缓慢，农业生产信息化水平不足28%，而江苏、浙江两省数字化渗透率均超过40%。②工业生产的网络化、智能化程度偏低，量大面广的中小企业大多处于数字化转型初始阶段。三是龙头企业带动力不足。四川数字产业企业规模普遍偏小，缺乏具有代表性和辐射性的大型龙头企业。外引龙头企业以集团系统内配套为主，对本地带动作用有限。四是行业和区域间差异明显。在数字基础设施建设与利用、数字技术研发创新、新兴数字产业发展以及传统产业数字化转型等方面，既有"两化同步"程度较高的行业和区域，也有信息技术应用刚刚起步的行业和区域。五是融合激励机制不健全。缺乏完善的融合激励机制，企业推动数实融合动力不足，尤其是面广量大的中小企业"不敢转""不能转""不会转"等现象较为普遍。

四　数字经济赋能四川新质生产力发展的路径选择

四川科教资源富集、产业体系完备、市场空间广阔，因地制宜发展新质生产力具有坚实的基础和良好的条件，需累积和优化数据要素，夯实新质生产力新要素支撑；强化数字技术创新与应用，推进新质生产力新技术发展；深化数实融合发展，助力形成新质生产力新产业新业态。

---

① 四川省统计局、四川省科学技术厅：《2022年四川省科技经费投入统计公报》，http：//tjj.sc.gov.cn/scstjj/c111705/2023/9/20/76cc3ece55e640468f77e11ef44e11b6.shtml，2023年9月20日。

② 匡后权等主编《四川数字经济发展报告（2023）》，社会科学文献出版社，2023。

（一）以数据要素优化配置夯实新质生产力新要素支撑

1. 加快建设数据要素市场

锚定构建全省一体化、多层次的数据要素市场体系目标，充分释放数据要素价值。一是强化数据要素供给。完善公共数据全生命周期质量管理体系，促进公共数据应归尽归，支持企业间数据双向公平授权。二是构建数据流通体系。搭建全栈式数据流通交易机制，高水平建设数据基础平台和交易平台。探索公共数据授权运营，争取在川设立国家级区域数据交易中心，新设一批数据交易所，加快布局区域数据服务基地。三是打造数据要素产业生态。推动数据要素产业化，高标准建设数据要素产业园，提升数据产品质量。培育引进数据资源开发、数据加工服务、数据应用研发等市场主体，形成数据要素市场化配置的产业生态。四是实施"数据要素×"行动。在重点领域持续实施数据赋能融合行动，推动实体经济转型升级。举办"数据要素×"大赛等活动，挖掘一批示范性强、显示度高、带动性广的典型应用场景。五是完善数据要素制度标准。完善数据要素市场标准体系，提升数据资源汇聚、共享和流通效率。建立数据产权登记体系，明确数据产权归属和流转规则。建立数据安全技术体系，加强网络数据安全监管。六是促进数据开放共享。探索数据融合应用新模式新场景，推进高价值数据资源安全合规开放。

2. 加快数字劳动资料迭代升级

推动四川数字劳动资料智能化升级、一体化整合、云端化部署。一是加快数字技术载体建设。加快全国一体化算力网络成渝国家枢纽节点建设，加快建设天府数据中心集群、"星火·链网"骨干节点和国家新型互联网交换中心。二是实施"5G+"行动和工程。持续实行"5G+"专项行动和5G工程，实现5G基站数量和5G网络覆盖"双提升"、重点领域5G应用深度和广度"双突破"，构建5G技术产业和生态体系"双支柱"，形成"基础完善、供需互促、创新融合、应用丰富"的5G建设应用新局面。三是加速工业互联网平台建设。推动工业互联网平台加速普及应用，形成一批具有全国影响力的工业互联网平台和示范企业。加快工业互联网标准制定和推广应用，推动形成开放、协同、共享的工业互联网发展格局。加强与周边省份及国际交流合作，推动工业互联网在更大范围内的应用与发展。四是创新工业应用软件。鼓励重点行业应用成熟可靠的工业软件产品和服务，加速工业应用软件技术创新，发挥工业应用软件在提升生产效率、优化管理流程、保障系统安全等方面的作用。

3.培育新型数字人才队伍

打造一支规模壮大、素质优良、结构优化、分布科学的高水平数字人才队伍，为四川新质生产力发展提供智力支持。一是实行数字人才培引专项行动。构建科学规范的数字人才培训体系，增加数字人才有效供给。实施数字技术工程师培育项目，培育一批数字经济领域的卓越工程师队伍。实施青年数字人才培养工程，支持四川大学、成都电子科技大学等高校建设数字领域一流学科。实施数字技能提升行动，培养一批数字化转型领军人才。开展数字人才创新创业专项行动，强化数字人才创业帮扶。开展高层次数字人才出国（境）培训交流，培养具有国际视野的骨干数字人才。二是完善数字人才政策。落实高技能人才与专业技术人才职业发展贯通政策，为数字人才提供广阔的职业发展空间。落实国家数字职业标准，规范数字技能人才评价。

（二）以数字技术创新与应用推进新质生产力新技术突破

培育和形成四川新质生产力，应进一步强化数字技术创新与应用，为新质生产力发展提供新技术支撑。

1.适度超前部署关键数字基础设施

目前，关键数字基础设施呈现出多元化、智能化、泛在化的发展趋势和特点，四川应立足实际，适度超前部署关键数字基础设施，形成全面、多元的数字底座。一是推动数字基础设施多元化发展。第一，新式网络基础设施。适度超前部署5G网络基础设施，推进第六代移动通信（6G）网络技术研发，积极发展卫星互联网。深化"5G+工业互联网"融合创新和规模化应用，到2025年基本建成覆盖各市（州）、各行业的工业互联网网络基础设施，形成3~5个具有国内影响力的工业互联网平台。① 第二，信息服务基础设施。提质5G、光纤宽带等通信网络设施，升级数据中心体系、智算体系供给能力。实现市（州）、县（区）及重点乡镇5G和光纤超宽带"双千兆"网络连续覆盖，并深度覆盖交通枢纽、产业园区、核心商圈等热点区域；推动融合基础设施赋能，推动5G、人工智能等新技术在各行各业的应用，加强信息技术与交通、能源、水利等传统基础设施的深度融合；提升创新基础设施发展能级，争取更多国家重大科技基础设施、产业技术创新基础设施在川落地，建设重大科技基础设施集群。第三，算力支撑基础设施。加快建设天府数据中心集群，建成国家"东数西算"工程战略支点，扩大算力规模与提升效能，到2025年全省数据中心规模达50万架，上架率达60%；引导大型及超大型数据中心在枢纽节点部署，推动算力与数据、AI等技术深度融合。二是推动数字基础设施智能化升级。打造全国核心通信网络枢纽，推动5G、光纤宽带等通信网络设施在智慧城市、智慧交通、智能制造、智慧医疗等领域的广泛应用。三是推动数字基础设施泛在化布局。实现省级以上工业园区万兆光网全覆盖，构建"超算+智算+通算+边缘计算"多样化算力供给体系，为四川新型工业化发展筑牢坚实的数智根基。

2. 提升数字核心技术攻关能力

提升科技创新内核能级，将数字核心技术攻关作为推动生产力跃升的核心动能。一是强化战略科技力量。聚焦国家重大战略需求，围绕四川人工智能、航空航天等最有基础、最有优势、最需突破的领域，系统谋划战略科技力量布局。加强高端芯片、工业软件等关键领域的基础研究，前瞻布局技术产品迭代升级、走向市场的"试验田"，加快产出一批重大原创性成果。二是实施重大科技专项。凝练部署一批能够引领未来发展方向的重大科技项目，推进实施人工智能、航空航天、先进装备、生物制造、清洁能源和先进

---

① 《关于深化"互联网+先进制造业"发展工业互联网的实施意见》，https://www.sc.gov.cn/10462/11555/11562/2019/8/26/0e214bd35d72436ca90a0c4e0d2214cc.shtml，2019年8月26日。

材料六大重大科技专项，全力突破先进计算、生成式人工智能等关键技术，打造无人机等航天航空拳头产品，突破极限制造、增材制造等关键技术，突破生物检测与治疗、核医学等共性技术，突破燃料电池、新型储能等关键技术，推动纳米等前沿新材料创新应用。① 三是推动产学研深度融合。采取"1+N"政校企院共建模式，完善产学研用协同创新机制，通过资源集成和有组织地开展科研活动，抓好前端的源头技术供给，中间的中试研发、中试熟化，后端的成果转化和产业化。

3. 推动科技成果转化和产业化

促进科技成果转化应用和产业化是培育和形成新质生产力的重要途径。四川应及时将科技创新成果应用到具体产业和产业链上，加速科技成果向现实生产力转化。一是建设高水平科创平台。布局一批特色实验室体系和产业创新平台，高水平建设国家实验室、国家大科学装置、西部（成都）科学城等创新平台和载体，支撑基础研究和原始创新，打造科技创新策源高地。依托"天府科技云"广泛汇聚创新资源、科技人才和科技成果，开展智能精准科技服务。二是建强企业创新主体。支持企业创建重点实验室、研发中心、企业技术中心等创新平台，支持企业牵头承担重大科技项目，提升企业科技创新能力和成果转化能力。三是完善科技成果转化和产业化服务体系。深化职务科技成果赋权改革，完善科技成果转化权益分配机制。实施专利转化运用专项行动，提升全省专利实施率和产业化率。建设区域技术转移公共服务平台，做优科技成果供需对接服务，提升科技成果对接转化效率。强化技术转移体系建设，探索实行"成果孵化—中试熟化—技术转移"模式，促进科技成果从实验室走向生产线。依托天府国际技术转移中心等平台加强国际科技合作，推动科技成果的国际化转化和应用。

---

① 文露敏、李欣忆：《四川实施前沿科技攻坚突破行动 部署6个重大科技专项》，《四川日报》2024年5月14日。

（三）以数实融合形成新质生产力新产业新业态

加快推进四川数字产业化和产业数字化，以数字技术创新发展和迭代更新全方位赋能新质生产力发展。

1. 提升数字产业化发展能级

一是壮大数字经济核心产业。锻强集成电路、新型显示、智能终端、高端软件等优势产业，壮大人工智能、大数据、5G、超高清视频、电子信息基础产业以及数字文创产业，优化布局电子信息、智能制造等优势产业以及人工智能、空间科技等未来产业，打造天府云数智产业园等重点项目，提升四川数字核心产业发展质效。二是打造具有全球竞争力的数字产业集群。积极培育大数据产业集群，加快发展"成德绵眉泸雅"大数据产业集聚区和"成德绵大数据走廊"，推进大数据在产业发展、政务服务、普惠民生等领域的深化应用；加快发展人工智能产业集群，建设天府新区人工智能产业聚集区，引育一批数字产业龙头企业和前沿领域高成长创新型企业；推动云计算产业集群发展，加快建设成都智算中心、超算中心，引进和培育多家链主企业和基础软硬件研发企业；推动5G产业集群突破发展，促进5G与人工智能、大数据、云计算等新技术深度融合和绿色发展，推动形成新的融合应用产业支撑体系。三是优化数字产业发展生态。完善数字产业相关政策法规，推动数字产业向智能敏捷、绿色低碳、安全可靠发展。四是促进数字产业发展区域协同。加强川渝在数字经济领域的广泛合作，共同推进一批支撑性、引领性的重大项目，共同开展产业生态优化行动，实现合作共赢。立足四川各市（州）的资源禀赋和产业基础，制定差异化的数字产业发展规划，促进各地数字产业特色化发展。

2. 全面开启产业数字化转型

一是加快农业数字化进程。加快新一代信息技术在农业全产业链的广泛应用，推动农业数字化、智能化发展；建立数字"三农"综合信息平台和覆盖全省的农业物联网平台，实现农业农村数据资源的有效整合和开放共享；在有条件的区域推动智慧无人农场、"AI+5G"人工智能种植等应用场景落地，建设智慧农业创新应用基地（园区），持续开展智慧粮油、智慧经作、智慧养殖等试点示范；加快推动"川字号"特色农产品全供应链数据资源整合，畅通农产品营销渠道。二是加快制造业数字化转型。实施制造业数字化转型行动和智能制造工程，推动制造业智能化、绿色化、融合化发展，打造全国制造业数字化转型发展高地。全面实施制造业"智改数转"行动，开展智能制造应用示范，加快探索建设智能制造工厂，打造一批省级以上制造业数字化转型标杆企业，持续提升全省规上工业企业经营管理数字化普及率。实施中小企业数字化赋能专项行动，开发集成更多符合中小企业需求、高性价比的数字化解决方案和产品，通过龙头企业引领带动上下游中小企业进行数字化转型，形成"链式"数字化模式。三是实现服务业融合创新和提能增效。推动生产性服务业向专业化和价值链高端延伸，重点发展研发设计、信息服务、金融服务、物流服务、商务服务等生产性服务业。促进生活性服务业高品质和多样化升级，推动优势生活性服务业加快升级，促进传统生活性服务业提升品质。适应消费结构升级新需求打造服务新行业新业态，提升服务功能和创新服务方式。

3. 促进数字业态跨界融合发展

一是布局融合设施。加快 5G、高速光网等数字基础设施建设，推动区块链、工业互联网、物联网等全面发展，为数字业态跨界融合提供坚实的支撑。二是强化融合创新驱动。第一，融合技术创新。应用新一代信息技术引领生产领域变革，促进数字化向企业生产核心环节延伸，提升生产效率和管理水平。鼓励和支持企业加大数字前沿技术研发投入，以技术创新推动产业创新。第二，融合模式创新。探索和实践新的商业模式和服务模式，通过线上线下融合打造沉浸式、体验式、互动式消费场景，提升用户体验和满意度。第三，融合应用创新。构建跨界融合创新平台，促进不同领域企业、科研机构和高校深度合作交流，共同开展技术研发和应用创新。三是拓展融合应用场景。推进先进制造业与现代服务业深度融合，发展数字化管理、平台化设计、个性化定制、网络化协同、服务化延伸等新模式，壮大柔性生产、云制造、共享制造、虚拟制造、工业电商等新业态。加速数字业态与传统产

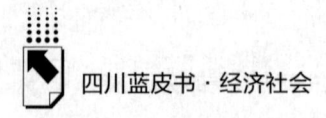

业的跨界融合，在工业、能源、交通、消费等领域打造典型应用场景，推动形成一批可复制、可推广的跨界融合应用示范项目，形成一批引领行业前沿的标杆性产品和服务。四是打造融合生态。推动不同行业、不同产业发挥优势、融合发展，创造新模式新业态，形成新的产业生态。五是出台融合政策。成立专门领导小组，完善跨部门、跨行业协同联动工作机制。设立产业引导基金，对重大跨界融合示范项目给予补助。构建财金互动体系，为重点行业和领域的数字业态跨界融合提供精准的政策支持。

参考文献

四川省发改委等：《四川省2024年"数据要素×"重点工作方案》，2024年5月。

四川省大数据中心等：《关于推进数据要素市场化配置综合改革的实施方案》，2024年1月。

四川省人民政府：《四川省数据条例》，2022年12月2日。

四川省人力资源和社会保障厅等：《四川省加快数字人才培育支撑数字经济发展行动实施方案（2024-2026年）》，2024年8月。

B.4
新质生产力促进成渝地区制造业全要素生产率提升的路径研究

蓝定香　白佩玉*

摘　要： 新质生产力促进成渝地区制造业全要素生产率提升有3条组态路径，在实践中取得了一定成效，但也存在制造业新质生产力培育尚待加强、区域间差距大、各区域的特色路径仍需探索等问题。未来应发挥新质生产力核心要素的驱动引领作用，加强区域内制造业的协同发展，深入探索具有地方特色的新质生产力组态赋能全要素生产率提升路径。

关键词： 新质生产力　制造业全要素生产率　成渝地区

党的二十届三中全会报告提出，"健全因地制宜发展新质生产力体制机制"，"大幅提升全要素生产率"，"加快推进新型工业化，培育壮大先进制造业集群，推动制造业高端化、智能化、绿色化发展"。2024年4月，习近平总书记在重庆主持召开新时代推动西部大开发座谈会时也作出了"因地制宜发展新质生产力"，"布局建设未来产业，形成地区发展新动能"等系列部署。① 成渝地区在贯彻落实这些重要精神过程中，努力探索因地制宜发展新质生产力及其促进制造业全要素生产率提升的路径。

---

* 蓝定香，四川省社会科学院研究员，主要研究方向为产业经济、国资国企；白佩玉，四川省社会科学院，主要研究方向为产业经济。
① 《新时代推动西部大开发，习近平总书记作出新部署》，https://news.cyol.com/gb/articles/2024-04-26/content_wdGedxHRVx.html，2024年4月26日。

一 新质生产力促进制造业全要素生产率提升的理论逻辑

新质生产力由技术革命性突破、生产要素创新性配置、产业深度转型升级而催生，以劳动者、劳动资料、劳动对象及其优化组合的跃升为基本内涵，以全要素生产率大幅提升为核心标志，特点是创新，关键在质优，本质是先进生产力。① 结合马克思的"劳动者—劳动资料—劳动对象"经典生产力理论，新质生产力可以由"全要素—科技—产业"构成的理论框架进行阐释。

新质生产力与产（企）业的全要素生产率之间存在显著的因果效应。一方面，新质生产力形成的劳动优化效应、要素深化效应、产业迭代效应能有效赋能产业全要素生产率。新质生产力提倡产业智能化、自动化生产，通过应用智能机器人、工业互联网等先进技术，形成劳动力替代，从而避免低效率劳动力配置。另一方面，全要素生产率是以科技进步为主导的各要素的综合生产率，主要由技术创新、组织创新、专业化和生产创新等驱动。二者之间具有深刻的内在逻辑关系——新质生产力促进制造业全要素生产率提升的理论逻辑是：制造业企业在技术创新的核心驱动作用下，通过加大研发投入，推动关键核心技术攻关和自主创新能力提升，实现劳动者技能的提升以改善劳动效率、推动劳动资料的高级化以提升资源循环综合利用效率、促进劳动对象的多样化以丰富产品类别与档次并力求个性化、建立劳动与分配机制等新型生产关系以促进生产力各要素高效协同的组织创新，从而全方位地推动制造业向高端化、智能化、绿色化发展，提高综合竞争力和产品附加值，最终实现全要素生产率的提升。

---

① 《习近平在中共中央政治局第十一次集体学习时强调：加快发展新质生产力 扎实推进高质量发展》，https://www.gov.cn/yaowen/liebiao/202402/content_6929446.htm，2024年2月1日。

二　新质生产力促进成渝地区制造业全要素
生产率提升的实践探索

近几年成渝地区的实践探索表明，制造业新质生产力促进全要素生产率的提升是新质生产力多种要素组合及其相互作用的结果，并且不同区域的主导要素及其组合状态不同。这种组态路径通过2016~2022年相关数据的实证分析可以更加明确地显现出来。同时，其实践举措及成效也进一步佐证了这些组态路径的差异与效果。

（一）实证分析

根据上述"劳动者—劳动资料—劳动对象"与"全要素—科技—产业"之间内在逻辑关系的理论分析，构建新质生产力测度的具体指标体系，如表1所示。

表1　新质生产力测度指标体系

一级指标	二级指标	三级指标	说明	属性
高科技	研发能力【劳动者】	科技人才	研究与试验发展（R&D）人员全时当量	+
			科学研究和技术服务业就业人员占比	+
	科技创新【劳动资料】	科技投入	R&D经费支出/GDP	+
			科学技术支出占财政总支出比重	+
	成果转化【劳动对象】	知识产权获取率	有效发明专利数/R&D经费	+
		新产品开发项目率	新产品开发项目数/R&D经费	+
		商业转化率	新产品销售收入/新产品开发经费	+
高效能	劳动效率【劳动者】	劳动生产率	人均GDP	+
			人均收入	+
	数智化水平【劳动资料】	数智基础设施	光缆线路长度	+
			互联网宽带接入端口	+
			IPv4地址数	+
		数智技术	人工智能专利数量	+

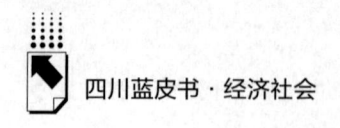

续表

一级指标	二级指标	三级指标	说明	属性
		数字政务	网上政务服务能力指数(省级政府和重点城市网上政务服务能力调查评估报告)	+
		数字化融资环境	北京大学数字普惠金融指数	+
	新质产业【劳动对象】	高技术产业	高技术产业企业数量	+
			高技术产业投资增长率	+
		战略性新兴产业	人工智能企业数量	+
			电子商务企业数量	+
高质量	人力资源【劳动者】	受教育水平	平均受教育年限	+
		人力结构	每十万人口高等学校平均在校生人数	+
			本科及以上学历就业人员数/就业人员总数	+
	质量效益【劳动资料】	生产质量	产品质量合格品率	+
		能源消耗	能源消费总量/GDP	−
	绿色低碳【劳动对象】	绿色创新	当年获得的绿色发明数量	+
		绿色覆盖率	森林覆盖率	+
		环境保护能力	环境基础设施建设投资/GDP	+
			环境保护支出/政府公共财政支出	+
		污染排放程度	氮氧化物排放总量/GDP	−
			二氧化硫排放总量/GDP	−
			一般工业固体废物产生量/GDP	−
优化组合	协同效应	市场转化	技术市场合同签订数	+
			技术市场成交额	+
		市场效益	高技术产业利润率=利润总额/营业收入	+
		产业结构合理化	$Theil_i = \sum_{i=1}^{2} \left(\frac{I_{it}}{I_t}\right) \ln \frac{\frac{I_{it}}{P_{it}}}{\frac{I_t}{P_t}}$ (其中,I为居民人均可支配收入,P为总人口数)	+
		产业结构高级化	第三产业增加值/第二产业增加值	+

遵循数据的可获取性、分析的科学性原则,选取成渝地区2016~2022年面板数据,数据来源于相关年份的《中国统计年鉴》《重庆统计年鉴》

《四川统计年鉴》等，部分缺失数据通过插补法补齐。采用数据包络模型中的 DEA-Malmquist 指数法，对成渝地区制造业的全要素生产率及其增长率进行测算；采用模糊集定性比较分析法（动态 fsQCA 方法），分析不同地区的适配组态。① 结果表明：一是"制造业 TFP"② 与 "~制造业 TFP"③ 两种结果变量中，"高劳动效率"和"高人力资源"的前因条件汇总一致性数值大于 0.9，构成"制造业 TFP"的必要条件（见表 2）。二是新质生产力促进成渝地区制造业全要素生产率的每种组态的一致性均超过 0.8，且总体解的一致性也高于 0.8，达到了充分性要求（见表 3）。三是根据各组态的核心要素，新质生产力促进成渝地区制造业全要素生产率提升的因果效应即组态路径大致可以分为三类：重庆市④是"研发强度+劳动效率+新质产业+人力资源"高效能驱动型（组态 1）、成都市是"研发能力+研发强度+成果转化+劳动效率+人力资源+协同效应"高科技主导型（组态 2）、成渝地区其他区域⑤是"研发能力+劳动效率+人力资源"劳动者核心型（组态 3）。

表 2 必要性分析结果

前因条件	制造业 TFP		~制造业 TFP	
	汇总一致性	汇总覆盖度	汇总一致性	汇总覆盖度
研发能力	0.539	0.512	0.562	0.764
~研发能力	0.751	0.545	0.641	0.665
研发强度	0.874	0.838	0.454	0.624
~研发强度	0.608	0.438	0.882	0.909
成果转化	0.668	0.575	0.682	0.840
~成果转化	0.814	0.641	0.655	0.739
劳动效率	0.975	0.838	0.465	0.145

① 为节省篇幅，此处不展示具体实证分析过程。若有读者需要，请联系笔者。
② TFP（Total Factor Productivity）为全要素生产率。
③ "~"表示条件或结果的非集；"~制造业 TFP"指导致制造业全要素生产率低。
④ 包含重庆市辖的所有区县（38 个区县），因为《中国统计年鉴》中仅能找到重庆市整体的新质生产力相关数据。
⑤ 成渝地区其他区域指成渝地区中除重庆市和成都市外的其他 14 个市（自贡、泸州、德阳、绵阳、遂宁、内江、乐山、南充、眉山、宜宾、广安、达州、雅安、资阳）。

续表

前因条件	制造业 TFP		~制造业 TFP	
	汇总一致性	汇总覆盖度	汇总一致性	汇总覆盖度
~劳动效率	0.501	0.396	0.868	0.981
数智化水平	0.568	0.488	0.699	0.859
~数智化水平	0.835	0.659	0.583	0.659
新质产业	0.536	0.536	0.572	0.819
~新质产业	0.819	0.572	0.676	0.676
人力资源	0.944	0.840	0.427	0.544
~人力资源	0.488	0.373	0.875	0.957
质量效益	0.671	0.637	0.531	0.722
~质量效益	0.707	0.185	0.733	0.761
绿色低碳	0.728	0.645	0.620	0.786
~绿色低碳	0.759	0.582	0.720	0.791
协同效应	0.663	0.559	0.703	0.848
~协同效应	0.820	0.659	0.634	0.729

注：前因条件前加"~"表示该前因条件不存在。

表3 组态分析结果

前因条件	组态1	组态2	组态3
研发能力	—	●	●
研发强度	●	●	⊠
成果转化	—	●	⊗
劳动效率	●	—	●
数智化水平	■	—	—
新质产业	●	—	■
人力资源	●	●	●
质量效益	⊗	⊗	■
绿色低碳	⊠	⊗	—
协同效应	—	●	—
一致性	0.994	0.989	0.861
原始覆盖度	0.746	0.448	0.229
唯一覆盖度	0.091	0.067	0.034
总体一致性	0.899		
总体覆盖度	0.585		

注：●表示核心条件；⊗表示核心条件缺失；■表示边缘条件；⊠表示边缘条件缺失；"—"表示前因条件对于结果的发生可有可无。

（二）组态路径的实践

1. 重庆市①高效能驱动型组态路径的实践

重庆市探索实践"研发强度+劳动效率+新质产业+人力资源"高效能驱动型组态路径的突出特点是，注重高科技的产业化应用，以提升研发强度、加快数智化进程、推动新质产业发展为核心，聚力发展"33618"现代制造业集群体系（三大万亿元级主导产业集群、三大5000亿元级支柱产业集群、六大千亿元级特色优势产业集群、18个"新星"产业集群）。2023年，重庆市出台了《重庆市高新技术企业和科技型企业"双倍增"行动计划（2023—2027年）》。在全力提升研发强度、促进高新技术企业和科技型企业"双倍增"的带动下，重庆市的新质产业迅猛发展。例如，智能网联新能源汽车（产业）已成为"重庆造"的新名片，一批重大整车项目建成投产，一批新品牌及新车型快速投放，智能网联新能源汽车产业链三大系统、12个总成、56种部件已实现全覆盖和集群式发展。其中，赛力斯汽车在持续高强度研发投入和智能制造的驱动下持续热销，2024年1~8月销量累计达279306辆，同比增长381.75%；② 2024年9月，赛力斯汽车销量达37407辆，同比增长265.09%。③ 特别是重庆长安汽车股份有限公司作为链主企业，联合50多家行业伙伴企业，在全球率先推出产业化"中央+区域"环网电气架构硬件平台——超级数智汽车平台"SDA"，通过"软硬解耦、软软分离"平台化开发，实现了汽车电动化、网联化、智能化的深度融合。又如，重庆市新一代电子信息制造业探索实践高效能驱动发展，成效显著。2023年，重庆市笔记本电脑产量达7063.1万台，连续十年全球第一；功率半导体年产量超200万片、跻身全国前三；智能手机产量7693.6万部，排名升至全国第四。

---

① 指重庆市辖的所有区县（38个区县）。
② 《赛力斯：8月新能源汽车销量同比增长479.55%》，www.xinhuanet.com/auto/20240902/1a71db493ea148ec97103f3d6329f8f0/c.html，2024年9月2日。
③ 《赛力斯新能源汽车9月销量37407辆，同比增长265.09%》，https://finance.sina.com.cn/jjxw/2024-10-08/doc-incrwchr0575568.shtml，2024年10月8日。

在"研发强度+劳动效率+新质产业+人力资源"高效能驱动下,"重庆造"产品不仅科技含量越来越高,其产业数字化、智能化进程也不断加快。截至2024年6月,重庆市已建成工业互联网标识解析顶级节点(西部唯一、全国仅有5个),培育国家级工业互联网"双跨"(跨行业跨领域)平台3家、国家级智能制造示范工厂17家,建设市级"一链一网一平台"试点项目7个,规模以上工业企业数字化研发设计工具普及率、关键工序数控化率分别达到84.8%、61.3%。重庆市"制造云"连接数千台工业设备,实现了生产流程的数字化和智能化,提高了制造业人力资源整体水平和生产效率尤其是全要素生产率,带动其制造业走上从制造到智造再到创造的跃升之路。2024年上半年,重庆市制造业投资增长13.1%,拉动工业投资增长11.0个百分点。① 预计到2027年,重庆市战略性新兴产业增加值占规模以上工业增加值的比重将提高至40%左右。

2. 成都市高科技主导型组态路径的实践

成都市制造业以重点产业的建圈强链为核心,持续探索高科技主导型组态路径,在研发能力、研发强度、成果转化、人力资源等方面均取得了显著成效。其路径的典型特征可以归纳为"六个注重"。一是注重研发能力和研发强度及研发成果转化。成都市不仅持续强化天府新区创新策源功能,推进成渝(兴隆湖)综合性科学中心和西部(成都)科学城建设,加强成都国家自主创新示范区和成德绵国家科技成果转移转化示范区建设,加快建设成都科创生态岛,打造成德绵眉乐高新技术产业带,而且突出行业应用牵引作用,通过建设先进技术成果西部转化中心等平台,全面加强科技成果与市场需求的有效对接。例如,支持各类卫星应用终端产品研发和成果转化,对经认定的首台(套)、首批次、首版次创新产品,按产品实际销售总额分别给予研制和应用单位不超过300万元的补贴。② 这些举措显著促进了科技成果

---

① 《2024年上半年重庆市经济运行情况》,https://mp.weixin.qq.com/s,2024年7月19日。
② 《成都市经济和信息化局等12部门关于印发成都市支持制造业高质量发展若干政策措施实施细则的通知》,https://cdjx.chengdu.gov.cn/gkml/xzgfxwj/1174297711176843264.shtml,2023年11月15日。

的商业化应用，加快了高端制造业发展。四川的3个世界级先进制造业集群①均直接得益于成都市高端制造业的支撑；2024年8月《财富》公布的世界500强排行榜中四川3家本土企业的总部均在成都，9月公布的中国500强中四川上榜的19家企业中14家企业的总部在成都；国、省布局的一批重大科技专项和战略性新兴产业主要由在蓉研发机构和链主企业牵引。例如，国家在成都布局西部（成都）科学城、超算成都中心、成都智算中心等。截至2023年，成都有国家高新技术企业13146户，是排第二位的绵阳市（838户）的15.67倍；②四川23个省级战略性新兴产业集群中，成都市有12个；在工业和信息化部开展的中国软件名城综合评估中，成都居第6位，列副省级城市第4位、中西部首位。二是注重人力资源和劳动效率。成都市围绕电子信息等30条重点产业链，专门制定了"成都市产业建圈强链人才计划"，积极引进中国工程院院士等国内外高端人才及先进技术，充实制造业领军人才队伍，同时不断优化人力资源配置、加强技能培训、提高劳动者素质，推动劳动效率显著提高乃至整个制造业高端化发展。例如，成都高新区面向全球引进符合其主导产业建圈强链方向、具有突出技术创新能力的急需产业创新领军人才，给予最高2000万元的支持。三是注重推进数字化、智能化发展。2023年，东方电气集团自主研发的"东智同创Co-Plat工业互联网平台"入选国家级工业互联网"双跨"平台；获评全国首批中小企业数字化转型试点城市；落地国家"星火·链网"（成都）超级节点，建成标识解析国家顶级托管灾备节点（全国仅2个）；培育2家全球"灯塔工厂"；累计引导10万余家企业上"云"，规模以上工业企业上云率达到79%，建成158家市级智能工厂和数字化车间，初步形成"数字化车间—智能工厂—国家级示范工厂/灯塔工厂"体系；工业化与信息化"两化融合"贯标认证企业已达1146家。成都市提出，到2025年底，将完成360家以上试点

---

① 《工业和信息化部公布45个国家先进制造业集群名单》，https://www.gov.cn/xinwen/2022-11/30/content_5729722.htm，2022年11月30日。
② 《四川布局建设23个省级战略性新兴产业集群》，https://www.gov.cn/xinwen/2023-01/08/content_5735605.htm，2023年1月8日。

企业数字化改造，智能终端等5个试点行业规模以上工业中小企业数字化水平二级及以上比例达到90%以上；培育30家以上优质数字化服务商，打造20个以上中小企业数字化转型标杆。① 四是注重建设良好的产业生态圈。成都市围绕制造业重点产业链，有的放矢地给予产业基金支持，既倾力引导、培育链主企业，又注重行业公共平台和人才队伍建设，还大力培育中介服务体系。五是注重发挥对四川全省制造业的主干引领作用。成都市通过不断深化成德眉资同城化发展，加快建设轨道上的都市圈，共建成德临港经济产业带、成眉高新技术产业带、成资临空经济产业带等，发挥其作为全省制造业主干的作用，引领全省制造业高质量发展。六是注重加强与重庆市制造业的协同发展。成都市在努力做强成渝地区双城经济圈制造业的极核引擎基础上，注重依托天府新区与重庆市两江新区等重大产业发展平台，协同推进世界级"成渝地区电子信息先进制造集群"等重点产业集群建设与发展，引领川渝制造业全要素生产率提升。同时，通过加快成都东部新区制造业发展、支持成渝主轴节点城市制造业融合发展等，推动成渝地区中部崛起（四川8市和渝西8区）；推进万达开川渝统筹发展示范区、川南渝西融合发展试验区等建设，促进川东北、渝东北制造业一体发展，带动成渝地区制造业北翼振兴、南翼跨越（涪江流域川渝9地协同发展）；高度重视未纳入成渝地区双城经济圈规划范围的区域的制造业培育和发展，通过与四川阿坝等地合作建设（飞地）园区等多种方式，支持区域间制造业协调发展。

3. 成渝地区其他区域②劳动者核心型组态路径的实践

成渝地区除重庆、成都外的区域，在探索新质生产力促进制造业全要素生产率提升路径中，虽然存在较大差异，但共同的特点是，劳动者要素发挥的作用十分关键。这些区域的制造业总体上发展不足，其新质生产力尚处于

---

① 《2025年底，成都将完成360家以上试点企业数字化改造》，https://www.sc.chinanews.com.cn/shouye/2024-05-19/209671.html，2024年5月19日。
② 成渝地区中除重庆市和成都市外，包含在成渝地区的其他14个市（自贡、泸州、德阳、绵阳、遂宁、内江、乐山、南充、眉山、宜宾、广安、达州、雅安、资阳）。

初步培育阶段。在研发强度不高且成果转化不足的情况下，这些区域主要通过较高的研发能力、劳动效率和人力资源促进制造业全要素生产率提升。其中，成渝毗邻地区近年来不断加快布局发展医疗器械、钒钛新材料、锂电池等先进制造业。比如，四川资阳医疗器械产业被列入四川省首批特色优势产业试点名单，资阳的"中国牙谷"成为全国最大的口腔产业聚集地。特别是成渝中线科创走廊正在加快建设，新建或整合组建研究型高等院校、科研院所，布局建设成都、重庆的研发分支机构或新型研发机构等创新平台，推动成渝毗邻地区制造业加快崛起，新质生产力促进其全要素生产率提升的核心要素将逐步由劳动者要素转化为科技要素。

（三）存在的不足

从成渝地区新质生产力促进制造业全要素生产率提升的总体情况看，存在的不足如下。

1.制造业新质生产力的培育尚待加强

与东部发达地区相比、与加快成渝地区双城经济圈建设的战略要求相比，成渝地区制造业尚处于聚集高端要素、培育新质生产力的阶段，新质生产力培育的总体规模和质量均待加强。例如，成渝地区有3个先进制造业集群入选工信部公布的45个世界先进制造业集群名单，数量虽居西部第一，但与江苏（10个）、广东（7个）、浙江（4个）、湖南（4个）相比仍存在较大差距。其中，领军企业不足是比较突出的问题。例如，2024年公布的中国企业500强中四川19家、重庆10家，虽然遥遥领先于西部其他区域，但是与前5位省份均有40家以上相比差距甚大，若从"数智制造"等新质生产力角度看，则差距就更大了。特别是近年川渝科技研发机构的一些成果到沿海地区进行转化、产业化的现象从源头制约了成渝地区制造业新质生产力的培育。

2.制造业新质生产力发展的区域差距较大

成渝地区的极核城市重庆、成都的综合条件较好、资源聚集力较强，其制造业新质生产力发展的速度较快、质量较高，其他区域的条件总体上偏弱

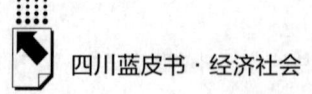

且新质生产力资源被极核城市"虹吸"偏多而辐射偏少，导致成渝地区制造业新质生产力发展的极化效应明显、区域间差距较大。其中，成都、重庆毗邻区域虽已开始布局先进制造业，但基础较弱、发展较慢，规模总体偏小，"毗邻塌陷"现象仍较严重。

3. 各具特色的区域路径仍需探索

近年来新质生产力促进成渝地区制造业全要素生产率提升的3条组态路径在实践中取得了一定成效，但由于各区域情况差异较大，3条组态路径中新质生产力核心要素的驱动引领作用并不完全相同，如研发强度、劳动者素质与数智化转型的匹配程度等差异较大，尚需根据各区域的实际情况，因地制宜地深入探索，形成特色。例如，即便在成渝地区总体上较滞后的"其他区域"中也有制造业新质生产力培育速度较快、效果较好的绵阳、宜宾等，因此应深入挖掘各区域的独特优势，探索促进当地制造业全要素生产率提升的特色路径。

三 对策建议

综合前文的研究，结合已有实践中存在的不足，针对新质生产力促进成渝地区制造业全要素生产率提升路径提出以下建议。

（一）发挥核心要素的驱动引领作用，加快培育新质生产力

在5G、人工智能等数智化技术大力发展的背景下，成渝地区应充分发挥新质生产力中研发能力、成果转化、新质产业、人力资源、劳动效率等核心要素的驱动引领作用，深化改革、优化培育新质生产力的体制机制，因地制宜完善这些核心要素与制造业之间的协调配合以及长效互动机制，推动传统制造业加快转型升级、培育战略性新兴产业和未来产业等新产业、新赛道、新业态，进一步促进新质生产力发展进而提升制造业全要素生产率。

（二）加强区域间制造业协同发展，努力缩小区域差距

四川省、重庆市应积极研究制定更具针对性的政策，深入探索GDP、利税等分享机制建设，促进成渝地区各区域间制造业协同发展，共建现代化制造业（集群）体系，提升制造业全要素生产率。其中，现阶段应重点培育发展成渝毗邻地区的先进制造业，大幅提升这些地区与成都、重庆极核城市之间的产业协同发展效率，促进"毗邻塌陷"向"毗邻崛起"转变；同时，要推进万达开川渝统筹发展示范区制造业平台、载体建设，加快川东北、渝东北制造业一体化发展。通过这些重点区域的发展，带动成渝地区各区域之间制造业新质生产力协调发展。

（三）探索各具区域特色的路径，梯次培育新质生产力

"高科技—高效能—高质量"的联动匹配进而促进成渝地区制造业全要素生产率提升的机制具有多重并发性、非对称性和多种路径等效性。成渝地区应从整体组态视角出发，根据当地拥有的要素条件尤其是独特优势，挖掘具有特色的新质生产力组态赋能路径，因地制宜地促进制造业全要素生产率提升。其中，成渝地区中除重庆（主城区）、成都外的其他区域情况差异较大，可以深入、细化探索三种"梯次"赋能路径：重庆（主城区）和成都周边区域，应在与重庆（主城区）、成都制造业协同发展基础上，充分发挥自身独特的制造业优势，努力引进和培育领军企业，打造全国甚至世界级先进制造业集群，形成"次极核"城市；离重庆（主城区）和成都稍远、基础尚可的区域，应加强与"次极核"城市制造业的互动协同发展，共建先进制造业集群；其他远离重庆（主城区）和成都、制造业基础较弱，尤其是以生态功能为主的区域则应作为制造业的储备区域，待条件成熟后才转向发展先进制造业。

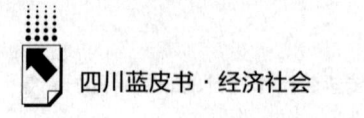

参考文献

胡莹、方太坤：《再论新质生产力的内涵特征与形成路径——以马克思生产力理论为视角》，《浙江工商大学学报》2024年第2期。

蔡湘杰、贺正楚：《新质生产力何以影响全要素生产率：科技创新效应的机理与检验》，《当代经济管理》2024年第10期。

冯驿驭：《从制造到智造再到创造——重庆工业转型实现"三级跳"》，https：//www.12371.gov.cn/Item/652644.aspx，2024年6月13日。

B.5 新质生产力背景下促进四川省科技创新与产业创新深度融合的路径研究

周 杰 朱艳婷*

摘 要： 科技创新是发展新质生产力的核心要素，四川省在科技创新方面拥有良好的基础，具备培育发展新质生产力的优势，但也存在科技攻关与产业发展脱节、产业核心竞争力有待提升、创新主体作用不够突出、人才评价体系仍然有待完善、科技创新和成果转化要素支撑不强等问题。为此，四川省要通过构建高质量科技创新体系、强化企业创新主体地位、夯实产研融合生态基础、打造复合型战略人才库、构建创新生态系统等，有效促进科技创新与产业创新深度融合，推动经济高质量发展。

关键词： 新质生产力 科技创新 产业创新

新质生产力是一种先进生产力，强调了创新在经济发展中的核心作用，是技术层面、发展理念、发展模式和发展路径的全面革新。推动新质生产力发展必须注重科技创新与产业创新的深度融合，通过构建创新驱动的发展体系，提升整体经济的竞争力与可持续发展能力。

习近平总书记在全国科技大会、国家科学技术奖励大会、两院院士大会等多个重要会议上都强调，要扎实推动科技创新和产业创新深度融合，助力发展新质生产力。这些重要论述阐明了科技与产业的创新链条有序衔接、互

---

* 周杰，四川省社会科学院产业经济研究所副研究员，主要研究方向为产业经济、区域经济发展；朱艳婷，四川省工程科技发展战略研究院（四川省高新技术产业研究院）高级经济师，主要研究方向为区域经济、产业经济与创新发展。

动融合的内在逻辑与有效路径，为推动高质量发展、加快发展新质生产力提供了重要指引。作为我国发展的战略腹地，四川在全国创新版图上位置特殊。近年来，四川省加速突破关键核心技术，重大科技平台强力起势，先进制造业优势突出，具有加快形成新质生产力的优势。中共四川省委十二届五次全会把"统筹好科技创新和产业创新"列为"五个统筹"之首，把科技创新和产业创新作为整体进行谋划，充分体现了促进创新链产业链深度融合的必要性和紧迫性。

一 四川省科技创新和产业创新融合发展的现状

四川是西部地区的重要省份、成渝地区双城经济圈建设的重要组成部分，科教人才资源富集、工业门类齐全，近年来，通过积极布局战略科技力量、培育壮大企业创新主体，围绕产业发展积极组织科技攻关、促进成果转化，在推动科技创新与产业创新深度融合方面取得积极进展，科技创新已成为四川省推动产业优化升级、促进经济社会发展的重要支撑和关键力量。2023年，四川省在区域创新能力评价中居全国第十，较2022年提升两个位次。①

（一）关键核心技术攻关取得显著成效

充分发挥政府引导作用，通过统筹谋划、组织实施科技攻关项目突破一批关键核心技术，促进产业链和创新链融合。聚焦电子信息、装备制造、食品轻纺、能源化工、先进材料、医药健康等六大优势产业，研究编制产业技术创新图谱，从基础研究、自主可控、提质增效等方面梳理关键核心技术问题，统筹谋划科技攻关要点；围绕钒钛稀土、轨道交通、集成电路与新型显示、航空与燃机、工业软件及信息安全等领域组织实施省级重大科技专项。2023年，全省共获批国家科技项目2386项、中央财政资金55.2亿元，② 通

---

① 《从三组数字看四川科技创新春潮何来》，《四川日报》2024年3月7日。
② 《向总书记报告·一线调研①丨点燃创新"点火系"》，四川在线，https：//sichuan.scol.com.cn/ggxw/202407/82574179.html，2024年7月25日。

过实施前沿科技攻坚突破行动,全面启动人工智能、航空航天、先进装备、生物制造、清洁能源、先进材料等多个前沿领域的重大科技专项,着力突破一批关键核心技术,为四川省突破"卡脖子"技术难题、促进产业创新发展提供有效支撑。

(二)前沿技术成果不断实现产业化落地

近年来,四川省充分发挥中央在川科研院所等战略科技力量的作用,大力实施科技成果转化的"聚源兴川"行动,支持中央在川大院、大所、大学与本地企业牵手合作,促进创新成果就地转化,着力推动科技创新和产业发展的融合对接。2023年,全省支持产学研合作成果转化示范项目98个,北斗三号基带芯片、大飞机新型起落架系统等一大批高校科研院所的重大科技成果实现了在四川的有效转化与应用。同时,四川省不断完善科技服务体系,通过建设科技服务业集聚区、科技成果转移转化示范区,构建"1+N"中试研发体系,建设众创空间、科技企业孵化器等方式,持续提升科技成果转移转化能力,加快科技成果向现实生产力转化。2023年,全省技术合同成交额1951.6亿元、同比增长18.3%。[①] 截至2024年6月,全省已建成智能硬件、集成电路封装、无人机等省级中试研发平台11家,各类中试研发平台达到160家。

(三)创新体系的整体效能显著提升

四川省持续加强战略科技力量建设,聚焦重点产业布局建设产业技术创新平台,培育壮大企业创新主体,不断提升创新发展支撑能力,增强创新体系效能。以国家实验室为引领的实验室体系更加完善,国家实验室建设实现良好开局,全国重点实验室加快优化重组,天府永兴、绛溪、兴隆湖、锦城实验室等4个省级实验室实现实体化运行,锦屏深地实验室二期已正式投入科研运行,高海拔宇宙线观测站发布迄今为止最亮的伽马射线暴,新一代人

---

① 《从三组数字看四川科技创新春潮何来》,《四川日报》2024年3月7日。

造太阳装置面向全球开放。① 重大产业技术创新平台加快建设，聚焦六大优势产业、战略性新兴产业等重点领域布局建设了一批技术创新中心、工程技术研究中心等创新平台，国家川藏铁路技术创新中心成都研发基地建成投用、国家高端航空装备技术创新中心揭牌运行，促进了科研资源的优化配置与共享。企业创新主体地位持续增强，印发《实施创新型企业培育"三强计划" 打造科技创新体集群行动方案（2023—2024年）》，加快构建"强领军、强主干、强基础"的创新型企业梯次培育体系，2023年末四川省拥有高新技术企业1.7万家、同比增长16.1%，科技型中小企业2.1万家、同比增长13.2%。② 同时，为了充分发挥企业在创新中的主导作用，四川省支持行业龙头企业联合高校院所、产业链上下游企业组建动力电池等创新联合体，合力开展"卡脖子"技术、关键核心技术攻关，为促进科技创新与产业需求的有效对接提供有力的支撑。

（四）科技体制改革向纵深推进

职务科技成果权属改革是四川在全国率先推出的一项重大原创性改革，核心是科技成果分割确权，实现从"纯粹国有制"到"混合所有制"、从"先转化后确权"到"先确权后转化"。2024年1月，四川省印发《关于全面深化职务科技成果权属制度改革的实施方案》，全面推广职务科技成果混合所有制改革、职务科技成果转化前非资产化改革等经验，推动职务科技成果转化"再次突围"。截至2024年7月，全省完成职务科技成果分割确权2407项、较2017年（改革初期）增长近10倍，合作或新成立公司732家、较2017年增长超11倍，带动企业投资近220亿元、较2017年增长超73倍，有效激发各类科技创新主体活力。③ 同时，四川省积极深化科研项目组织管理改革，推进科研经费"包干制"试点，探索"揭榜挂帅"等科研项

---

① 《四川：一体推进科技创新和科技成果转化》，《科技日报》2024年2月2日。
② 《着力打造西部地区创新高地》，《四川日报》2024年7月25日。
③ 《打通科技成果转化"最后一公里"》，https：//cdst.chengdu.gov.cn/cdkxjsj/c108732/2024-07/19/content_ 3b87e3046b51464a8ba9790362a88bce.shtml，2024年7月19日。

目组织方式,通过改进科研项目组织管理方式,探索解决在产业技术攻关组织过程中出现的科研攻关与成果应用脱节问题的新模式。

二 四川省科技创新和产业创新融合发展存在的问题

四川省在科技创新和产业创新融合发展方面取得了一定的进展,但仍面临多重挑战,包括科技与产业脱节、产业核心竞争力不强、企业创新主体地位不够突出、创新人才短缺等,制约了四川省在新质生产力发展和经济高质量发展方面的进程。

(一)科技攻关与产业发展仍存在脱节

科研项目与市场需求存在错位,在加快发展新质生产力的宏观背景下,政府在平台建设、项目组织等方面积极发挥引导作用,推动科技创新和产业创新深度融合,但全省科技攻关、技术研发仍以高校、科研院所为主,而很多科研院校所掌握的科研项目是基于研发人员兴趣或者前沿热点设置,缺乏对市场的深入调研,导致科研院所的科技成果多注重学术理论,与企业需求、市场之间存在一定程度的脱节。科技成果转化还需进一步加强,与市场存在错位的科研项目导致很多科研成果转化价值不高,加之科研单位对科研人员的考核导向并不注重成果转化应用,使得科研人员推动成果转化的动力不足,高校和科研机构的技术输出能力较弱。此外,当前全省产学研各方优势互补、互惠共赢的合作机制尚不健全,科研院校技术转移机构在与地方、企业合作的过程中,往往存在对接精准度低、工作效率低,缺乏有效的、多层次的合作形式等问题,导致很多高校和科研单位在地方设立的技术转移机构没有发挥应有的作用。

(二)产业核心竞争力有待提升

经济大而不强、工业全而不优的问题依然存在,全省制造业仍然处于产业链价值链的中低端,高附加值环节发育不足,关键环节缺失和结构性短板较突出，传统产业特别是基础型、原材料型产业占比高。产业关键技术"卡脖子"问题仍然突出，核心竞争力有待进一步提升。2023年，工信部公布的智能制造示范工厂与优秀场景名单中，212家工厂入选智能制造示范工厂揭榜单位，605家企业则凭借其智能制造场景入选优秀场景。四川虽然取得了积极进展，有5家企业入选智能制造示范工厂，17家企业的25个场景获评优秀，但相较于全国总量而言，四川的入选数量仍显不足。另外，四川优势领域缺乏具有竞争力强、能够主导行业生态和资源整合的本土链主企业，在提升产业创新力、竞争力方面缺少发挥引领支撑作用的领军型企业，2024年全省进入中国最具价值500强品牌的仅有17个，仅有3家进入全球500强的本土企业。

（三）企业创新主体作用有待进一步提升

近年来，四川省持续加大创新型企业培育力度，壮大创新型群体规模，创新型企业培育取得良好成效，但与先进省份相比仍然存在较大差距。截至2023年末，四川高新技术企业数量达到1.7万家，在全国列第10位。企业数量仅分别为排名前两位的广东（7.5万家）、江苏（5.1万家）的22.7%和33.3%，与中部的湖北、安徽、湖南相比也有明显差距。企业研发活动水平偏低，2022年四川省企业研发经费占全省研发经费的比重仅为60.3%，远低于全国约77.7%的平均水平，与广东的87.1%、江苏的87.6%相比差距更大，企业作为创新主体的作用还未得到充分发挥。

（四）科技人才评价体系仍然存在不足

四川省自主创新能力有待提高，区域创新资源配置不均衡，军工科技优势未得到充分发挥，创新人才的活力没有得到充分释放，科技与经济结合仍不够紧密等问题依然存在。科技人才评价体系仍然有待完善，当前四川省正在推进科技人才评价改革试点，但相关工作仍然处于初步阶段，尚未建立起针对不同类型科技人才的分类评价标准，重学历轻能力、重资历轻业绩、重论文轻贡献、重数量轻质量等问题依然存在，企业主体、社会组织和市场认可的多元评价机制尚未形成。部分人才政策还没有真正落地,政策红利没有充分显现,创新人才队伍不稳定现象较为突出。

(五)科技创新和成果转化的要素支撑还需增强

产业创新型人才不足,行业领军人才较缺乏,两院院士主要集中在中央、在川高校院所和国防科工系统,企业高层次创新人才缺乏,特别是重大科研项目、重点学科等领域领军人才严重不足。科技金融支撑力度不够,金融机构支持科技成果转化的风险分担机制尚不完善,对科技成果转化的信贷支持力度不足,导致大多数地区的科技型企业面临融资难题,资金获取渠道受限,影响了其创新发展和技术转化进程。政府引导基金在成果转化及产业化项目的引导和支持方面作用发挥得不够充分,在投早投小投硬科技方面还需加强。中试环节基础薄弱导致成果与量产脱节,聚焦支柱产业发展的共性技术研发平台和试验验证、计量测试以及检测平台发展相对滞后,未能充分满足行业需求,如先进材料领域的中试平台基本处于空白。转化服务平台不够专业,转化生态链不完善,科技成果转移转化工作流程复杂、环节较多、涉及面广,亟须专业的技术经纪团队、健全的运行机制及高效的成果转化服务支撑。

三 促进四川省科技创新与产业创新深度融合的路径建议

在新质生产力的驱动下,四川省需通过构建高质量科技创新体系、强化企业科技创新主体地位、构建多层次的人才培养体系、优化产研融合生态等,有效促进科技创新与产业创新深度融合,进一步为四川经济高质量发展注入强劲动力。

(一)弥合技术和产业的鸿沟,推动全链条创新

一是推动创新链与产业链深度融合。针对四川省重点产业重点领域,布

局建设重点实验室、技术创新中心、产业创新中心等一批重要的产业技术创新平台，推动现有产业技术创新平台在技术攻关、成果转化等方面充分发挥作用；支持有条件的企业组建行业研究院，带领全行业突破技术瓶颈，促进本行业的前沿技术发展，引领全行业创新发展。鼓励龙头企业联合产业链上下游企业、高校、科研院所等组建创新联合体，共同开展关键核心技术攻关，因地制宜地建立合理的利益共享机制，多方共享科研成果。

二是聚焦重点领域实施重大科技专项。积极发挥重大科技专项的支撑和牵引作用，围绕经济社会发展需求，在关系全省长远发展的重点领域统筹部署重大科技项目，集中攻克集成电路与新型显示、工业软件、高端通用芯片、航空与燃机、钒钛资源、轨道交通、智能装备、生命健康、生物育种和新能源等重点领域关键核心技术。

三是围绕产业链提升创新策源能力。强化前沿技术前瞻布局和战略研究，充分利用四川省基础研究领先科学家专项、四川省自然科学基金、国家自然科学基金区域创新发展联合基金（四川）等，支持脑科学、干细胞、生物医学材料等基础研究和前沿科学领域项目，强化基础研究的统筹协调、系统部署、多元投入、政策支持，着力提升基础研究和技术攻关能力，实现前瞻性基础研究、引领性原创成果重大突破。

（二）强化企业科技创新主体地位，扩大高质量科技创新供给

一是进一步增强并发挥企业创新主导权。企业作为科技创新的核心主体，应被赋予更大的决策权与自主权。政府应进一步加大创新型企业培育力度，引导企业加大研发投入，支持企业成为技术创新、科研组织及成果转化等关键环节的主导者，鼓励其根据市场需求和技术发展趋势，自主确定创新方向和路径。同时，加大对科技领军企业的培育与扶持力度，发挥其在产业链上下游的引领带动作用，促进产学研深度融合，形成协同创新生态。

二是优化创新环境与资源配置。为激发企业创新活力，需进一步优化创新环境，包括加强知识产权保护、完善科技成果转化机制、降低创新成本等。政府应制定更加灵活的政策措施，鼓励企业增加研发投入，特别是面向

国家战略需求和行业关键技术领域的投入。同时，推动创新资源的优化配置，通过建设科技创新平台、共享创新设施等方式，提升资源利用效率，降低创新门槛，为中小企业和民营企业提供更多创新机会。

（三）夯实产研融合生态基础，打造产业创新制高点

一是提升资源型产业发展水平。通过技术创新推动全省资源型产业发展，从依靠资源、资本、劳动力等传统要素驱动向创新驱动转变。重点支持白酒、钒钛、天然气（页岩气）等主要依赖资源价格竞争的传统企业通过技术创新，提升资源综合利用率，延伸产业链，打造产业新优势。

二是加快推进科技成果转化为现实生产力。组织协调重点园区内产业领域的龙头企业打造该行业的中试共享平台，鼓励部分龙头企业将部分生产线作为中试基地，将本行业的创新技术引导至该生产线进行中试生产，打通从实验室成果到产业化技术的通道，破除科技成果转化"中梗阻"。鼓励企业积极吸纳并推动国内外高校、科研机构重要创新成果在四川实现转移转化及应用，对企业委托省内高校、科研机构实施的科技研发项目给予资金支持。

三是组建新型研究平台推广科研成果。组建四川省新型科技平台，引入国家级科研机构共同组建平台，重点以促进成果转移转化为考核导向，立足全省实际，围绕六大优势产业重点领域的专利技术进行转移转化，通过技术成果出售和技术成果引入投资相结合的模式，注重产业合作机制的建设和完善，打造高效务实的科技成果转移转化平台，充分发挥平台在带动本省产业转型升级中的作用。

（四）打造复合型战略人才库，培育靶向化的全方位人才体系

一是构建多元化人才引入与培养机制。构建多元化的人才引入机制，广泛吸纳来自不同领域、拥有不同背景和专长的优秀人才，吸引具备跨界融合能力、创新思维和快速学习能力的人才。同时，建立全方位的人才培养体系，结合专业技能培训、领导力发展、创新思维激发等多个维度，为人才提供个性化、定制化的成长路径。

二是深化人才发展改革。激发人才创新创造活力，实施海内外高层次人才引进计划、高层次人才特殊支持计划等，加快培养高精尖短缺人才和高水平创新团队。搭建人才发展平台，深化省校（院、企）战略合作，积极联络组织两院院士等高层次人才深入园区、企业开展对接，解决发展难题。完善人才工作体系，强化人才服务保障。

三是构建专业培训平台打造技术经纪人队伍。建设技术经纪人培育平台，负责在全省开展技术经纪人培训，聚焦社会创新人士、科研机构和高校教职工以及企事业单位技术人员等，构建合理的培训体系，建设产业领域布局合理、功能层次明晰、技术转移链条全面、具有四川特色和优势的专业技术经纪人队伍。

（五）构建创新生态系统，形成政策协同的制度生产力

一是优化财政投入绩效评价机制。关键核心技术攻关存在风险高、不确定性大、短期难见效等特征，因此要有长期科技财政投入规划，在加大对关键核心技术攻关的财政投入力度的同时，进一步优化财政投入绩效评价机制，拉长财政绩效的评价周期，完善评价指标体系，建立财政投入及评价的长效机制。

二是建立宽容创新失败体制机制。对于未达成预期目标但蕴含重大探索价值的科技创新项目，通过严谨的专家评议机制，确保有价值的研究得以延续并探索多元技术路径。针对具有潜在市场价值却未及时转化的成果，实施精准资助策略，助力其破除产业化瓶颈。对于创业受挫的科技型中小企业，若其展现持续创业潜力并承诺留驻本省，则提供定制化无偿资助，并为优质团队与创业者提供"一案一策"的长期稳定支持，以促进创新生态的良性循环与高质量发展。

三是营造优质创新服务环境。从人才保障、产权保护、金融支持等领域着手，加强社会化科技中介服务体系建设，设立专业的科技咨询及服务机构，为企业提供全方位的技术创新指导、咨询及支持服务。提升创新创业公共服务平台能力，拓展众创空间市场化、专业化服务功能，引入"孵化+创

投""孵化器+商业空间"等新型创新创业孵化器，提升科技孵化载体运行效率与质量。

四是深化职务科技成果权属制度改革。深化国有知识产权的归属和权益分配机制改革，赋予科研机构和高等院校更大的知识产权处置自主权，允许包括国有高校院所主要领导在内的职务发明人或设计人依法享有职务发明知识产权权益混合改革激励政策。鼓励高校院所、职务发明人或设计人通过协议约定方式与转移转化机构共享职务发明创造知识产权所有权收益权。简化对非财政收入的管理流程，高校、科研机构等与外部单位合作所产生的收入均非财政投入，简化对该部分收入的管理流程。

参考文献

任保平、豆渊博：《新质生产力：文献综述与研究展望》，《经济与管理评论》2024年第3期。

杜传忠、李钰葳：《强化科技创新能力加快形成新质生产力的机理研究》，《湖南科技大学学报》（社会科学版）2024年第1期。

陈劲、尹西明：《强化企业创新主体地位 加快建设世界科技强国》，《科技中国》2022年第10期。

洪银兴：《围绕产业链部署创新链——论科技创新与产业创新的深度融合》，《经济理论与经济管理》2019年第8期。

周杰：《公园城市示范区建设背景下成都市产业创新的思考与建议》，《现代商贸工业》2022年第24期。

B.6
新质生产力视域下四川高水平开放路径研究

冉 敏*

摘 要： 当前在国际产业链重构、国际经贸规则重塑和国内大力培育发展新质生产力的新形势下，四川高水平开放面临新的要求。四川现有开放模式和开放水平不足以充分支撑新质生产力的培育与发展。因此，未来四川的高水平开放应进行调整，主要从以下四个方面来展开：推进制度创新，吸纳优质科研资源聚集；提高安全韧性，布局全球产业链；参与国际治理，对标国际经贸与科研规则；推进协同开放，厚植新质生产力战略腹地。

关键词： 新质生产力 高水平开放 制度创新 安全韧性 协同开放

一 新质生产力视域下的高水平开放内涵

2023年7月，习近平总书记在四川视察时指示四川应构筑向西开放战略高地和参与国际竞争新基地。① 2024年1月，习近平总书记在中共中央政治局第十一次集体学习时强调，新质生产力是创新起主导作用，摆脱传统经济增长方式和生产力发展路径，具有高科技、高效率、高质量特征，符合新

---

* 冉敏，博士，四川省社会科学院区域经济研究所助理研究员，主要研究方向为城市经济与对外开放。
① 《四川如何以构筑向西开放战略高地和参与国际竞争新基地助力中国式现代化?》，《四川日报》2024年5月6日。

发展理念的先进生产力质态。① 新质生产力作为先进生产力，以高度信息化、知识密集化、绿色环保化、跨界融合化、创新驱动化和新型服务化为特征，对高水平开放赋予了新的内涵。

因此，如何与新质生产力培育发展共成长、如何为新质生产力赋能是四川高水平开放在新时代面临的重大课题。

（一）开放基础改变，由要素型开放转向制度型开放

在新质生产力视域下，高水平开放从传统的资源要素双向开放转向规则制度双向开放。通过破解经济循环中的堵点、卡点，构建更高水平的开放型经济新体制。相对于传统的商品贸易服务等要素为主的对外开放，其更侧重于规则、制度、管理和标准等的开放。新质生产力视域下的高水平开放要求中国对标现有的先进国际规则，也促使中国参与新型国际规则的制定与治理，通过市场化和法治化的手段推进开放。

（二）开放目标改变，由经济利益为主转向安全与经济利益并重

在新质生产力视域下，高水平开放的主要目标是在全球布局发展新质生产力产业链。产业链是新质生产力发展的重要载体，正如习近平总书记指出的那样，围绕发展新质生产力布局产业链，提升产业链供应链韧性和安全水平。② 基于新质生产力的韧性产业链，需要吸纳和整合全球优质资源和市场，尤其是全球高端技术资源。基于当前国际局势，围绕新质生产力布局的韧性产业链，还需要发展科技含量高、市场竞争力强、带动作用大、经济效益好的战略性新兴产业，把科技创新真正落到产业发展上。③

---

① 《习近平在中共中央政治局第十一次集体学习时强调：加快发展新质生产力 扎实推进高质量发展》，https://www.gov.cn/yaowen/liebiao/202402/content_6929446.htm，2024年2月1日。
② 《围绕发展新质生产力布局产业链》，http://www.xinhuanet.com/tech/20240207/ae542dddd9734f9e80be402d41654d2a/c.html，2024年2月4日。
③ 赵吉：《围绕能源产业链部署科技创新链的有关建议》，https://www.imast.org.cn/c/2022-02-24/12670.shtml，2024年2月24日。

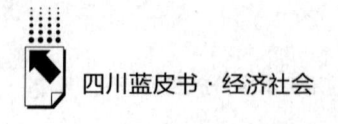

（三）开放关系改变，由贸易伙伴转向协同创新共同体

在新质生产力视域下，高水平开放侧重于产业链中的国际创新与技术交流和合作，推动传统贸易伙伴关系转向国际协同创新共同体关系。合作伙伴间的优质生产要素流动，尤其是创新资源、要素和人才的流动不再是贸易伙伴间简单的贸易关系，而是产业链上相关利益者相互融入的合作共赢关系。这种新型合作关系，使得合作伙伴间彼此借鉴，相互学习，彼此赋能，相互成就，形成互利共赢的共生关系。因此，如何在坚持自主创新的基础上，引导和参与国际原创性和颠覆性科技创新，建立和融入国际科技创新网络，成为高水平开放的重点与难点。

（四）开放路径改变，由被动融入转向主导引领

在新质生产力视域下，高水平开放从传统的被动融入全球化经济网络逐渐转向主动引领国际创新网络的战略转型。通过主动参与制定国际经贸规则，引领国际技术创新，才能在全球范围内合理配置创新资源，从而培育与发展先进生产力，突破以美国为首的部分国家对我国进行的先进技术和重要资源要素的封锁与限制，培育开放发展新优势。因而，主动参与和引领国际创新网络成为我国新时期高水平开放的重要路径。

二 四川高水平开放的实践特征

四川不沿边、不靠海，是典型的内陆省份，但是自古就依托茶马古道和南方丝绸之路商通四海。[①] 对外开放，是推动四川聚集优质资源、融入全球产业链、提升国际竞争力的重要法宝。总的来说，四川现有高水平开放主要从建设大通道、构建大平台、推动大市场和培育大环境四个方面开展。

---

① 《四川如何扩大高水平对外开放？》，https://cj.sina.com.cn/articles/view/1496814565/593793e502001hle6，2024年5月27日。

（一）构建立体多元的对外开放通道体系

近年来，四川大力推动对外开放通道体系建设，构建起上天入地、通江达海的立体开放通道体系。截至2024年9月，累计建成48条出川通道、17座机场，省会成都成为全国拥有双机场的3座城市之一，航空旅客吞吐量超过8000万人次，国际班列联通境外112个城市，中欧班列（成渝）累计开行3万余列。[①] 一条条"新蜀道"内通外联，带来了资金、技术、人才等资源要素的快速流动，成为开放合作、沟通世界的"共赢道"。2013~2023年，四川与共建"一带一路"国家之间的进出口贸易规模达到4154亿元，其中机电产品总值占贸易总值的70%，创历史新高。

（二）构建聚集全球资源的开放平台体系

功能强大的开放平台体系成为四川聚集全球资源、拓展国际市场的主战场。近年来，四川累计建立了50余个国家级综合保税区、高新技术开发区、经济开发区和121个省级开发区。依托这些开放平台，聚集了大量的资金、技术和人才，成为引领全省对外开放的生力军。四川自贸试验区是四川省引领高水平开放的前沿阵地，自设立以来累计聚集了全省约1/4的外资企业，囊括了全省约1/10的进出口贸易额，产生了14项改革创新成果并在全国复制推广。成都高新区更是引领全省高水平开放的旗手，拥有68家国家级创新平台，聚集了80余万名高端人才和134家世界500强企业，在全国开放平台中也名列前茅。

（三）培育开放主体拓展国际市场

四川通过聚力培育对外开放的市场主体，大力拓展国际市场。2023年以来，四川通过外贸主体培育专项行动，新增外贸实绩企业1000余家；

[①] 《四川如何扩大高水平对外开放？》，https：//cj.sina.com.cn/articles/view/1496814565/593793e502001hle6，2024年5月27日。

2023年以来，政府积极带团出海，组织了3000余家企业参加了150多场海外拓展市场活动，取得了丰硕的成果；持续开展"中外知名企业四川行"活动，聚焦六大优势产业、战略性新兴产业、未来产业，开展精准招商、招新引优活动。2024年1~7月，全省外商直接投资（FDI）15.1亿元，位居中西部第一；新设外商投资企业520家，同比增长13.5%。越来越多的优质开放主体积极"走出去"，参与共建"一带一路"，融入和引领国际市场竞争，推动开放经济持续稳定发展，带领四川建设国际竞争新基地迈出了坚实的一步。

（四）打造稳定良好的国际营商环境

近年来，四川着力打造市场化、法治化和国际化的营商环境。相继制定和修订了《四川省优化营商环境条例》《四川省公共法律服务条例》等相关法律法规。其以降低成本为着力点，营造优质的政务环境，降低制度性交易成本；营造公平公正的法治环境，更大力度维护市场主体的合法权益；营造配置高效的要素环境，降低生产经营成本。通过实施外籍人士在川支付便利化措施，促进外籍人士在川消费，如2024年5月外籍人士在川移动支付消费额同比增长9倍。① 通过出台扩大开放的政策，提升了国际物流运行效率。如今从成都出发去莫斯科的中欧班列，10天就能到达，比之前缩短了6天。稳定良好的营商环境，为四川吸引全球优质资源和人才提供了良好的基础，是推动四川高水平开放的重要着力点之一。

三 四川高水平开放面临的新形势

当前国际环境异常复杂，世界经济复苏乏力，地缘政治冲突加剧，保护主义、单边主义抬头，我国外部环境中的机遇和挑战都在发生新的变化。

---

① 陈碧红：《聚焦国新办发布会四川专场⑥｜为什么外籍人士在川移动支付消费额增长快？》，http://scdfz.sc.gov.cn/gzdt/zyhy/content_147847，2024年5月27日。

（一）国际产业链重构

当前，全球价值链分工体系加速重构，发达国家推动的"产业回流"、发展中国家实施中的"产业分流"、美西国家采取的"友岸外包"措施等，对我国产业链供应链的稳定发展造成了极大的压力。为重塑制造业在国际竞争上的新优势，包括中国在内的发展中国家和新兴经济体积极参与全球产业再分工，承接产业及资本转移，拓展国际市场空间，而产业转型升级则成为顺应世界产业发展新形势的关键。四川新兴产业发展迅速，但产业仍大多处于国际分工和全球产业链的中低端，在国际竞争中缺乏核心竞争优势，因而有待进一步催生产业发展的新技术、新业态、新模式。对于四川这个传统的内陆省份而言，在"双循环"大格局下，需要通过更高水平的开放，尽可能地集聚全球优质资源要素，一方面构建扎根于本土的国内循环高新技术产业链，以此来应对由国际产业链断裂带来的风险；另一方面将本土产业链嵌入国际产业链和技术链，以此来提升产业的国际竞争力和技术创新能力。

（二）国际经贸规则重塑

产业链重构和新一轮科技革命引致国际经贸规则重塑，以数字贸易、服务贸易、国家安全及区域性联盟为主要内容的国际经济合作，对传统的经贸规则提出了新的要求。因此，抢占国际经贸规则制定的主导权，利用国际谈判，融入符合自身发展需求的重点议题成为当前各国关注的重点之一。四川作为西部经贸大省，正在构筑向西开放的战略高地和参与国际竞争的新基地，如何就国际经贸规则和管理标准发出自己的声音，参与制定符合自身利益诉求的规则体系，直接关系着四川建设高水平开放高地的成败。通过四川自贸试验区等开放平台，探索、学习、参与和制定有关知识产权、数字贸易、国际科技合作、国际人才引进等政策与规则，有助于推进新质生产力培育与发展，提高四川高端制造业、战略性新兴产业与未来产业的韧性水平，成为四川高水平开放的重要内容之一。

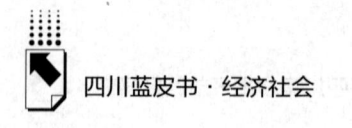

（三）新质生产力成为开放突围的发展利器

新质生产力具有高技术、高质量和高效率的特征，需要匹配更优质的创新资源和人才、更高品质的国际产品与服务和更高附加值的全球价值链。因此，发展新质生产力不仅需要自立自强，还需要高水平对外开放。高水平开放是集聚全球技术、人才、数据等先进生产要素的重要前提。扩大高水平开放是实现全球优质生产要素优化配置、提升全要素生产率的重要条件。新质生产力所需要的技术、人才、数据和资本等要素，在全球的分布是不均衡的，因而只有扩大高水平对外开放，建立高效畅通的全球要素流动机制和具有强大吸引力的开放制度，才能聚集全球优质的生产要素。因此，高水平开放可以为我国发展新质生产力营造良好的国际环境和提供所需要的优质生产要素。

四 四川高水平开放的未来之路

在省委、省政府的大力推动下，四川高水平开放成效显著，但还存在一些不足：地处内陆，运输成本高；区域发展不平衡，出口企业主要集中在成都；出口贸易伙伴集中为欧美等传统发达国家，抗风险能力较低；产业链不完整，供应链韧性不强；与重庆与陕西等的产业结构的相似化程度较高。四川要通过高水平开放促进新质生产力的培育与发展，推进省内"五区共兴"，赋能高质量发展，高水平开放的未来之路还需要更大的投入和更多的奋斗。

（一）推进制度创新，吸纳优质科研资源聚集

1. 强化与跨国科研机构之间的合作

科技创新具有复杂性、系统性和协同性等特征，国际合作是推动科技创新的重要路径之一。四川应强化与跨国科研机构之间的合作，进行革命性和颠覆性的创新探索，围绕四川现有产业需求和科研基础，构建属于自身的国

际创新网络和链条;出台专项科技合作政策,消除国际科技合作中的障碍,为科技交流与合作创造良好的环境;开展与跨国科研机构的联合攻关,鼓励省内机构和高校积极举办国际学术会议,促进与跨国科研机构之间的交流与学习;建立健全科技成果共享机制,推动科技成果的共享与传播。

2. 厚植优质科研人才优势

吸引海内外优质人才集聚。全面确立人才引领发展的战略地位,进一步实施更加开放、更加便利的人才引进政策,大规模集聚海内外人才,加快构建具有全球吸引力和国际竞争力的人才制度体系,促进人才要素市场配置,为西部科学城建设提供强劲持续、全方位全周期的智力支撑,把成都打造为天下英才向往的机遇之城、逐梦之都。构建近悦远来的人力资源服务体系,发展人力资源专业服务、职业教育与培训服务。支持国际知名猎头公司入驻四川,联合新加坡、香港、上海、重庆等国内外城市,共建人才协同服务市场,增加人力资源服务供给。结合四川本土产业和西部产业发展特点,建设国家级人力资源服务产业园,推动人力资源服务于产业协同发展。

3. 争创优势产业的全球科技创新策源地

抓住国家大力实施创新驱动发展战略的机遇,坚持"四个面向",深化新一轮全面创新改革试验,聚集全球顶级科学资源,完善协同创新体系,构建多层次科技创新体系,增强创新资源集聚与转化能力,建设优势产业全产业链创新提升地,打造全球科技创新策源地。建设综合性国家科学中心,开展战略性、前瞻性、基础性研究,全面筑牢科技创新中心的内核。打造优势产业国际产业创新节点,聚焦人工智能,持续强化打造以 AI 算法研究和行业应用为特色的成都国家人工智能创新发展示范区的核心区,建设国家科技创新高地。以中国科学院成都科学研究中心、天府国家实验室等重大项目建设为牵引,加快集聚一批重大科技基础设施、研究型大学和开放科研平台。推动"一带一路"国际技术转移中心建设。加快形成链接全球科研资源、服务产业发展的创新转化体系,创新"产业+功能区+投资促进"融合发展模式,建设"一带一路"重要科技创新节点。引进国际化高端科研教育机构,围绕四川省、成渝地区双城经济圈、西部地区基础研究和特色产业优势

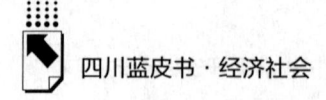

产业发展需要，吸引国内外顶尖高等院校、科研、教育机构等设立研发中心、分院分所。构建区域协同创新网络。按照国家及省上统一规划部署，完善创新配套设施共建共管共用机制。整合全省创新资源，形成以西部科学城为核心引领、全省各市州多点支撑的全省跨区域协同创新网络。

（二）提高安全韧性，布局全球产业链

1. 以新制造抢位新兴产业价值链

围绕省委十二届三次全会精神，以新型工业化和"智改数转"推动四川制造业转型升级，构建、优化、补充和延伸产业链，抢位新兴产业价值链。聚焦六大优势产业、战略性新兴产业、未来产业，推动产业建圈强链，精准招引链主企业。强化创新驱动，以中间品创新为抓手，布局全球产业链，构建协同创新共同体，提高四川制造业技术水平，促进产业基础高级化发展，推动制造业产业链现代化发展。以发展新质生产力为任务，前瞻性布局未来产业，抢占新兴产业发展先机，不断提升四川制造业在全球价值链中的有利位置。

2. 以新服务发展高端生产性服务业

当前，高端服务业已经成为衡量一个区域经济发展水平的重要标志之一。随着经济社会发展，高端服务业尤其是生产性服务业的作用日益重要。四川应推动以科技研发、工业设计、数字贸易、智能物流等为主的高端生产性服务业高质量发展。加快生产性服务业与科技、数字、低碳产业的融合，适应数字经济发展趋势，满足产业智能化和绿色化的需求。尤其需要探索生产性服务业的标准化程序，构建或接轨国际服务业标准体系。

3. 以数字化培育开放新模式新业态

数字经济的核心是数字产业化与产业数字化。数字经济的发展，有助于催生新产业、新业态和新模式。四川作为西部经济大省与人口大省，培育数字经济，发展新业态，有助于创造更多的就业机会。促进"数字+平台+产业"，聚焦大数据算法，建设智慧产业可视化门户、可视化展示中心，扩大消费群体，拓展国际市场，推动高水平开放。推动数字贸易发展与对外合

作，建设数字贸易示范区、培育数字贸易先进企业、培养数字贸易人才，将打造数字贸易竞争优势作为四川高水平开放的重点内容之一。积极推动数字贸易与其他产业的融合发展，强化各类数字贸易平台的建设与合作，加快对传统贸易全链条进行数字化转型升级，推动数字贸易新业态新模式的发展，持续深化数字贸易区域合作，构建具有安全性和韧性的数字贸易"朋友圈"。

（三）参与国际治理，对标国际经贸与科研规则

1. 探索创新高标准的国际科研合作规则

四川应探索建立高标准的国际科研合作规则，通过经贸制度和规则的创新，吸引外籍科技创新企业、国际研发机构和国际科技中介机构等的入驻。建立健全推动国际科技创新合作的高科技产品和服务的便利化贸易机制、高新项目的公平投资管理制度、外籍高端科研人才的引进机制、重点产业开放发展的制度体系等。完善国际科技创新合作机制，创新研发管理机制，提升外籍科技人才进出的便利化水平，落实外籍高层次人才永久居留政策等。

2. 探索输出数字贸易规则

在数字经济时代，数字贸易逐渐成为国际贸易和经济增长的新引擎，引发了全球产业链供应链的深刻调整。数字贸易对制度环境和监管协调提出了更高的要求，因而数字贸易规则直接影响和决定了未来的国际贸易格局。四川应抓住新一轮科技革命和产业变革的新机遇，以自贸试验区为平台，探索制定数字贸易规则，如涉及数字贸易市场准入、关税与数字税、数据跨境流动和数字营商环境等内容的规则与标准，抢占在未来国际贸易发展中的有利位置。

3. 培育打造国际标准策源地

探索建立公平的行业规则和国际标准，成为国际规则制定的引领者。四川应在具有领先优势的中医药行业、临床医学行业、教育行业等产业，制定有利于产业发展、价值链提升和动能转换的各类行业标准、科技标准以及国际贸易投资规则，努力建设成为国际标准的策源地之一。拓展天府新区中央

法务区的服务内容，积极吸引相关政要、专家和专业人士聚集，通过举办相关国际会议、活动或论坛，引进各类国际组织和机构，努力将天府新区中央法务区打造成为国际（或区域）纠纷谈判或磋商的重要平台之一。

（四）推进协同开放，厚植新质生产力战略腹地

1. 厚植新质生产力创新本底

新质生产力的核心是颠覆性科技创新。依托四川现有的国家实验室、科研院所、重大科技基础设施等，通过培育和引进科技创新机构，引进高端人才，推动科技创新和科技成果转化，厚植新质生产力的创新本底。[1] 围绕国家战略要求和四川发展需要，一方面通过集中优势突破重点难点，大力推进原创性、颠覆性科技创新，培育发展新质生产力；另一方面推动科技创新成果的落地转化与推广运用，为新质生产力的持续发展营造良好的创新生态。

2. 依托"成渝地区双城经济圈"战略，推进川渝开放创新协同

与重庆共同探索制度创新、产业协同、资源共享、风险共担发展模式，推进内陆开放门户建设。推动成渝地区双城经济圈内政策共建共享，增强产业政策、财税政策、招商引资政策、人才引进政策等的一致性与相融性，共同营造优质的营商环境，吸纳全球优质资源和主体的入驻。推动两地产业之间的错位发展，共同推进成渝地区双城经济圈内的产业生态圈建设。推动协同创新发展，依托西部科学城建设，共同争取国家重大装置落地，吸引全球创新资源，攻克"卡脖子"技术，共建"一带一路"技术创新交易中心。每年举办成渝地区双城经济圈紧缺人才和优质人才招聘会，推动人才互认、自由流动。推动资金互融互通，由成渝地区双城经济圈认证的企业或个人，可以享受同等金融服务。推动信息互通和商务共享，区域内城市共建产业信息、商务信息、法律援助等共享平台，为成渝地区双城经济圈认证的企业或个人提供优质的商务服务。

---

[1] 《四川：坚持以创新为主导加快发展新质生产力》，https：//baijiahao.baidu.com/s？id＝1799000809323414099&wfr=spider&for=pc，2024年5月14日。

参考文献

张平文：《从三个维度为培育和发展新质生产力增势赋能》，《学习时报》2024年5月10日。

黄奇帆、李金波：《试论发展新质生产力的内涵逻辑和战略路径》，《人民论坛》2024年第14期。

黄益平：《以高水平对外开放推动新质生产力发展》，中国宏观经济论坛热点问题研讨会（第81期），2024年3月。

佟家栋、于博：《新质生产力与高水平对外开放：必要性、一致性与实现路径》，《国际经济合作》2024年第4期。

B.7 新质生产力视域下四川省人口高质量发展报告

贾兴元 张语轩 石 欣*

摘 要： 人口高质量发展与培育新质生产力是我国应对新的发展形势提出的重要战略举措。本报告阐述了四川省人口高质量发展现状，结合全省及21个市（州）的发展情况，构建了包括人口、教育科研、产业发展等维度在内的指标体系，以探讨全省及21个市（州）的人口、教育科研及产业发展的耦合协调状况，并提出了四川省人口高质量发展助力新质生产力培育的路径。

关键词： 新质生产力 人口高质量发展 教育科研 耦合协调发展

中国式现代化是人口规模巨大的现代化，中国式现代化需要厚植坚实的产业基础。党的二十届三中全会明确提出，健全因地制宜发展新质生产力体制机制。进入新发展阶段，人口高质量发展与培育新质生产力都是我国应对新的发展形势提出的重要战略举措。新质生产力代表科技革命和产业变革的新动能、新赛道、新优势，是现代化国家的物质技术基础。人口高质量发展则是针对我国出现人口总量转折性变化、人口老龄化和少子化程度加剧的情况而提出的重要战略举措，是我国新发展阶段的重要抓手。如何以人口高质量发展体现新质生产力的发展，如何以人口高质量发展培育新质生产力，已成为新发展阶段四川省人口、教育科研和产业发展的重要问题。

---

* 贾兴元，四川省社会科学院社会学研究所助理研究员，主要研究方向为发展经济学和发展社会学；张语轩，四川省社会科学院社会学研究所，研究方向为人口社会学；石欣，四川省社会科学院社会学研究所，研究方向为人口社会学。

一 新质生产力视域下四川人口高质量发展的现状

(一)人口素质全方位提升

1. 人口健康素质提升

总体健康水平提升。四川省卫健委相关调查显示,2023年四川居民健康素养水平为27.7%,较2022年上升2.1个百分点,继续保持上升趋势。[①]其中,男性居民健康素养水平为27.1%,女性居民为28.2%,较2022年分别增长1.1个和3.1个百分点。六类健康问题素养水平由高到低依次为:科学健康观素养(58.7%)、安全与急救素养(57.7%)、健康信息素养(38.8%)、基本医疗素养(35.3%)、慢性病防治素养(32.8%)、传染病防治素养(30.8%)。2020年四川人口平均预期寿命77.56岁,较2010年的74.75岁提高2.81岁,接近全国77.9岁的水平。

老年人健康状况普遍良好,多数市(州)老年人健康状况好于全省平均水平。2020年,四川60岁及以上老年人口的身体状况以健康和基本健康为主,所占比例为86.15%,较2010年提高5.17个百分点。其中,健康占49.03%,基本健康占37.12%,不健康但生活能自理占11.5%,生活不能自理占2.35%。

2. 人口文化素质提升

人口受教育程度提高。2020年全省常住人口中,拥有大学(指大专及以上)文化程度的人口为1110.08万人;拥有高中(含中专)文化程度的人口为1112.97万人;拥有初中文化程度的人口为2630.95万人;拥有小学文化程度的人口为2620.48万人(以上各种受教育程度的人包括各类学校的毕业生、肄业生和在校生)。与2010年第六次全国人口普查相比,每10万

[①]《2023年四川省居民健康素养水平提高到27.7%》,https://wsjkw.sc.gov.cn/scwsjkw/gggs/2024/6/20/3791712b17d84ab9b11e17013afdba80.shtml,2024年6月20日。

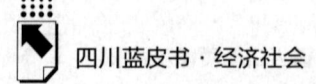

人中拥有大学文化程度的由6675人增加到13267人，拥有高中文化程度的由11247人增加到13301人，拥有初中文化程度的由34889人减少到31443人，拥有小学文化程度的由34627人减少到31317人。

文盲率下降。第七次全国人口普查数据显示，四川文盲由2010年的437.7万人减少至2020年的333.1万人，减少104.6万人，规模缩小23.9%；同期，文盲率由5.44%降至3.98%，下降1.46个百分点，但仍比全国平均水平（2.67%）高1.31个百分点，初步改变了全省人口素质不高的局面。

（二）人口规模平稳，生育水平下降

1. 人口规模平稳，进入负增长时期

常住人口规模趋于平稳。"十三五"时期，四川常住人口逐年增加至2020年的8371万人，增长1.45%；"十四五"时期四川常住人口数量整体较为平稳，维持在8370万人左右，但2023年四川省常住人口数量稍减，仍在全国居第五位。四川人口规模大决定了劳动力供给较为充裕。

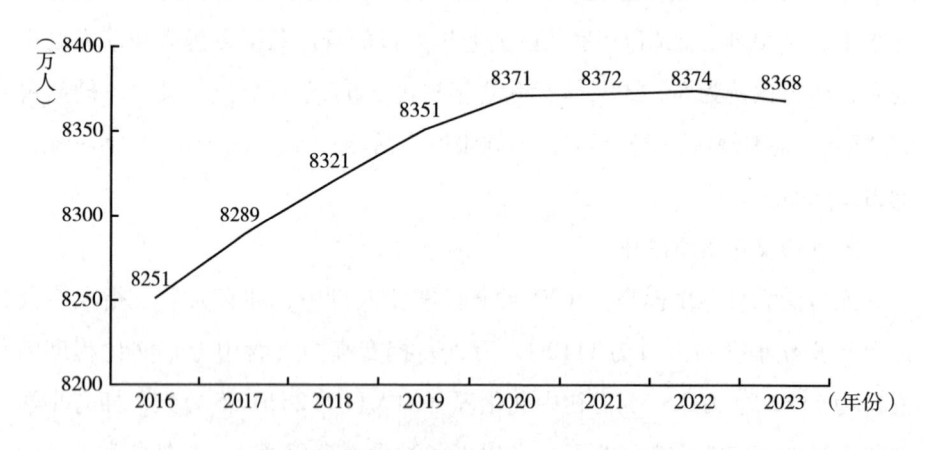

图1　2016~2023年四川省常住人口规模

资料来源：历年《四川省国民经济和社会发展统计公报》。

人口自然增长率呈现负增长趋势。"十三五"时期四川人口自然增长率处于低位，2020年，四川人口自然增长率为1.3‰比2016年的3.5‰下降2.2个千分点。"十四五"以来，四川人口进入负增长。2021～2023年四川人口增长率均为负数，且自然增长率逐年降低至2023年的-3.1‰。

图2 2016～2023年四川人口自然变动趋势

资料来源：《四川统计年鉴2023》《2023年四川省国民经济和社会发展统计公报》。

2. 出生率显著降低，生育水平下降

2020年，四川人口总和生育率为1.23，低于更替水平（2.1）和全国平均水平（1.3），比2010年（1.38）下降0.15个点。2020年，四川出生人口为63.5万人，较2010年的71.8万人减少8.3万人，年均下降1.2%；人口出生率为7.6‰，较2010年的8.9‰降低1.3个千分点；乡村地区人口出生率最高（7.9‰），城市（7.4‰）及镇（7.3‰）基本一致。分市（州）来看，2020年，资阳市人口出生率最低（5.8‰），凉山州（12.9‰）最高，两地相差7.1个千分点。出生率在7‰以下的有绵阳市、遂宁市、内江市、达州市、自贡市、德阳市及资阳市；出生率超过9‰的仅有凉山州、甘孜州及阿坝州；除成都市外，其他市（州）人口出生率均下降（见表1）。

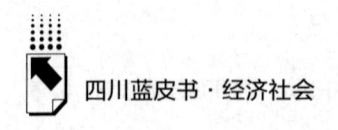

表1 2010年和2020年四川省各市州人口出生率

单位：‰，个千分点

地区	出生率		变动幅度	地区	出生率		变动幅度
	2020年	2010年			2020年	2010年	
凉山州	12.9	14.4	-1.5	乐山市	7.3	8.1	-0.8
甘孜州	9.7	12.7	-3.0	南充市	7.0	7.5	-0.5
阿坝州	9.2	9.9	-0.7	泸州市	7.0	9.9	-2.9
宜宾市	8.2	12.1	-3.9	绵阳市	6.9	8.3	-1.4
雅安市	8.2	9.3	-1.1	遂宁市	6.5	7.2	-0.7
眉山市	7.9	9.5	-1.6	内江市	6.3	9.2	-2.9
成都市	7.8	6.8	1.0	达州市	6.3	9.5	-3.2
攀枝花市	7.6	8.6	-1.0	自贡市	6.2	8.3	-2.1
广元市	7.6	9.1	-1.5	德阳市	6.1	7.8	-1.7
巴中市	7.6	9.8	-2.2	资阳市	5.8	8.7	-2.9
广安市	7.3	8.9	-1.6	全省	7.6	8.9	-1.3

资料来源：2010年第六次全国人口普查数据、2020年第七次全国人口普查数据。

3.家庭规模持续收缩，婚育功能弱化

平均家庭户规模缩小，且地区差异较大。2020年四川平均家庭户规模为2.51人，比2010年（2.95人）减少0.44人，缩小14.9%。同期，城市、镇、乡村平均家庭户规模缩小幅度依次递增。2020年四川城市、镇和乡村平均家庭户规模分别为2.49人、2.54人和2.51人，与2010年相比，分别缩小0.18人、0.26人和0.59人。

育龄妇女规模减小，家庭婚育功能弱化。15~49岁育龄妇女人数由2010年的2173.3万人下降到2020年的1865.7万人，减少307.6万人，下降14.2%；育龄妇女占总人口的比重为22.3%，比2010年下降4.7个百分点。2010~2026年，除25~34岁和45~49岁育龄妇女人数有所增加外，其他年龄段育龄妇女均有所减少。同期，处于生育旺盛期的20~29岁育龄妇女人数也由2010年的546.7万人下降到493.2万人，减少53.5万人,占育龄妇女的比重由 2010 年的 25.2%下降到 24.4%,下降 0.8 个百分点。

(三)人口性别结构稳定,年龄结构失衡

1. 性别比整体稳定,低于全国平均水平

人口性别比上升,但低于全国平均水平。2020 年四川男性人口 4228.97 万人,占全省常住人口的 50.54%;女性人口 4138.5 万人,占全省常住人口的 49.46%。全省总人口性别比(以女性为 100,男性对女性的比例,下同)为 102.19,较 2010 年第六次全国人口普查上升 0.24,低于全国 105.7 的平均水平。

出生人口性别比趋于合理。据 2020 年第七次全国人口普查数据,四川男性出生人口 30.01 万人,占全省出生人口的 51.96%;女性出生人口 30.52 万人,占全省出生人口的 48.04%;出生人口性别比 108.17,较 2010 年下降 4.81,低于全国 111.3 的平均水平。

2. 年龄结构不均衡,老龄化程度加深

劳动年龄人口规模和占比"双降"。2020 年,四川 15~64 岁人口为 5603.6 万人,比 2010 年的 5796.6 万人减少 192.87 万人,年均减少 0.34%;占总人口的比重为 67.0%,比 2010 年的 72.1%下降 5.1 个百分点。分市(州)看,2020 年 15~64 岁劳动年龄人口最多的是成都市,有 1530.57 万人,占全省 15~64 岁劳动年龄人口的 27.31%;最少的是阿坝州,仅有 57.84 万人,占全省 15~64 岁劳动年龄人口的 1.03%。与 2010 年第六次全国人口普查相比,除成都市和凉山州外,其余市(州)15~64 岁劳动年龄人口数量均有所减少。其中,减少最多的是资阳市,较 2010 年较少 109.78 万人,年均减少 5.63%;南充市次之,较 2010 年减少 90.33 万人,年均减少 2.23%。

老年人口规模快速扩大,人口老龄化程度加深。2020 年,四川 60 岁及以上人口为 1816 万人,占总人口的 21.7%,比全国平均水平(18.7%)高 3.0 个百分点,排全国第 7 位;其中 65 岁及以上人口为 1416 万人,占总人口的 16.9%,比全国平均水平高 3.4 个百分点,排全国第 3 位,已进入深度

老龄化社会。① 与 2010 年相比，四川 60 岁及以上人口、65 岁及以上人口占比分别上升 5.4 个和 5.9 个百分点。

多数市（州）老龄化程度高于全省平均水平。2020 年 65 岁及以上老年人口最多的是成都市，为 285.12 万人，占全省 65 岁及以上人口的 20.12%，较 2010 年增加 148.68 万人，年均增加 7.65%。与 2010 年第六次全国人口普查相比，21 个市（州）65 岁及以上人口规模均有所扩大。其中，增速最快的是成都市，年均增长 7.65%，攀枝花市次之，年均增长 5.67%；增速最慢的是资阳市，年均增长仅 0.5%，甘孜州次之。

少儿人口规模持续缩小但降速放缓。2020 年，四川 0~14 岁人口为 1347.1 万人，比 2010 年减少 17.6 万人；占比为 16.1%，比 2010 年下降 0.9 个百分点，已处于严重少子化阶段，接近超少子化标准（15%以下）。2000~2010 年、2010~2020 年，四川 0~14 岁人口规模分别年均缩小 0.4%、0.1%，近十年少儿人口降速放缓（见表 2）。

表 2 历次人口普查四川少儿人口规模、比重及抚养比

单位：万人，%

时点	少儿人口规模	年均增长率	少儿人口比重	少儿抚养比
"三普"	—	—	34.4	56.4
"四普"	—	—	23.2	32.6
"五普"	1860.0	—	22.6	32.3
"六普"	1364.7	-0.4	17.0	25.4
"七普"	1347.1	-0.1	16.1	24.0

资料来源：历次人口普查数据。

老年抚养比攀升，人口抚养负担加重。2020 年四川总人口抚养比为 49.3%，高于全国 45.9%的平均水平，比 2010 年上升 10.6 个百分点，其中

---

① 按照联合国与世界卫生组织相关标准，65 岁及以上人口占总人口的比重超过 7%即进入老龄化社会；该比重达到 14%时，进入深度老龄化社会；该比重达到 20%时，进入超老龄化社会。

少儿抚养比、老年抚养比分别为24.0%、25.3%，分别比2010年上升0.5个、10.1个百分点（见表3）。

表3 2010年和2020年四川省抚养比

单位：%，个百分点

抚养比	2010年	2020年	变动幅度
总抚养比	38.7	49.3	10.6
少儿抚养比	23.5	24.0	0.5
老年抚养比	15.2	25.3	10.1

资料来源：第六次、第七次全国人口普查数据。

（四）人口空间分布不均衡，差异明显

1. 人口流动性持续增强，省内流动为主

根据七普数据，全省人口流动呈现出更高的活跃度，表现为农村人口持续向城镇迁移、小城镇人口加速流向大中城市，以及省外流动人口占比增加。流动人口规模扩大。2020年，四川流动人口为2068.9万人，比2010年增加1030.1万人，年均增长7.1%。省外流动人口占比提高。2020年，四川流动人口以省内流动为主，但占比从2010年的89.1%降至87.5%；省外流动人口占12.5%，比2010年提高1.6个百分点；省内、省外流动人口分别比2010年增加884万人、146.1万人，分别年均增长6.9%、8.7%。

2. 人口空间分布不均衡，极化分布严重

人口分布严重极化。2023年，全省21个市（州）中，成都市人口最多，超过2100万人，达到2140.3万人，占全省的比重达25.58%。阿坝州人口最少，仅82.5万人，占全省的比重不足1%，是全省仅有的人口不足百万的市（州）。此外，人口在100万~300万人的有9个，300万~500万人的有8个，500万~1000万人的有2个（南充市551.1万人，占比6.59%；达州市532.4万人，占比6.36%），无1000万~2000万人的市（州）。

"十四五"以来，多数城市常住人口呈减少趋势。全省常住人口呈减少

态势，2021~2023年降低0.05%。21个市（州）中，仅9个市（州）常住人口有所增加，其中增幅不低于1%的仅成都市（1%）和阿坝州（1.23%）；其余市（州）常住人口呈减少态势，其中，减少幅度超过1%市州共6个。

表4 2021年和2023年四川省各市（州）人口分布情况

单位：万人，%

地区	2023年	2021年	增速	地区	2023年	2021年	增速
全省	8368.0	8372.0	-0.05	南充市	551.1	556.2	-0.92
成都市	2140.3	2119.2	1.00	眉山市	295.5	295.9	-0.14
自贡市	242.9	246.7	-1.54	宜宾市	462.8	460.5	0.50
攀枝花市	121.8	121.4	0.33	广安市	322.6	324.8	-0.68
泸州市	426.7	425.9	0.19	达州市	532.4	537.0	-0.86
德阳市	346.1	345.9	0.06	雅安市	142.9	143.1	-0.14
绵阳市	491.1	488.3	0.57	巴中市	262.9	267.6	-1.76
广元市	224.9	228.3	-1.49	资阳市	225.3	228.4	-1.36
遂宁市	274.8	278.2	-1.22	阿坝州	82.5	81.5	1.23
内江市	305.5	310.4	-1.58	甘孜州	110.6	110.2	0.36
乐山市	314.7	315.1	-0.13	凉山州	490.6	487.4	0.66

资料来源：《四川统计年鉴2023》、四川省各市（州）2023年统计公报。

二 四川人口高质量发展的耦合分析

新质生产力的形成和转化是以创新为核心动力、以教育为基础性支撑、以人才为关键环节、以产业为重要载体的，是推动现代化产业体系构建以及战略性新兴产业、未来产业发展的关键力量。因此，为了更好地分析新质生产力是如何促进人口高质量发展的，经过审慎考虑样本数据的可获取性、实施便利性及其研究价值，本研究选取全省及18个地级市和3个自治州2022年的数据作为分析对象，且为确保数据的准确性和权威性，所需数据主要来源于《四川统计年鉴2023》，对于部分缺失的数据，根据具体情况灵活运用省级数据替代、均值补齐、回归补缺等多种策略进行补充，以确保数据的完整性和研究的严谨性。

（一）研究方法

本研究主要采用耦合协调度模型，旨在评估四川省及 21 个市（州）人口、教育科研及产业发展三个子系统的协调发展趋势。为了满足耦合协调度模型应用条件，需对各子系统内部指标进行综合评估。通过最大值最小值法与熵值法确立各指标的权重，从而获取耦合协调度相关数据。耦合协调度较高，表明系统间协调性较好；耦合协调度较低，则意味着系统间存在失调现象。

1. 最大值最小值法

最大值最小值法是原始数据标准化处理及综合评价函数构建的核心环节。若指标值的变化与系统发展保持同一方向，则视为正向指标；若指标值的变化与系统发展方向不一致，则视为负向指标。针对不同方向的指标，采用不同的处理公式：

$$正向指标: Y_{ij} = \frac{X_{ij} - \min\{X_{ij}, \cdots, X_{nj}\}}{\max\{X_{ij}, \cdots, X_{nj}\} - \min\{X_{ij}, \cdots, X_{nj}\}} \quad (1)$$

$$负向指标: Y_{ij} = \frac{\max\{X_{ij}, \cdots, X_{nj}\} - X_{ij}}{\max\{X_{ij}, \cdots, X_{nj}\} - \min\{X_{ij}, \cdots, X_{nj}\}} \quad (2)$$

其中，X_{ij} 代表的是第 i 个区域第 j 项的原始数据，Y_{ij} 表示经过最大值最小值计算后的标准化数据，n 代表区域总数，即第 n 个区域。

2. 熵值法

熵值法是一种量化分析方法，通过衡量数据的不确定性，以评估指标的离散程度，进而确定各指标在综合评价中的权重。首先，需要对第 i 个区域第 j 项指标进行比重的计算，获得具体的占比 P_{ij}。其次，借助 P_{ij} 计算获得指标的熵值 e_j，信息熵冗余度 c_j。最后，获得各指标权重 w_j 和指标综合分数 U_i，具体算法如下：

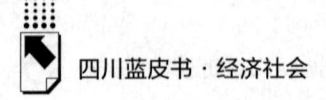

$$P_{ij} = Y_{ij} / \sum_{i=1}^{n} Y_{ij} \tag{3}$$

$$e_j = -l \sum_{i=1}^{n} P_{ij} \ln(P_{ij}) \tag{4}$$

式（4）中，$l = 1/\ln(n)$，且 e_j 的取值需满足 $e_j > 0$。

$$c_j = 1 - e_j \tag{5}$$

$$w_i = c_j / \sum_{j=1}^{m} c_j \tag{6}$$

式（6）中，m 为指标项的总数，即第 m 个指标，本研究中 $m=3$。

$$U_i = \sum_{j=1}^{m} w_j Y_{ij} \tag{7}$$

3. 耦合协调度模型

在人口、教育科研、产业发展三个系统的协同发展过程中，耦合协调度模型具有显著的优势，可用于分析和研究协同程度。该模型构建了耦合度 C、耦合协调度 D 和综合评价指数 T 等指标。其中，耦合度 C 值的大小反映了系统间关联性的强弱，值越大则协同发展潜力越高；耦合协调度 D 则用于评估耦合系统的良性耦合程度，体现协调状态的优劣，值越大则系统间的耦合关系越稳定，协同发展水平越高。根据国内学者对耦合协调度的引用与评价，构建人口—教育科研—产业发展三个系统的耦合协调度模型。

$$C = \frac{3\sqrt[3]{U_1 U_2 U_3}}{U_1 + U_2 + U_3} \tag{8}$$

$$T = \alpha U_1 + \beta U_2 + \varepsilon U_3 \tag{9}$$

$$D = \sqrt{C \times T} \tag{10}$$

α、β、ε 三个系数总和为1，鉴于人口、教育科研、产业发展的重要性，取 $\alpha = \beta = \varepsilon = \frac{1}{3}$。其中，$C \in [0, 1]$，$D \in [0, 1]$。值得注意的是，$C$

与 D 的数值大小对于系统内外部的相互作用强度和协同发展状况具有显著影响。具体而言，当 C 与 D 的数值增大时，表明系统内外部的相互作用增强，协同发展状况逐步改善。

（二）人口—教育科研—产业发展指标构建

在借鉴相关研究的基础上，结合新质生产力与人口高质量发展的关系，遵循客观性、准确性、系统性、科学性与可操作性等原则，从人口、教育科研、产业发展三个维度选取17个指标构建人口—教育科研—产业发展指标体系。人口方面包含年末常住人口、城镇化率、出生率、死亡率、自然增长率等指标，教育科研方面包含高等学校数、高等学校在校学生数、有效发明专利数、科学研究与技术服务机构数、科学研究与技术服务从业人数、高等学校研究机构数、高等学校科技活动项目（课题）数等指标，产业发展方面包括第一产业总值、第二产业总值、第三产业总值、人均GDP和就业人口等指标，表5为具体的指标评价体系。

表5 人口—教育科研—产业发展指数

一级指标	二级指标	指标属性	权重系数(%)
人口	年末常住人口	+	76.53
	城镇化率	+	1.25
	出生率	+	3.10
	死亡率	-	3.62
	自然增长率	+	15.50
教育科研	高等学校数	+	11.85
	高等学校在校学生数	+	12.93
	有效发明专利数	+	13.84
	科学研究与技术服务机构数	+	13.99
	科学研究与技术服务从业人数	+	16.88
	高等学校研究机构数	+	15.16
	高等学校科技活动项目(课题)数	+	15.35

续表

一级指标	二级指标	指标属性	权重系数(%)
产业发展	第一产业总值	+	21.13
	第二产业总值	+	25.33
	第三产业总值	+	29.17
	人均GDP	+	0.96
	就业人口	+	23.41

通过对全省及21个市（州）的人口、教育科研、产业发展数据进行最大值最小值法、熵值法运算所得的综合数值进行耦合协调度计算，可以得到全省及21个市（州）在人口、教育科研、产业发展之间的耦合协调度分析结果。通过将具体的数值与表6所列的耦合协调度等级划分标准进行对比，可以明确全省及21个市（州）的人口—教育科研—产业发展耦合协调度所属的阶段与类型。

表6 耦合协调度等级划分标准

阶段	耦合协调度D值区间	协调等级	耦合协调程度
失调衰退	[0.0~0.1]	1	极度失调
	[0.1~0.2]	2	严重失调
	[0.2~0.3]	3	中度失调
	[0.3~0.4]	4	轻度失调
过度调适	[0.4~0.5]	5	濒临失调
	[0.5~0.6]	6	勉强协调
	[0.6~0.7]	7	初级协调
协调发展	[0.7~0.8]	8	中级协调
	[0.8~0.9]	9	良好协调
	[0.9~1.0]	10	优质协调

（三）人口—教育科研—产业发展的耦合协调发展情况

经过数据计算与整理，得到全省及21个市（州）的人口—教育科研—产业发展的耦合协调度具体数值，如表7所示。

表7 耦合协调度计算结果

地区		耦合协调度	耦合协调程度	经济区耦合协调度平均值	经济区耦合协调程度
全省		0.911	优质协调	—	—
成都平原经济区	成都市	0.579	勉强协调	0.214	中度失调
	德阳市	0.137	严重失调		
	绵阳市	0.124	严重失调		
	乐山市	0.186	严重失调		
	眉山市	0.176	严重失调		
	资阳市	0.235	中度失调		
	遂宁市	0.135	严重失调		
	雅安市	0.140	严重失调		
川南经济区	自贡市	0.134	严重失调	0.1705	严重失调
	泸州市	0.172	严重失调		
	内江市	0.231	中度失调		
	宜宾市	0.145	严重失调		
川东北经济区	广元市	0.194	严重失调	0.1542	严重失调
	南充市	0.129	严重失调		
	广安市	0.188	严重失调		
	达州市	0.131	严重失调		
	巴中市	0.129	严重失调		
攀西经济区	攀枝花市	0.115	严重失调	0.1195	严重失调
	凉山州	0.124	严重失调		
川西北生态经济区	阿坝州	0.119	严重失调	0.1595	严重失调
	甘孜州	0.200	严重失调		

全省整体良好，五大经济区协调水平一致。可以看出，四川省整体在人口、教育科研、产业发展三大领域的耦合协调度达到0.911，呈现优质协调状态。五大经济区的人口、教育科研、产业发展耦合协调度普遍较低。除成都平原经济区为中度失调外，其余经济区均为严重失调。这一情况表明，全省的人口、教育科研、产业发展呈现良好态势，但是在五大经济区层面，发展水平不变，尚未达到良好状态。

成都市虹吸效应明显，其他市州协调效果欠佳。可以发现，在四川省

21个市（州）中，只有成都市达到了勉强协调，资阳市、内江市为中度失调，其他市（州）均为严重失调，其中，协调程度最差的是攀枝花市，耦合协调度为0.115。2012年至今，成都中心城区面积不断扩大，逐步形成"中心城区+郊区新城"的空间布局，促进了资源要素的高速流动，提高了中心城区的外溢效应和辐射能力，提升了成都人口生活和就业的承载能力，但成都市在人口、教育科研和产业发展等方面的虹吸作用，也给其他市州带来了影响，具体表现如下。

人口层面，成都市作为西南地区的经济、文化和教育中心，其较高的生活质量、丰富的就业机会和发达的基础设施吸引了大量来自周边市（州）以及全国其他地区的人口迁入，根据七普数据，成都市常住人口2093.78万人，流动人口为845.96万人，其中，跨省流入人口为149.36万人，省内流动人口为696.60万人。近十年来，成都市的常住人口不断增长，截至2023年底，成都市常住人口为2140.3万人，尤其是在新兴的高技术产业和服务业发展带动下，流入大量年轻劳动力和高技能人才。而对于其他市（州）而言，由于成都市的吸引力较大，绵阳、德阳、资阳等人口流失问题严重，2012~2022年常住人口均有不同程度地下降，最突出的是资阳市，减少了127.3万常住人口。常住人口减少导致上述地区的劳动力资源减少，影响本地经济发展。且人口集中导致区域之间的发展不均衡，其他市州在吸引投资和基础设施建设过程中均面临较大挑战。

教育科研层面，成都市整体人口素质较高，人力资本深厚。根据七普数据，成都市常住人口中，拥有大学（指大专及以上）文化程度的人口为535.63万人，占常住人口的比重达到25.58%。其中，研究生及以上学历程度人口占总人口的比重为1.67%；大学本科学历程度人口占总人口的比重为11.55%。每10万人中拥有大学文化程度的人口由2010年的15710人增至25582人，比全省平均水平多12315人，比全国平均水平多10115人。成都市拥有58所高等学校、181所科学研究与技术服务机构、593所高等学校研究机构，且其中部分高校或机构在全国范围内有较高的学术声誉和科研能力。2022年全省有效发明专利中成都市占比为53.85%，项目课题数中成都市占比为63.05%。近年来，成都市积极出台人才引进政策，搭建技术人才转化科研成果平台，支持高新技术企业发展，吸引了越来越多的高学历创业创新人才。周边市（州）的学生和学者在人才政策或教育资源的吸引下，会前往成都寻求更高质量的教育和研究机会，导致这些地区的教育和科研资源相对匮乏。分析发现，部分市州仅有1所高校，且为专科或层次较低的本科院校，如遂宁市、广安市、巴中市等；眉山市无科学研究与技术服务机构和高等学校研究机构；巴中市、资阳市、阿坝州和甘孜州没有高等学校研究机构，项目课题数也较少。教育和科研资源的集中促进了人才的流动和创新，推动了成都市及周边地区的科技进步，影响了相关市（州）的教育科研发展，也拉大了地区间的科研实力差距。

产业发展层面，产业发展极为不均衡，2023年成都市GDP为22074.7亿元，占全省的36.7%，排名其后的绵阳市为4038.73多亿元，有12个市州经济总量不到2000亿元，最低的是阿坝州，为503.19亿元。成都市在高技术产业、电子信息产业、现代服务业等领域形成了强大的产业集群。尤其是电子信息产业早在2020年产值就达10065.7亿元。成都已经成为中国西南地区的一个重要产业基地，吸引了大量的国内外投资，同时也成为创新创业的热土，推动了科技和产业融合发展。对于其他市（州）而言，传统产业发展面临较大竞争压力，一些低附加值的产业可能会被迫转移到其他地区或需升级改造。虽然部分市州可能面临挑战，但成都市的产业发展也为周边地区提供了合作的机会，如产业链上下游的合作、区域经济一体化等，推动了区域整体经济发展。

三 四川人口高质量发展培育新质生产力的路径

生产力不断发展的最终目标是实现人的全面发展，新质生产力是先进生产力的演进方向。生产所有制关系、分配机制等不断发展、完善，以适应新时代发展形势，也是助推新质生产力发展的路径。新质生产力是由技术革命性突破、生产要素创新性配置、产业深度转型升级而催生的先进生产力质态。人口高质量发展可以从以下几个路径培育新质生产力。

全过程全方位重视教育，提高人口素质。加强教育体系改革，提高教育质量，从基础教育到高等教育都要注重培养学生的综合素质和创新能力。鼓励开展成人教育和职业技能培训，特别是在新兴领域（如人工智能、绿色科技等）的技能培训，提高劳动者的适应能力和技术水平。增加财政投入，加大对教育的财政支持力度，确保学校设施、师资和教学资源充足。优化课程设置，更新课程内容，注重培养学生的创新能力、批判性思维和实践技能。加强教师培训，提高教师的专业技能和教学水平，吸引优秀人才进入教育行业。促进产教融合，推动教育机构与企业合作，提供实习和实践机会，确保教育与行业需求对接。关注教育公平，特别是对川西生态示范区、攀西经济区等地区，提供额外的资源和支持，促进教育资源均衡分布。

完善终身职业技能培训体系，提高劳动力技能水平。完善终身职业技能培训体系是应对快速变化的劳动市场和技术进步的关键。首先，努力构建多元化培训体系，整合政府、企业、社会等多方资源，开展线上线下相结合的职业技能培训。其次，聚焦重点行业和领域，针对四川特色产业和新兴产业发展需求，开展定制化、精准化培训。再次，提升培训质量，加强师资队伍建设，引入先进培训理念和教学方法，确保培训效果。最后，鼓励终身学习，建立学分银行制度，实现不同学习成果之间的互认和转换，激励劳动者持续学习。

实施就业优先政策，促进人才流动。优化就业政策环境，简化就业创业手续，降低市场准入门槛，制定税收减免、贷款贴息等优惠政策。努力消除就业障碍，调整妨碍劳动力自由流动的政策和规定，保障劳动者平等就业。加速建立创业带动就业机制，设立创业基金，提供创业指导、培训服务，鼓励高校毕业生、返乡农民工等群体创新创业。支持新就业形态，如平台经济、共享经济等，完善相关法律法规，保障新就业群体的劳动权益。

深化产学研融通创新，实现教育、产业、人才衔接。以优化评估为保障，以多方合作为途径，以多元师资为抓手，以人才培养为中心，加快科技成果向现实生产力转化。强化企业科技创新的主体地位，提升企业技术创新决策的主体地位，引导科研人员面向产业需求锁定研究任务，构建上下游紧密合作的创新联合体，促进产学研融通创新，实现基础研究、应用研究、技术开发、产品研制的有效对接，进一步提升创新效能。提升高校和科研机构的科技成果转化效率，要继续鼓励引导科研人员"把论文写在大地上"，在课题遴选时强化需求导向、目标导向，从源头上提升专利成果的质量。同时，要加强成果转化的专业化机构和人才队伍建设，大力发展共性技术平台、中试验证平台，提高实验室成果的成熟度，让企业接得住、用得上。

提供政策支持，促进城市和区域协调发展。加强区域间的合作与交流，充分利用自身的资源优势。通过构建互利共赢的合作模式，共同促进经济增长，推动人口高质量发展。例如，川东北、成都平原地区可以通过技术转移、产业升级等方式，助力川西地区实现经济跨越式发展；而川西、攀西等地区则可以提供土地、劳动力等生产要素，为川东北、成都平原地区的经济发展提供坚实支撑。制定科学合理的人口经济发展规划，加大对区域协同发展的政策支持力度。通过引导人口、经济和环境保护资源向川西等地区合理流动，推动区域经济均衡发展。此外，政府还应加大对基础设施建设的投入，提升区域间交通、通信等的便利程度，特别是在川西等地区建设交通带，优化资源进场通道，为区域协同发展提供保障。通过这些举措的实施，有效推动区域经济增长，提升区域协同发展的整体效益，为缩小地区间的发展差距，实现经济社会的全面协调可持续发展奠定坚实的基础。

参考文献

张冲、梁晓林、王学义：《人口高质量发展的指标体系构建与实证》，《西北人口》2024年第1期。

孙海波：《我国人力资本及其空间分布对产业结构升级影响研究》，经济科学出版社，2018。

任保平、王子月：《新质生产力推进中国式现代化的战略重点、任务与路径》，《西安财经大学学报》2024年第1期。

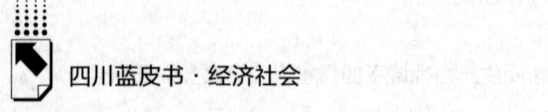

黄群慧、盛方富：《新质生产力系统：要素特质、结构承载与功能取向》，《改革》2024年第2期。

石智雷、彭锐城、王璋：《以人口高质量发展培育新质生产力：内在逻辑和实践路径》，《山东大学学报》（哲学社会科学版）2024年第5期。

于潇、王琪汇：《人口高质量发展、新人力资本与高质量就业》，《人口研究》2023年第5期。

刘春林：《耦合度计算的常见错误分析》，《淮阴师范学院学报》（自然科学版）2017年第1期。

王淑佳、孔伟、任亮、治丹丹、戴彬婷：《国内耦合协调度模型的误区及修正》，《自然资源学报》2021年第3期。

B.8 新质生产力视域下四川企业公益慈善的挑战、现状与趋势研究报告

兰琴 冯月嵘 刘德清*

摘　要： 本文主要探讨了新质生产力背景下四川企业发展公益慈善的挑战、现状和发展趋势。企业公益慈善在理念、内容和方式上发生变化，表现为企业公益慈善社会价值凸显、关注共同富裕和社会问题、强调科技赋能与跨领域合作，这些变化与四川企业公益慈善的整体发展具有一致性。四川省委、省政府高度重视公益慈善功能的发挥，企业在公益慈善制度创新、主体拓展、体系完善、参与拓深、方式创新等方面取得了巨大成效，但也存在一些问题，包括企业公益慈善创新价值认识有待深化、企业公益慈善与发展战略结合不足、企业公益慈善人才数量和素养亟待提升、社会信任度有待提高等。为此，建议以政策支持推动企业参与公益慈善，将公益慈善纳入企业发展战略，培育企业公益慈善人才，形成"向上·向善"的企业慈善文化等，从而推动四川企业公益慈善高质量发展。

关键词： 新质生产力　企业社会责任　公益慈善　四川省

一　新质生产力对企业公益慈善的新要求及变化

新质生产力是创新发挥主导作用，摆脱传统经济增长方式、生产力发展

---

* 兰琴，四川省社会科学院社会学研究所，研究方向为养老保险、医疗保险；冯月嵘，四川省社会科学院社会学研究所，研究方向为社会组织；刘德清，成都市青羊区人民政府金沙街道办事处，研究方向为社会调查、社会企业。

路径，具有高科技、高效能、高质量特征，符合新发展理念的先进生产力质态。习近平总书记有关新质生产力的论述体现了新质生产力与高质量发展、新发展理念的内在统一性。①新质生产力是我国经济高质量发展的必然选择，企业作为经济发展的重要主体应承担起推动新质生产力发展的重任，也反过来受到新质生产力发展带来的影响。

新质生产力推动企业科技创新发展。利用人工智能、大数据、量子计算等先进技术进行产品研发、生产流程优化和服务创新。新质生产力推动企业可持续发展。促进企业提供优质的产品和服务，培养高素质劳动力，为企业可持续发展助力。新质生产力强调企业社会性。新质生产力具有强烈的社会属性，对企业发展公益事业、履行社会责任提出了更高要求。当然企业也面临一些新挑战。在经济维度上，企业面临更大的经济压力和经营风险。在社会维度上，企业面临更高的社会性要求，如何通过公益慈善行为解决社会问题是当下党和国家、市场和社会的重要关切。因此如何转变传统的商业思维，将零散的企业慈善行为纳入企业长期发展战略，②是当下企业面临的主要问题，新质生产力发展对企业公益慈善提出的新要求正是对这些问题的回应。

（一）新质生产力对企业公益慈善的新要求

新质生产力具有强烈的社会属性，与民生事业、社会治理、公益慈善、社会生活等息息相关。③作为企业和公益慈善耦合产物的企业公益慈善，在新质生产力背景下被赋予了时代新要求。一是企业公益创新。创新是新质生产力的核心内涵，新质生产力鼓励企业公益创新，包括内容创新、服务创新和方式创新。二是推行绿色公益。绿色发展是新质生产力的底色，新质生产

---

① 刘洋、李浩源：《新质生产力赋能高质量发展的逻辑理路、关键着力点与实践路径》，《经济问题》2024年第8期。
② 李羚：《以社会工作新成效助推企业经济高质量发展》，企业家日报网，2024年7月8日。
③ 孙达：《以新质生产力为引领 推动公益慈善事业创新提质、健康发展》，《中华英才》2024年第7期。

力背景下的企业公益既要以可持续发展为核心目标，又要采用环境友好的方式。三是支持普惠公益。新质生产力是为美好生活服务的高品质生产力，强调社会资源与发展成果共享、技术普惠应用、社会包容、多元参与，追求社会效益和人民利益的最大化。① 四是发展可持续的公益事业。可持续性是新质生产力的主要特征，要求基于企业的长期发展战略制定长期公益规划，同时增加公益主体与慈善资源、提高公益项目的公信力和透明度。

（二）新质生产力背景下企业公益慈善的变化

企业参与公益慈善是践行社会责任的重要组成部分，笔者通过对2019~2023年中国社会科学院发布的《中国企业社会责任报告》进行纵向比较来呈现新质生产力背景下企业公益慈善的变化。

1. 理念的变化：以社会价值最大化和公益模式创新为导向

中国企业300强的企业社会责任发展指数连续五年呈现上升趋势，其中2022~2023年度的表现尤为突出。从实践来看，2022~2023年社会责任与环境责任指数增幅明显，分别为19.3%和28.4%，② 可见二者是企业社会责任发展指数的主要增长点，这反映出在新质生产力背景下企业社会责任价值凸显，企业也更倾向于通过开展公益慈善活动来塑造企业负责任的品牌形象。此外，新质生产力也强调企业公益慈善创新，企业不再满足于传统的捐赠、救助等方式，而是积极探索创新的公益模式和项目，将科技创新、管理创新等理念融入公益慈善活动，如影响力投资、社会影响力债券、社会企业模式、技术共享公益、产品公益化创新等。

2. 内容的变化：关注共同富裕和社会问题，注重内容的可持续性

从企业社会责任实践具体情况来看，"精准扶贫/乡村振兴""社区责任""绿色生产""绿色经营"等指数近五年增幅明显，分别为54.4%、39.2%、54.4%、45.1%，反映出企业高度关注共同富裕和绿色发展。③ 此

---

① 张林：《习近平关于发展新质生产力的几个重要论断》，《党的文献》2024年第3期。
② 内容来自2019~2023年中国社会科学院发布的《中国企业社会责任报告》。
③ 内容来自2019~2023年中国社会科学院发布的《中国企业社会责任报告》。

外，企业也愈发关注数字鸿沟、数据隐私、人工智能伦理等问题，通过公益活动促进科技的合理应用和社会的公平发展，如四川"蓝马甲"助老公益行动、抖音"银杏家园"项目。"建立扶贫组织体系""乡村振兴规划""乡村振兴组织体系"等指数变动也体现了企业对项目长期可持续性的关注。

3. 方式的变化：注重科技赋能与跨领域合作

大数据、人工智能、互联网、云计算、区块链等新技术的应用，为企业公益慈善提供了新的方式和手段，极大地提高了公益项目的效率和影响力，如抖音寻人项目。此外，新质生产力的跨领域特征也在企业公益慈善领域得到体现，企业开始与政府、社会组织、科研机构等多方合作，共同开展公益慈善项目，四川开展的"三九一城·乡乡到家"消费帮扶公益行动就是多主体合作的典范。

二 四川企业公益慈善发展概况

新质生产力背景下企业公益慈善呈现出"理念上强调公益价值、内容上回应共同富裕和社会问题、方法上强调科技赋能与跨领域"等变化。在关注领域上，四川省企业公益慈善关注的范围更加广泛，全面回应社会发展的各种需求，愈发精准和具体化；在慈善方式上，愈发多元化，能够将新技术融入慈善活动，不断提高企业公益慈善效能；在企业公益慈善意识方面，主动性增强，越来越多的企业主动承担起社会责任，逐步将公益慈善纳入自身发展战略。

（一）四川企业公益慈善的发展成效

在政策的支持下，地区经济大幅发展，为企业参与公益慈善活动奠定了良好的经济基础。社会对企业公益慈善有更高的期待，媒体的宣传让企业认识到了公益慈善对于自身可持续发展的积极作用，更加注重慈善资源投入。社会需求的增长为企业公益慈善创造了新的落脚点，不断创新的公益模式提高了企业公益慈善的效率和满足社会需求的能力。在多种因素的综合作用下，四川企业公益慈善快速发展，取得了以下成就。

1. 制度创新

2013年以来，企业公益慈善进入创新转型期。2015年四川省人民政府发布《关于促进慈善事业健康发展的实施意见》，明确各类企业要把公益慈善作为履行社会责任的重要内容，在更广泛领域为社会作出贡献。鼓励建设覆盖全省的专业性、开放性的信息平台。鼓励和支持社会公众通过捐款捐物、慈善消费，以及慈善义演、义拍、义卖、义展、义诊、义赛等方式为困难群众献爱心。探索捐赠知识产权收益、技术、股权、有价证券等新型捐赠方式，鼓励设立慈善信托，积极推进有条件的地方开展试点。2019年12月发布《中共四川省委关于深入贯彻党的十九届四中全会精神推进城乡基层治理制度创新和能力建设的决定》，鼓励社会企业发展，通过商业运营手段解决社会问题。这些政策制度的出台为企业参与公益慈善提供了路径指引、明确了公益慈善的范围和监管体系、为企业公益慈善创新提供制度支持和合法化方式，从制度层面为"互联网+公益""数字化+公益""商业工具+公益"等企业公益慈善创新奠定了基础，极大地提高了企业公益慈善的效率，确保企业慈善公益行为合理合法。企业层面的制度创新体现在越来越多的企业建立了完善的企业社会责任制度、ESG治理体系，明确了企业社会责任和目标，规定了企业公益慈善的原则、方式和流程，将社会责任融入企业的核心价值观和经营理念。以四川新希望集团、好医生集团为代表，越来越多的企业从倡议"光彩事业"产业扶贫到参与"万企帮万村"精准扶贫，再到实施"10万绿领新农民培训计划"助力乡村振兴，将自身优势与助力脱贫攻坚和乡村振兴相结合，体现出企业层面社会责任制度创新优势，以及企业的担当。

2. 主体拓展

大型企业持续引领，四川省宜宾五粮液集团、成都红旗连锁等国企积极捐赠款物，在扶贫、教育、救灾等多个领域开展公益项目，为社会树立了良好的榜样。在四川省"人人向善、事事行善、时时可善、处处有善"的慈善文化倡导下，中小企业、民营企业踊跃加入，通过与其他企业或社会组织联合、参与社区公益项目等方式贡献力量。四川省编制的《四川省民营企业社会责任报告（2023）》列举了民营企业践行社会责任的相关案例，四川省民营企业在公益慈善方面具体表现为"万企兴万村""消费帮扶""抗震救灾"等。截至2023年12月，全省13137家民营企业、409家商（协）会结对帮扶9464个村，实施"兴村"项目15794个，累计投资到位资金827.2亿元，解决就业85705人、培训人员105407人次。已有82家民营企业、78家商（协）会结对帮扶39个欠发达县域，助力欠发达县域经济发展。① 在关爱员工方面，帮扶困难员工总金额为1264.8万元；在慈善捐赠方面，捐赠总额达1.5亿余元，其中有5家企业捐赠金额超千万元；在助力乡村振兴方面，52%的企业有专职部门负责乡村振兴工作。

3. 体系完善

在价值理念上，企业将社会责任融入发展战略。新希望集团以"希望，让生活更美好"为理念，投身乡村振兴公益事业，通过产业扶贫助力农民增收，体现民生关怀价值观。在内部管理上，企业积极构建公益组织架构，鼓励员工参与，完善企业公益管理流程。五粮液集团设有专门的公益部门，组织员工开展文化传承志愿服务，还制定规范流程管理公益项目。在外部合作及伙伴关系上，积极与其他慈善主体合作。通威集团在环保领域与公益组织合作，凭借技术优势参与河流保护活动，响应政府号召推广新能源汽车，并且与其他企业联合开展扶贫活动，极大地扩展了企业公益边界。在项目开展上，涵盖教育、环保、社区发展等多领域，切实履行社会责任。红旗连锁开展"爱心书屋"助力教育，利用物流优势捐赠图书、开展阅读指导，在社区设置便民服务点方便居民生活。剑南春集团在地震灾后重建中积极作为，捐赠物资助力基础设施建设，通过纪录片等宣传方式提升品牌形象与公益影响力，同时建立评估体系优化公益策略。在公益平台方面，成都市公益慈善综合信息公共服务管理平台、四川慈善信息平台、成德眉资同城化公益慈善联盟以及民政部认定的30个公益平台为四川企业参与公益慈善提供了便利。企业参与公益慈善的体系逐步完善，在促进企业自身良

---

① 内容来自《四川省民营企业社会责任报告（2023）》。

性发展的同时也在不断推动四川公益事业进步，为地区发展注入慈善力量，展现出企业在社会发展进程中的担当与智慧，也为其他地区企业参与公益慈善提供了有益借鉴。

4. 参与拓深

四川企业积极响应国家级、省级重大发展战略号召，以企业慈善之力，助力经济社会发展。在乡村振兴方面，四川企业积极行动，全链条式助力乡村振兴，从产业扶持助力农村经济，到基础设施建设改善农村条件，再到教育帮扶培育乡村人才；在成渝地区双城经济圈建设中，促进区域协同发展、助力社区建设；在长江经济带发展战略中，既参与生态保护守护母亲河生态环境，又助力产业升级；在共建"一带一路"倡议下，四川省积极开展对外援助增进沿线国家民生福祉，还推动文化交流增进国际友谊。四川企业以慈善为纽带，在各战略层面发挥积极作用，展现社会责任担当，为国家和地区发展注入温暖且强大的力量，实现多赢局面并不断创造积极的社会价值。

5. 方式创新

数字化技术与金融工具为企业公益慈善赋能增效，深刻重塑传统企业公益慈善的发展逻辑和方向。互联网、大数据、云计算、人工智能、区块链等数字技术的发展，为我国慈善事业提供了全新的技术、工具和理念，为人人慈善、快乐慈善、随手慈善创造了新的方式和便捷途径。[1] 数字化及互联网背景下的移动支付、微公益、平台公益、公益众筹、公益创投、互联网众筹、个性化捐赠等成为互联网新兴技术范式变革下企业公益慈善的新业态与新模式。[2] 四川企业积极参与互联网平台公益活动，发布"困境儿童研学梦""慈善帮困助学""重大疾病慈善救助"等网络募捐项目，让更多的群体能够通过便捷的方式参与公益慈善。

---

[1] 舒迪：《用数字化为企业公益慈善赋能增效——"数字化助力企业公益慈善高质量发展"主题论坛侧记》，《人民政协报》2023年5月30日。
[2] 肖红军、阳镇、姜倍宁：《企业公益慈善发展的演化逻辑与未来展望》，《南京大学学报》（哲学·人文科学·社会科学）2020年第2期。

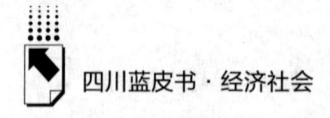

此外，金融工具也为企业公益慈善提供了新路径。成都市社会企业认定标准为四川企业履行社会责任、参与公益慈善提供了借鉴，企业也凭借自身独特的运营模式成为公益慈善的重要主体。新希望集团设立慈善信托、通威集团探索影响力投资、红旗连锁组织公益创投、四川银行发行绿色债券，这些企业的公益慈善创新体现了金融工具对社会赋能，这些金融工具也逐渐成为公益慈善事业不可或缺的组成部分。金融与慈善相结合的创新还体现在捐赠创新，企业以捐赠债券和专利、股票的形式参与公益慈善，不仅为公益慈善事业提供了新的资源和支持途径，也体现了企业的社会责任担当。

（二）四川企业公益慈善发展中存在的问题

1. 企业公益慈善创新价值认识有待深化

新质生产力对企业公益慈善创新提出了新要求，但是当下企业公益慈善普遍存在创新积极性有限的问题。首先是观念束缚。受传统观念束缚，当下企业尤其是中小企业对于公益慈善创新的认知和接受度较为有限。此外公益慈善创新意味着高投入的同时要承担一定的风险，一旦创新失败可能会带来一定的社会负面影响和经济损失，对于很多中小企业来说是冒险之举。其次是制度不完善。目前公益慈善领域的法律法规还不完善，对于公益慈善创新的支持不够明确。在公益慈善信托的税收优惠等方面，缺乏具体的政策规定，影响了企业参与公益慈善创新的积极性。同时监管机制不健全，公益慈善创新需要相对灵活的监管环境，但目前公益慈善监管机制较严格，对于一些创新的公益慈善模式可能存在监管过度或监管不足的情况，这使得公益慈善创新者在开展活动时面临较大的不确定性和风险，从而影响了企业的创新积极性。

2. 企业公益慈善与发展战略结合不足

新质生产力对企业公益慈善提出了慈善创新、绿色公益、普惠公益和可持续性的公益等要求，但是在企业实践过程中，对上述要求回应不足。企业公益慈善创新仍然有待强化、普惠公益实现还面临结构性困境、企业绿色公益主动性有限，这些不足又进一步指向企业公益慈善的可持续性问题，反映出企业公益慈善认知不足，短视思维和工具化倾向依然存在，公益慈善定位不明确、资源分配不合理等问题还未有效解决。究其本质，是企业没有充分认识到公益慈善与自身发展战略的潜在关联，缺乏系统的发展规划。

3. 企业公益慈善人才数量和素养亟待提升

新质生产力强调共享社会发展成果，发展普惠公益，但是当下企业公益慈善仍存在慈善资源分配不均、供需不匹配等问题。首先是慈善资源存在领域和对象集中问题，2023年四川省民政厅明确表示未来慈善要实现由应急慈善向常态慈善转变、由民生慈善向全域慈善转变、由少数慈善向大众慈善转变、由自发慈善向专业慈善转变。这反映出当下公益慈善对教育卫生、科学技术、生态环保等领域的关注不足，影响了普惠公益目标的全面实现。其次是信息不对称问题，表现为企业缺乏对社会真实需求的了解，资源投入与实际需求不匹配，资源供给滞后于实际需求。这些公益慈善领域的结构性失衡问题折射出企业公益慈善人才缺乏，调研发现无论是基金会还是行业协会商会都面临从业人员老龄化问题，对公益慈善的新变化新方法缺乏掌握，人才不足在一定程度上影响了普惠公益目标的实现。

4. 企业公益慈善社会信任度有待提高

四川企业公益慈善发展存在多方面问题，社会信任度有待提高。一方面，资金管理上筹集渠道有限、使用透明度不足，包括财务信息披露不详细和项目运作过程不公开。企业基金会筹资依赖企业，自身缺乏独立性，使得企业公益慈善行为易受企业利益影响，偏离公益初衷。又因缺乏专业人员管理运营，企业基金会大多未能按照《基金会管理条例》中的有关要求及时披露公益事业支出、慈善项目和慈善活动等信息，面临公信力危机。[1] 另一方面，企业内部管理机制不完善，企业公益慈善的决策、执行与监督机制不健全，影响决策的科学性、执行的有效性及监督的透明性。企业把慈善捐赠当作一种利益交换工具，用以掩盖或转移外界对其内在社会责任缺失的关

---

[1] 高静华：《中国特色企业慈善的驱动因素、基本特征与路径选择》，《社会保障评论》2024年第1期。

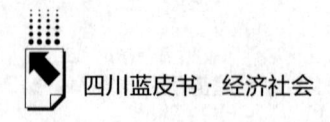

注；或寻求与政府建立良好的合作关系，以获取更多的资源；或以公益之名进行虚假或不当营销，使得公众质疑企业的公益动机，难以实现企业基金会和企业公益慈善的可持续发展。

三 新质生产力背景下推动四川企业公益慈善发展的建议

（一）以政策之力推动企业参与公益慈善

进一步完善企业公益慈善政策，深入探讨并制定一系列配套措施，有效激发企业热情，促进企业参与公益慈善。一方面，通过法规明确企业在捐赠后的各项权益。除了税收优惠，还可以对优秀的社会责任企业授予省级、国家级荣誉称号，同时在政策上予以优待，如更高额度的税收优惠助力企业降成本、荣誉奖励提升企业社会声誉等。同时从法律层面对企业公益慈善信息披露工作进行规范。一旦企业出现虚假宣传、挪用捐赠物资等不良行为，必须依法承担后果，从而规范企业公益慈善行为，引导企业规范参与公益慈善。另一方面，要优化公益慈善项目审批程序。构建一站式审批机制并设立限时办结机制，当企业开展教育捐赠、扶贫助困等常见公益项目时，相关部门应在明确规定的工作日内完成审批流程。减少不必要的环节和证明材料要求，降低企业时间成本。同时建立审批信息公开平台，保障审批流程透明化，企业可随时掌握审批进度。这不仅有助于提高审批效率，还能调动企业参与公益慈善的积极性，让企业在更加规范、便捷、高效的环境下开展公益慈善活动，为四川公益慈善事业注入强大的动力。

（二）将公益慈善纳入企业发展战略，实现经济与社会价值有机结合

将公益慈善纳入发展战略也是新质生产力背景下企业公益慈善发展的大趋势。首先要使业务与公益慈善相结合，实现企业主要业务板块与公益慈善的结合，提高公益慈善产品和工具的使用效率，在经营发展中履行社会责

任。其次要增强企业绿色公益意识，在践行环境保护责任外还要积极将环境保护与企业其他公益慈善项目相结合，共同解决社会问题，创造更大社会效益。此外，打造四川公益慈善品牌项目，提升公益慈善模块自我造血功能，实现企业公益慈善的可持续发展，用公益慈善的方式产生经济价值的同时，推动公益慈善事业可持续发展。最后，企业应树立普惠公益意识，以推动"发展资源共享、技术普惠应用、社会包容、追求社会效益和人民利益的最大化"为宗旨践行企业公益慈善责任，积极推动共同富裕目标的实现。

（三）培养企业公益慈善人才，提高企业公益慈善效能

企业公益慈善的关键在人才，只有拥有具备高度社会责任感、创新思维和卓越执行能力的专业人才，才能最大化利用企业公益慈善资源。应加强内部人才培养，探索设立人才培养专项资金，支持员工参加能力提升培训，建立企业公益人才培养帮带机制，搭建企业公益人才学习交流和实践实训平台。学会广泛借智借力，聘请专家学者担任顾问、建立专家智库，依托各级社会组织孵化园、教育科研机构优化项目设计和运营管理，加强项目监督，保障项目成效。鼓励企业社会责任部门或者专职人员考取社会工作资格证，有助于企业在公益慈善项目策划、执行、评估等环节遵循专业规范和伦理准则。组织公益慈善峰会和交流活动，促进经验分享和合作机会挖掘，共同推动公益慈善蓬勃发展。

（四）形成"向上·向善"企业慈善文化，规范企业慈善行为

在社会层面，继续开展"追光2023·四川十大公益企业推介活动"等，让更多热心公益慈善事业的企业被看见、被肯定，在社会上形成企业竞相参与公益慈善的良好氛围，形成"向上·向善"的企业公益慈善文化。在企业层面，企业领导人应带头践行公益慈善，将公益慈善纳入企业战略规划，引领员工积极参与。建立完善的内部激励机制，对积极参与公益慈善的员工给予奖励，将公益慈善表现纳入绩效考核，提升员工参与热情。同时把公益慈善理念融入企业文化，通过培训、内部宣传等方式，让员工深刻地理解企

业对社会责任的担当。在形成企业公益慈善文化的同时，企业也应当制定相关制度规范公益慈善行为，包括捐赠额度、项目选择标准等。设立专门的公益慈善管理部门和专职人员，规范项目管理流程，确保资金使用透明。加强财务管理，单独核算慈善资金，定期审计并公开。加强与社会沟通，及时公布公益慈善成果，接受公众监督，树立良好的企业形象。

高质量发展篇

B.9 2024~2025年四川省固定资产投资发展分析与预测

陈妤 罗玖林[*]

摘　要： 2024年，四川省固定资产投资规模持续扩大，呈现投资结构不断优化、三次产业投资表现各异、高技术产业投资引领作用突出、制造业投资拉动作用明显、设备购置投资大幅增加等特征，但存在新开工项目接续不足、房地产开发投资疲软、区域投资发展不平衡等问题。为实现四川省固定资产投资的高质量发展，应进一步加强项目投资全周期管理，持续激发民间投资活力，促进房地产投资平稳发展和区域投资协调发展。

关键词： 固定资产投资　制造业　设备更新

---

[*] 陈妤，四川省社会科学院产业经济研究所助理研究员，主要研究方向为产业经济、计量经济；罗玖林，四川省社会科学院，主要研究方向为产业经济。

2024年以来，面对复杂多变的宏观环境和持续的经济下行压力，四川省全面贯彻新发展理念，坚持稳中求进工作总基调，始终将投资摆在全局工作的重要位置，努力扩大有效投资，深入推进大规模设备更新工作，落实扩大民间投资支持政策。2024年1~8月，四川省固定资产投资额（不含农户）与2023年同期持平，同比增速有所回落，但结构优化的发展态势没有改变。

一　2024年四川省固定资产投资情况

2024年1~8月，四川省固定资产投资（不含农户）与上年同期持平。2024年四川省固定资产投资和项目投资均呈现高开低走态势，主要有三个方面的原因：一是2023年同期基数较高；二是房地产开发投资持续下降；三是7~8月工程施工受到持续高温、极端天气的影响。尽管近期四川省固定资产投资增速出现回落，但仍然呈现投资结构不断优化、制造业投资拉动作用明显、设备购置投资大幅增加等特征。

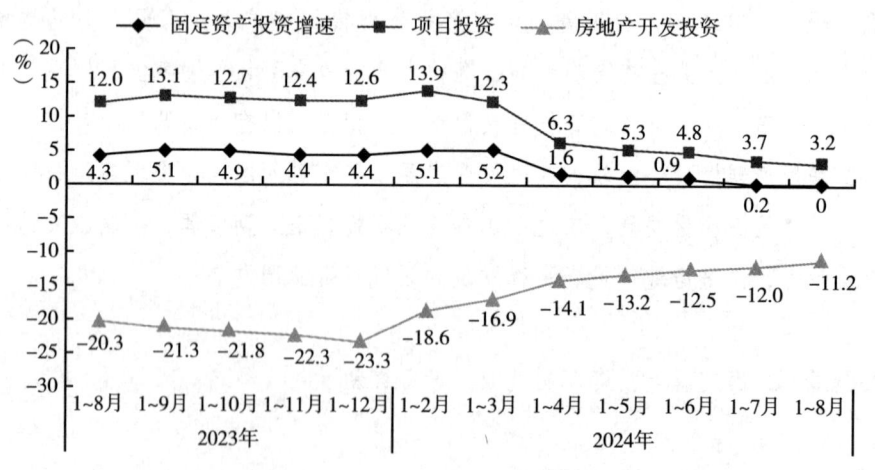

图1　2023年1~8月至2024年1~8月四川省固定资产投资相关指标情况

（一）投资结构不断优化

近年来，四川以发展新质生产力为着力点，推进经济高质量发展，加快构建现代化产业体系，统筹推进传统产业焕新、新兴产业壮大、未来产业培育，持续推动经济转型升级，高技术产业不断发展，六大优势产业提质倍增行动成效逐步显现，绿色转型加快推进，投资结构进一步优化。2024年上半年，四川省六大优势产业投资同比增速为9.4%，绿色低碳优势产业投资同比增速为10.3%，高技术产业投资同比增速为6.8%。具体从高技术产业投资来看，高技术服务业投资额实现较快增长，增速达25.3%，信息服务投资、环境监测及治理服务投资、研发与设计服务投资均实现较快增长，同比增速分别为17.2%、19.6%、62.7%；高技术制造业投资同比增长相对较少，同比增速为0.5%，但其中的医疗仪器设备及仪器仪表制造业投资和航空、航天器设备制造业投资均实现较快增长，同比增速分别为53.8%、77.9%。

（二）三次产业投资表现各异

2024年1~8月，四川省第一产业投资同比增长11.9%，较上年同期下降7.7个百分点；第二产业投资增长14.9%，较上年同期下降6.7个百分点，增速有所回落，这在一定程度上是受2023年同期增速保持20%以上的高基数影响；第三产业投资下降5.7%，延续了2023年以来的下降趋势，且降幅不断扩大，其中交通运输投资下降6.7%，房地产开发投资下降11.2%。

（三）重大项目投资推进平稳有序

近年来，四川省重大项目投资持续发挥"压舱石"作用，项目推进工作平稳有序。2024年1~8月，四川省700个省重点项目投资额为6273.8亿元，年度投资完成率达83.3%。2024年上半年，全省计划总投资10亿元以上的在建项目较2023年同期多5个，总数达1315个，完成投资额增长2.6%，高于全省固定资产投资增速（0.9%），其中制造业项目共有414个，项目数远高于2023年上半年（261个）。

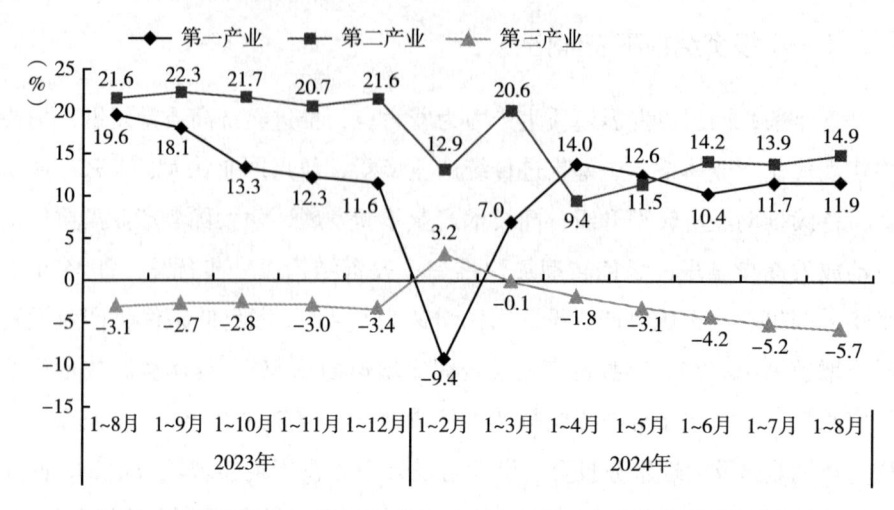

图 2　2023 年 1~8 月至 2024 年 1~8 月四川省三次产业投资增长情况

近年来，四川省大力推进成渝地区双城经济圈建设。2024 年 1~8 月，成渝地区双城经济圈共建重大项目达 300 个，年度投资完成率 73.9%，完成投资额达到 3229.1 亿元。

（四）制造业投资拉动作用明显

2024 年上半年，全省工业投资同比增长 14.4%，已连续 13 个月实现两位数增长。其中，制造业投资同比增长 14.0%，拉动全省固定资产投资增长 2.5 个百分点。四川省制造业投资的较快增长，为制造业的强劲回升打下了坚实的基础。具体来看，在 31 个制造业行业大类中，20 个制造业行业投资额实现同比增长，其中增长较快的行业有通用设备制造业、酒饮料和精制茶制造业、专用设备制造业，同比增速分别达 39.2%、33.6%、31.3%。

（五）设备购置投资增长较快

随着大规模设备更新政策的推出，四川省积极引导企业实施设备更新升级，大力推进传统产业焕新、新兴产业提速，全省设备购置投资增长明显加快。四川省设备工器具购置投资2024年1~8月同比增速达12.3%，较上年同期高7个百分点，且已连续4个月高于全省固定资产投资增长速度。

（六）民间投资意愿和能力有所恢复

近年来，针对民间投资持续低迷，国家和四川省不断改善营商环境，持续推出促进民间投资的政策措施，四川省民间投资有所好转。2024年上半年，民间投资（同比下降1.1%）降幅较上年同期收窄。扣除房地产开发民间投资部分，民间项目投资实现9.5%的较快增长，增速高于全国平均水平（6.6%）和全省固定资产投资增速（0.9%），投资意愿和能力得到一定恢复。

二 存在的问题

2024年，四川省固定资产投资领域有很多亮点，同时也有一些不可忽视的问题，比如新开工项目接续不足、房地产开发投资仍然疲软、区域发展不平衡等。

（一）新开工项目接续不足

2023年以来，四川省新开工项目计划总投资持续下降。2024年1~8月，新开工项目计划总投资增速较2023年同期回升5.1个百分点，降幅有所收窄，但仍同比下降11.6%。近年来，四川省重大项目投资工作推进平稳，但随着在建项目加快建设投用，新开工项目接续不足，新开工项目计划总投资持续下降，不利于后期固定资产投资的持续稳定增长。

（二）房地产开发投资疲软

2024年1~8月，四川省房地产开发投资同比下降11.2%，与2023年同期（下降20.3）相比降幅收窄9.1个百分点；商品房销售面积同比下降23.3%，与2023年同期（下降3.3%）相比降幅扩大20个百分点；房地产施工面积同比下降11.2%,与2023年同期(下降7.5%)相比降幅扩大3.7个百分点。近期,四川省房地产政策不断调整优化,包括下调首付款比例、成都全面取消限购、商品房不再公证摇号选房等措施,房地产市场活跃度有所提升,房地产开发投资降幅逐月收窄,其中1~8月较1~7月收窄0.8个百分点,但房地产施工面积、商品房销售面积降幅没有明显收窄,房地产市场仍然处于调整状态,回暖迹象仍不明显,动力有待进一步提升。

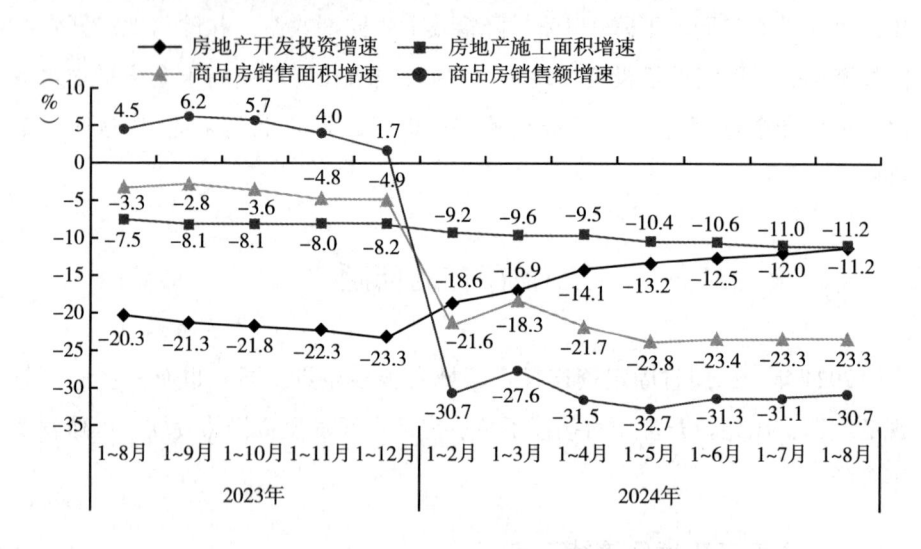

图3 2023年1~8月至2024年1~8月四川省房地产业相关指标情况

(三)区域发展不平衡

2024年上半年,四川省固定资产投资(不含农户)同比增速为0.9%,较2023年同期回落2.4个百分点。从五大经济区来看,区域投资发展不平衡问题仍然突出。成都平原经济区除乐山、雅安较2023年同期增速有所回落外,其他市均实现了较高速增长,较2023年同期有明显加速,其中德阳、资阳、绵阳增长强劲,均实现两位数以上的增长;川南经济区的自贡、内江均实现两位数的强劲增长,泸州、宜宾投资增速较2023年同期下降明显;川东北经济区除南充、广安较上年同期下降外,其他市均实现增长;攀西经济区中，攀枝花同比增长，凉山州同比下降；川西北生态示范区均实现增长，其中甘孜州增长强劲，增速达15.4%。尽管受房地产开发投资持续下降的拖累，全省固定资产投资增速较上年同期下降，但仍有不少地区固定资产投资实现了两位数以上的快速增长，比如德阳、资阳、绵阳、自贡、内江、甘孜，主要得益于第二产业投资的强劲增长。

表1　2023年和2024年上半年四川省各市州全社会固定资产投资增速

单位：%

区域		2024年上半年	2023年上半年
全省		0.9	3.3
成都平原经济区	成都	6.1	-2.7
	德阳	16.5	-2.1
	资阳	16.2	-5.0
	眉山	9.5	2.9
	绵阳	11.1	7.8
	遂宁	8.8	4.5
	雅安	4.2	5.1
	乐山	-18.1	3.3
川南经济区	泸州	-16.2	3.4
	宜宾	-6.2	0.8
	自贡	10.5	-2.0
	内江	10.7	6.5
川东北经济区	南充	-12.0	6.2
	广元	9.1	0.3
	广安	-8.2	0.5
	达州	4.2	3.5
	巴中	8.8	-5.0
攀西经济区	攀枝花	4.3	3.8
	凉山	-14.1	7.1
川西北生态示范区	阿坝	3.4	8.5
	甘孜	15.4	19.9

注：南充市、乐山市、眉山市固定资产投资为全社会固定资产投资，其他市州固定资产投资为固定资产投资（不含农户）。

资料来源：除广安数据来源于《广安日报》，其他市州数据均来自四川省各市州政府、统计局网站。

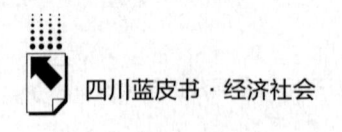

三 四川省与其他省份固定资产投资状况的横向比较

2024年1~8月，全国固定资产投资额（不含农户）达329385亿元，同比增速为3.4%，高出2023年同期0.2个百分点，其中8月全国固定资产投资环比增长0.16%。从区域来看，东部地区固定资产投资同比增长2.7%，其中除广东省投资下降2.9%外，其他省市均实现增长，北京市增幅最大，同比增长8.4%；中部地区固定资产投资同比增长4.6%，在各区域中增幅最大，较上年同期增速提高6.2个百分点，且中部地区各省份均为正增长；西部地区固定资产投资下降0.2%，其中广西、云南、青海固定资产投资同比下降，四川与上年同期持平，其他省份固定资产投资均较上年同期有所增长；东北地区固定资产投资增长2.5%，除吉林外，其他省份固定资产投资均较上年同期有所增长。

2024年1~8月，四川省固定资产投资（不含农户）与上年同期持平，增速较全国低3.4个百分点，但较西部地区平均增速高0.2个百分点。从三次产业来看，四川省第一产业投资增速较全国平均水平高9个百分点，第二产业投资增速较全国平均水平高2.8个百分点，第三产业投资增速低于全国平均水平4.9个百分点。由此看来，四川省固定资产投资1~8月增速低于全国平均水平主要是由于第三产业投资增速低于全国平均水平。具体来看，在第三产业投资中，四川省房地产开发投资同比增速低于全国平均增速1个百分点；交通运输投资同比下降6.7%，而全国交通运输、仓储和邮政业投资增长6.7%。

表2 2023年和2024年1~8月全国及各地区固定资产投资（不含农户）情况

区域	2024年1~8月	2023年1~8月
全国	3.4	3.2
东部地区	2.7	5.6

续表

区域	2024年1~8月	2023年1~8月
北京	8.4	5.6
天津	4.2	-19.8
河北	6.5	6.2
上海	7.8	29.5
江苏	2.3	5.7
浙江	3.2	8.8
福建	4.2	2.6
山东	4.2	5.6
广东	-2.9	3.4
海南	6.1	2.7
中部地区	4.6	-1.6
山西	1.6	-6.9
安徽	4.1	4.2
江西	4.0	-13.2
河南	6.6	1.2
湖北	5.8	5.2
湖南	3.4	-6.1
西部地区	-0.2	-0.6
内蒙古	10.4	26.5
广西	-9.7	-15.2
重庆	1.3	3.2
四川	0.0	2.8
贵州	0.6	-7.5
云南	-11.5	-7.2
西藏	20.1	42.8
陕西	3.2	-7.2
甘肃	2.2	8.2
青海	-2.4	-6.3
宁夏	2.5	6.5
新疆	4.0	8.4
东北地区	2.5	-3.1
辽宁	3.4	3.5
吉林	-0.6	-7.1
黑龙江	4.1	-13.5

资料来源：国家统计局网站。

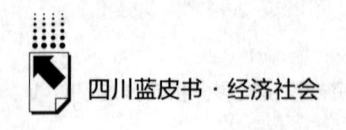

四 2025年四川省固定资产投资发展形势预测

2025年，随着一系列稳增长政策措施的落地显效，四川省固定资产投资发展动能将不断增强，有利因素将不断累积。然而，国内外经济环境仍然严峻复杂，区域投资发展不平衡问题仍然存在，投资稳定增长的压力较大。

从项目投资来看，四川省重大项目加快建设，但投资项目接续不足，当前新开工项目计划总投资仍然呈负增长态势，但下降幅度逐渐收窄，2025年四川省新开工项目投资有望逐步好转。

从工业投资来看，受外部订单不足、转型发展压力加大等影响，部分行业生产经营压力仍然较大。2024年9月四川省制定《关于推动经济持续回升向好的若干政策措施》[1]，提出多项政策措施"帮助企业降本减负""推进企业快速成长"，有望缓解部分产业、部分企业经营压力较大的问题，有利于工业投资和民间投资进一步增长。随着重点行业的支撑作用增强，市场预期持续好转，加上新质生产力的加快培育、工业重点领域设备更新改造赋能等，2025年四川省工业投资有望继续保持强劲增长，为固定资产投资稳定增长提供有力支撑。

从房地产开发投资来看，截至2024年8月，四川省房地产市场销售端没有明显好转，房地产投资回暖的压力仍然较大，但房地产开发投资降幅近几个月有所收窄。2024年9月，中共中央政治局召开会议分析研究当前经济形势，明确要促进房地产市场止跌回稳，并提出"对商品房建设要严控增量、优化存量、提高质量"等多项措施。[2] 同月，四川省制定的《关于推动经济持续回升向好的若干政策措施》，提出要支持房地产市场平稳健康发展。随着

---

[1] 《关于推动经济持续回升向好的若干政策措施》，https：//www.sc.gov.cn/10462/zfwjts/2024/9/28/092c77c69c3d4c5c9c15bcb579f837a9.shtml，2024年9月28日。
[2] 《中共中央政治局召开会议 分析研究当前经济形势和经济工作 中共中央总书记习近平主持会议》，http：//www.news.cn/politics/leaders/20240926/d20b90ff7b704f7a8638d697d85ae621/c.html，2024年9月26日。

房地产新政效果逐步显现，2025年四川省房地产开发投资有望回暖。

综上所述，全省固定资产投资稳定增长的基础仍在，但不确定性因素也较多，2025年四川省固定资产投资结构将进一步优化，规模有望进一步扩大，但增长仍然有较大压力。

五 对策建议

当前，四川省应引导投资在稳增长、调结构、优供给、惠民生领域发挥更大作用，进一步加强项目投资全周期管理，激发民间投资活力，促进房地产投资平稳发展和区域投资协调发展，推进四川省固定资产投资稳定增长。

（一）加强项目投资全周期管理

要精准对接国家重大改革措施和近期利好的一系列政策，抢抓超长期特别国债支持"两重"建设、大规模设备更新等重大政策机遇，进一步挖掘潜力，扩大有效投资，推动形成更多实物工作量和经济新增长点；强化招引项目全生命周期管理，聚焦重点领域、重点行业，及时储备稳增长、调结构、优供给、惠民生的重大项目，保障新开工项目的持续、稳定增长；持续抓好全省重点项目、川渝合作共建项目、省级重点推进项目，抓紧抓实重大项目前期工作，推动签约项目尽快开工、在建项目尽快竣工，及时解决项目推进过程中出现的难点和堵点，加强项目的要素保障，全力帮助企业开拓市场，做好金融服务对接工作。

（二）持续激发民间投资活力

持续优化营商环境，深化投融资体制改革，推动中小企业和民营经济相关政策落地落实；充分调动民间投资的积极性，围绕发展新质生产力，优化民间投资结构，拓宽民间投资领域，增强民间投资的韧性，努力推动民间投资提速增效，持续增强投资后劲；着力推动各类企业协同发展，加大重点企业监测指导力度，解决民营企业融资难、融资贵问题，有效激发民间投资活力。

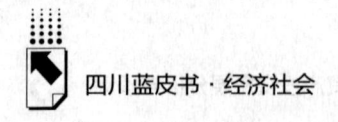

（三）促进房地产投资平稳发展

持续防范化解重点领域风险，因地制宜优化政策，落实好促进房地产市场平稳健康发展的新政策，推动房地产及相关行业加快回暖；坚持优化增量和消化存量相结合，做好保交房工作，支持收购存量商品房用作保障性住房；充分认识房地产市场供求关系的新变化，引导房地产企业适应市场需求变化，提供符合消费者需求的产品，加快构建房地产发展新模式，促进房地产市场平稳健康发展。

（四）促进投资的区域协调发展

推动"五区共兴"发展，从全省的视角优化投资的区域空间布局，包括优化投资的区域定位、区域政策，推动区域协作、区域平衡、区域联动等，充分发挥中心城市的辐射带动作用，以合作共赢为目标，优化合作机制，推动各市州投资协同发展，形成区域发展的强大合力；在全省范围系统谋划高质量的现代化基础设施体系，优化交通枢纽布局，精准补短板、强弱项，全面提升重点战略物资运输能力和综合交通枢纽辐射能级；深入梳理各区域产业投资特征，满足区域的差异化和特色化投资需求，提高区域的发展水平和发展潜力，促进区域投资协调发展。

参考文献

《真金白银"投"到了哪儿？下半场如何发力？省统计局投资处处长唐未星权威解读》，http：//tjj.sc.gov.cn/scstjj/c105918/2024/7/18/691283706b5f42a4b84b3c1d6205c57f.shtml，2024年7月18日。

《国家统计局新闻发言人就2024年8月份国民经济运行情况答记者问》，https：//www.stats.gov.cn/sj/sjjd/202409/t20240914_1956541.html，2024年9月14日。

《跑出"加速度"拼出"新业绩"奋力冲刺全年目标任务》，https：//epaper.scdaily.cn/shtml/scrb/20240918/index.shtml，2024年9月18日。

B.10
2024~2025年四川省进出口贸易形势分析与预测

虞洪 蒋舒琴*

摘　要： 2024年以来，在全球贸易形势好转的背景下，四川制定了稳外贸扩进口的一系列措施，全省进出口贸易整体呈现回暖向好态势，其中进口表现尤其突出，但也存在出口增长不足、一般贸易增速持续下降、部分市州表现不佳等问题。2025年，四川需把握面临的机遇，积极应对国际贸易环境不确定性增加、外贸结构性问题依然存在、经济回升向好基础尚不稳固等挑战，通过促进新质生产力赋能外贸高质量发展、促进外贸结构更加优化、加快培育外贸新业态、推进五区共兴促发展等措施，促进四川进出口贸易高质量发展。

关键词： 四川省　进出口贸易　高质量

自2024年1月以来全球经济逐渐呈现复苏态势。联合国预测，世界经济2024年、2025年分别实现2.7%、2.8%的增长。① 但世界经济增长仍面临诸多挑战，高利率环境对投资和消费产生一定的抑制作用。此外，地缘政

---

* 虞洪，博士后，四川省社会科学院产业经济研究所所长、研究员，主要研究方向为产业经济、农村经济、粮食安全；蒋舒琴，四川省社会科学院农村发展研究所，主要研究方向为产业经济。

① 《联合国预计今年全球经济增长可达2.7%》，https://finance.sina.com.cn/jjxw/2024-05-18/doc-inavrxmp8431289.shtml，2024年5月18日。

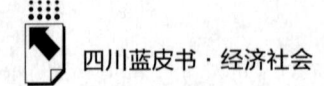

治紧张局势和气候风险也对全球经济稳定增长构成威胁。① 四川充分把握住了经济复苏的良好机遇，2024年1~8月进出口同比回归正增长。但四川作为中国西部贸易大省，面对国际经济增长的诸多不利因素，仍然存在出口增长不足等问题。

一 2024年四川进出口贸易情况

2024年全球贸易形势好转，四川通过不断完善外贸政策、优化外贸环境、积极培育和引进外贸企业、支持企业创新发展、积极拓展国际市场等一系列措施，有效提升了外贸的整体竞争力，1~8月外贸呈现明显回暖向好态势，进出口总值达6700.5亿元，创历史同期新高，排名全国第八，同比增长12.6%，增速高出全国同期6.6个百分点。其中，出口3901.1亿元，同比增长3.7%，增速与2023年1~8月相比（以下简称"同比"）由降转升；进口2799.4亿元，同比增长27.9%，增速同比由降转升，增速在全国十大贸易省市中排名第一。②

（一）加工贸易提升明显

面对外贸承压下行的严峻态势，四川采取"一企一策"稳加工贸易龙头企业的措施，推动加工贸易止跌回升，2024年1~8月，全省加工贸易进出口达到3038.3亿元，同比增长22.6%；在四川进出口总额中的占比提高至45.3%，占比同比上升4.2个百分点。同样扭降为升的还有海关特殊监管区域物流货物，由2023年同期的减少12.3%变为增长11.5%。在加工贸易

---

① 《2024年世界经济形势与展望（年中更新）》，https：//www.sohu.com/a/797633205_121823490，2024年8月1日。
② 《（数据分析）前8个月四川外贸进出口增长12.6%》，http：//chengdu.customs.gov.cn/chengdu_ customs/519425/fdzdgknr/bgtj43/519412/6105528/index.html，2024年9月18日。

快速增长的拉动下，虽然市场采购同比出现负增长，但进出口总额仍然比2023年同期增加677.6亿元。

表1 四川货物进出口构成情况

单位：亿元，%

项目	2023年1~8月进出口			2023年1~12月进出口			2024年1~8月进出口		
	金额	占比	同比增速	金额	占比	同比增速	金额	占比	同比增速
总值	6022.9	100.0	-7.0	9574.9	100.0	-4.0	6700.5	100.0	12.6
加工贸易	2478.1	41.1	-21.3	3996.2	41.7	-18.6	3038.3	45.3	22.6
一般贸易	2402.5	39.9	14.6	3754.5	39.2	18.8	2478.3	37.0	5.6
海关特殊监管区域物流货物	816.8	13.6	-12.3	1250.5	13.1	-6.4	900.1	13.4	11.5
海关保税监管场所进出境货物	65.6	1.1	0.2	117.5	1.2	-13.0	121.7	1.8	87.1
市场采购	195.5	3.2	30.0	365.0	3.8	14.8	112.8	1.7	-40.2

资料来源：根据四川省商务厅网站数据整理。

（二）重点区域贸易合作快速回暖

2024年1~8月，东盟、美国、欧盟仍旧是四川的前三大贸易伙伴，进出口总额3777亿元，占同期四川进出口总额的56.4%，占比同比上升7.7个百分点。其中四川对东盟进出口1440亿元，占同期四川进出口总额的21.5%，同期贸易值连续2年居第一；同比增长33.7%，增速同比由降转升。四川对美国、欧盟进出口分别为1275亿元、1062亿元，分别占同期四川进出口总额的19%、15.8%，同比分别增长32.4%、23.2%，增速同比均由降转升。而且，四川对东盟及美国进出口的同比增速均为新冠疫情发生以来的最高值。与此同时，四川对新兴市场的进出口也保持了快速增长，对非洲59个国家和地区进出口额同比增长29.6%；另外，通过加强与共建"一

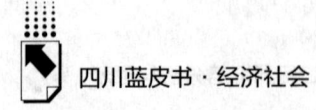

带一路"国家的贸易合作，四川对共建"一带一路"国家的进出口贸易也取得可喜成绩，同比增长16.9%，增速同比上升12.6个百分点。①②

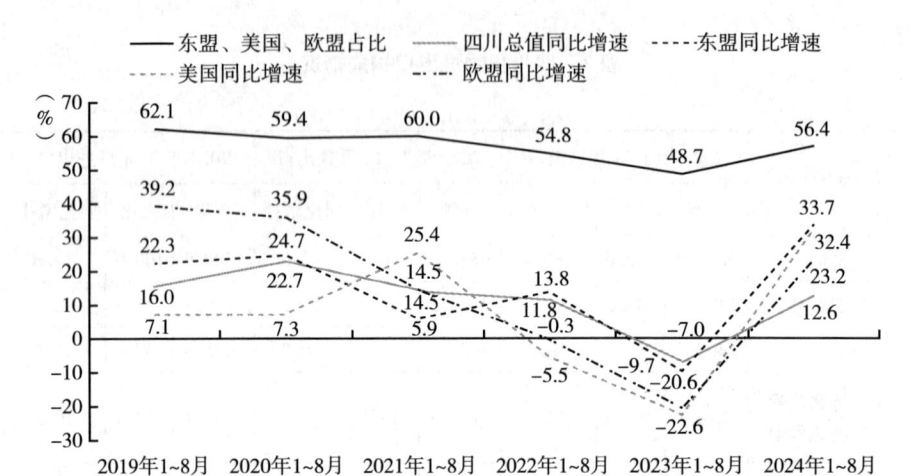

图1　2019年至2024年1~8月四川对东盟、美国、欧盟进出口变化趋势

资料来源：根据四川省商务厅网站数据整理。

表2　四川前三贸易伙伴

单位：亿元，%

项目	2023年1~8月进出口			2023年1~12月进出口			2024年1~8月进出口		
	金额	占比	同比增速	金额	占比	同比增速	金额	占比	同比增速
总值	6022.9	100.0	-7.0	9574.9	100.0	-4.0	6700.5	100.0	12.6
东盟	1094.0	18.2	-9.7	1796.6	18.8	-1.3	1440.0	21.5	33.7
美国	971.1	16.1	-22.6	1500.1	15.7	-22.2	1275.0	19.0	32.4
欧盟	866.6	14.4	-20.6	1420.9	14.8	-16.1	1062.0	15.8	23.2
东盟、美国、欧盟合计	2931.7	48.7	-17.7	4717.5	49.3	-14.1	3777.0	56.4	28.8

资料来源：根据四川省商务厅网站数据整理。

---

① 《（数据分析）前8个月四川外贸进出口增长12.6%》，http：//chengdu.customs.gov.cn/chengdu_customs/519425/fdzdgknr1/bgtj43/519412/6105528/index.html，2024年9月18日。
② 《前8个月四川外贸进出口超6000亿元》，http：//chengdu.customs.gov.cn/chengdu_customs/519425/fdzdgknr1/bgtj43/519412/5380740/index.html，2023年9月18日。

（三）多数市州表现较好

2024年1~8月，全省市州中进出口值同比增加的达到15个，这意味着2/3以上的市州进出口值同比实现增长。成都持续发挥外贸核心作用，全市进出口总额达到5428.4亿元，同比增长13.2%，增速高出全省同期0.6个百分点，占全省进出口总值的81%，占比提高0.8个百分点。凉山、阿坝、甘孜、南充、内江等五市州进口表现出色，同比增长均在300%以上，其中阿坝、南充、内江增速同比由降转升，拉动其进出口值在全省的排名分别上升1个、3个、3个位次。凉山、阿坝基数较小，进口值实现了10倍以上的增长。其中，凉山通过帮助企业解决融资、报关、结汇等困难，促进进口值同比增长8255.9%，同比上升8206.7个百分点，增速排名全省第一；阿坝州积极响应国家和四川省关于稳外贸扩进口的号召，鼓励企业扩大进口规模，进口值同比增长1120.3%，增速排名全省第二，带动进出口值同比增速由降转升，同比增长162.2%，增速排名全省第一。

表3　2024年1~8月四川各市州进出口总值

单位：万元，%

项目	进出口值		出口值		进口值	
	绝对值	同比增速	绝对值	同比增速	绝对值	同比增速
总值	67005477	12.6	39011418	3.7	27994060	27.9
成都	54284002	13.2	29778313	0.6	24505688	33.4
宜宾	2210650	-6.4	1603565	8.0	607085	-30.8
绵阳	1880442	30.2	1301535	46.2	578907	4.6
德阳	1442086	8.5	975326	11.6	466759	2.5
泸州	1418289	65.3	972898	68.9	445391	57.9
南充	1082541	93.5	953792	79.1	128749	379.5
眉山	887821	5.6	567031	-7.8	320790	42.1
达州	691429	4.7	665644	4.5	25785	10.3

续表

项目	进出口值		出口值		进口值	
	绝对值	同比增速	绝对值	同比增速	绝对值	同比增速
内江	511666	20.6	421196	4.8	90470	302.3
乐山	506673	3.5	408091	10.1	98582	-16.9
自贡	383519	15.6	296784	16.4	86735	12.7
广安	342649	8.1	307838	10.5	34812	-9.2
遂宁	316594	-50.7	204672	-33.2	111921	-66.7
资阳	292931	11.3	136571	-31.2	156360	141.0
攀枝花	223488	-24.0	161482	-23.3	62006	-25.6
雅安	212403	-54.6	82553	-56.1	129849	-53.7
凉山	159168	78.1	77505	-12.3	81663	8255.9
巴中	63831	-5.3	61899	6.5	1932	-79.3
阿坝	48076	162.2	12674	-17.9	35402	1120.3
广元	40611	-26.1	15460	-32.7	25151	-21.3
甘孜	6610	11.3	6587	11.0	22	387.1

资料来源：中华人民共和国成都海关。

（四）贸易主体活力差异明显

2024年1~8月，得益于四川持续优化的营商环境和不断深化的对外开放，外商投资企业表现出强劲的增长势头，进出口总额3420.8亿元，同比增长21.8%，进出口、出口、进口增速同比均由降转升，有进出口实绩的外商投资企业减少22家。民营企业进出口2837.4亿元，同比增长7.0%，增速同比下降19.6个百分点，出口、进口同比分别增长1.6%、21.1%，增速同比分别下降24.6个百分点、6.8个百分点，有进出口实绩的民营企业增加861家。国有企业进出口441.2亿元，由2023年同期的减少4.2%变为减少9.3%，其中出口由增转降，进口同比连续两年减少，由2023年同期的减少13.6%变为减少5.9%。临时企业进出口增速由2023年同期的减少4.0%变为减少28.4%。

表4　2024年1~8月四川进出口企业情况

项目	实绩企业家数（家）	进出口			出口		进口	
		金额（亿元）	占比（%）	同比增速（%）	金额（亿元）	同比增速（%）	金额（亿元）	同比增速（%）
总值	7863	6700.5	100.0	12.6	3901.1	3.7	2799.4	27.9
外商投资企业	527	3420.8	51.1	21.8	1772.5	8.5	1648.3	40.2
民营企业	7032	2837.4	42.3	7.0	1946.1	1.6	891.3	21.1
国有企业	272	441.2	6.6	-9.3	182.0	-13.7	259.2	-5.9
临时企业	32	1.1	0.02	-28.4	0.5	-33.1	0.6	-23.9

资料来源：四川省商务厅网站。

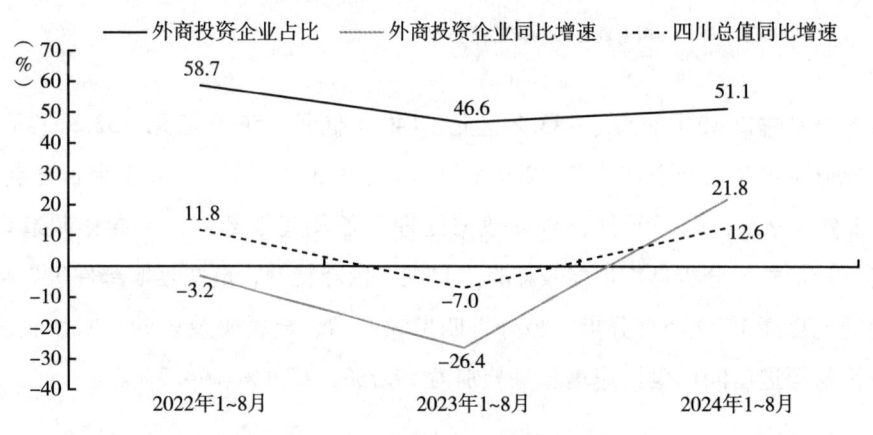

图2　四川外商投资企业进出口变化趋势

资料来源：根据四川省商务厅网站数据整理。

（五）重要设备和关键零部件进口规模稳步扩大

2024年1~8月，四川实施扩大进口专项行动，机电产品进口2201.6亿元，同比增长44.3%，同比止跌回升，增速高出全省同期16.4个百分点；占进口总额的比例进一步提高至78.6%，成为进口绝对主力。由于电子信息产业的持续转型升级及采用保税维修模式，电子元件、自动数据处理设备及其零部件、半导体制造设备、计量检测分析自控仪器及器具、航空器零部

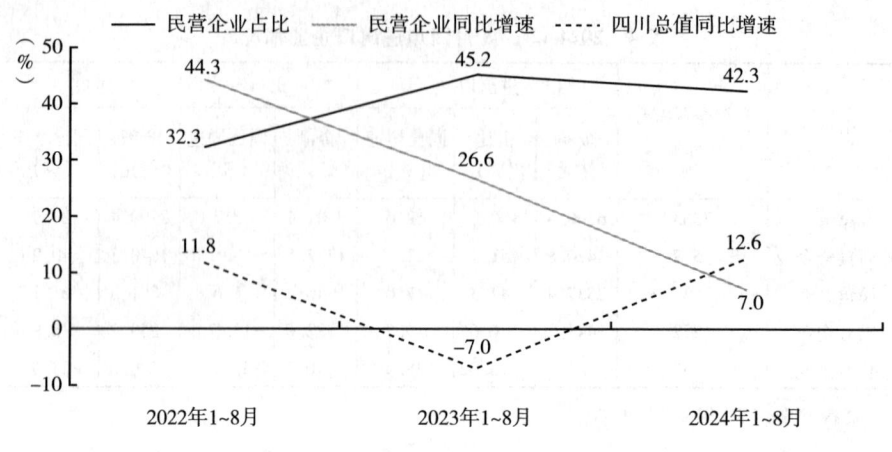

图3 四川民营企业进出口变化趋势

资料来源：根据四川省商务厅网站数据整理。

件等分别进口1510亿元、183.2亿元、140.1亿元、56.9亿元、53.9亿元，占比分别提高2.9个百分点、2.9个百分点、4.3个百分点、0.1个百分点、0.3个百分点，电子元件、自动数据处理设备及其零部件、半导体制造设备、计量检测分析自控仪器及器具进口同比由降转升，航空器零部件进口增速同比提高16.9个百分点。另外，四川农产品、金属矿及矿砂、未锻轧铜及铜材等进口同比也快速增长，分别为59.7%、45.1%、44.3%。

表5 四川重要设备和关键零部件进口

单位：亿元，%

项目	2024年1~8月			2023年1~8月		
	金额	同比增速	占比	金额	同比增速	占比
进口总值	2799.4	27.9	100.0	2196.1	-15.1	100.0
机电产品	2201.6	44.3	78.6	1531.4	-26.4	69.7
电子元件	1510.0	34.9	53.9	1120.3	-29.2	51.0
自动数据处理设备及其零部件	183.2	141.3	6.5	78.4	-16.3	3.6
半导体制造设备	140.1	848.0	5.0	14.8	-54.9	0.7
计量检测分析自控仪器及器具	56.9	36.0	2.0	41.9	-15.8	1.9
航空器零部件	53.9	51.8	1.9	35.5	34.9	1.6

资料来源：根据中华人民共和国成都海关网站数据整理。

（六）重点出口产品展现优势

2024年以来，四川加快培育和发展新质生产力，推动相关产业提质升级。1~8月机电产品出口2890.3亿元，同比增长7.6%，占同期四川出口总额的74.1%。其中自动数据处理设备及其零部件、电子元件同比分别增长7.4%、15%，增速同比均由降转升，汽车（包含底盘）和汽车零配件持续增长，同比增长率分别为19.6%、35.1%。多项产品出口额在全国排名靠前，其中锂电产业原料中的锂镍钴锰氧化物出口值排全国第一，电子信息产业中的平板电脑出口值排全国第一，装备制造业中的陆地石油钻机出口值排全国第二。特色产品中，鱼油出口居全国第一，柠檬、鱼子酱、钛白粉出口居全国第二。①

表6 四川机电产品出口

单位：亿元，%

项目	2024年1~8月			2023年1~8		
	出口值	同比增速	占比	出口值	同比增速	占比
出口总值	3901.1	3.7	100.0	3826.7	-1.6	100.0
机电产品	2890.3	7.6	74.1	2718.5	-5.9	71.0
自动数据处理设备及其零部件	1124.4	7.4	28.8	1049.2	-20.6	27.4
电子元件	650.7	15.0	16.7	567.6	-16.2	14.8
汽车（包含底盘）	144.7	19.6	3.7	121.0	102.5	3.2
电工器材	102.2	0.8	2.6	102.9	9.5	2.7
家用电器	60.4	2.6	1.5	60.5	61.2	1.6
汽车零配件	57.5	35.1	1.5	44.6	46.9	1.2
平板显示模组	38.9	-5.9	1.0	41.2	4.7	1.1

资料来源：根据中华人民共和国成都海关网站数据整理。

---

① 《（数据分析）前8个月四川外贸进出口增长12.6%》，http://chengdu.customs.gov.cn/chengdu_customs/519425/fdzdgknr1/bgtj43/519412/6105528/index.html，2024年9月18日。

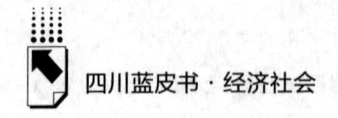

二 2024年四川外贸存在的不足

从2024年1~8月四川各项外贸数据来看,进出口及进口提升明显,出口增速同比也实现了由降转升,但将出口与全国及外贸大省相比,还存在一定差距。相较于加工贸易的快速提升,一般贸易表现欠佳,且从近年数据来看,其增速也处于放缓状态。成都外贸核心作用持续发挥,凉山、阿坝等市州进口实现快速增长,但仍有部分市州表现相对欠佳。

(一)出口增长不足

1. 出口增速回升落后于全国同期

将四川近6年1~8月出口同比增长速度与全国进行对比可以发现,四川在2019年至2020年同期增速明显高于全国,2021年同期增速开始放缓,2023年1~8月降至最低点,增速由2022年同期增长15.8%变为减少1.6%,下滑幅度大于全国同期水平;2024年同期增速虽然由降转升,但与全国同期相比依然存在差距,比全国同期增速低3.2个百分点。在外贸全面复苏的大环境下,四川出口成效不明显,依然存在上升阻力。

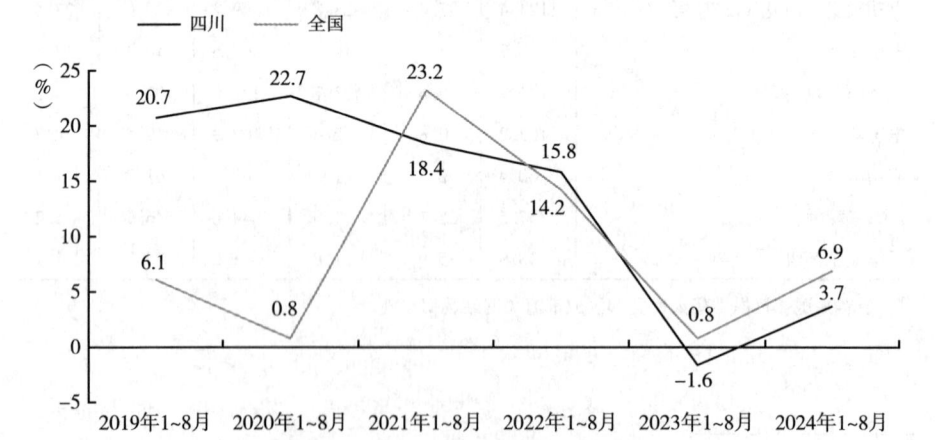

图4 2019~2024年1~8月四川和全国出口同比增长趋势

资料来源:根据中华人民共和国成都海关和海关总署网站数据整理。

2. 出口体量与外贸大省差距大

将四川近5年1~8月出口数据与全国十大进出口外贸省市进行对比可以发现，四川出口体量排名基本稳定在第七至第八名之间，与稳居第一的广东差距甚大；出口增速排名变化幅度较大，2020年1~8月排第一名，此后最低下滑至第九名，2024年同期仅排第七名，而广东省同期已跃居第一，首次进入前十的安徽以同比9.8%的增长率居第二；出口额占比变化不大，基本稳定在2.4%~2.6%，但与广东省、江苏省的差距却较大，与浙江省的差距也呈扩大之势，四川出口产品竞争力与沿海地区还存在较大差距。

表7 全国十大进出口外贸省市出口对比

单位：%

2020年1~8月出口				2021年1~8月出口				2022年1~8月出口			
省份	体量排名	增速排名	占比	省份	体量排名	增速排名	占比	省份	体量排名	增速排名	占比
广东	1	7	24.2	广东	1	7	23.5	广东	1	9	21.6
江苏	2	8	15.6	江苏	2	8	15.0	江苏	3	5	14.9
上海	4	5	8.0	上海	5	10	7.2	浙江	2	2	14.9
浙江	3	2	14.3	浙江	3	3	14.0	上海	5	6	7.0
北京	7	6	2.9	北京	7	7	3.0	北京	8	10	2.3
山东	5	3	6.8	山东	4	2	7.8	山东	4	1	8.6
福建	6	9	4.7	福建	6	3	5.1	福建	6	3	5.2
天津	9	4	1.8	四川	8	9	2.5	四川	7	4	2.5
辽宁	10	10	1.5	天津	10	6	1.8	天津	10	8	1.6
四川	8	1	2.6	河南	9	1	2.2	河南	9	7	2.1

2023年1~8月出口				2024年1~8月出口			
省份	体量排名	增速排名	占比	省份	体量排名	增速排名	占比
广东	1	3	22.6	广东	1	1	23.6
江苏	3	9	14.0	江苏	3	3	14.3
浙江	2	4	15.5	浙江	2	4	15.8
上海	5	2	7.4	上海	5	8	7.1
北京	7	7	2.5	北京	7	9	2.4

续表

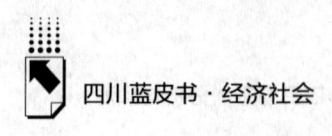

2023年1~8月出口				2024年1~8月出口			
省份	体量排名	增速排名	占比	省份	体量排名	增速排名	占比
山东	4	6	8.3	山东	4	6	8.2
福建	6	10	4.9	福建	6	5	4.9
四川	8	7	2.5	四川	8	7	2.4
天津	10	8	1.6	河南	10	10	1.7
河南	9	5	2.1	安徽	9	2	2.3

资料来源：福建省商务厅网站数据整理。

（二）一般贸易增速连续下降

从近6年1~8月的数据来看，2021年至2023年同期四川一般贸易增速同比与全国同期均呈现出大幅上升后又大幅下降趋势，四川的波动幅度明显大于全国。在2024年全国呈现同比增速上升态势的情况下，四川依旧未能扭转下降趋势，同比仅增长5.6%，较2022年同比增速下降47.7个百分点。从占比来看，虽然自2021年同期开始，四川一般贸易占比逐步改善，但2024年同期也呈现出下降态势。从对经济增长的贡献度来看，一般贸易占比及增速下降均不利于四川外贸的长远发展。

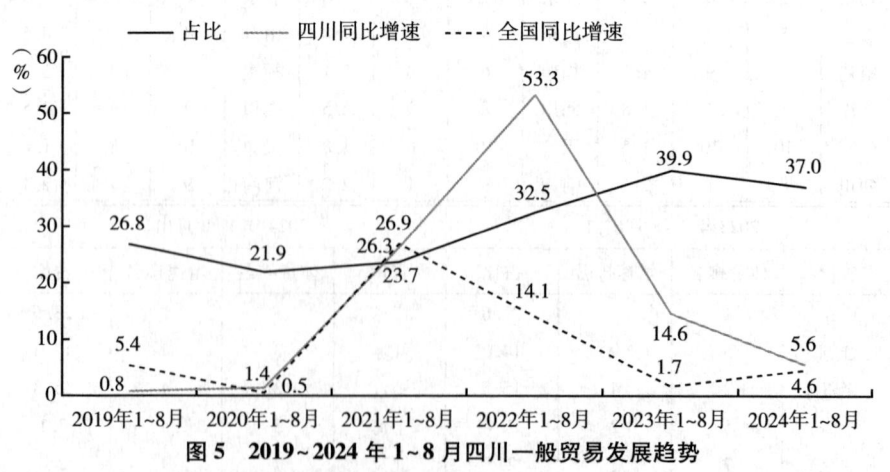

图5 2019~2024年1~8月四川一般贸易发展趋势

资料来源：根据中华人民共和国海关总署和四川省商务厅网站数据整理。

（三）部分市州表现不佳

对比21个市州近3年1~8月数据，进出口与出口同比增加的市州数量均呈逐年下降趋势。虽然2024年1~8月四川进出口、出口、进口增速同比均由降转升，但部分市州表现仍然欠佳，遂宁、雅安、攀枝花等5个地市进出口增速同比均由升转降，其中遂宁、雅安分别由2023年同期的增长124.3%、37.6%变为减少50.7%、54.6%，进出口排名均下降5名；雅安、凉山、遂宁等6个地市出口增速同比由升转降，其中雅安下降最明显，由2023年同期的增长84.3%变为减少56.1%；巴中、遂宁、广安等7个地市进口增速同比由升转降，其中巴中下降最明显，由2023年同期的增长1569.6%变为减少79.3%。省内大部分市（州）面临现有产业动力不足、缺乏新项目支撑的困难，企业参与外贸信心不足。①

表8　2022年至2024年1~8月21个市州外贸表现统计

单位：个

时间	进出口同比增加	出口同比增加	进口同比增加
2022年1~8月	20	21	13
2023年1~8月	16	16	11
2024年1~8月	15	13	13

资料来源：根据中华人民共和国成都海关网站数据整理。

表9　2023年至2024年1~8月21个市州外贸表现对比

单位：%

地区名称	2024年1~8月				2023年1~8月			
	进出口排名	进出口同比增速	出口同比增速	进口同比增速	进出口排名	进出口同比增速	出口同比增速	进口同比增速
总值	—	12.6	3.7	27.9	—	-7.0	-1.6	-15.1
成都	1	13.2	0.6	33.4	1	-11.7	-6.6	-18.9

① 刘强：《一季度外贸：民营企业贡献近半》，《四川省情》2024年第5期。

续表

地区名称	2024年1~8月				2023年1~8月			
	进出口排名	进出口同比增速	出口同比增速	进口同比增速	进出口排名	进出口同比增速	出口同比增速	进口同比增速
宜宾	2	-6.4	8.0	-30.8	2	20.5	21.5	18.9
绵阳	3	30.2	46.2	4.6	3	-2.4	0.0	-6.8
德阳	4	8.5	11.6	2.5	4	26.5	15.1	56.0
泸州	5	65.3	68.9	57.9	5	11.2	99.0	-43.6
南充	6	93.5	79.1	379.5	9	66.0	73.2	-5.8
眉山	7	5.6	-7.8	42.1	6	36.0	30.3	54.2
达州	8	4.7	4.5	10.3	7	23.4	30.8	-51.4
内江	9	20.6	4.8	302.3	12	92.4	116.5	-36.1
乐山	10	3.5	10.1	-16.9	10	-44.1	-52.1	17.9
自贡	11	15.6	16.4	12.7	13	5.9	35.8	-38.9
广安	12	8.1	10.5	-9.2	14	51.8	41.0	242.4
遂宁	13	-50.7	-33.2	-66.7	8	124.3	41.1	385.2
资阳	14	11.3	-31.2	141.0	16	20.7	34.5	-8.3
攀枝花	15	-24.0	-23.3	-25.6	15	4.5	37.6	-35.4
雅安	16	-54.6	-56.1	-53.7	11	37.6	84.3	17.9
凉山	17	78.1	-12.3	8255.9	17	72.6	72.9	49.2
巴中	18	-5.3	6.5	-79.3	18	18.2	2.9	1569.6
阿坝	19	162.2	-17.9	1120.3	20	-9.9	-9.8	-10.8
广元	20	-26.1	-32.7	-21.3	19	-30.6	-59.6	43.4
甘孜	21	11.3	11.0	387.1	21	62.8	62.5	3633.3

资料来源：根据中华人民共和国成都海关网站数据整理。

三 进出口贸易发展趋势分析

作为中国西部的重要经济中心，四川整体经济实力虽与沿海省市尚有差距，面临着国际贸易环境不确定性增加、外贸结构性问题依然存在等挑战，但在共建"一带一路"、密集出台外贸扶持政策等机遇下，进出口贸易有着广阔的发展前景和巨大的潜力，将继续保持增长态势。

(一)四川进出口贸易面临的机遇

1. 共建"一带一路"等深入推进

四川地处丝绸之路经济带和长江经济带的重要交汇点，共建"一带一路"为进出口贸易带来了巨大的机遇。加强与沿线国家和地区的贸易往来，将有利于扩大出口规模。向西开放推动了四川与中亚、西亚等地区的经贸合作，不仅为四川产品提供了更广阔的市场空间，而且有助于产业结构的优化和升级，为外贸带来新的增长点。成渝地区双城经济圈的建设则推动了区域内互联互通和物流通道的优化。通过打造内陆改革开放高地，推动高质量发展，将为外贸提供更加有利的政策环境和创新资源。

2. 四川密集出台多项外贸扶持政策

2024年以来，四川省密集出台了一系列政策措施，旨在稳定外贸规模、优化结构以及推动民营外贸企业发展。其中，4月，四川省商务厅、财政厅联合发布《支持民营外贸企业发展壮大十条措施》，旨在助力民营企业获取"低门槛、低成本、免抵押"融资，对其拓展境外市场及物流、仓储费等给予支持；[1] 同月，中共四川省委、四川省人民政府出台《关于以控制成本为核心优化营商环境的意见》，聚焦成本管控，着力打造市场化、法治化、国际化一流营商环境；[2] 6月，四川省人民政府办公厅发布《关于推动外贸稳规模优结构高质量发展的实施意见》，提出包括增强外贸支撑能力、培育新动能、拓展外贸发展空间等措施。[3] 这些政策将为四川的外贸发展注入新的活力。

3. 数字技术和实体经济深度融合

2024年初，四川推出全面实施制造业"智改数转"计划，预计到2027

---

[1]《四川出台十条措施支持民营外贸企业发展壮大》，https：//www.gov.cn/lianbo/difang/202405/content_ 6949732.htm，2024年5月8日。

[2]《做好"加减法" 四川出台29条措施优化营商环境》，https：//www.sc.gov.cn/10462/10464/10797/2024/5/11/68495787d63540b4900ed38eecfb40d6.shtml，2024年5月11日。

[3]《四川外贸稳规模优结构"18条"出炉》，https：//www.gov.cn/lianbo/difang/202406/content_ 6957205.htm，2024年6月14日。

年，实现重点工艺过程的数字化控制比例达到64%以上，规模以上工业企业"智改数转"全覆盖。一季度，技改投资额同比增长9.8%，较前两个月提高12个百分点，六大优势产业的增加值较2023年同期增长7.4%，绿色低碳产业较2023年同期增长9.6%，发展势头良好。截至5月初，累计完成"智改数转"工程近1500个，总投资额达4600亿元。① 2024年9月，四川省人民政府常务会议审议通过《四川省加快制造业智能化改造数字化转型行动计划（2024—2027年）》，② 将推进数字技术和实体经济深度融合，加速制造业数字化转型，提高外贸数字化程度，进而促进外贸高质量发展。

（二）四川进出口贸易面临的挑战

1. 国际贸易环境不确定性增加

当前，国际贸易环境面临着多重因素的挑战，不确定性显著增加，包括大国关系调整导致的国际秩序重塑、贸易保护主义抬头导致的国际贸易环境紧张、地缘政治紧张引发的局部冲突和战争。这些因素相互交织，增加了贸易摩擦的可能性，共同影响着全球的稳定与发展，进而对全球经济尤其是进出口贸易产生不利影响。

2. 外贸结构性问题依然存在

从贸易结构的角度看，四川外贸主要依赖加工贸易。然而随着人口红利的逐渐消失，人力资源成本逐渐上升，原先依靠人力成本低廉的竞争优势逐渐减弱，给外贸发展带来了新的挑战。此外，四川在电子元件等高技术含量、关键中间品上存在依赖进口的情况，这在一定程度上限制了产业发展和

---

① 《近1500个项目加速推进，促进数字技术和实体经济深度融合，四川制造业"智改数转"催生转型升级新动能》，https://www.sc.gov.cn/10462/10464/10797/2024/5/11/895d4ed8e85844d0bbe296e7cc93e5d2.shtml，2024年5月11日。

② 《施小琳主持召开省政府常务会议传达学习贯彻中央有关会议精神研究加快制造业"智改数转"等工作》，https://www.sc.gov.cn/10462/10464/10856/10857/2024/9/13/4ec65df352a7418dacee12b2e2bf7883.shtml，2024年9月13日。

自主创新能力。①

3. 经济回升向好基础尚不稳固

2024年1~8月整体经济形势呈现向好趋势，但经济回升基础尚不稳固，仍面临一些挑战。首先，市场需求尚未完全恢复，消费者信心和投资意愿尚未达到预期。其次，由于市场竞争加剧、成本上升、技术更新换代等因素，部分产业和企业经营压力较大。需要继续加强政策支持和市场调节，推动经济结构优化升级，以实现经济的持续健康发展。②

（三）四川进出口贸易发展趋势

1. 进出口贸易继续保持增长态势

随着全球经济的逐步复苏，各国对于进口商品的需求稳步增长。四川作为西部经济大省，在制造业方面展现出了良好的发展势头。四川不仅是制造业大省，而且正在通过科技创新和产业升级，努力向制造强省的目标迈进，产业能力能够满足不同国家、不同层次的市场需求。党的二十届三中全会进一步明确了全面深化改革的方针政策，为外贸企业提供了更为广阔的发展空间，四川省委、省政府将继续优化营商环境，减少外贸企业的经营成本和风险，并加大对中小企业的支持力度，加上已出台支持政策的作用持续发挥，将有助于提高外贸企业的竞争力、拓展国际市场，实现高质量发展。

2. 高水平开放基本盘更加稳固

一是开放理念不断提升。近年来，随着国际形势的复杂多变，四川不断深化对开放重要性的认识，从传统的商品贸易拓展到技术交流、文化交流、人才引进等多个领域，为国际化发展提供了坚实的思想基础。二是开放环境更加宽松。通过加强法治建设，保护外商投资合法权益，为国内外企业提供

---

① 《四川日报：四川外贸促稳提质的关键为什么是"中间品贸易"？》，https://www.sc.gov.cn/10462/10464/13298/13302/2024/3/25/8b89f3e8b00c4372a61dd04a5acd1027.shtml，2024年3月25日。

② 《延续恢复向好发展态势 数读四川2024年经济"半年报"》，https://baijiahao.baidu.com/s?id=1804793856670949790&wfr=spider&for=pc，2024年7月17日。

了稳定、透明、可预期的投资环境。此外，四川还积极推动与共建"一带一路"国家的合作，为开放发展提供了更广阔的空间。三是开放举措越来越"活"。一方面在开放举措上不断创新，通过举办各类国际性会议、展览等活动，吸引全球目光；另一方面积极推动与国内外高校、科研机构的合作，引进了诸多先进技术和管理经验。

3. 川造产品通达全球

2024年，四川持续推进"百企领航、千企升级"的培育攻坚行动。这一行动旨在激发企业活力，促进产业升级和转型，通过开展片区培训活动、组织企业赴境外参加展会和经贸活动等政策措施，推动全省外贸企业实现量的合理增长和质的有效提升。在加大稳外贸稳外资政策的出台力度，积极吸引外资投资，加强品牌建设、提高产品质量和附加值，以及拓展国际市场渠道等措施下，川造产品的国际竞争力显著提高，将加速出海。

四 促进进出口贸易发展的对策建议

为了实现对外贸易的高质量发展，缩小四川与全国及外贸大省之间的差距，在坚持既往举措的同时，还需积极寻找外贸新动能。新质生产力的培育不仅可以推动产业升级和结构优化，还能增强国际竞争力，从而为对外贸易的持续发展提供强大的动力；培育外贸新业态有利于激发外贸经营主体活力，促进贸易高质量发展；推进"五区共兴"促发展可以实现四川整体外贸区域布局的优化。

（一）新质生产力赋能外贸高质量发展

围绕贯彻落实省委十二届六次全会精神，通过加强科技创新、培育新动能等方式，促进优质企业的梯度培育，推动外贸增量提质。一是增强基础研究与原始创新能力。加大科研投入，注重科技成果的转化与应用，推动科技成果更快地向生产力转化，为经济发展提供强大的动力。同时，密切关注新兴科技领域的发展趋势，积极扩大贸易机遇，使科技创新成为推动对外贸易增长的重要力量。① 二是加速传统产业的改造和升级。推进大数据、云计算和人工智能等新技术的应用，促进传统行业的技术革新，提高生产效率和产品质量，推动传统产业向高端化、智能化、绿色化方向发展，从而增加出口收入。三是推动创新链、产业链的深度融合。加强产业链上下游企业的合作与交流，形成协同创新局面，提高产业的整体竞争力和创新能力，提升产业国际竞争力。②

（二）促进外贸结构更加优化

一是在加工贸易方面，有选择性地承接东部加工贸易产业转移，开展更多涉及高附加值产品的加工贸易，推动加工制造产品结构优化。通过技术创新和产品质量提升，提升产业集群的不可替代性，推动加工贸易持续转型升级，以增强四川加工贸易的竞争力。二是在中间品贸易方面，重点出口高附加值、高技术含量的中间品。对企业而言，需要不断提升自主研发和高水平沟通协作能力，以开发出更具竞争力的产品。对政府而言，关键在于做好"盘清家底"工作，发挥引导和支持作用，为企业减负领航。③ 三是在一般贸易方面，支持民营外贸企业发展壮大，充分落实《支持民营外贸企业发展壮大十条措施》，进一步完善一般贸易出口退税制度，为一般贸易发展创造一个公平竞争的环境。

（三）加快培育外贸新业态

发展跨境电商和市场采购贸易等外贸新业态是推动外贸高质量发展的重要途径。一是要加大对跨境电商的扶持力度，提供更多的政策支持和资金投

---

① 袁瀚坤、韩民春：《新质生产力赋能对外贸易高质量发展：理论逻辑与实现路径》，《国际贸易》2024年第3期。

② 周昊天、段小梅：《新质生产力赋能绿色贸易高质量发展——内在逻辑、现实困境与实施路径》，《价格月刊》2024年第9期。

③ 《四川日报：四川外贸促稳提质的关键为什么是"中间品贸易"？》，https://www.sc.gov.cn/10462/10464/13298/13302/2024/3/25/8b89f3e8b00c4372a61dd04a5acd1027.shtml，2024年3月25日。

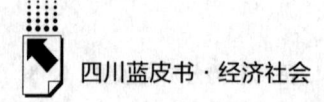

入。通过简化进出口流程、降低关税和税收负担、提供便捷的金融服务等，降低企业运营成本，提高其国际竞争力。二是要推动市场采购贸易的升级和转型。通过加强市场调研和需求分析，了解国内外市场的需求变化和趋势，引导企业调整产品结构和质量标准，以满足不同消费者的需求。同时，鼓励企业创新营销模式，拓展销售渠道，如利用互联网平台、社交媒体等新兴渠道开展销售活动。三是要加强对外贸新业态新模式的推广和人才培养。通过开展专业培训、组织交流活动等方式，提高企业和个人的外贸知识和技能水平，培养一支高素质的外贸人才队伍。同时，鼓励高校和培训机构开设相关课程，培养更多具备国际视野和创新能力的外贸专业人才。

（四）推进五区共兴促发展

成都平原、川南、川东北、攀西经济区和川西北生态示范区等区域的共兴，有助于构建一个各有优势、各具特色、相互促进的区域平衡发展格局，以实现四川外贸区域布局的整体优化、功能体系的完善以及发展能级的提升。五区共兴将为外贸企业提供更多的市场机会、更广阔的发展空间和更大的资源支持，从而形成更多的进出口贸易增长点。建立五区共兴促发展机制，需要从以下几个方面着力：一是通过建立跨区域合作平台，加强五区之间的沟通与协作，共同制定发展策略和政策措施。二是优化区域布局，根据各区域的资源禀赋、产业基础和市场需求，合理规划五区的产业布局，实现优势互补、错位发展。三是完善交通网络，加强五区之间的交通基础设施建设，提高区域间的交通联通性和便捷性。

参考文献

《（数据分析）前8个月四川外贸进出口增长12.6%》，http：//chengdu.customs.gov.cn/chengdu_customs/519425/fdzdgknr1/bgtj43/519412/6105528/index.html，2024年9月18日。

《做好"加减法" 四川出台29条措施优化营商环境》，https：//www.sc.gov.cn/10462/10464/10797/2024/5/11/68495787d63540b4900ed38eecfb40d6.shtml，2024年5月

11日。

《四川出台十条措施支持民营外贸企业发展壮大》，https：//www.gov.cn/lianbo/difang/202405/content_6949732.htm，2024年5月8日。

《四川外贸稳规模优结构"18条"出炉》，https：//www.gov.cn/lianbo/difang/202406/content_6957205.htm，2024年6月14日。

袁瀚坤、韩民春：《新质生产力赋能对外贸易高质量发展：理论逻辑与实现路径》，《国际贸易》2024年第3期。

周昊天、段小梅：《新质生产力赋能绿色贸易高质量发展——内在逻辑、现实困境与实施路径》，《价格月刊》2024年第9期。

《四川日报：四川外贸促稳提质的关键为什么是"中间品贸易"?》，https：//www.sc.gov.cn/10462/10464/13298/13302/2024/3/25/8b89f3e8b00c4372a61dd04a5acd1027.shtml，2024年3月25日。

B.11
2024~2025年四川省制造业研究报告

陈红霞　张怡林*

摘　要：　2024年，四川省制造业发展呈现稳步增长趋势，规模持续扩大，转型升级稳步推进，但由于外部形势严峻，市场有效需求不足，也存在利润下降等问题。同时，制造业发展还面临逆全球化以及全球产业链供应链深度调整等挑战。在新发展阶段，应抓住发展新质生产力、深化经济体制改革以及国家战略腹地建设等机遇，坚持以科技创新推动产业创新，大力推进制造业高端化、智能化、绿色化发展，提升竞争力，促进制造业高质量发展。

关键词：　制造业　高质量发展　四川省

　　制造业是国民经济的主体，制造业高质量发展是经济高质量发展的重中之重。2024年是实现"十四五"规划目标任务的关键一年，四川省聚焦工业兴省、制造强省，把推进新型工业化作为经济增长的主引擎，坚持以科技创新引领现代化产业体系建设，全面推进六大优势产业提质倍增行动，制造业高质量发展取得明显成效，但也出现利润下降等问题。同时，四川制造业还面临外部形势复杂严峻的挑战以及经济体制改革进一步深化、国家战略调整等发展机遇。

---

* 陈红霞，博士，四川省社会科学院产业经济研究所副研究员，主要研究方向为产业经济、区域经济、制度经济；张怡林，四川省社会科学院，主要研究方向为产业经济。

一 2024年四川制造业运行情况

2024年以来，四川制造业生产态势平稳，产业转型升级步伐加快，企业高端化、智能化、绿色化水平持续提升，融合发展趋势进一步加快。与此同时，制造业发展存在市场有效需求不足导致利润下降以及制造业发展水平相对较低、结构不优等问题。

（一）取得的成效

1. 制造业规模持续扩大

2024年以来，四川制造业稳增长政策持续显效，全省经济延续恢复发展态势。1~9月，四川省制造业增加值增长6.5%，比1~6月高0.2个百分点。[①] 制造业对全省经济增长的贡献达23.4%。六大优势产业发展势头良好，1~9月，装备制造、先进材料产业对规上工业增长贡献稳定在四成以上；食品轻纺、医药健康产业增速分别比上半年提高1.1个和1.6个百分点。1~6月，六大优势产业规模以上企业实现增加值同比增长6.6%，高出规模以上工业企业平均增速0.4个百分点。其中，先进材料产业、装备制造业保持两位数增长，分别为11.2%、10.7%，其他制造业也有不同程度的增长。

2. 制造业投资快速增长

各地深入实施六大优势产业提质倍增行动，加快推进传统制造业改造升级，积极布局制造业新领域新赛道，制造业投资快速增长。2024年1~9月，全省制造业投资同比增长17.8%，高于投资增速15.9个百分点。其中1~6月，投资增速最快的行业是通用设备制造业、专用设备制造业、酒饮料和精制茶制造业，分别实现39.2%、31.3%和33.6%的增速。高技术产业、六大优势产业、绿色低碳优势产业投资也分别实现了6.8%、9.4%、10.3%的增

---

① 本文数据除特殊注明外，均来自四川统计局网站。

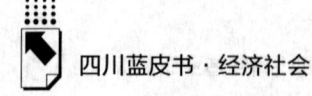

速,说明资金加快向"高""新""绿"集聚。而且,高技术制造业投资中,航空、航天器设备制造业投资增长77.9%,医疗仪器设备及仪器仪表制造业投资增长53.8%。同时,高技术服务业投资增长25.3%,工业技术改造投资增长10.3%。

3. 转型升级稳步推进

四川大力发展新质生产力,持续推动制造业转型升级。高端制造、绿色低碳等新兴产业加快发展。高技术产业展现了强劲的增长势头,2024年1~9月,规模以上高技术产业增加值同比增长8.5%,持续领跑规模以上工业平均水平,其中,计算机及办公设备制造业、电子及通信设备制造业增加值增速分别为9.9%、12.4%。绿色转型加快推进,动力电池、钒钛产业分别增长41.7%和18.4%,单晶硅、多晶硅等产品产量分别增长71.9%、45.7%。

4. "智改数转"加快推进

围绕降本、增效、提质、扩绿四大关键点,四川将"智改数转"作为新型工业化的突破口,全面深入实施制造业"智改数转"行动,数字经济加快向制造业各领域渗透。2024年以来,四川全国一体化算力网络成渝枢纽节点加快建设,在建和已建机架总量达37万架,已培育2个国家工业互联网"双跨"平台,标识解析累计注册量、解析量均居全国第4位。截至6月底,累计打造400余个国家级"智改数转"试点示范,培育3家"灯塔工厂"、3家"数字领航"企业和15家国家智能制造示范工厂,上云企业累计超41万户。发挥好"智改数转"专项资金的带动放大效应,实施中小企业数字化转型赋能专项行动,预计全年新增3万家上云企业、打造60个省级以上标杆项目。深化5G+工业互联网融合应用,建成国家"星火·链网"(成都)超级节点,全年新增标识解析注册量80亿条以上。

(二)存在的问题

总的来看,2024年上半年四川制造业运行平稳,但也存在一些突出问题。首先,四川省制造业发展水平相对较低。从上半年主要经济大省规上制造业增加值增速来看，四川处于落后位置（见表1）。规模以上制造业占GDP的比重为23%，比广东低7个百分点，在国民经济中的占比仍然不高。其次，外部形势复杂多变，产业结构调整阵痛仍在持续，叠加极端天气等短期因素影响，国内外市场复苏缓慢，制造产品有效需求不足，企业经营压力持续加大，企业盈利水平仍然较低。2024年1~8月，四川规模以上工业企业实现利润总额2170.9亿元，同比下降16.8%。其中，制造业实现利润总额1456.9亿元，下降26.7%。最后，制造业结构不优，新的增长点支撑力不足。当前，四川制造业主要处于产业链中上游，终端产品中，成套设备方面，具有一定品牌影响力的消费品占比较少。动力电池、晶硅光伏、新型显示等新兴产业发展较快，但新动能支撑能力还不足，全省战略性新兴产业产值占规上工业总产值的比重达到28%左右，低于全国平均水平10个点左右，远低于上海、江苏、浙江的水平。

表1 2024年1~6月全国和主要经济大省规模以上制造业增加值增速

单位：%

区域	地区生产总值（GDP）增速	工业增加值增速	规上制造业增加值增速
全国	5.0	5.3	6.5
四川	5.4	6.2	6.3
山东	5.8	8.5	8.9
江苏	5.8	8.6	8.2
浙江	5.6	8.0	8.0
河南	4.9	7.8	8.9
湖南	4.5	6.8	7.6
福建	5.6	7.3	7.2

资料来源：国家统计局网站及相关省份统计局网站。

二 2025年四川制造业面临的形势

新时期，四川制造业发展将面临世界经济急剧变化的挑战，如全球产业

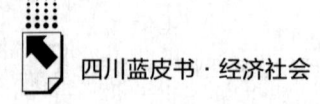

链供应链深度调整,"逆全球化"进程加剧,区域产业布局加快重构。但从国内来看,大力发展和培育新质生产力、经济体制改革进一步深化以及国家战略腹地建设也为四川制造业高质量发展带来新的机遇。

(一)国际形势

1. "逆全球化"进程加剧

近年来,国际贸易中保护主义盛行,全球供应链出现被动断裂和主动脱钩。"逆全球化"在某种意义上就是贸易保护和国家干预,被视为与"全球化"相反的另一面。当前,逆全球化趋势逐渐凸显,引发的大规模经济制裁,重塑着原有的国际贸易和分工体系。欧美和其他国家更加强调经济安全,更加注重供应链的韧性和可控而不是成本,从而加快了逆全球化的进程。

2. 全球产业链供应链深度调整

地缘政治时代的博弈和摩擦,促成全球产业链供应链深度调整,从全球化时期的"离岸制造"转向逆全球化时期的"近岸制造""友岸制造""回岸制造"。从全球化到逆全球化,不仅是经贸活动表面现象的变化,还是经济运行的底层逻辑发生了变化,效率逻辑让位于地缘政治逻辑转为安全逻辑,政治因素强烈干预经济活动,跨国企业的投资必须优先考虑政治因素与国家安全因素。在国家安全概念泛化的大背景下,在半导体产业、光伏产业、电动车产业、医药产业、高端材料产业等领域,全球不同国家、地区都不同程度地出现本土化趋势。从全球的角度看,全球产业链重构进展并不快,但是美国等国家正试图加速全球高端产业链重构和制造业回流,对中国的贸易、投资结构造成深刻的影响。

3. 区域布局重构

受地缘政治、气候变化和技术革新的共同影响,区域化正在重塑全球经济格局,催生亚太、北美和欧洲等区域生产网络,强化了内部的贸易和产业合作。与过去二十年的全球化进程截然不同,区域多边协议促进了区域间贸易中心的合作。贸易区域化导致全球经济周期同步性降低,不同区域经济周期可能出现错位。以中国为核心的亚太区域可能短期内面临制造业产能过剩和需求不足的问题。

（二）国内形势

1. 加快形成新质生产力成为推动四川制造业高质量发展的内在要求

发展新质生产力是推动高质量发展的内在要求和重要着力点。新质生产力根植于技术革命的浪潮之中，并通过生产要素的创新性配置，驱动制造业实现深层次的转型升级，是对新时代中国发展阶段性特征、环境条件变化的深刻洞察与战略回应。面对制造业全球经济竞争的新态势，四川将发展新质生产力视为核心战略任务，结合"十五五"规划编制，聚焦智改数转、高技术产业等重点领域，推动制造业质量变革、效率变革、动力变革。

2. 国家战略腹地建设等国家重大战略为四川制造业高质量发展带来新机遇

四川是支撑西部大开发、长江经济带高质量发展等新时代国家重大发展战略以及"一带一路"倡议的关键区域。2023年7月，习近平总书记在四川考察时指出，四川是我国发展的战略腹地，在国家发展大局特别是实施西部大开发战略中具有独特而重要的地位。此后，2023年12月中央经济工作会议及2024年《政府工作报告》都强调，优化重大生产力布局，加强国家战略腹地建设。这一系列国家重大战略的交汇叠加为推动四川制造业高质量发展带来了新的机遇。

3. 深化经济体制改革为四川制造业高质量发展塑造新动能

党的二十届三中全会审议通过的《中共中央关于进一步全面深化改革 推进中国式现代化的决定》强调，健全推动经济高质量发展的体制机制，健全促进实体经济和数字经济深度融合的制度，制定深化现代制造业和现代服务业融合发展的行动方案。加快推进新型工业化，培育壮大先进制造业集群，推动制造业高端化、智能化、绿色化发展。这也是四川制造业高质量发展的重点方向，将进一步为四川传统制造业转型升级、六大优势产业巩固提升等带来新的契机。

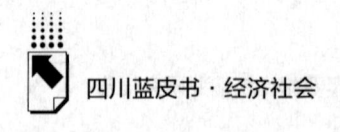

三 推进四川制造业高质量发展的对策建议

推进四川制造业高质量发展，应围绕四川制造业发展的目标任务，抓住机遇，有效应对严峻复杂宏观经济形势挑战，深化经济体制机制改革，扩大高水平开放合作，因地制宜推进制造业高端化、数字化、绿色化，不断提高制造业竞争力。

（一）以技术创新促进制造业高端化

1. 强化企业科技创新主体地位

企业是科技和经济紧密结合的重要力量，是推动创新创造的生力军。一是深入推动实施重点工业企业研发活动全覆盖，使企业真正成为技术创新决策、研发投入、科研组织、成果转化的主体，提升企业在科技项目形成中的参与度和话语权，突出企业作为重大研发任务的"出题者"作用。二是构建"创新型领军企业+高新技术企业+科技型中小企业"的梯度培育体系，推动科技型中小微企业加快成长，培育一批科技领军企业，持续壮大创新型企业群体。三是支持领军企业牵头组建各类新型创新平台和创新联合体，加快创建一批国家级和省级制造业创新中心。鼓励企业围绕国家战略需求开展技术创新，围绕关键核心技术攻关、重大技术装备攻关工程，突破一批"卡脖子"问题、打造一批国际一流的重大技术装备，推动更多重大科技项目由企业牵头或参与。

2. 强化科技创新与产业创新深度融合

只有科技创新和产业创新深度融合，才能保障创新链的高效运转和产业效益，才能充分发挥创新对制造业高质量发展的引领作用。一是深化企业主导的产学研融通创新。以企业为主导，构建产学研深度融合、以应用为导向的新型研发机构等高水平创新联合体，发挥龙头企业创新生态整合作用，促进大中小企业融通创新。二是推动优势产业转型升级。围绕关键核心技术攻关，根据四川省六大优势产业创新图谱，支持重大创新平台加快技术突破；

推动人工智能、低空经济、生物技术、卫星网络等新兴领域快速、有序和健康发展；加速数智技术、绿色技术等先进适用技术在传统产业中的应用，促进其转型升级。三是探索构建基于产业链的产业技术创新联合体。以全产业链上下游的合作创新为导向，积极研发或者引进产业创新成果，推进产业创新资源和产业要素在更大范围内有序流动和合理配置。

（二）以智能制造牵引制造业数字化

1. 积极推进数字产业化

一是依照数字四川建设方案，深入实施国家"东数西算"等重点工程，推进算力调度中心等基础设施重大新项目建设，发展国家级天府数据中心集群。二是围绕突破大数据、人工智能等关键核心技术攻关和产业化，大力发展国产工业软件、工业控制系统和工业App，加快推进工业软件云化部署。深入推进数据资源开发利用，推动数字经济核心产业集群发展。三是以市场需求为导向丰富应用场景，深入打造5G、人工智能、4K/8K生态圈，推动新模式新业态持续壮大。

2. 深入推进制造业"智改数转"

一是以智能制造为主攻方向，实施智能制造示范工程，推广智能制造新模式。打造一批智能制造示范工厂和优秀场景。积极探索工业数据要素基础制度建设，推动工业数据资产登记、评估、交易等工作。深化人工智能应用，积极引育人工智能行业大模型，重点提升工业质检、设备运维、供应链优化等核心环节的智能化水平。二是聚焦重点园区，推动产业园区开展智能化改造、数字化转型。支持园区以工业互联网等平台为依托或应用人工智能、大数据、工业云等新技术，优化5G、千兆光网、移动物联网和IPv6在重点产业园区的覆盖，加快园区制造业"智改数转"步伐。推进数字化绿色化协同，培育打造一批数字技术应用成效明显的绿色工厂、绿色园区。深化"工业互联网+安全生产"创新应用，开展安全生产数字化建设试点，系统提升安全生产水平。三是梯次推进企业数字化转型。发挥龙头企业标杆引领作用，支持龙头骨干企业从车间、工厂、企业三个层面，建设"智改数

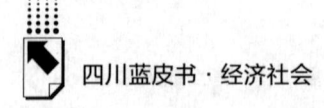

转"标杆项目,积极争创"数字领航"企业、"灯塔工厂",开放大企业数字化平台和供应链并向行业企业辐射推广。深入开展中小企业数字化赋能行动,推行普惠上云用数赋智服务,引导中小企业通过上云用平台等方式降低数字化改造成本。

3. 优化数字化生态环境

一是积极打造工业互联网平台。支持行业骨干企业打造行业型、区域型特色工业互联网平台,推动平台汇聚工业大数据、工业 App 和数字化转型解决方案等赋能资源。围绕工业六大优势产业,支持建设技术专业型工业互联网平台,推动平台在设备健康管理、智能化生产、产品质量检测、供应链协同等方面的应用。二是增强转型服务支撑能力。建设数字化转型公共服务平台,建设制造业"智改数转"体验馆、数字机器人创新中心等公共服务平台,争创国家级数字化转型应用推广中心,为中小企业提供普惠开放的支撑服务。三是促进区域一体化,加快推进成渝地区工业互联网一体化发展示范区建设,创建一批创新体验中心和产业示范基地。推动产业链数字化转型,支持"链主"企业构建工业互联网平台生态,打造公共服务和共享制造平台,分行业分区域建设"产业大脑",提高一体化协同水平。

(三)以低碳发展推动制造业绿色化

1. 推进制造业绿色技术创新及重点行业绿色化改造

推动制造业绿色低碳发展是抢占未来经济竞争制高点的关键所在。一是从制造业高质量发展战略和产业需求出发,进一步突破关键材料、仪器设备和新工艺、工业控制装置等瓶颈,推动形成一批关键核心绿色技术和一批原创性引领型科技成果。二是深入实施绿色制造工程。积极培育国家级、省级绿色工厂、绿色园区、绿色供应链管理企业。实施工业领域重点行业低(无)挥发性有机物原辅材料替代,发布工业产品绿色设计指南,全面提升制造过程清洁化水平。三是有序推进重点行业绿色低碳转型。为确保重点行业有序实现碳达峰目标,根据《四川省"十四五"工业绿色发展规划》以及《四川省碳达峰实施方案》,在钢铁、有色金属、建材、化工等行业,持续淘汰落后产能，大力推进绿色制造和清洁生产，坚决遏制高耗能高排放低水平项目盲目发展，实现节能降耗、减污降碳。

2. 加快绿色低碳产业发展

绿色低碳产业蕴含着大量的绿色技术、绿色装备和绿色服务。中共中央、国务院印发的《关于加快经济社会发展全面绿色转型的意见》明确提出，大力发展绿色低碳产业，积极鼓励绿色导向的新产业、新业态、新商业模式加快发展。四川省应进一步利用清洁能源优势，以能源绿色低碳发展为关键，推进水风光氢天然气等多能互补发展和高效开发利用，加快晶硅光伏、动力电池等绿色低碳优势产业发展。立足"一地三区"发展定位，落实支持绿色低碳优势产业高质量发展的政策，推动攀西经济区绿色转型升级，重点布局钒钛等先进材料和水风光氢储清洁能源产业，推动川西北生态示范区绿色发展，重点布局水风光多能互补的清洁能源产业，大力发展碳汇经济。

（四）以做强企业提升制造业竞争力

1. 做强做大国有企业

国有经济是我国经济的重要支柱。当前四川省一些国有企业创新能力和服务支撑能力不足，制约了制造业高质量发展。一是要围绕增强国有企业核心功能，推动国有资本和生产要素向关系国家安全、关系国计民生的公共服务、应急能力以及战略性新兴行业集中，提升资源配置效率，提升国有企业核心竞争力。二是提升国有企业创新能力。鼓励企业参与"揭榜挂帅"创新攻关，攻克工业母机、高端芯片、基础软件等领域"卡脖子"关键核心技术。鼓励企业围绕成都市建圈强链确定重点产业，研发有自身特色或特点的产品，解决关键技术、关键环节的"补短板"问题，努力实现从原材料到新产品再到高端产品的转型升级。三是完善国有企业治理和管理体系。完善中国特色现代国有企业制度，完善法人治理结构，进一步优化集团管控体系，提升企业管理水平。健全企业市场化经营机制，提高风险防控能力。进一步完善董事会制度，促进企业治理水平现代化。

2. 培育更多专精特新中小企业

一是壮大企业数量规模，增强发展后劲。聚焦四川省优势产业提质倍增计划，着力培育扶持一批龙头企业、骨干企业、"链主"企业，进一步做大中小微企业"总盘子"，为专精特新"小巨人"企业成长培育源头活水。引导国家级和省级公共服务示范平台、创新创业示范基地等为当地企业提供优质、精准、公益服务，培育、引进相结合壮大专精特新企业队伍。二是强化分类指导，推动区域企业培育均衡发展。成都市应发挥企业数量规模大、优质企业集聚度高的优势，进一步做大"增量"。绵阳、德阳、宜宾等基础较好的地区应加大企业培育力度。还应加强对民族地区、欠发达地区、革命老区的帮扶，帮助广元、巴中和三州地区实现"小巨人"企业零的突破。三是完善支持政策，为专精特新企业高质量发展提供制度保障。对有潜力的企业制定"一企一策"专项培育计划，提供政策咨询、成果转化、人才培训、市场开拓、投资融资等全方位服务。建立健全中小企业促进工作依法检查制度、以专精特新等优质企业为重点的中小企业运行监测制度、中小企业融资协调服务机制、防范和化解拖欠中小企业账款长效机制等基础性制度和机制。

（五）以改革开放筑牢制造业保障生态

1. 深化生产要素市场化改革

一是深化传统生产要素市场化改革。进一步强化土地要素区域统筹，提升配置效率，完善制造业用地保障机制，深化土地用途转用模式探索，推行用地"标准地+承诺制"出让。创新人才培引机制，依托成都科学城，创建国家级人才管理改革试验区，聚焦人才政策突破和体制机制创新，积极创建国家级人力资源服务产业园，集聚各类人才和高水平创新团队。创新金融服务体系，深化"万人助万企"活动，大力推动产业金融服务，鼓励金融机构加大对制造业的中长期贷款支持力度，助力产业升级。二是推动数据要素市场化。数据作为一项新的要素，是实现生产要素创新性配置的重要力量，应充分激活数据要素潜能。推动企业首席数据官制度建设，推动制造企业加强数据要素积累、整合和开发，加快建设数字资产交易中心，大力发展大数据产业，培育壮大数字新经济和新业态，推进全社会、全域数字治理与各类应用场景建设。加大数据安全风险防范和数据产权保护力度。三是推进创新要素改革，深入挖掘创造资源。对各类科技创新平台进行优化整合。开展充分体现知识、技术等创新要素价值的收益分配机制，积极推动职务成果科技成果转化制度改革。完善资源市场化交易机制，构建绿色要素交易机制。

2.推进高水平开放合作

加快融入全国统一大市场，完善深度融入国内国际双循环的开放合作机制，高水平推进开放合作。一是加强向西开放，抓住共建"一带一路"倡议带来的机遇，充分发挥西部陆海新通道、中欧班列等的作用，建设好利用好各类产业园区、边境经济合作区、跨境经济合作区、自贸试验区等平台，带动西部地区连接国际市场、国际资源，支持企业大力拓展国际市场，打造区域开放高地，扎实推进与共建国家和地区的经济合作。二是在战略规划、产业协同、要素配置、生态环保等领域与东部地区开展全面合作，构建更加紧密的产业发展共同体。加强国家战略腹地建设，建立常态化承接东部沿海地区产业转移机制，高水平承接东部产业新布局。结合产业发展实际形成产业招商图谱，精准有序开展招商，实现建链延链补链强链。三是持续推进成渝地区双城经济圈产业合作示范园区合作共建。围绕制造业高质量发展和数字化转型，组织川渝产业园区发展联盟深入开展经验交流等系列活动。共同推进科技研发、工业设计等重点领域创新发展，实现合作共赢。

参考文献

四川省统计局：《上半年四川经济运行总体平稳》，https://tjj.sc.gov.cn/scstjj/c105918/2024/7/17/471368c8f7e84512afeaa1eff0135b4c.shtml，2024年7月17日。

《2024年上半年广东经济运行简况》，http://www.gd.gov.cn/zwgk/sjfb/sjkx/content/post_4460769.html，2024年7月24日。

《上半年国民经济运行总体平稳，稳中有进》，https://www.stats.gov.cn/sj/zxfb/202407/t20240715_1955618.html，2024年7月15日。

B.12
2024~2025年四川省战略性新兴产业发展形势分析和预测

邵平桢*

摘　要： 2024年四川战略性新兴产业发展迅速，在多个领域内展现出强劲的发展势头，如集成电路、人工智能、新材料、生物制造、绿氢、商业航天、核医疗、低空经济、服务机器人、新能源汽车、太阳能电池等领域均取得了显著成效。2025年四川战略性新兴产业将保持强劲增长势头，发展前景广阔。四川集成电路、人工智能、航空航天、高端装备制造、动力电池、先进材料等产业继续保持强劲增长态势。各种战略性高技术、新技术加速融合化发展，战略性新兴产业加速融合化、集群化、集团化、协同化发展。未来，要在新型举国体制下，设立战略性新兴产业发展专门委员会，实施和完成国家、省委赋予的重大科技战略任务；超前布局一批关键领域、关键产业的研究项目；强化联合攻关制度机制，集中力量突破一批关键技术和核心技术；优化科技创新资源配置方式，采取特殊举措解决重大科研项目的资金、设备、物资需求；统筹推进人才培养、人才引进制度改革，将创新型人才引入关键领域、关键产业、关键项目。

关键词： 新兴产业　科技创新　融合发展

一　2024年四川省战略性新兴产业发展现状

　　战略性新兴产业是以重大前沿技术突破和重大发展需求为基础，对经济

---

* 邵平桢，四川省社会科学院产业经济研究所副研究员，主要研究方向为产业经济、区域经济和国防科技。

社会全局和长远发展具有重大引领带动作用的产业。2024年四川战略性新兴产业发展迅速，在多个领域内展现出强劲的发展势头，如集成电路、人工智能、新材料、生物制造、绿氢、商业航天、核医疗、低空经济、服务机器人、新能源汽车、太阳能电池等领域均取得了显著成效。

电子信息产业作为四川首个万亿级产业，持续保持良好发展势头，特别是在新型显示、集成电路等重点领域的支撑作用显著增强。四川已实现人工智能产业链的全覆盖，从基础层的智能芯片、传感器、算法平台到技术层的机器学习、计算机视觉等，再到应用层的智慧医疗、智慧交通等多个细分领域，均取得了显著进展。四川在算力方面优势明显，成渝是全国一体化算力网络国家枢纽节点之一，天府集群是全国十大数据中心集群之一。四川还建设了国家新一代人工智能创新发展试验区和国家人工智能创新应用先导区，推动人工智能技术在各行各业的广泛应用。2023年，四川人工智能产业产值达900亿元，企业超1100家，产业总体呈现规模持续增长、生态逐步完善的良好态势。动力电池产业也迅速崛起，形成了完整的产业链体系，已成为全国重要的动力电池及新能源汽车产业集群之一。四川还积极引进和培育产业链上下游企业，构建起动力电池绿色闭环全产业链生态。

四川高端装备制造业呈现出蓬勃发展态势，已成为全国重要的装备制造基地之一。产业体系完备，涵盖清洁火电、先进水电、大功率风电、高端核电、太阳能发电等多个领域，且不断创新突破，如由东方电气集团东方汽轮机有限公司研制的国内首台（套）兆瓦级天然气压差发电机组在华北油田苏桥储气库成功投运。四川拥有国机重装、东方电气、通威太阳能等一批在全国乃至世界占有重要地位的能源装备企业，围绕高端能源装备产业生态圈建设，产业链上下游聚集了3000余户企业。同时，四川正积极实施"智改数转"行动，推动传统产业转型升级，提高制造业的数字化、智能化水平。此外，川渝两地正携手共建全国重要的装备制造业备份中心，推动装备制造产业高质量协同发展。

四川航空航天产业呈现蓬勃发展态势，规模位居全国前列。成都作为核心区域，航空航天制造业总规模已突破1000亿元，形成了完整的航空制造

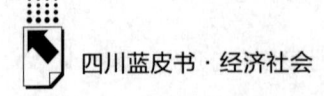

产品体系，并逐步建立航天产业链。四川航天技术研究院等龙头企业在运载火箭、卫星及应用服务等领域取得显著成就，推动航天装备产业蓬勃发展。同时，成都还积极布局低空经济，加大研发制造、低空空域、场景创新等环节的探索力度，全力打造西部低空经济中心。

四川战略性新兴产业在2024年前三季度展现出了良好的发展态势，规模以上高技术产业增加值同比增长8.5%。其中计算机及办公设备制造业增长9.9%，电子及通信设备制造业增长12.4%。从主要工业产品产量看，单晶硅增长71.9%，锂离子电池增长59.7%，多晶硅增长45.7%，发电机组（发电设备）增长24.7%，集成电路增长14.9%，液晶显示屏增长13.2%。

二 2025年四川省战略性新兴产业发展机遇和挑战

新一轮科技革命和产业革命带来了巨大的历史机遇，四川可以加快培育新支柱、新赛道，推动战略性新兴产业发展。中国式现代化的推进和国家、省市政策的支持，为四川战略性新兴产业发展提供了物质基础和制度保障。同时，以美国为首的西方大国不惜采取一切手段打压中国，企图遏制中国科技进步，给中国战略性新兴产业发展带来了巨大的挑战；全国各省区市都制定了发展战略性新兴产业的线路图，在发展战略性新兴产业方面竞争异常激烈。

（一）发展机遇

1. 新一轮科技革命、产业革命带来的机遇

当前，世界科学技术正在发生新的重大突破，以信息科学和生命科学为代表的现代科学技术突飞猛进。以移动互联网、人工智能、云计算、大数据为代表的新一代信息技术，以遗传工程为代表的生物技术，以复合材料、耐高温材料为代表的新材料技术，以及新能源技术和空间技术等，发展都很快。科技创新以跳跃式的加速度前进，正在深刻改变着世界社会经济的面貌。新一轮科技革命和产业变革正深刻改变着人类的生产方式、生活方式和社会经济结构。一方面，数字经济成为经济发展的新引擎，新兴产业和新型业态的崛起为经济增长注入了新的活力。另一方面，传统产业也在智能化转型中焕发新生，通过技术改造和模式创新实现转型升级。四川通过抢抓新一轮科技革命和产业变革的重大机遇，可以加快培育新支柱、新赛道，如人工智能、绿氢、商业航天等领域，进一步推动战略性新兴产业发展。

2. 实现中国式现代化带来的历史性机遇

四川作为国家战略腹地，在国家发展大局中具有独特而重要的地位。中国式现代化的推进，为四川提供了更为完善的制度保障、更为坚实的物质基础、更为主动的精神力量。四川正乘势而上，深入实施"四化同步、城乡融合、五区共兴"发展战略，推动成渝地区双城经济圈建设，打造国家战略腹地核心承载区，推进新型工业化，发展新质生产力，筑牢生态安全屏障，培育省域经济副中心，开展欠发达县域托底性帮扶等，开创高质量发展的新局面。四川坚持创新引领，将创新作为高质量发展的第一动力，推动科技、产业、教育、人才一体化发展，为战略性新兴产业提供了强大的支撑。同时，四川还积极融入成渝地区双城经济圈建设，强化区域协同发展，共同打造西部科学城和西部金融中心，为战略性新兴产业提供了更广阔的发展空间。四川还着力优化科技创新环境，深化科技体制改革，激发创新创造活力，为战略性新兴产业的快速发展注入了强劲动力。

3. 国家、四川省政策支持

国家制定了一系列发展规划，明确战略性新兴产业的发展目标和重点方向，引导各地根据自身优势进行产业布局，形成产业集群效应。《中华人民共和国国民经济和社会发展第十四个五年规划和2035年远景目标纲要》和党的二十大报告明确提出，聚焦新一代信息技术、人工智能、生物技术、新能源、新材料、高端装备、新能源汽车、绿色环保，以及航空航天、海洋装备等战略性新兴产业发展。同时前瞻谋划类脑智能、量子信息、基因技术、未来网络、深海空天开发、氢能与储能等未来产业。

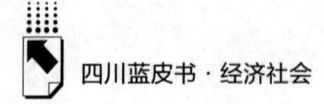

国家制定了一系列政策支持战略性新兴产业发展。党的二十届三中全会通过的《中共中央关于进一步全面深化改革　推进中国式现代化的决定》明确提出，要健全因地制宜发展新质生产力的体制机制，完善发展政策和治理体系，推动新一代信息技术、人工智能、航空航天、新能源、新材料、高端装备、生物医药、量子科技等战略性新兴产业发展。同时，政府通过财政补贴、税收减免、信贷支持等多种方式，为战略性新兴产业提供资金支持，降低企业融资成本，鼓励企业加大研发投入。政府推动产学研用深度融合，促进科研机构、高校与企业之间的紧密合作，加快科技成果向市场应用转化，构建开放合作的创新生态。

四川将人工智能作为"一号创新工程"，集中力量推动绿氢全产业链发展，打造生物技术、卫星网络、智能网联新能源汽车等新兴产业。2023年6月，省委十二届三次全会审议通过的《中共四川省委关于深入推进新型工业化加快建设现代化产业体系的决定》提出，重点发展人工智能、生物技术、卫星网络、新能源与智能网联汽车、无人机等战略性新兴产业。加速孵化培育第六代移动通信技术（6G）、量子科技、太赫兹、元宇宙、深空深地、未来交通、生物芯片、生命科学、先进核能等未来产业。2024年6月，四川省经济和信息化厅发布《四川省产业新赛道重点领域指南（2024年版）》，聚焦原创性、颠覆性、前沿性、迭代性产业技术创新，提出25条产业新赛道。同时，四川还通过财政金融支持、设立产业基金、提供载体空间、搭建中试平台、创新生态构建等措施，为战略性新兴产业发展提供全方位支持。

（二）面临挑战

1. 战略性新兴产业发展国际竞争激烈

世界新一轮科技革命、产业革命引发的国际竞争空前激烈。各国纷纷抢占科技制高点、争夺产业主导权，以期在新兴产业中占据先机，增强发展新动能。美国、德国、英国等主要经济体均加强了对前沿技术和未来产业的布局，通过制定科技政策和创新战略，投入巨额资金，以促进量子技术、生物技术、人工智能、新能源等领域的发展。各国不仅加紧在技术领域的突破和创新，而且加强对全球高素质人才的争夺，以期在国际竞争中占据有利地位。以美国为首的西方大国为了在竞争中获胜，不惜采取一切手段打压中国，一方面美国对中国采取"小院高墙"政策，通过"脱钩""断供"打击中国产业链、供应链；以国家安全等为由，对中国企业实施制裁，被制裁中国企业涉及多个行业，如网络安全、航空航天、电子科技等，对中国企业的海外业务和国际贸易造成了一定影响。另一方面，破坏中国与其他国家在科技研发领域的国际合作，企图遏制中国的高科技项目发展，打压中国的科技进步。

2. 全国各地在发展战略性新兴产业方面竞争激烈

战略性新兴产业是引领未来发展的新支柱、新赛道。全国各省区市都制定了发展战略性新兴产业的线路图，聚焦新一代信息技术、新材料、新能源、高端装备、生物医药等战略性新兴产业，以及人工智能、生命科学、未来网络等未来产业，坚持高端化、绿色化、智能化、集群化发展，加快构建现代化产业体系。如北京市提出锚定六大领域，布局20个未来产业，实施八大行动，抢占未来产业发展先机；上海市重点打造"9+X"战略性新兴产业和先导产业发展体系，即9个战略性新兴产业重点领域，包括三大核心产业和六大重点产业，"X"是指前瞻布局一批面向未来的先导产业；江苏省打造"51010"战略性新兴产业集群，5个具有国际竞争力的战略性新兴产业集群、10个国内领先的战略性新兴产业集群、10个未来产业集群；湖北省提出做大做强"51020"现代产业集群，即5个万亿级支柱产业、10个五千亿级优势产业、20个千亿级特色产业集群；湖南省提出以先进制造业为主导，培育四大新兴产业，前瞻布局四大未来产业，构建湖南现代化产业体系；重庆市提出培育高能级的"33618"现代制造业集群体系，即三大万亿级主导产业集群、三大五千亿级支柱产业集群、六大千亿级特色优势产业集群、18个"新星"产业集群。全国各省区市纷纷加速布局，试图抢占先机，推动经济高质量增长，但全国各地呈现出产业雷同、竞争白热化的态势。

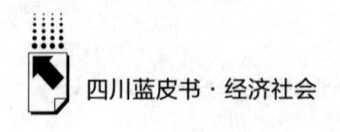

三 2025年四川省战略性新兴产业发展趋势

四川战略性新兴产业将保持强劲增长势头。2025年，新一代电子信息、人工智能、高端装备制造、动力电池、无人机、卫星网络、生物技术、先进材料等产业将保持较快增长。第六代移动通信技术（6G）、量子科技、未来交通、生物芯片、生命科学、先进核能等未来产业将加速孵化培育。

（一）战略性新兴产业强劲增长，发展前景广阔

四川战略性新兴产业将保持强劲增长态势，发展前景广阔。目前，四川省在动力电池、人工智能、生物技术、卫星网络等多个领域取得了显著成效，一批关键核心技术得到突破，多个重要产品成功研制。预计未来几年，四川省将继续推动科技创新与产业创新深度融合，助力战略性新兴产业高质量发展。近年来，四川人工智能产业规模复合增长率超过40%，2025年四川人工智能产业规模有望继续保持强劲增长态势。预计到2026年，四川省高新区协同构建的人工智能产业联合体规模将达到1400亿元以上，并带动相关产业规模达到更高水平。四川航空航天产业预计2025年将保持高速增长态势，产业增加值显著提升，产业集群效应进一步凸显。预计到2025年，四川动力电池全产业链产值将超过5000亿元，成为全球产业链最完整、综合竞争力最强的地区之一。2024年四川装备制造产业增速列六大优势产业首位。2025年四川高端装备制造业将继续保持强劲增长势头。四川先进材料产业已建成钛原料加工基地、钒制品和光伏材料生产基地，2025年四川先进材料产业将不断发展壮大。

（二）各种战略性高技术、新技术加速融合发展

近年来，各种战略性高技术、新技术出现加速融合发展趋势。新技术的融合发展导致生产力诸要素重新叠加组合，形成新的、质优的生产力系统，

推动经济高质量发展。新技术融合发展正不断催生新技术、新产业和新商业模式。近年来，中国移动、中国联通和中国电信三大移动运营商，利用自身的技术优势、基础设施优势和运营服务优势，纷纷在通导融合技术及其应用方向上布局，建设高精度定位基准站，发展5G+高精度定位系统，打造智能交通、智慧港口、智能网联汽车、智慧农业、智能铁路等数字化应用场景，并已实现一些项目落地，部分项目已经开展商业化运营。各种战略性高技术、新技术加速融合化发展必然成为未来发展趋势。

（三）战略性新兴产业加速融合发展

战略性新兴产业加速融合发展是当前经济社会发展的重要趋势。技术创新是战略性新兴产业融合发展的核心驱动力。随着人工智能、大数据、云计算、物联网等前沿技术的快速发展，战略性新兴产业在技术层面实现了深度融合，推动了新产品、新业态、新模式的不断涌现。例如，智能网联新能源汽车产业就是汽车、交通、能源、通信等多领域、多产业融合衍生的产物；自动化和智能化生产线在汽车制造等行业的应用提高了生产效率和产品质量，减少了人工干预；物联网技术应用于农业，实现了农业自动化和智能化，提高了农业生产效率和质量。北斗系统已被广泛应用于国民经济的各个领域，不断地与各行各业深度融合发展，促使新模式、新业态、新经济不断涌现，将深刻地改变人们的生产生活方式。

（四）战略性新兴产业集群化发展

四川正积极推动战略性新兴产业集群化发展，以提升产业竞争力和集中度。"十四五"期间，四川深入实施战略性新兴产业集群发展工程。四川已认定23个产业集群为省级战略性新兴产业集群，聚焦16个战略性新兴产业领域，分布在成都、自贡、攀枝花等9市。这些产业集群的建设以提升产业竞争力和集中度为导向，重点培引龙头企业和推动产业链强链补链延链，建强核心承载园区，推动要素集聚和资源集约，未来四川战略性新兴产业集群将加速发展。

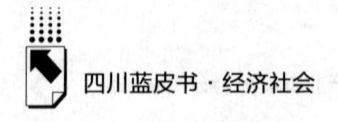

（五）战略性新兴产业集团化发展

四川战略性新兴产业正朝着集团化发展迈进，通过优化产业布局、强化产业链协同、推动技术创新等措施，不断提升产业竞争力和集中度。四川在战略性新兴产业领域涌现出一批领军企业，这些企业在科技创新和成果转化方面取得了显著成效，推动了四川乃至全国相关产业的快速发展。在人工智能领域，四川拥有海光、华微、申威科技等代表企业，这些企业具备CPU、GPU、FPGA等芯片设计能力，多款具有国际先进水平的高端芯片实现首发。在电子信息领域，四川拥有紫光集团、中电子、中电科、华为、格罗方德、英特尔、德州仪器、展讯、长虹、京东方、惠科等领军企业。这些企业在集成电路设计、晶圆制造、封装测试以及新型显示等领域具有显著优势，构建了较为完整的产业链。在航空航天领域，四川拥有成都飞机工业（集团）有限责任公司、中国航发成都发动机有限公司、成都飞机设计研究所、中国电子科技集团公司第十研究所、中国电子科技集团公司第二十九研究所、四川海特高新技术股份有限公司、国营川西机器厂等。这些企业在成都市航空航天产业的发展中发挥着引领作用，为四川乃至全国的航空航天事业做出了重要贡献。在卫星导航产业领域，四川拥有振芯科技、九洲集团、天奥电子、华力创通、荣升电子等一批北斗骨干企业，高精度的高端导航及卫星通信产品均全国领先。未来四川战略性新兴产业将继续朝着集团化方向发展。

（六）战略性新兴产业全产业链协同发展

四川通过战略性新兴产业全产业链协同发展，构建完善的产业链生态系统，实现资源共享、优势互补和协同创新，从而推动整个产业的快速发展。聚焦人工智能、电子信息、装备制造、医药健康等战略性新兴产业，推动产业链补链、延链、强链，提升产业链整体竞争力。通过绘制重点产业链质量图谱，摸清全链上下游结构，识别和剖析关键质量问题，形成问题清单、攻关清单。依托链主企业、科研院所和高校等产学研联盟，深入开展技术联合攻关，推动产业链质量技术攻关和质量管理水平提升。强化创新链和产业链深度融合，提升科技创新服务产业发展能力，协同共建安全韧性的世界级产业集群，这些措施有效促进了四川产业链、供应链各环节之间的质量衔接和协同提升。未来四川将继续通过战略性新兴产业全产业链协同发展，提升战略性新兴产业产业链、供应链的竞争力和稳定性，推动经济高质量发展。

四 四川省战略性新兴产业发展对策建议

在新型举国体制下，设立战略性新兴产业发展专门委员会，执行和完成重大科技战略任务；从前瞻眼光，超前布局一批关键领域、关键产业的研究项目；强化联合攻关制度机制，集中力量突破一批关键技术和核心技术；改进科技计划管理，优化科技创新资源配置方式，采取特殊举措解决重大科研项目的资金、设备、物资需求；统筹推进人才培养、人才引进制度改革，将创新型人才引入关键领域、关键产业、关键项目。

（一）在新型举国体制下，优化重大科技创新组织机制

在新型举国体制下成立一个直接对省委领导层负责的特殊决策和执行机构，实施和完成国家、省委赋予的重大战略任务。建议设立战略性新兴产业发展专门委员会，这个委员会是一个行政权力机构，也是一个协调机构，主要任务是：加强对战略性新兴产业领域项目的研究和战略性新兴产业生产、建设的领导；组织各有关方面大力协同，密切配合；督促检查战略性新兴产业发展规划的制定和执行情况；根据需要，在人力、物力、财力等方面及时进行调度。在战略性新兴产业发展专门委员会负责的研究领域、研究项目上，各厅局只有执行权，没有决策权，克服政出多门、多头管理的弊端。

（二）以前瞻眼光，超前布局一批关键领域、关键产业的研究项目

针对国家战略需求，抢占未来科技和产业发展先机，聚焦未来制造、未来信息、未来材料、未来能源、未来空间、未来健康六大领域，前瞻性部署

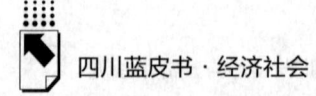

一批关键项目，推动四川经济社会持续健康发展。在未来制造领域，重点布局智能制造、生物制造、纳米制造、激光制造、循环制造等前沿方向，推动制造业向高端化、智能化、绿色化转型。通过关键技术的突破和创新应用的示范，打造未来制造的先发优势。在未来信息领域，重点布局下一代移动通信、卫星互联网、量子信息等技术产业化应用，加速类脑智能、群体智能等深度赋能。通过建设一批具有国际影响力的信息技术创新平台和产业集群，引领未来信息产业的发展。在未来材料领域，重点布局新型材料、智能材料、绿色材料等方向，推动材料科学的创新与发展。通过关键材料的突破和应用，为未来产业提供坚实的支撑。在未来能源领域，聚焦清洁能源、智能电网、能源存储等前沿方向，推动能源技术的革命性突破。通过建设一批具有示范意义的能源创新项目和产业基地，引领未来能源产业发展。在未来空间领域，重点布局深空探测、卫星应用、空间基础设施建设等方向，推动空间技术的创新与应用。通过一系列空间项目的实施，提升在全球空间领域的竞争力和影响力。在未来健康领域，布局生物医药、医疗器械、健康管理等前沿方向，推动健康产业的创新与发展。通过建设一批具有国际领先水平的健康创新平台和产业基地，引领未来健康产业发展。

（三）强化联合攻关制度机制，集中力量突破一批关键技术和核心技术

强化联合攻关制度机制是突破关键技术和核心技术的重要举措。健全关键核心技术攻关新型举国体制，科学统筹、集中力量、优化机制、协同攻关，以有效应对科技领域的"卡脖子"问题和基础科学研究短板。通过联结不同科研机构、高校、企业及政府部门，形成合力，共同应对复杂的科研难题。集中各方资源，包括人才、资金、设备等，实现优势互补。促进科研信息的快速流通与共享，避免重复研究，提高科研效率。鼓励跨学科、跨领域的合作，激发创新思维，推动科研突破。分担科研过程中的风险与成本，提高项目成功率。在新型举国体制下，加强科学研究机构、企业、工业部门、高等院校以及国防科研院所之间的协同，通过跨学科、跨

领域、跨区域的合作，集中各方资源和智慧，聚焦国家重大创新需求，联合突破一批关键核心技术，推动科技进步和产业发展，提升科技实力，实现科技自立自强。

（四）改进科技计划管理，优化科技创新资源配置方式

在新型举国体制下，发挥社会主义制度下集中力量办大事的优越性，通过全省范围内的物资调配与协作，确保关键领域、关键产业、关键项目科研攻关所需的资金、设备、物资供应。设立专项拨款，加大科研经费支持力度，确保关键领域、关键产业、关键项目在实验设施与研究项目上拥有充足资源。建立科研配套基金，鼓励企业与社会资本共同投资，形成多元化资金支持体系，应对急需学科专业发展中的资金不足问题。优先安排科研项目审批与成果转化，实施专项激励政策。

（五）统筹推进人才培养、人才引进制度改革，将创新型人才引入关键领域、关键产业、关键项目

优化人才结构，打破"唯学历、唯职称、唯资历"的传统人才培养和引进制度，将真正有能力、有真才实学的人才引入关键领域、关键产业和关键项目，以推动高质量发展。改革人才培养体系，打破学科壁垒。鼓励高校改革课程设置，推动跨学科教学模式普及，培养复合型、跨学科人才。推动高校与企业、科研机构的深度合作，增加实践性课程与项目，在国家急需领域开展技术研发与应用实践，提升学生创新能力和解决实际问题的能力。设立"急需学科专业高端人才计划"，加速培养急需领域的高端科技人才。立足国家战略需求，针对特定学科或专业领域进行非传统、加速性的部署，通过加大投入力度、加快学科建设、加强人才培养等方式，推动这些学科迅速发展，赶超国际水平。精准布局与资源集中配置，突破国家在关键技术及高端人才方面的瓶颈，为经济社会可持续发展与国家安全奠定坚实的基础。增强自主创新能力，推动科技自立自强，服务于国家经济转型升级的战略需求。

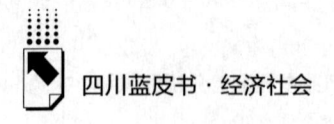

参考文献

《习近平：高举中国特色社会主义伟大旗帜　为全面建设社会主义现代化国家而团结奋斗——在中国共产党第二十次全国代表大会上的报告》，https：//www.gov.cn/xinwen/2022-10/25/content_5721685.htm，2022年10月25日。

《中共中央关于进一步全面深化改革　推进中国式现代化的决定》，https：//www.gov.cn/zhengce/202407/content_6963770.htm?sid_for_share=80113_2，2024年7月21日。

《中共四川省委关于深入推进新型工业化加快建设现代化产业体系的决定》，https：//www.sc.gov.cn/10462/c111433/2023/7/3/6c32b1a4f9e04b9d8188f2d27c401360.shtml，2023年7月3日。

《中共四川省委十二届六次全会公报》，https：//www.sc.gov.cn/10462/c110462/2024/9/20/f0aae23a46d2455b884ed81b2fa1f7c9.shtml，2024年9月20日。

B.13
2024~2025年四川省服务业发展研究

何 飞*

摘 要： 2024年四川省服务业呈现出稳步增长、区域发展集聚、消费市场多元、开放合作深入等特点。服务业发展面临数字经济赋能、产业深度融合、高水平开放等趋势。未来，四川省应重点从推进产业深度融合、促进服务业数字化转型、建设高质量发展示范区、稳步扩大制度型开放等方面着手，推动服务业高质量发展。

关键词： 服务业 高质量发展 产业融合 四川省

服务业是现代化产业体系的重要组成部分，后工业化时代服务业高质量发展，已成为经济发展调结构和稳就业的重要抓手与关键领域，是衡量经济发展现代化、国际化水平的重要标志。2024年，四川省大力发展现代服务业，建设服务业高质量发展示范区，加快构建优质高效服务业新体系，促进服务业供需更好适配，推动服务业高质量发展，大力推进服务业强省建设。

一 2024年四川省服务业发展特点

2024年上半年，四川地区生产总值为29463.3亿元，同比增长5.4%。其中，服务业增加值为16773.8亿元，增长5.8%，高于第一产业增长2.8%和第二产业增长5.4%的水平。2024年，四川省服务业发展呈现以下特点。

---

* 何飞，四川省社会科学院产业经济研究所副研究员，主要研究方向为产业经济、区域经济。

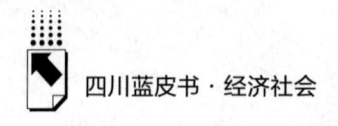

（一）服务业增长呈现稳步性

自1998年起，四川服务业进入快速增长期。2013年，全省服务业增加值突破万亿元，2017年服务业增加值占GDP比重超过50%，2018年产业规模迈上新台阶，突破两万亿元。经过多年的发展，四川服务业取得显著成效，服务业成为全省经济增长主动力、开放合作主平台、就业增收主渠道。2024年上半年，四川服务业稳步增长，实现增加值16773.8亿元，占全省GDP的比重达56.9%，同比增长5.8%，增速高于全国1.2个百分点。

（二）区域发展格局呈现集聚性

2024年，四川省服务业区域发展布局持续优化。成都市服务业核心功能、极核辐射主干带动作用更加明显。2024年上半年，成都服务业引领增长，全市实现服务业增加值7668.9亿元，同比增长5.1%，占全省的比重为45.7%。服务业增加值占经济总量比重为68.8%，是全市经济增长的主动力。绵阳、德阳等8个区域性服务业中心城市服务业加快发展，2024年上半年，绵阳服务业增加值突破千亿元，实现1069.66亿元；德阳服务业增加值实现634.8亿元、乐山为560.27亿元、泸州为601.5亿元、南充为686.29亿元、宜宾为725.94亿元、达州为681.1亿元、凉山为537.72亿元。8个区域性服务业中心城市服务业增加值均超过500亿元，增长率均高于国内生产总值增长率，总计5497.28亿元，占全省的比重为32.77%，区域中心城市地位进一步提升，成都和8个区域性服务业中心城市占全省比重近八成，区域集聚性特征明显。

（三）消费市场呈现多元性

2024年上半年，四川全省实现社会消费品零售总额13258.3亿元，同比增长4.9%。一是餐饮消费持续增长，餐饮收入1842.2亿元，同比增长11%。2024年上半年，四川餐饮行业展现出了特定的需求模式，特定需求主要是教育机构和企业两大领域，对服务质量和食品多样性提出高要求，餐饮行业市场环境出现新变化。二是城镇消费占主体，乡村市场增速加快。2024年上半年，城镇消费为11066.7亿元，占比83.47%，乡村市场零售额同比增长5.5%，比城镇高0.7个百分点。三是电商消费增长较快。2024年上半年，网络零售额4940.2亿元，同比增长11.6%。

（四）开放合作呈现深入性

加大现代服务业领域开放力度是实行高水平对外开放的重大举措。四川坚持融入"一带一路"建设，深入推进服务业领域开放合作。2024年上半年，四川实现进出口贸易总值4906.6亿元，同比增长8.9%。其中，出口1919.9亿元，同比增长0.8%；进口1986.7亿元，同比增长23.5%。对共建"一带一路"国家进出口贸易总值2144.7亿元，占比43.7%。2024年上半年，四川共对全球25个国家和地区进行了非金融类直接投资，对外投资额累计68.9亿元，对外承包工程完成营业额226.5亿元。2024年7月，按照《国务院关于同意在沈阳等6个城市暂时调整实施有关行政法规和经国务院批准的部门规章的批复》，对成都市等6个服务业扩大开放综合试点城市在医疗健康、养老服务、旅游、电信和文化娱乐等多个领域调整相关规定，促进服务业扩大开放。

目前，服务业已成为全省经济社会发展的主动力，但仍面临一些较为突出的问题和挑战。一是服务业结构有待优化。生产性服务业专业化高端化程度不够，生活性服务业品质化多样化不足，生产性服务业占比不足40%，现代服务业发展有待提升。二是产业融合深入度不够，服务业数字化转型仍须加快，现代服务业与先进制造业融合还存在体制、技术、模式等方面的问题与制约，对农业发展支撑作用不强。三是服务业品牌不强。服务业企业规模不大，大企业大集团少，全国性的企业品牌、服务品牌、区域品牌缺乏。2024年四川制造业企业100强入围门槛为26.7亿元，而服务业企业100强入围门槛为8.5亿元。2024年中国服务业企业500强中，四川入围15家，处于第四梯队；第一梯队广东为74家；第二梯队为江苏、浙江、上海、北京和福建，入围40家以上；第三梯队为山东和河北，入围20家以上。① 与第一、第二梯队相比，入围的企业数量还有不小的差距。

二　2025年服务业发展形势

2025年是"十四五"规划的收官之年，是服务业实现"十四五"时期发展目标的冲刺阶段，要充分把握服务业发展趋势，推动服务业高质量发展。

（一）数字经济赋能趋势

数字经济作为一种新的经济形态，对经济社会发展影响的广度和深度不断拓展。2023年我国数字经济规模达53.9万亿元，占GDP的比重达42.8%，在国民经济中的地位和作用突出。② 数字经济快速发展可以进一步推动产业数字化发展，加速产业的质量变革、效率变革、动力变革，实现转型升级和创新发展。我国经济已逐步进入以服务业为主导的经济发展阶段，服务业高质量发展是推动经济高质量发展的重要途径。服务业内部结构优化升级是服务业高质量发展的重要方向，但总体上，我国高端服务业占比不高，传统服务业占比较大，制约了服务业的整体生产率。数字经济发展重塑了产业生态系统，拓展了产业发展空间和领域，为服务业高质量发展注入了新动能，以数字经济赋能现代服务业，可以促进服务业态、服务模式和管理模式创新，催生出新产业生态体系和发展形态，助推传统服务业转型，优化产业结构，提升整体竞争力和劳动生产率，从而有效解决服务业中可能存在的"鲍莫尔病"。

---

① 《2024中国服务业企业500强发布》，https://baijiahao.baidu.com/s?id=1809996723896188099&wfr=spider&for=pc，2024年9月12日。
② 《去年数字经济规模达53.9亿元》，http://finance.people.com.cn/n1/2024/0828/c1004-40307383.html，2024年8月28日。

（二）产业深度融合趋势

新一轮科技革命与产业变革促进了产业分工协作和融合深化。先进制造业与现代服务业深度融合，成为现代化产业体系发展的新趋势。大数据、云计算、人工智能等新一代信息技术的快速发展，使制造业与服务业深度融合贯穿于产品、制造、服务全生命周期，从而实现制造业的高端化、数字化、智能化发展，创新产业发展模式，培育壮大新业态新模式，提升制造业生产效率和竞争力。一方面是制造业服务化，制造业向服务业融合。一是制造业企业延伸业务范围和产业链条，由单纯制造延伸至研发、设计、营销、远程运维等服务环节。二是制造业企业将制造业务外包或剥离，从制造业企业转型成为制造服务型企业，向行业系统集成和整体解决方案提供商转型。另一方面是服务业制造化，服务业向制造业融合，主要表现形式为服务业作为中间投入，以咨询、设计、金融和供应链等服务要素形式融入制造业，提升制造业产品附加值。2024年9月，中共四川省委第十二届六次全会提出，促进现代服务业同先进制造业深度融合，是提升四川制造业竞争力、加快建设制造强省的重要途径。

（三）服务业高水平开放趋势

2024年9月，中共四川省委第十二届六次全会提出，扎实推进高水平对外开放，稳步扩大制度型开放。服务业的高水平开放要从更大范围、更宽领域、更深层次上把握内涵。更大范围要求空间上的扩大开放，逐步实现空间布局上的全面开放，对国内国际全方位服务业开放。更宽领域要求服务业领域的扩大开放，在行业领域上稳步实现全面开放，有序推进金融、教育文化、医疗卫生等领域扩大开放。更深层次要求进一步提升服务领域规则、规制、管理、标准等制度型开放，进一步扩大市场准入开放，对标国际高水平开放规则，深化服务业市场化改革，促进贸易投资自由化，完善服务业开放的制度体系。

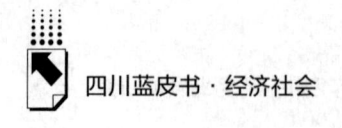

三 促进四川服务业高质量发展的对策建议

近年来,四川服务业进入稳步增长期,增速高于国内生产总值增速,后工业化时期,服务业在经济发展中的主动力作用越来越强。未来,四川要把握趋势,突出重点,加快构建优质高效服务业新体系,促进服务业高质量发展,推进服务业强省建设。

(一)推动产业深度融合

先进制造业与现代服务业深度融合发展,是实现服务业高质量发展、加快建设制造强省的必然途径。一是鼓励制造业和服务业企业双向融合。强化新一代信息技术的应用,加强工业互联网等数字基础设施建设,着力打造数字产业集群,大力发展服务型制造,引导制造业企业向行业系统服务商转型。支持科技信息服务渗透融入制造业研发、生产、流通等全生命周期,转型发展电子信息、汽摩配件、智能终端等电商(跨境)产业带。支持制造业企业从生产加工向研发设计、市场营销等服务环节延伸,鼓励服务业企业以委托制造、品牌授权等方式向制造环节拓展。二是加强支撑产业深度融合的公共服务平台建设。建立一批共性技术研发平台、专业服务平台、大数据平台,完善制造业领域公共服务体系,重点发展科技咨询、中试孵化、知识产权、成果转化等科技中介服务。三是深化产业融合的体制机制改革。破除制约产业深度融合的政策性壁垒,放宽企业跨行业业务拓展的准入门槛,逐步消除或降低行业间在能源资源使用、高新技术企业认定等方面实质上的差别化待遇,鼓励制造业依托产业链兼并重组上下游服务业企业,开展全产业链的产业深度融合。四是拓展现代服务业与现代农业融合路径,大力发展种业研发、农机服务等农业生产性服务业。积极发展休闲农业、会展农业、体验农业等,争创国家农村产业融合发展示范园。

(二)加快服务业数字化转型

加快服务业数字化转型,大力发展数据要素市场,不断培育新模式、新业态。一是扩大服务业数字化应用场景试点范围，推广在商贸流通、金融服务、教育医疗和交通航运等重点服务业领域的数字化应用，推进数字医疗、数字教育、数字物流等领域发展。二是建设数字化生产性服务业集群，数字化推动电商新业态集聚发展，打造直播电商产业集群。建设数字化生活服务生态体系，推进企业数字化转型能力建设，培育千亿级规模数字化生活服务平台。三是加快培育数据要素市场。依托国家数字经济创新发展试验区、自由贸易试验区等，围绕医疗、社保、交通等重点民生领域，开展数据要素市场先行探索，对拟制定推行的数据要素领域的相关法律规章、监管体系、标准规范在试点地区先行先试。在成都、德阳、宜宾、绵阳等重点城市开展示范推广。通过搭建数据供需对接平台、协同平台等，大力发展数据流通交易与数据技术研发业务，加强跨区域数据合作。四是以数字化促进传统服务业的提质升级，推动健康养老、教育培训、文化旅游等服务业数字化转型，以数字技术建设智慧消费商圈，推动数字经济赋能传统服务业发展。发挥数据作为新型生产要素的价值，提高全流程的数字化水平，促进产品形态和商业模式创新，全面激活产品和服务的创新升级。

（三）着力打造服务业高质量发展示范区

按照《创建服务业高质量发展示范区实施方案（2023—2025年）》，着力打造服务业高质量发展示范区，培育服务业重点产业集群，发挥示范标杆作用，引领全省服务业高质量发展。一是以培育新质生产力为导向大力发展现代服务业，建设服务业高质量发展示范区。加快培育发展数据等新质生产力要素，大力发展现代服务业，开展先进制造业和现代服务业"两业融合"试点，促进战略性新兴产业和未来产业发展，因地制宜培育新质生产力，打造服务业高质量发展示范区。二是深入实施"新交子"领跑行动，发挥"链主"式作用建设服务业高质量发展示范区。培育领跑型企业，打造领跑型品牌，建设新消费品牌创新城市，构建新消费品牌孵化生态圈，打造老字号集聚区；发展领跑型总部，引育一批总部企业、行业龙头企业，支持高成长型企业向总部企业发展。通过培育领跑型企业、打造领跑型品牌、发展领跑型总部，促成产业集聚发展、链式发展，建设服务业高质量发展示范区。三是提升服务业集聚区产业功能，打造服务业高质量发展示范区。构建服务业集聚区产业生态系统，提升产业服务功能，吸引服务业高端要素资源，产生品牌效应，实现服务业集聚区优势特色产业集聚、高端要素资源集聚，建设服务业高质量发展示范区。

（四）稳步扩大服务业领域制度型开放

党的二十届三中全会强调，稳步扩大制度型开放，深化外贸体制改革，深化外商投资和对外投资管理体制改革。服务业高水平开放需要进一步扩大服务领域规则、规制、管理、标准等制度型开放，在进一步扩大市场准入开放的同时，积极对标国际高水平开放规则，完善服务业开放制度。一是鼓励自贸试验区、服务业综合改革试点区、服务业扩大开放综合试点区先行先试，主动对接国际高标准规则。合理缩减外资准入负面清单，放松外商投资限制，引导外资投向生产性服务业、现代服务业等领域，提高服务业领域利用外资的质量和水平。探索制定有利于服务业国际化、市场化发展的开放规则，瞄准高标准自贸协定推动服务业开放，加快制度规则与国际接轨。二是打造服务业开放试点平台。依托国家数字服务出口基地、国家文化出口基地、国家中医药服务出口基地等，打造服务业开放平台和重点项目。鼓励试点平台制定服务业领域开放与创新发展措施，进一步探索拓展服务业制度型开放路径。三是完善服务业领域开放制度体系，创造优良的外资营商环境。进一步降低市场准入限制，提升外商投资自由化水平，进一步完善外资准入的配套细则，推动外商投资管理便利化。四是完善服务业监管体系。结合现代服务业新产业、新业态、新模式的发展实际，创新制度、完善规则，加强事中事后的监管，形成线上、线下相结合的监管体制，构建多元共治、协调促进的新型市场监管体系，构建包容审慎的监管环境。提升服务业开放风险监管水平。

参考文献

四川省统计局：《2024年上半年四川经济形势新闻发布稿》，http：//tjj.sc.gov.cn/scstjj/c105849/2024/7/17/12a16100d40148a09494d9c9cadd884b.shtml，2024年7月17日。

《四川省对外贸易统计资料（2024年1-6月）》，https：//swt.sc.gov.cn/sccom/dwmy/2024/7/26/14bc399a44e2494885a4094bffb8fb5f.shtml，2024年7月26日。

李俊：《探索服务业高水平制度型开放的现实路径》，《人民论坛》2023年第19期。

《四川省人民政府办公厅关于加快构建优质高效服务业新体系推动服务业高质量发展的实施意见》，https：//swt.sc.gov.cn/sccom/bwxx/2024/6/14/02e633099d82484db58b35f2f671fc9c.shtml，2024年6月14日。

黄建忠、蒙英华、赵玲：《服务业数字化转型与服务贸易高质量发展——以上海为例》，《华东师范大学学报》（哲学社会科学版）2024年第4期。

杜传中：《先进制造业与现代服务业深度融合发展的新趋势》，《人民论坛》2023年第19期。

B.14
四川省清洁能源产业发展研究

吴建强*

摘　要： 近年来，四川清洁能源产业发展取得了一定成效，但也面临能源保供压力较大、能源发展不平衡不充分、水电依赖度高问题突出、水电开发进入尾声等挑战。为此，可发挥水电对新能源开发的带动作用、加快分布式新能源开发、大力推广"光伏+"模式、加快打造天然气千亿立方米产能基地、规划建设水风光氢一体化项目、加快清洁能源技术创新等。

关键词： 清洁能源　多能互补　四川省

四川是中国的战略腹地，在维护国家能源安全上肩负着重要责任。2023年7月，习近平总书记在四川考察时强调，要科学规划建设新型能源体系，促进水风光氢天然气等多能互补发展，为新时代四川能源发展指明了方向。2024年5月，中共四川省委十二届五次全会指出，强化能源安全保障，推进水风光氢天然气等多能互补发展。四川省加快清洁能源产业发展，将为打造国家清洁能源示范省、建设世界级优质清洁能源基地、支撑能源绿色低碳高质量发展作出积极贡献。

一　四川清洁能源发展的基础和优势

四川省清洁能源资源得天独厚，具备将清洁能源资源优势转化为清洁能源产业优势的良好基础。

---

* 吴建强，博士，四川省社会科学院产业经济研究所副研究员，主要研究方向为产业经济、区域经济、金融和房地产经济。

（一）水能资源丰富

四川省拥有金沙江、雅砻江、大渡河、岷江、嘉陵江等五大河流，水能资源富集。四川省水电装机容量居全国第一，水电装机容量超过4个三峡，水电行业在全国处于领先地位。四川是"西电东送"的主要电源地，全国每100度水电中，有30度来自四川，四川水电对保障全国电力稳定供应起到了关键作用。随着国家清洁能源示范省建设的加快推进，四川水电的市场地位将进一步得到巩固。水电作为清洁能源，在四川能源发展史上具有十分显赫的地位，是未来四川实现"双碳"目标的保障。

（二）风光资源富集

四川风能资源主要分布在凉山州和攀枝花市。此外，广元市、绵阳市、泸州市和雅安市等小部分地区也有零星分布。《四川省"十四五"可再生能源发展规划》显示，四川风能技术可开发量超1800万千瓦。四川太阳能资源主要分布在川西地区的阿坝州、甘孜州以及攀西地区的凉山州和攀枝花市，这些地区拥有足够的日照强度与日照时间。四川省能源局的数据显示，四川省光伏发电规划开发总量达2.52亿千瓦，可开发总量超越了水电。随着四川新能源的快速发展，风电和光伏发电将成为清洁能源新增装机容量主力。

（三）水风光互补优势明显

四川在金沙江、雅砻江、大渡河"三江"流域，不仅水电资源集中，而且风光资源富集，适宜水风光多能互补一体化发展。《四川省"十四五"可再生能源发展规划》指出，积极推动水电与风电、太阳能发电协同互补，推进金沙江上游、金沙江下游、雅砻江流域、大渡河中上游等水风光一体化可再生能源综合开发基地建设。"三江"流域水风光一体化基地建设，将极大增强四川能源供给能力。国家能源局印发的《雅砻江流域水风光一体化基地规划》显示，雅砻江流域水风光一体化基地2035年建成后装机规模将达到8000万千瓦。

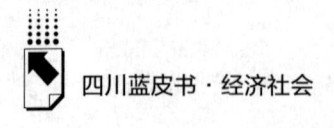

（四）可再生能源制氢潜力较大

氢能作为二次清洁能源，是推动"双碳"目标实现的重要载体。四川省水风光互补发电可降低电解水制氢成本，充沛的水资源为绿氢项目生产用水提供了极大的便利，氢能成为四川绿色发展的重要选择，可再生能源制氢潜力巨大。依托丰富的绿电，彭州、郫都等地就近建设了大规模电解水制氢加氢一体站，为四川打造绿氢全产业链夯实了基础。目前，四川已经形成工业副产氢、化石能源制氢、电解水制氢的多元化发展局面，氢源保障充分。

（五）天然气资源量居全国第一

四川盆地是全国陆上第三大油气盆地，是我国天然气的主要产地。四川盆地"满盆含气"，常规气和页岩气资源均居全国首位。国家第四次油气资源评价显示，四川盆地天然气资源量为39.94万亿立方米，约占全国的1/3，居全国第一位。截至2023年底，四川天然气累计探明储量仅为7.5万亿立方米，探明率18.8%，是我国最具天然气开发潜力的地区。随着勘探技术的创新发展，四川的油气资源将为国家能源安全作出更大贡献。

二 四川清洁能源发展现状

近年来，四川省认真落实全国能源工作会议要求，大力推进国家清洁能源示范省建设，促进水风光氢天然气多能互补发展，为奋力谱写中国式现代化四川新篇章提供有力支撑。

（一）多能互补电源加快建设

随着成渝地区双城经济圈建设加快推进，四川提速实施多能互补电源项目。新能源发展迅猛，全球最大水光互补项目柯拉光伏电站等21个新能源项目建成投产。全面开发水电，加快推进常规水电站和两河口混合式抽水蓄能电站等30个项目建设。创新流域水风光一体化模式，由水电开发主体牵头建设水风光一体化基地，推动雅砻江水风光一体化基地建设。氢气的生产、储存和应用一系列项目相继落地，形成了完整产业链。截至2023年，全省清洁能源装机容量达到1.1亿千瓦，占比86.7%；水电装机容量9759万千瓦，居全国第一位（见图1）；风电和光伏发电装机容量达到1343.63万千瓦。千亿产能天然气基地建设加快推进，天然气（页岩气）产量达到552亿立方米，居全国第一位。

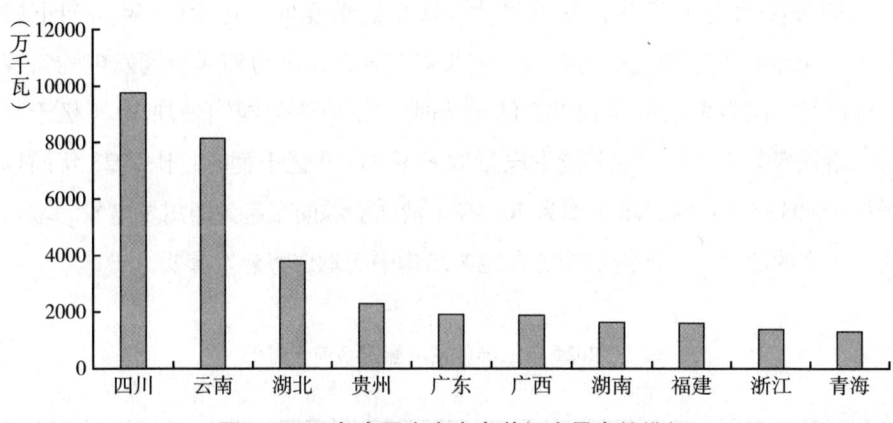

图1　2023年全国十大水电装机容量省份排行

资料来源：国家能源局网站。

（二）氢能全产业链布局加快推进

截至2024年3月，四川已集聚氢能上下游企业及科研院所100多家，覆盖"制—储—运—加—用"各个环节，形成集技术研发、装备制造、检验检测、示范应用于一体的生态体系，具备膜电极等诸多氢能核心技术研发和关键装备制造能力，打破加氢枪等核心零部件垄断，高压储氢罐等产品国内领先。产业集聚发展取得成效，成都谋划打造"绿氢之都"，攀枝花高水平建设"氢能产业示范城市"，东方氢能产业园和厚普氢能装备产业园等标杆性产业园区建成投产。应用场景日益丰富，截至2024年3月，氢燃料公交车和货运车等各类氢能源车辆有619台，规模居全国第七；加氢站有17座，数量排名全国第八。

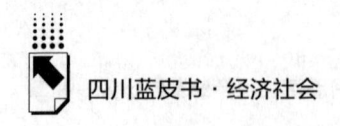

（三）清洁能源发电量再上新台阶

四川是我国的能源大省，发电呈多元化发展态势，2024年上半年发电量为2178亿千瓦时，占全国的4.91%，比2023年同期增长10.7%，在全国排名第六（见表1）。其中，水力发电贡献最大，受2024年水充足的影响，发电量为1546.1亿千瓦时，比2023年同期增长15.5%，增加211.6亿千瓦时；火力发电调节能力有所下降，发电量为482.6亿千瓦时，比2023年同期下降5.8%；新能源受政策支持的影响，增长势头强劲，风力和太阳能发电均实现大幅增长，风力发电量达到115亿千瓦时，比2023年同期增加19.4亿千瓦时，增长率为20.3%，太阳能发电量飙升至34.29亿千瓦时，比2023年同期增加15.03亿千瓦时，增长率为70.4%。清洁能源的崛起为四川发电量的增长注入了新的活力，未来清洁能源在能源结构中的地位将愈发重要。

表1　2024年上半年发电量排名前十省份

单位：亿千瓦时

排名	省份	发电量
1	内蒙古	3895.7
2	广东	3236.1
3	江苏	3004.5
4	山东	2976.2
5	新疆	2588.6
6	四川	2178.0
7	山西	2124.8
8	浙江	2087.5
9	河北	1944.0
10	云南	1861.3

资料来源：国家统计局网站。

（四）清洁能源输配体系不断完善

通过强化电力通道建设，加快推进重点工程，解决川西水电通道在夏季负荷高峰时段紧张问题，确保电源顺利输送到成都平原经济区和川南经济区两大负荷中心。2023年以来，为弥补电网不足，四川大力建设重要电网工程，提高互联互济能力，以特高压交流工程为骨干、省内环网为支撑、外电入川通道为补充，加快构建坚强电网。2024年6月，成都构网型SVG、十陵500千伏输变电、德阳南500千伏输变电和宜宾北500千伏输变电等15项四川电网迎峰度夏重点工程全部投运，新增变电容量981万千伏安，提升供电能力370万千瓦，极大地增强了四川电网输电能力。

三 四川清洁能源发展面临的机遇与挑战

四川发展清洁能源既面临诸多机遇，也面临着一些挑战，但总体来看机遇大于挑战。

（一）机遇

1. 明确四川为国家发展战略腹地

2024年1月，国务院关于《四川省国土空间规划（2021—2035年）》的批复中明确，四川省地处长江上游、西南内陆，是我国发展的战略腹地，提出"科学统筹水能等清洁能源开发，提高能源矿产资源安全保障水平"。作为国家战略腹地，四川将加快建设新型能源体系示范省，致力于将能源供给结构由水电单一主体转向水电和新能源双主体、其他电源补充的多能互补能源结构。四川发展清洁能源产业，不仅为奋力谱写中国式现代化四川新篇章提供安全可靠的能源保障，更是对国家战略的贯彻落实。

2. 新质生产力成为清洁能源重要驱动力

发展能源新质生产力的关键在于推动可再生能源高质量跃升发展，提高能源产业链竞争力。聚焦能源领域新质生产力，四川将加快能源科技创新，攻克可再生能源发电和智慧电网构建等核心技术，广泛应用数智技术、绿色技术，研发出更高效、更环保的新能源技术和产品，占领能源领域制高点，形成新的经济增长点。中共四川省委十二届五次全会提出，实施清洁能源重

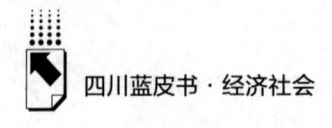

大科技专项。加快氢能、太阳能、风能、生物质能、地热能、天然气（页岩气）等开发与高效利用，以新质生产力推动高质量发展。

3. 四川省能源电力结构向水电和新能源双主体转变

自2022年遭遇罕见的"电荒"后，四川省积极调整能源供给结构，力争实现以水电为主的单一主体向水电与新能源双主体转变。随着四川大规模开发水电进入尾声，迫切需要寻找新的能源增长点，风电和太阳能发电迎来了高速发展的大好机遇，未来风光等新能源将处于大规模开发状态。《四川省电源电网发展规划（2022—2025年）》显示，到2025年，电源多能互补能力显著增强，水电装机为1.06亿千瓦，年均增长4.3%，电力装机规模占比降为64.1%；火电装机为2760万千瓦，年均增长10.9%，电力装机规模占比16.6%；风电装机达到1000万千瓦，在电力装机规模中占比上升为6.0%，年均增长17.4%；光伏发电装机达2200万千瓦，在电力装机规模中占比上升为13.3%，年均增长83%；风电和光伏发电装机合计3200万千瓦，合计电力装机规模占比19.3%，新能源规模超越火电。

4. 四川省经济社会发展带动能源增长

近年来，四川省经济社会发展成效显著，2023年GDP在全国的排名上升为第五位。2024年上半年四川省实现地区生产总值29463.3亿元，比2023年同期增长5.4%，四川经济增长态势将拉动能源增长。分产业来看，乡村振兴战略将拉动第一产业用电量保持快速增长。工业仍将是用电主力，其中新兴产业用电量强劲增长，特别是光伏设备及元器件制造、新能源整车制造、芯片生产等的用电量将持续高速增长。人工智能、大数据、云计算和工业互联网等应用的加速推广，将推动新型基础设施用电量快速增长。此外，新质生产力加快发展，也将带动相关行业用电量较快增长。

（二）挑战

1. 能源保供压力较大

随着四川奋力谱写中国式现代化四川新篇章，深入实施"四化同步、城乡融合、五区共兴"战略，加快建设成渝地区双城经济圈，加快推进新型工业化和新型城镇化,今后一段时期能源需求将保持刚性增长。此外,气候变化成为现实威胁,夏秋季持续高温天气频发,增大了民生用电量。根据《四川省电源电网发展规划(2022—2025年)》预测,到2025年四川省最大用电负荷将达到8900万千瓦,全社会用电量为4870亿千瓦时,年均增速分别为9.7%和10.4%。未来四川能源不仅仅是"送电者","送受并存"将成为常态。

2. 能源发展不平衡不充分

用电量与经济大省排名不同步,2023年,全国全社会用电量9.22万亿千瓦时,四川用电量为3711亿千瓦时,仅相当于广东用电量的43.6%,在全国各省份用电量中居第九位(见图2)。水电调节能力不足,"丰余枯缺"矛盾突出,全省调水电机组装机中径流式电站占66.4%,季以上调节能力的水库电站仅占水电装机的33.6%,年调节水库更少。电源与负荷呈逆向分布,四川新能源大多分布在川西及攀西地区"三州一市",远离成都等负荷中心。煤炭行业受资源禀赋和运输通道制约,难以弥补水电出力不足带来的电力缺口。根据国家电网数据,四川省用电负荷最大峰谷差已高于2000万千瓦,但火电调节能力仅为550万千瓦。储气调峰能力不足,气电建设缓慢,天然气资源优势未得到充分发挥。

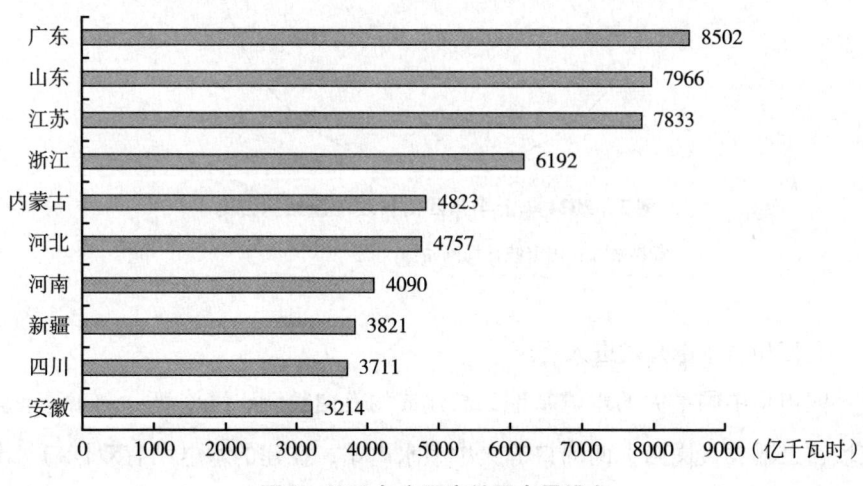

省份	用电量(亿千瓦时)
广东	8502
山东	7966
江苏	7833
浙江	6192
内蒙古	4823
河北	4757
河南	4090
新疆	3821
四川	3711
安徽	3214

图2 2023年主要省份用电量排名

资料来源:国家统计局网站。

3. 水电依赖度高问题突出

2024年上半年，四川省发电量达2178亿千瓦时。其中，水力发电量占70.99%，火力发电量占22.16%，风力发电量占5.28%，太阳能发电量占1.57%。四川省电力供给高度依赖水电，水电在电源结构中占据绝大部分（见图3），在极端情况下高比例水电存在保供不力问题，极易导致电力短缺，调节能力不足，亟须增强新型能源体系的韧性和安全性。2022年，四川遭遇极端高温天气，河流来水偏枯，导致水电发电量大幅下降，电力由"紧平衡"转向"双缺"，凸显了多能互补的重要性。未来，四川需进一步优化能源结构，加快水风光一体化开发，提高新能源占比。

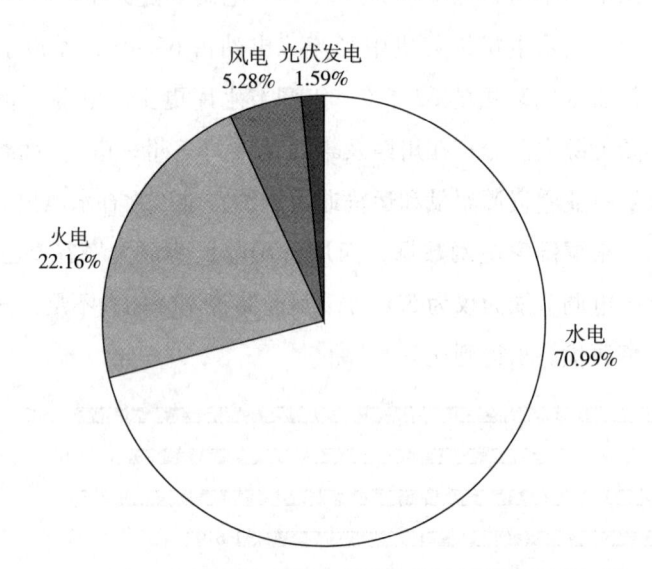

图3　2024年上半年四川省发电量结构占比

资料来源：国家统计局网站。

4. 四川省水电开发进入尾声

四川是中国最大的水电基地，已建成的有白鹤滩、溪洛渡、乌东德、向家坝、二滩、大岗山、两河口等大中型水电站，在建的水电站有双江口、卡拉、孟底沟、叶巴滩等水电站。四川建成二滩水电站以后，水电技术开始成熟，水电行业进入了黄金发展期。经过多年的高速发展，四川水电增速开始放缓，水电行业迎来历史拐点。四川省能源局数据显示，四川省水电技术可开发总量为1.48亿千瓦，占全国的21.2%。截至2024年6月底，四川省水电装机已达9745万千瓦。根据《四川省电源电网发展规划（2022—2025年）》，2025年四川水电装机1.06亿千瓦，开发总量接近上限值，未来四川省水电装机增量有限。随着"十四五""十五五"更多的水电站建成发电，预计2030年四川水电开发将逐步接近尾声。

四 四川清洁能源加快发展的对策建议

为加快国家清洁能源示范省建设，做大四川清洁能源产业，推动四川能源绿色低碳高质量发展，特提出以下对策建议。

（一）发挥水电对新能源开发的带动作用

认真落实水电站和抽水蓄能电站可配套开发新能源的政策，推进水库电站就近配置新能源等资源。根据水库电站周边风能和太阳能资源情况，加快有调节能力的水库电站水风光互补开发建设。加快流域水风光互补基地建设，将流域梯级水电站周边区域内的光伏、风电就近接入水电站，利用水电站外送通道，提高输送通道利用率。贯彻落实国家"十四五"可再生能源综合开发基地建设部署，加快推进金沙江、雅砻江流域、大渡河等三江流域水风光一体化开发，推动金沙江上游叶巴滩水电站、大渡河双江口水电站、雅砻江孟底沟水电站等项目建成投产，提高新型电力系统调节能力，促进水风光协同发展，带动新能源开发利用。在其他流域，也要因地制宜加快水风光互补开发。加快推进雅砻江等清洁能源走廊建设，有效支撑新能源发展，促进能源低碳转型。

（二）加快分布式新能源开发

根据四川资源禀赋和地域特色，加快分散式新能源发展，提高新能源装机容量。四川风能和太阳能资源主要分布在偏远山区，且远离用电负荷中

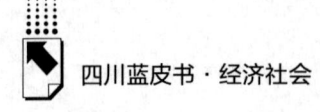

心,这些地区地质复杂,施工难度大,大规模开发存在一些瓶颈。鉴于地理环境特点,四川应大力支持分布式风电和光伏发电发展,丰富风电和光伏发电的应用场景,支持屋顶分布式光伏开发利用,推进有条件的地区建设分散式风电,一些地区可考虑新能源就地消纳。

(三)大力推广"光伏+"模式

认真落实《四川省碳达峰实施方案》,创新"光伏+"模式,开展光伏发电多元布局,实现减排目标。发挥太阳能资源广泛分布和光伏发电应用灵活性优势,加强光伏与不同行业融合发展。加快智能光伏产业特色应用,提升光伏发电可靠替代能力。推广牧光互补、农光互补、"光伏+设施农业"等低碳农业模式,促进乡村振兴发展。实施多领域清洁能源电能替代,推动光伏在工业领域和建筑领域的应用,支持工业企业和园区发展分布式光伏项目,加快太阳能与建筑深度融合发展。鼓励建设光伏实证实验基地,推广应用光伏发电新技术。

(四)加快打造天然气千亿立方米产能基地

加强产能基地用地保障,提供国土"一张图"服务便利,推动建设项目快速落地。加快天然气管网建设,积极融入天然气"全国一张网"战略布局,启动建设攀枝花—凉山天然气长输管道项目,稳步推进川气东送二线(四川段)建设项目,提升天然气输送能力。加快推进四川省常规天然气储量第一气田——安岳气田的勘探开发,积极发展安岳县天然气下游产业。推进川东北气田增储上产,支持天然气资源就近规模化利用。打造"页岩气+"产业集群,提升长宁、威远等区块页岩气产能。加快能源新质生产力发展,力争在超深层天然气、寒武系地层页岩气勘探开发上取得重要突破,挖掘规模增储潜力,实现天然气产业化发展。

(五)规划建设水风光氢一体化项目

四川还没有大型水风光氢一体化项目,为此可借鉴内蒙古、新疆等风光资源丰富省份的经验，规划建设一系列水风光氢一体化项目，利用水能、风能和太阳能产出的绿色电力，通过电解水装置制取氢气。川西和攀西等地区受限于现有电网设施，在一定程度上有弃水弃电情况，以可再生能源就地制氢能降低电价成本，避免资源浪费，有效解决绿电消纳问题，重点可在318国道开展水风光氢一体化布局探索，谋划绿色氢能产业发展。

（六）加快清洁能源技术创新

加快培育能源新质生产力，提高清洁能源开发利用效率。推动太阳能电池技术产业化应用，加快风电机组大型化进程，开展大规模水风光协同开发关键技术研究。着力解决新能源安全稳定并网的技术难题，推动新能源高质量消纳。聚焦特高压、虚拟电厂等领域的核心技术研发和应用，打造新型电力系统样板区。加快培育清洁能源新技术，推进光伏发电户外实证等示范工程建设。建设清洁能源高能级创新平台，打造国家级清洁能源重点实验室，设立企业联合创新中心，超前布局新能源前沿技术。推动人工智能、大数据、云计算、物联网等信息技术在清洁能源领域应用，突破水风光一体化基地智能建设技术，促进能源产业数字化升级。加强退役风电机组和光伏组件回收处理技术研究，实现新能源产业全生命周期绿色发展。

参考文献

段兆芳：《2023年国内外天然气市场回顾与2024年展望》，《国际石油经济》2024第3期。

《立足资源与能源禀赋 四川绿色低碳发展走向纵深》，《经济参考报》2024年2月5日。

《"氢"风吹"绿"万亿大市场，四川如何练"氢"功？》，《四川日报》2024年5月23日。

B.15
四川省健康产业高质量发展研究

张鹏 曹羽茂 谢惠玲 李琳琳*

摘　要： 目前，四川省健康产业发展整体趋势向好，但在健康产业结构优化、创新驱动力提升、区域平衡发展和充分发展等方面存在提升空间。为促进四川省健康产业高质量发展，应进一步优化健康产业结构，提升产业发展质量；提升健康产业创新能力，增强发展动力；促进健康产业链协同发展，提高产业链整体效率；缩小区域发展差距，促进健康产业均衡发展。

关键词： 健康产业　高质量发展　四川省

推动健康产业高质量发展是落实"健康中国""健康四川"发展战略，不断满足人民群众更多样化、更高层次的健康管理需求的重要途径。根据国家统计局出台的《健康产业统计分类（2019）》，健康产业是以医疗卫生和生物技术、生命科学为基础，以维护、改善和促进人民群众健康为目的，为社会公众提供与健康直接或密切相关的产品（货物和服务）的生产活动集合。随着四川经济社会高质量发展，人民群众对健康管理的需求更加多样化，四川省是人口大省、科教大省、经济大省，为健康产业的高质量发展奠定了扎实的基础。

近年来，四川经济总量不断增长。2023年四川经济总量超过6万亿元，

---

* 张鹏，西南民族大学讲师，主要研究方向为公共管理；曹羽茂，四川社会科学院副编审；谢惠玲，西南民族大学公共管理学院；李琳琳，西南民族大学公共管理学院。

增长6%、在前十经济大省中并列第一。① 2024年前三季度，四川省GDP增长5.3%，作为本省优势产业之一的医药健康产业增速比上半年提高1.6个百分点，健康产业发展势头良好。② 根据四川第七次全国人口普查数据，全省范围内有常住人口共8367.5万人。其中，60岁及以上人口数为1816.4万人，与第六次全国人口普查相比增长5.41%。老龄化率排全国第7，已进入深度老龄化社会。③ 人口众多和深度老龄化特征对健康产业高质量发展提出了更大需求和更高要求。2023年四川省研究与试验发展经费投入总量达1357.8亿元，其中基础研究经费增长23.1%，应用研究经费增长24.6%，各类企业研究与试验发展（R&D）经费支出增长8.6%。持续的经费投入促使创新发展不断取得新成效，前三季度全省高技术产业投资增长10%，带动高技术制造业增加值同比增长8.5%，为推动健康产业高质量发展提供了有力支撑。④

四川省有丰富的健康资源、巨大的健康管理需求、扎实的经济基础、突出的科技创新能力，落实"健康四川"战略、推动健康产业高质量发展的基础和条件完善。

一 四川省健康产业总体发展情况

近年来，四川省健康产业整体发展势头良好，各级政府重视程度高，政策支持力度大，全省卫生服务水平稳步提升，产业结构持续优化，健康产业规模进一步扩大，为进一步推动四川省健康产业高质量发展打下了良好的基础。

---

① 《国新办就"坚定推进高质量发展 切实担负新时代西部大开发四川使命"举行发布会》，https：//www.sc.gov.cn/10462/c105962/2024/5/27/f1dd6bc711cd4fb4af70ea7f0dc541a9.shtml，2024年5月27日。
② 《2024年前三季度四川经济形势新闻发布会召开》，http：//tjj.sc.gov.cn/scstjj/c112121/2024/10/21/c8116e70124a4407912cd2a003eb4ef6.shtml，2024年10月21日。
③ 《四川省推进基本养老服务体系建设实施方案》，https：//mzt.sc.gov.cn/scmzt/zxft/2023/12/4/8b87b343225742d09e1d640b2ccd0f61.shtml，2023年12月4日。
④ 《2024年前三季度四川经济形势新闻发布会召开》，http：//tjj.sc.gov.cn/scstjj/c112121/2024/10/21/c8116e70124a4407912cd2a003eb4ef6.shtml，2024年10月21日。

（一）卫生服务水平稳步提升

从官方已发布的数据来看，四川省的卫生服务水平稳步提升。2022年全省卫生医疗机构总数为74041家，2023年全省卫生医疗机构75109家。截至2024年第二季度，四川省医院机构总数为2671家，公立医院和民营医院分别为1014家、1657家。①

表1　2021年至2024年1~6月四川省医疗卫生机构及床位数

单位：家，张

项目	机构数				床位数	
	2021年	2022年	2023年	2024年1~6月	2021年	2022年
总计	80249	74041	75109	—	662074	683873
医院	2481	2465	2608	2671	497531	516961
公立医院	684	680	683	1014	324019	334661
民营医院	1797	1785	1925	1657	173512	182300
医院中：						
三级医院	299	317	344	352	254175	264780
二级医院	751	745	768	782	147089	151512
一级医院	932	924	876	866	63041	62720
基层医疗卫生机构	76875	70671	71581	—	148484	151184
社区卫生服务中心（站）	1116	1134	—	—	15970	20487
政府办	520	559	620	625	14722	19342
乡镇卫生院	3661	2799	—	—	131720	129852
政府办	3643	2788	—	—	131048	129275
村卫生室	50309	43823	—	—	—	—
诊所（卫生所、医务室、护理站等）	20563	21336	—	—	—	—
专业公共卫生机构	703	686	—	—	14753	14345
疾病预防控制中心	212	211	—	—	—	—
专科疾病防治机构	23	21	—	—	1299	679

---

① 《2024年第二季度全省医疗卫生机构医疗服务情况》，https：//wsjkw.sc.gov.cn/scwsjkw/ylfw/2024/7/17/551e87e20d2749e1afba70772bf8d32d.shtml，2024年7月17日。

续表

项目	机构数				床位数	
	2021年	2022年	2023年	2024年1~6月	2021年	2022年
妇幼保健机构	202	202	—	—	13398	13610
卫生监督所(中心)	178	162	—	—	—	—
计划生育技术服务机构	1	1	—	—	—	—
其他医疗卫生机构	190	219	—	—	1306	1383

资料来源：2021~2022年数据来源于四川省卫生健康委员会发布的年度《四川省卫生健康事业发展统计公报》。因2023年及以后年份的公报未发布，此表列出的2023年及2024年6月相关数据依据四川省卫生健康委员会发布的有关数据整理而来。

2022年全省医疗卫生机构床位数据方面，医院床位较上年增加了1.943万张，其中公立医院增加1.0642万张，民营医院增加0.8788万张。基层医疗卫生机构增加0.27万张，专业公共卫生机构床位减少0.0408万张，每千人口医疗卫生机构床位数增加0.98万张。2023年全省医疗卫生机构床位总数为70.9万张。①

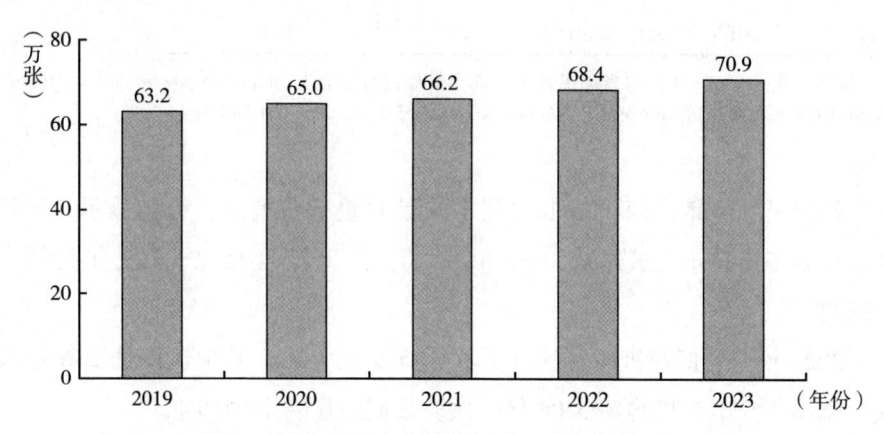

图1 2019~2023年四川省医疗卫生机构床位数

① 《2023年四川省国民经济和社会发展统计公报》，https://www.sc.gov.cn/10462/10464/10797/2024/3/14/aef7f698a38246f8abedaf2cbad7b328.shtml，2024年3月14日。

2022年四川省卫生人员总数达88.75万人，比上年增加2.21万人；每千人口执业（助理）医师3.08人，每千人口注册护士3.80人；每万人口全科医生2.97人，每万人口公共卫生人员5.48人。

表2 2021~2023年四川省卫生人员数

指标	2021年	2022年	2023年
卫生人员（万人）	86.54	88.75	—
卫生技术人员（万人）	67.27	69.82	92.61
执业（助理）医师（万人）	25.04	25.82	28.1
注册护士（万人）	30.67	31.83	33.5
药师(士)（万人）	3.03	3.14	—
技师(士)（万人）	3.60	4.67	—
乡村医生和卫生员（万人）	5.41	4.65	—
每千人口执业（助理）医师（人）	2.99	3.08	—
每万人口全科医生（人）	2.48	2.97	—
每千人口注册护士（人）	3.66	3.80	—
每万人口公共卫生人员（人）	5.27	5.48	—

资料来源：《2023年四川省国民经济和社会发展统计公报》，https：//www.sc.gov.cn/10462/10464/10797/2024/3/14/aef7f698a38246f8abedaf2cbad7b328.shtml，2024年3月14日。

2016~2022年，四川省卫生技术人员总量稳步增加。统计显示，2023年，全省卫生技术人员总量为92.61万人，与2022年相比，保持了持续增长态势。

2023年全省医疗机构总诊疗人次约5.9亿人次，其中医院约2.6亿人次，基层医疗卫生机构约3.08亿人次。县域内住院率94.9%。①

---

① 《2023年四川省国民经济和社会发展统计公报》，https：//www.sc.gov.cn/10462/10464/10797/2024/3/14/aef7f698a38246f8abedaf2cbad7b328.shtml，2024年3月14日。

图2　2016~2022年四川省卫生技术人员数

资料来源：《2022年四川省卫生健康事业发展统计公报》，https：//wsjkw.sc.gov.cn/scwsjkw/njgb/2023/11/17/48dd95c375c649c49612a2c9d273e53a.shtml，2023年11月17日。

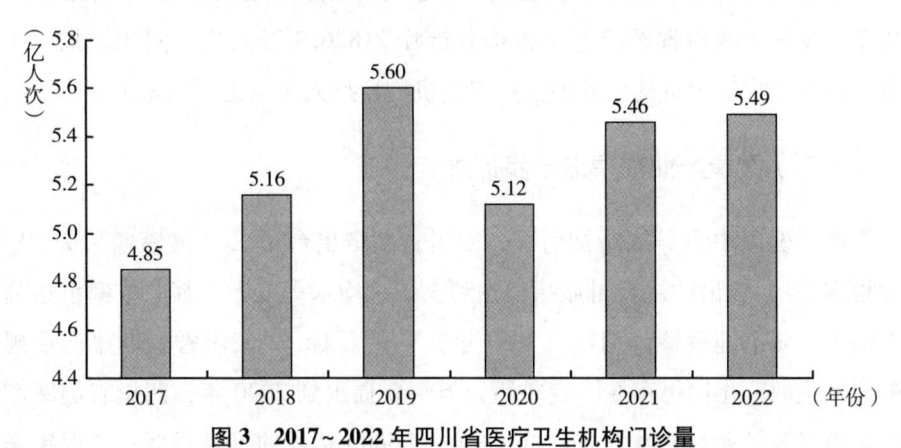

图3　2017~2022年四川省医疗卫生机构门诊量

表3　2021~2023年四川省医疗卫生机构诊疗数据

单位：亿人次

机构类别	总诊疗人次数		
	2021年	2022年	2023年
医疗卫生机构合计	5.46	5.49	5.90
医院	2.34	2.38	2.60
公立医院	1.95	1.97	2.18

续表

机构类别	总诊疗人次数		
	2021年	2022年	2023年
民营医院	0.39	0.41	0.42
医院中:三级医院	1.67	1.71	—
二级医院	0.46	0.46	—
一级医院	0.14	0.14	—
基层医疗卫生机构	2.92	2.91	3.08
其他医疗卫生机构	0.21	0.21	—
合计中:非公医疗机构	1.59	1.60	—

资料来源：相关年份《四川省卫生健康事业发展统计公报》。

根据四川省卫生健康委员会发布的医疗卫生机构数据显示，截至2024年第二季度，四川省医疗卫生机构总诊疗21826.3万人次，同比增加。医院、基层医疗卫生机构、其他医疗卫生机构诊疗人次数也同比增加。[1]

（二）健康产业规模进一步扩大

在"健康中国"战略指引下，四川省制定出台了《"健康四川2030"规划纲要》，提出"主要健康指标达到全国平均水平以上，其中成都市达到全国中心城市健康整体指标（2030年）"的目标。[2] 四川省的健康产业规模与发达地区相比仍存在一定差距，但纲要提出到2030年，四川省健康产业规模显著扩大、健康服务业总规模达到5800亿元的远景目标，从近年来四川省健康产业发展数据来看，这一整体目标得到了政府高度重视，健康产业的规模持续扩大且结构不断优化。

---

[1] 《2024年第一季度全省医疗卫生机构医疗服务情况》，https：//wsjkw.sc.gov.cn/scwsjkw/ylfw/2024/4/23/9b8ec9b9326c4a1f8a7bdf9d540f8d5c.shtml，2024年4月23日；《2024年第二季度全省医疗卫生机构医疗服务情况》，https：//wsjkw.sc.gov.cn/scwsjkw/ylfw/2024/7/17/551e87e20d2749e1afba70772bf8d32d.shtml，2024年7月17日。

[2] 《关于四川省2023年国民经济和社会发展计划执行情况及2024年计划草案的报告》，https：//www.sc.gov.cn/10462/10464/10699/10701/2024/1/31/397c523289d14b3490107c7b2eefca5e.shtml，2024年1月31日。

（三）健康产业高质量发展势头良好

四川省委十二届三次全会提出，打造万亿级医药健康产业集群。这为应对产业变革、老龄化和满足人民健康需求，为全省构建现代化医药健康体系和加快推动卫生健康事业的高质量发展明确了方向和路径。

近年来，四川省医药健康产业主要经济指标稳定增长，全省拥有600余家规模以上医药制造企业。产业的融合发展，医药健康产业的集聚，有效促进了四川省健康产业高质量发展。以成都市为例，2023年医药健康产业总产值达3500亿元。这反映了医药健康产业作为优势产业的规模和影响力持续扩大。同时，四川省还注重提高医药健康产业的创新力和市场竞争力，通过技术创新和产业升级，进一步提升健康产业的经济效益推动健康产业高质量发展。

得益于"健康四川"战略的实施，省内国家中医药综合改革示范区建设加快，2023年新增国家区域医疗中心4家，全省范围内的乡镇卫生院、社区卫生服务机构均实现中医药服务全覆盖。根据四川省深化医改新闻发布会公布的数据，四川省政府卫生支出从2008年的179.83亿元增加到2022年的1245.16亿元，个人卫生支出比重从2008年的40.72%降至2022年的26.91%，人均预期寿命由2008年的73.93岁提高到2023年的78.08岁，孕产妇死亡率、婴儿死亡率均连续多年低于全国平均水平。全省医疗卫生机构数排全国第3，三级医院数排全国第1。2021年获批建设西部唯一的国家中医药综合改革示范区，2024年成为全国3个深化医疗服务价格改革试点省份之一。

（四）产业结构持续优化

四川省大力实施六大优势产业提质倍增计划，强化主导产业，扩展经营主体规模，加快建设现代化产业体系，全面提升开发区产业发展能级。四川省健康产业呈现出医疗服务、医药制造、健康保险和健康服务等多个子行业协调发展的格局。医疗服务业在健康产业中占据主导地位，2023年四川省医疗机构数量达到75109家。医药健康产业作为优势产业得到重点支持，在四川省经济发展和全国医药行业中的地位更加重要。

四川省医药健康产业发展以成都、绵阳、资阳、眉山、广安、内江、遂宁、泸州等地开发区为重点，聚焦重大临床救治和全生命周期健康需求，突破关键核心技术，重点发展生物药、现代中药（民族药）、高端化学药、高性能医疗装备、新型医药流通等优势领域，推动产业提档升级，建强医药健康产业体系。①

（五）政府重视程度高，政策支持力度大

四川省自2019年起启动"健康四川"行动，遵循新时代卫生健康方针，出台《"健康四川2030"规划纲要》，明确阶段性任务、关键要素、重点任务，全面维护和保障人民的全生命周期健康。同时创新性地开展了三项特色行动，包括提升民族地区健康、口腔健康和推广中医预防医学，旨在普惠所有人群，特别关注重大疾病的预防和妇女、儿童和老年人的健康。同时改善环境以支持健康生活方式，考虑民族地区的特殊情况，坚持全省统一协调，全面实施健康政策，覆盖所有地区，惠及每个人。

四川省成立"健康四川"行动推进委员会，制定了《健康四川行动（2019—2030年）》，开展相关工作的计划、监测和评估，同时深入研究并协调解决重大问题。此外，四川省卫生健康工作领导小组设有专项小组，协同推进卫生健康工作的开展，为项目的顺利进行提供智力支持，也确保各项卫生健康任务能够落实。四川省人民政府印发了《健康四川行动考核评价指导方案》，加强对党政目标的考核评价，充分体现了四川省委、省政府对人民卫生健康事业发展的高度重视。②

二 四川省健康产业高质量发展面临的问题

基于四川省的人口结构特征、人民群众的健康需求、卫生健康事业及健

---

① 《四川省开发区发展规划（2023—2027年）》，https://www.sc.gov.cn/10462/zfwjts/2023/11/25/5c7b0dec3e864647aa0f50739afa4f63.shtml，2023年11月25日。
② 《四川省人民政府关于推进健康四川行动的实施意见》，https://wsjkw.sc.gov.cn/scwsjkw/sclljk/2019/11/26/7ac44758a63342ad9255a0570311d24a.shtml，2019年11月26日。

康产业发展现状，结合健康产业发展规划，新形势下，四川省健康产业高质量发展面临健康产业结构需要持续优化、创新驱动力有待提升、发展不平衡和不充分等问题。

（一）健康产业结构需要持续优化

四川省健康产业呈现出多行业协调发展的格局，但仍需优化产业结构。以医疗服务业为例，作为在健康产业中占据主要地位的产业，其存在医疗资源分布不平衡问题，影响到就医可及性的提升和人民群众看病就医体验。推动医疗服务业高质量发展，提升县级及以下医疗卫生机构特别是医院的服务能力和发展水平依然是四川省健康产业高质量发展的重要任务。

根据国家卫生健康委公布的2023年度县医院医疗服务能力评估数据，在全国范围内参评的2062家县医院中，符合基本标准、推荐标准的分别占91.85%、56.40%。① 目前，四川省县医院达到医疗服务能力基本标准的比例低于90%，三州地区的乡镇卫生院、社区卫生服务中心达到服务能力标准的比例低于70%。②

（二）创新驱动效应有待增强

四川省健康产业的创新驱动能力不断增强，但仍存在一些问题。高校和科研院所的科研成果转化机制有待进一步健全。创新型企业数量有限，整体创新实力有待进一步提升。创新平台建设不足，为健康产业创新发展提供的支撑作用还需进一步发挥。以智慧医联体探索推动信息互联互通等信息化建设水平有待提升。构建全省"一张网"服务体系，互联网、人工智能、云

---

① 《国家卫生健康委办公厅关于通报2023年度县医院医疗服务能力评估情况的函》，http://www.nhc.gov.cn/yzygj/s3593g/202407/59186515a500463fa0249165fdcc63f2.shtml，2024年7月29日。

② 《关于进一步健全机制推动城市医疗资源向县级医院和城乡基层下沉的通知》，https://wsjkw.sc.gov.cn/scwsjkw/qtwj/2024/9/23/8e46ea978fcd411fae6fd7ff7176dfb8.shtml，2024年9月23日。

计算、大数据等在健康产业高质量发展特别是医疗卫生领域的应用水平需持续提升。大力发展新质生产力背景下，四川省健康产业高质量发展对提升创新驱动效应提出了更高要求。

受制于高等教育资源分布、各区域经济发展水平差异等，各地科技创新对健康产业发展的驱动效应差异大。根据四川省教育厅发布的数据，四川省共有139所普通高校，其中所在地为成都市的有59所，所在地为绵阳市的有11所。从办学层次来看，全省本科院校54所，其中所在地为成都市的有29所，占比53.7%，所在地为绵阳的有5所，占比9.3%。成都市是四川省普通高等学校特别是本科院校最多的地区，全省绝大部分"双一流"高校集中在成都市。优质的高等教育资源、专业技术人员、科研创新团队集聚，以及较高的经济发展水平是成都市近年来健康产业快速发展的重要支撑，但其他地市州不具备上述优势，科技创新对本区域健康产业高质量发展的贡献有限。

"十四五"期间，四川省重点打造健康产业发展项目，医药制造、健康养老养生、健康旅游、多元化健康服务、社会办医对创新驱动提出了更高要求，如高端装备制造、康养产业园建设、智慧医疗、人工智能辅助诊疗、信息化普及工程等。面对各地区发展差异和健康产业高质量发展对创新驱动能力的更高要求，在统筹规划、健康产业项目投资、资源优化配置等方面让各地区更加充分地享受到新质生产力发展对健康产业高质量发展产生的推动效应是四川省健康产业高质量发展需要深入探索的内容。

（三）发展不平衡和不充分问题依然存在

构建优质的产业体系和合作机体是推动健康产业高质量发展的重要内容。健康产业因丰富的内涵和广泛的产业辐射范围，对产业协同发展、充分和均衡发展提出了较高要求。[1] 四川省健康产业发展存在一定的区域差异，主要表现在医疗资源、技术人才、公共卫生体系、区域中心带动作用和基层

---

[1] 董翠华：《成都市健康产业发展研究》，西南石油大学硕士学位论文，2016。

医疗卫生服务能力等方面。五大经济区卫生健康发展不平衡，面向妇女、儿童、老年人等重点人群的卫生健康服务供给水平有待提高，重点学科发展不够。此外，"医防"缺少有效融合，"上下"联动协作不足，医药卫生体制改革的系统性、集成性仍待增强。成都等经济较为发达的地区，得益于较强的经济基础、较高的居民收入水平、较高的居民健康素养，健康产业迅速发展。2023年，成都市医疗卫生机构13457家，相比2022年增加1042家，约占全省的17.92%。[1]

养老服务资源在区域间分布不均衡。成都作为四川省的省会，健康产业发展势头良好，但省内部分经济欠发达地区由于资金、技术和人才等方面的限制，健康产业发展相对滞后，农村地区医疗卫生服务供给不足，群众就医难问题依然突出。[2] 2022年，全省2799家乡镇卫生院共设有床位12.99万张，保有卫生人员11.31万人，与2021年相比，三项数据分别减少了862家、1868张、1784人。[3]

三 推动四川省健康产业高质量发展的对策建议

四川省通过创新规划全过程管理，不断提高规划研究、编制和实施水平，发挥规划总揽全局、协调各方、引领发展的作用。在"十四五"期间继续深入推进健康四川建设，不断进行医疗卫生体制改革和服务建设，中医药产业、康养产业等一系列健康产业发展取得了良好的成绩。面对深度人口老龄化、"银发经济"崛起、人民群众健康需求多样化等新形势，四川省在推动健康产业高质量发展时，应始终坚持人民至上、生命至上理念，以

---

[1] 《2023年成都市卫生健康事业发展统计公报》，https://cdwjw.chengdu.gov.cn/cdwjw/tongjishuju/2024-04/26/content_c39d5cd069084cbab902fb6d74af3ee7.shtml，2024年4月26日。

[2] 《四川省"十四五"卫生健康发展规划》，https://www.sc.gov.cn/10462/zfwjts/2021/11/18/27f77a257007443784bc696b0b3129af/files/88ee97cad6334e34b068ce40da6758a3.pdf，2021年11月17日。

[3] 《2022年四川省卫生健康事业发展统计公报》，https://wsjkw.sc.gov.cn/scwsjkw/njgb/2023/11/17/48dd95c375c649c49612a2c9d273e53a.shtml，2023年11月17日。

"四个面向"为指导,在产业布局优化、健康产业资源统筹、创新驱动力提升、医疗服务体系优质化均衡化等方面发力,促进健康产业的转型升级和高质量发展,提升服务品质,打造西部地区健康产业高地。①

(一)优化健康产业结构,提升产业发展质量

加快医疗服务业高质量发展。进一步优化医疗资源分布,推动城市优质医疗资源下沉,强化城市医院支援县级医院,鼓励社会资本参与医疗服务业,促进公立医院与社会办医协调发展。完善医疗服务体系,优化医疗资源配置,扩大优质医疗资源的覆盖面。

推动医药制造业转型升级。四川省委提出打造全国重要的医药健康产业集群的建设目标。目前,四川省医药健康产业发展不强的主要原因有:政策支持力度不够、产业集聚牵引力不足、科技金融支撑乏力、公共平台建设滞后、人才引进育留存在困难、政产学研用结合不深等。下一步,要多措并举在政策、贷款、产学研、创新能力提升和科技成果转化等方面提供支持,鼓励医药企业向高端化、智能化方向发展,提高产品附加值。

培育健康服务业新业态。支持养老、健康管理等健康服务业态发展,满足人民群众日益增长的健康服务需求。大力发展银发经济,加快智慧医疗、智慧养老相融合,促进智慧健康养老产业发展。

提升养老产业发展质量,加强养老服务体系建设,提高养老服务质量。从政策支持、质量监管、多种养老模式融合发展等方面入手,促成政府与社会力量举办的养老机构融合发展,加强养老服务与医疗服务、健康保险的融合,为老年人提供全方位健康服务,促进养老产业高质量发展。

充分释放"银发经济"活力。结合消费群体需求,扩大特色产品和服务供给,提供丰富的公共服务产品。② 立足四川健康资源优势,依托优势产

---

① 《四川出齐医疗卫生服务体系规划 数量居全国第一》,https://cj.sina.cn/articles/view/1496814565/593793e502001gaig,2024年2月3日。
② 潘珺瑶、程巍、李明辉等:《"银发经济"背景下银川市健康养老产业探析》,《商业经济》2024年第9期。

业发展战略,大力发展中医药养老养生产业、康养产业等。聚焦养老护理、健康照护、医疗服务、心理健康等银发经济急需紧缺行业人才培养,加大培训力度,提高培训水平,培育专业健康养老人才新队伍,促进"医"和"养"结合,为老年人提供个性化、有偿医疗服务,并通过科技赋能促进健康养老服务新发展。[①]

(二)提升健康产业创新能力,增强发展动力

加强健康产业科技创新。继续深入实施重大人才计划,发挥人才聚集优势和效应,加大高校和科研院所在生物医药、医疗器械等领域的研发投入,提高科研成果转化率。鼓励企业自主研发,增强产业链创新能力。加快创新平台建设,培育健康产业创新生态。完善健康产业创新政策体系,为创新主体提供有力支持,营造有利于创新的社会环境,激发创新主体的积极性和创造力。

推动健康产业数字化转型,实施健康信息化建设工程。未来,四川省应进一步聚焦建设短板,从政策、人才、工作机制等方面着手,构建更加开放、高效、优质的大数据共享平台,全力推动新质生产力发展,助力四川省健康产业与人工智能、大数据开放共享平台的深度融合,提升健康产业发展创新力,激发强劲的发展动力。

(三)促进健康产业链协同发展,提高产业链整体效率

加强健康产业链上下游融合。推动医疗服务业与医药制造业、旅游业、康养业、食品业等产业深度融合,促进产业链各环节的协同发展,提升产业链整体效率。

以打造四川万亿级医药健康产业发展为引领,推动健康产业集群发展,发挥各地市州优势,打造一批特色鲜明、产业链完整的健康产业集群。建立健全政府、企业、科研院所等各方利益相关方的协同机制,完善各方利益诉

---

① 苏忠鑫:《银发经济时代的健康产业发展》,《社会科学报》2024年3月7日。

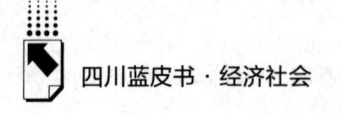

求的对接和协调机制。建立企业之间的信息共享和资源整合机制，提升产业链各环节的协同能力。

（四）缩小区域发展差距，促进健康产业均衡发展

加大对欠发达地区的支持力度。特别是加强对经济欠发达地区如四川民族地区的基础设施建设，提高基层医疗服务能力。支持并带动欠发达地区发展特色健康产业，培育区域健康产业优势。引导优质医疗资源向农村地区延伸，缓解群众就医难问题。

促进健康产业在区域间协调发展。加强区域间健康产业发展规划的衔接，推动区域间产业链的互补发展，实现优势互补、资源共享。鼓励区域间在人才培养、技术创新等方面开展合作，促进健康产业均衡发展。

完善健康产业区域发展政策。出台针对不同地区的差异化健康产业发展政策，满足各地区健康产业发展的实际需求。加强健康产业区域发展政策的统筹协调，形成政策合力，推动健康产业在区域间的协调发展。

参考文献

何秋洁、杨翕雅、陈国庆：《四川民族地区大健康产业与养老服务业融合发展研究》，《内蒙古科技与经济》2022年第5期。

蒋小波、龙江、殷洁：《健康产业：助力四川经济增长》，《四川省情》2021年第3期。

敬静：《顺应新时代人民健康新需求 创新推进健康四川行动》，《健康中国观察》2022年第7期。

苏忠鑫：《银发经济时代的健康产业发展》，《社会科学报》2024年3月7日。

赵燕：《构建大健康产业双循环发展新格局》，《经济研究导刊》2024年第5期。

B.16 四川省高新区高质量发展研究*

王磊**

摘　要： "十四五"以来，四川省高新区发展成效显著，已成为培育高新技术和新兴产业的重要载体，但整体水平与高质量发展要求还有差距。新时期，应尽快完善高新区管理体制，优化营商环境，创新招商方式，吸引和集聚更多高端要素，全面提高创新发展能力，培育壮大优势产业，尽快形成新质生产力，提高发展质效，打造区域增长极，引领带动全省经济高质量发展。

关键词： 四川省高新区　创新发展　新质生产力

"十四五"以来，四川省国家及省级高新技术产业开发区（以下简称"高新区"）由26家增至28家，在吸引聚集高端创新要素，增强创新创业能力，培育和发展高新技术及新兴产业，促进传统产业智改数转、低碳绿色发展，加快形成新质生产力等方面发挥了重要作用，已成为全省推动科技创新、成果转化和高新技术产业集群发展的重要平台。进入新时期，国家和省市对高新区提出了更高的要求，需要进一步优化营商环境，吸引和聚集更多高端要素，全面提升创新发展能力，增强产业综合竞争力，持续推动循环低碳及智慧化发展，有效支撑和引领全省的科技创新、产业升级和高质量发展。

---

* 基金项目：四川省社会科学院2021年度院级孵化项目"西部地区国家高新区构建现代产业体系研究"（21FH06）。
** 王磊，四川省社会科学院产业经济研究所副研究员，主要研究方向为产业经济学。

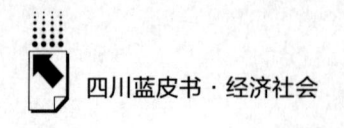

一 四川省高新区开发建设成效及不足

2020年以来，四川省高新区数量和规模持续增加，营商环境不断优化，高新技术和新兴产业加快聚集，创新发展能力显著提升，综合实力稳步提升。但整体看，全省高新区规模仍较小，产业发展层次、自主创新能力等与高质量发展要求还有差距。

（一）四川省高新区发展成效

1. 数量及规划面积持续增加，空间布局不断优化

自1989年开始筹办第一家高新区——成都高新区以来，经过近35年的开发建设，四川已累计创办了28家高新区，占全省145家开发区的19.3%，其中有省级高新区20家，国家级高新区8家。全省高新区规划总面积达1893.78平方公里，占全省建设用地总面积的0.43%，其中国家级高新区规划总面积909.7平方公里，省级高新区规划总面积为984.08平方公里。[①] 从空间分布来看，全省除川西北外，其余四大经济区均已创建了高新区，七大区域中心城市有4个创建了国家级高新区；全省21个市州除阿坝、甘孜、广元和巴中四地外也均建立了高新区，有效支撑了相关市州高新技术和新兴产业的发展。

2. 高新技术及新兴产业加快聚集，新质生产力培育成效显著

四川省高新区始终坚持"发展高科技，实现产业化"的重要历史使命，以不断吸引和聚集高端创新及生产要素为己任，围绕省市产业发展需要，全力培育新一代电子信息、高端装备制造、新能源汽车、新材料、航空航天、节能环保、医药健康及生产性服务等高端及新兴产业，促进优势产业发展壮大，已成为全省高新技术产业聚集发展的重要载体以及壮大先进制造业和战略性新兴产业集群的主力军。2023年，成都高新区电子信息产业实现产值

[①] 数据资料由四川省各高新区网站公布相关资料整理所得。

3298.9亿元，占全省电子信息产业的一半以上；绵阳、德阳、乐山等国家高新区的高端装备、新能源、新材料等优势产业产值占全省的40%以上；攀枝花高新区充分发挥资源优势，正全力打造世界级钒钛稀土产业聚集区。同时，高新区还积极培育智能网联汽车、动力电池、储能、低空经济、数智制造、软件和信息服务等新兴及未来产业，加快培育新质生产力。2023年，全省28个高新区实现地区生产总值达11185亿元，占全省GDP的18.6%；实现主营业务收入2.5万亿元，其中高新技术产业营收近1.4万亿元，占全省高新技术产业的1/2；实现进出口总额占全省的60%左右。以成都高新区为首的国家级高新区整体实力稳步提升，据科技部公布的2022年全国178个国家高新区综合评价排名，成都高新区位居第7，绵阳高新区排名第50位，自贡和德阳高新区分别排第67和第82位。[①] 2022年全省145个开发区综合考核评价中，共有25个开发区获评优秀，其中有9个高新区入选，显示四川省高新区整体开发水平不断提高，综合实力持续增强，对全省产业转型升级和高质量发展的引导带动作用不断增强。

3. 创新能力明显提升，成为全省科技创新重要的策源地

依据《国家高新技术产业开发区管理暂行办法》《四川省省级高新技术产业园区认定和管理办法》等，四川对全省高新区的创新能力建设提出较高的要求，并制定了明确的考核标准。因此，各高新区自创建后，就不断采取有效措施，加强创新创业孵化培育体系建设，增强孵化培育功能，优化创新创业生态环境，全力支持"双创"，创新发展能力不断增强。截至2023年底，四川省高新区已累计创办国家级及省级众创空间近200家，建立各类省级以上科技企业孵化器145个，孵化培育了近万家科技型中小企业以及6000多家高新技术企业，园区企业和科研机构累计创办了近千个国家级及省级企业技术中心、工程技术研究中心。同时不断加强产学研合作，加大科

---

① 《四川国家和省级高新区贡献全省达18.6%的GDP》，http://k.sina.com.cn/article_7517400647_1c0126e4705904wkpb.html，2024年3月30日；《2023年四川省国民经济和社会发展统计公报》，http://tjj.sc.gov.cn/scstjj/c111701/2024/3/14/f403a921ad204ecfaecde2866aec3aac.shtml，2024年3月14日。

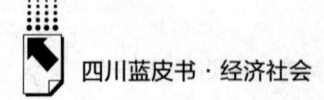

研投入，2023年全省高新区企业的研发经费支出近650亿元，占营业收入的2.4%左右，有效提升了科技创新能力，共获得有效授权专利约8万件，实现技术合同交易额约650亿元，有效带动了全省的产业及科技创新发展。①

4. 投资及营商环境不断优化，可持续发展能力增强

全省高新区始终按照"精简高效"的原则，不断完善管理体制，健全运行机制，持续优化营商环境，增强服务功能，全力为企业提供优质服务，已成为全省创新创业环境最优、经济科技发展活力最强的区域，吸引了大批优质企业进驻，截至2024年9月，聚集了包括四川长虹、通威、联想、英特尔、京东方、富士康等国内外知名企业在内的各类规模以上企业4500余家，有效促进了高新技术产业集群发展。全省高新区始终按照绿色低碳、集约循环理念，不断强化节能降碳及绿色环保，持续提高土地、资源利用效率，推动低碳、循环园区建设。据四川省自然资源厅关于2023年度四川省级及以上开发区"亩均论英雄"园区调查评价显示，全省高新区的土地开发率、土地供应率、综合容积率、工业用地建筑系数、综合地均税收、人口密度最高，分别为90.63%、94.45%、1.21、55.85%、343.36万元/公顷和104人/公顷，分别高于全省平均水平0.89%、1.72%、8.85%、0.71%、26.54%和30.63%，成为全省土地集约利用和产出强度最高的区域之一。②高新区还按照产城融合的要求，不断加强生活居住、金融商贸、教育医疗等基础设施和配套服务建设，成为所在市州宜居、宜业、宜商的新城区，有效吸引了产业和人口聚集，促进了产城一体，可持续发展能力不断增强。

---

① 《四川国家和省级高新区贡献全省达18.6%的GDP》，http：//k.sina.com.cn/article_7517400647_1c0126e4705904wkpb.html，2024年3月30日，四川省统计局：《2023年四川省国民经济和社会发展统计公报》，http：//tjj.sc.gov.cn/scstjj/c111701/2024/3/14/f403a921ad204ecfaecde2866aec3aac.shtml，2024年3月14日。

② 四川省自然资源厅：《关于2023年度四川省级及以上开发区"亩均论英雄"园区调查评价情况的通报》，http：//dnr.sc.gov.cn/scdnr/scqt/2024/1/10/9c7c4f07474e44a786d322f167c12434.shtml，2024年1月10日。

（二）四川省高新区发展中存在的不足

四川省高新区发展取得了较大成就，但整体数量、规划面积、产业发展层次及综合竞争力水平与中东部地区相比还有差距，与高质量发展要求也有差距。

1. 高新区数量规模仍少于先进省市

目前，四川省只有8家国家级高新区，江苏、广东、山东和湖北省则分别有18家、14家、13家和12家。从省级高新区数量看，河南省有42家、广东32家、浙江34家、湖北24家、江苏21家，均多于四川。从规划面积来看，四川省高新区规划面积远小于江苏、浙江、山东及广东等东部经济大省，高新区规划总面积占全省面积的比重更是远低于这些省份。从区域布局来看，全省高新区主要集中在成都平原经济区，总数达17个，川南经济区有5个，川东北和攀西经济区各有3个；21个市州还有4地尚没有一家园区符合省级高新区建设标准。因此，高新区发展空间布局还有待进一步优化，以适应五区共兴的需要。

2. 高新区产业层次及整体实力有待提升

全省除成都高新区外，多数园区的产业层次与中东部地区高新区相比仍然不高，集中在装备制造、新材料、新能源、电子信息、生物医药中低端环节，且产业规模相对较小，培育新兴和未来产业的基础还不牢固。2023年，全省国家高新区中仅有成都高新区地区生产总值达到3201.2亿元，排名第二、第三、第四位的绵阳、攀枝花、乐山高新区，分别为347.04亿元、310.26亿元、301亿元，其余均未达到300亿元，对区域经济发展的带动能力有限。从全国178个国家高新区综合排名来看，成都高新区排名从前几年的第4位降至2023年的第7位，绵阳高新区排名第50位，其余高新区排名均相对靠后。省级高新区产业规模则相对更小，多数高新技术产业产值占所在市州的比重不超过50%，创新发展能力亟待提升。部分高新区土地和资源集约化利用水平不高，在全省"亩均论英雄"考核评价中排名靠后。

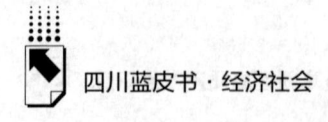

3. 相比高质量发展要求还有差距

进入新时代，四川省高新区在绿色低碳、循环环保，以及数字化转型、智能化改造、智慧化发展等方面取得显著成效，特别是成都高新区，在全国及中西部地区位居前列，但其他高新区的整体水平还不高，特别是在数字化转型、智能化改造、节能降碳等方面还有很大提升空间。从全省高新区管理体制和运行机制来看，还有不少与高质量发展要求不相适应的地方，部分高新区的营商环境还无法满足高新技术及新兴企业发展需要，园区开发模式不优，开发资金受限，自我积累、自我发展能力不强，甚至还需要所在市州大规模投入基建资金，致使部分高新区的基础设施和公共配套服务，特别是双创孵化培育体系不健全，创新创业能力不强，缺乏必需的生活居住、教育医疗、科技金融等配套服务，产城融合水平较低，整体承载能力和可持续发展能力亟待提高，以支撑新质生产力的培育和高质量发展。

二 新时期四川省高新区发展形势

进入新时期，四川省高新区发展面临的形势发生了巨大变化，急需全面提高发展质量，增强综合竞争优势，为全省科技创新、新质生产力和经济发展作出更大贡献。

（一）新形势要求四川省高新区尽快提升发展质量

进入新时期，随着新一轮科技革命和产业变革的深入演进以及国内外宏观经贸形势的深刻变化，四川省高新区建设面临的环境也更加复杂。一方面，新一代信息技术、人工智能、新材料、生物技术等的快速发展，为高新区加快科技与产业创新的深度融合，培育高新技术和新兴产业，形成新质生产力提供了有力支撑；另一方面，随着逆全球化和贸易保护主义抬头，以美国为首的西方国家，为保持在科技及经贸领域的垄断优势地位，持续以国家安全的名义，不断加大对我国科技企业和高端产业发展的打压力度，通过强制征收高额关税、限制出口，推行再工业化、制造业回归、友（近）岸外包等战略，试图重构全球产业链及供应链，甚至与我国脱钩断链，给我国科技及经贸发展带来较大影响。为有效应对这些挑战，确保我国经济科技安全，在关键领域不被国外"卡脖子"，必须全面提高自主创新能力，尽快突破一些关键核心技术，确保产业链、供应链及国民经济安全。而作为我国高新技术及新兴产业发展主战场的高新区自然应发挥更大作用，深度推动科技与产业创新融合，努力突破发展障碍，培育壮大高新技术和新兴产业，加快形成新质生产力，引领构建新发展格局。国家全力支持成渝地区双城经济圈建设，四川省深入实施"四化同步、城乡融合、五区共兴"发展战略，推动六大优势产业提质倍增，加快培育新兴和未来产业，构建现代化产业体系，也需要四川高新区加快转型升级，全面提高创新发展能力，增强综合竞争优势，引领全省科技创新、经济转型升级和高质量发展。

（二）国家和省市全力支持高新区高质量发展

为应对国内外发展环境变化，我国各级高新区也不断采取有效措施，完善营商环境，健全双创生态体系，积极吸引和聚集高端要素，加快优势产业发展，不断提高整体发展水平。国家和省市也对高新区发展提出了较高的要求，并不断出台政策措施全力支持其提高发展质量。2020年国务院出台了《关于促进国家高新技术产业开发区高质量发展的若干意见》，要求国家高新区先行先试，不断加大改革创新力度，全面提高创新驱动能力，加快高新技术产业发展，并践行绿色低碳理念，努力创建我国创新驱动发展示范区和高质量发展先行区。同时制定了国家高新区高质量发展评价指标体系，从财税、金融、用地政策等方面全力引导支持高新区高质量发展。四川省积极落实国家相关政策，先后制定了《四川省人民政府关于促进高新技术产业开发（园）区高质量发展的实施意见》《四川省省级高新技术产业园区认定和管理办法》《四川省高新技术产业开发（园）区高质量发展绩效评价办法》《四川省开发区发展规划（2023—2027年）》《四川省高新技术产业开发（园）区推动人工智能产业率先突破发展行动方案（2024—2026年）》等政策措施，全力支持高新区提高发展质量。

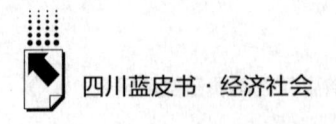

（三）高新区管理体制和招商环境发生了较大变化

2023年，党的二十届二中全会通过了《党和国家机构改革方案》，随后出台的《国务院机构改革方案》中将国家高新区的管理职能从科技部划归了工信部。四川省依据党和国家对全省机构改革的要求，也将高新区的管理职能由省科技厅划归省经济和信息化厅，更加注重高新区的科技成果转化及高新技术、新兴和未来产业的培育发展功能，因此，对高新区的管理和考评也发生了相应的改变，如《四川省高新技术产业开发（园）区高质量发展绩效评价办法》、"四川省级及以上开发区'亩均论英雄'园区调查评价"等文件都对开发区的高质量发展提出了新要求。长期以来，全省高新区的发展主要依靠招商引资和承接国内外产业转移。而招商引资的主要方式是通过制定有比较优势的土地、税收、财政、金融等支持政策，打造政策洼地，吸引资金、技术和企业入驻。但随着我国加快构建全国统一大市场，努力消除不合理、不公平竞争方式，并于2024年8月1日起开始施行《公平竞争审查条例》，地方政府不得再实施税收返还、土地出让金减免等补贴政策，通过"拼政策"进行招商引资和吸引企业入驻，这给全省高新区有效吸引投资和企业入驻提出了新的要求。新时期，为吸引更多高端要素聚集，加快发展高新技术和新兴产业，需要高新区加大改革创新力度，探索更有效的路径。

三 新时期四川省高新区提高发展质量的对策建议

按照国家对高新区发展的新要求，加快完善宏观管理体制和内部监管运行机制，创新开发模式，完善基础设施，优化营商环境，加快吸引和聚集高端创新要素，培育发展高新技术和新兴企业，壮大主导优势产业，形成新质生产力，尽快增强综合竞争优势，提高低碳绿色、数字智能、循环集约发展能力，打造区域高质量发展增长极，支撑引领全省经济高质量发展。

（一）健全管理运营机制，优化营商发展环境

按照国家和四川省机构改革要求，尽快完善高新区宏观管理体制，健全园区内部监管运行机制，全面提高监管服务能力，为企业投资创业提供优质服务。创新开发模式，积极引进更多社会资金参与园区开发，加强各类基础设施和公共配套服务建设，重点完善道路交通、能源电力以及支撑绿色低碳、循环集约及智改数转等新基建，增强高端产业承载能力。按照产城融合的要求，积极对接所在区域市政建设，加快完善高新区的生活居住、教育医疗、文娱休闲等配套服务，打造宜居宜商宜业的投资创业环境，为高端人才、技术及产业聚集发展提供市场化、法治化、国际化的一流营商环境，支撑高质量发展。积极贯彻党的二十届三中全会以及中共四川省委十二届六次全会精神，先行先试，持续推动管理体制和运营机制改革，增强管理服务功能，不断扩大高水平对外开放，优化创新及产业发展生态，当好进一步全面深化改革的排头兵。

（二）培育壮大特色优势产业，加快发展新质生产力

依托全省高新区现有产业基础和优势资源条件，加大招商引资力度，围绕全省六大优势产业提质倍增建设目标，以及各市州因地制宜培育新质生产力要求，全力吸引人才、资金、技术和优质企业进驻高新区，重点培育电子信息、新材料、高端装备制造、精细化工、新能源汽车、医药健康、数字经济等高新技术产业，努力形成集群效应和品牌竞争优势，尽快壮大产业规模，形成一批具有全国乃至世界影响力的特色优势产业集群和先进制造业基地。引导传统产业与数字经济、人工智能、绿色低碳技术等深度融合，加快节能降耗、智改数转步伐，稳步向绿色低碳、高端智能化方向演进。培育壮大动力电池、新型储能、医疗器械、航空航天、软件与信息服务等战略性新兴产业，前瞻布局人工智能、智能网联汽车、智能制造、低空经济、生命科学等未来产业，持续开辟新领域、新赛道，形成增长新动能。加快发展设计研发、检验检测、营销推广、管理咨询、科技金融、职业培训、商贸物流等

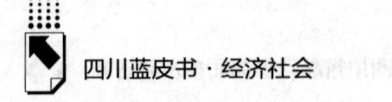

生产性服务业，全力支撑高端产业发展，培育形成新质生产力，增强综合竞争优势，提高整体发展质量，引领全省产业转型升级和高质量发展。

（三）健全自主创新体系，推动科技与产业创新深度融合

围绕培育高新技术和新兴产业发展需要，建设完善各类创新创业孵化器、众创空间、中试基地等平台，增强孵化培育功能，优化双创生态环境，吸引更多资金、技术、人才进驻创业，孵化培育更多高新及科技型中小企业。健全中小企业梯度培育体系，按照种子期、初创期、成长期、壮大期分别给予支持，助推创业企业顺利成长壮大。推动中小企业专精特新发展，培育更多"瞪羚""小巨人""独角兽"及单项冠军企业。支持有条件的企业通过上市发展壮大，培育更多上市公司，推动大中小企业融通发展。积极吸引国内外知名高科技企业入驻创业，努力培育更多高端企业，形成一批具有国内外影响力和竞争力的科技创新型企业。持续完善高新区自主创新体系，支持企业自建研发机构，提高研发投入强度，不断开发新技术、新工艺和新产品，努力开拓新市场，提高市场竞争力。支持科研院校和重大创新平台入驻高新区，创建更多国家级和省市级技术中心、工程中心和实验室等。加强政产学研用合作，鼓励企业、科研机构、高校组建创新联盟，以产业链布局创新链，以创新链支撑产业链，推动科技创新与产业创新深度融合，重点突破一批制约产业发展的关键核心技术，形成一批自主可控、技术领先的产品，培育一批具有较强竞争力的科技型企业和创新型产业集群，建设一批具有全国乃至全球影响力的高新区。

（四）提升整体开发建设水平，推动高新区提质升级

围绕国家和省市"双碳"目标，以绿色低碳、循环集约为准则，支持高新区大力发展绿色低碳、生态循环经济，强化节能降碳、循环减排和生态环保建设，打造绿色低碳甚至近零碳排放园区。优化高新区项目准入负面清单，按照高质量发展标准，严禁效益较低及"三高"企业入驻。加强高新区固废、污水及废气等处理设施建设，鼓励资源循环利用，大力发展循环经

济，打造循环经济园区，切实减少"三废"排放。大力推动数字化转型、智能化改造，智慧化发展，深入推进数字园区、智慧开发区建设。优化园区土地资源配置，强化高新区建设用地开发利用强度、投资产出强度等指标整体控制，提高平均容积率，支持高新区提高闲置土地利用效率，促进土地高效集约利用，对符合条件且确有需要的高新区支持其扩大规划范围和建设面积。规范完善国家及省级高新区认定管理办法，完善综合评价考核体系，推动高新区创优争先。鼓励德阳、泸州、自贡、内江等国家高新区在综合评价中提质升位；支持宜宾、南充、达州、资阳、遂宁等条件较好的省级高新区提档升级，争创国家级高新区；鼓励市县级开发区提高发展质量和水平，积极创建省级高新区。加强四川省与重庆市高新区在科技创新、产业发展等领域的协同合作，共同打造高水平的高新技术及新兴产业集群，协同培育新质生产力，助推区域高质量发展。

参考文献

国务院：《关于促进国家高新技术产业开发区高质量发展的若干意见》，https：//www.gov.cn/zhengce/zhengceku/2020-07/17/content_ 5527765.htm，2020年7月17日。

《四川省人民政府关于促进高新技术产业开发（园）区高质量发展的实施意见》，https：//www.sc.gov.cn/10462/zfwjts/2021/11/4/9c8b63e22934451a9aeb295f0c614a0c/files/007cb152b0f047af87d84ff9d412a3f3.pdf，2021年11月4日。

《四川省人民政府办公厅关于印发〈四川省开发区发展规划（2023—2027年）〉的通知》，https：//www.sc.gov.cn/10462/zfwjts/2023/11/25/5c7b0dec3e864647aa0f50739afa4f63.shtml，2023年11月25日。

B.17
四川省属国有企业核心竞争力提升的实现路径研究

王澜 杜雪锋*

摘　要： 四川省国资委将扎实推进"天府综改行动"作为推动国有企业改革深化提升行动落地生效的关键举措，积极调整发展战略以增强省属国有企业的核心竞争力。四川省属国有企业经济发展成果显著，但同时也面临着增长动能有待强化、创新机制与能力有待提升、监管制度尚不完善等问题。2025年，四川省属国有企业应强化主导产业的引领作用以实现提质增效，完善创新制度，增强监督管理能力，以提升核心竞争力为着力点，推动国企核心战略作用的发挥，助力经济高质量发展。

关键词： 国有企业　核心竞争力　"天府综改行动"

　　党的二十届三中全会《中共中央关于进一步全面深化改革　推进中国式现代化的决定》明确指出，深化国资国企改革，完善管理监督体制机制，增强各有关管理部门战略协同，推进国有经济布局优化和结构调整，推动国有资本和国有企业做强做优做大，增强核心功能，提升核心竞争力。国有企业改革是全面深化改革的重要组成部分，是做强做优做大国有资本和国有企业、增强核心功能、提升核心竞争力的关键之策，在推进中国式现代化、全面建成社会主义现代化强国进程中发挥着重要的牵引作用。当前，新一轮国

---

* 王澜，四川省社会科学院，主要研究方向为产业经济与企业经济等；杜雪锋，博士，四川省社会科学院产业经济研究所副研究员，主要研究方向为资本市场与公司金融、产业经济与企业经济。

企改革的重点在于更好地发挥功能性改革的"产业引领、科技创新、安全支撑"三大作用，以创新驱动加速构建现代化产业体系，推进经济高质量发展。四川省属国企作为四川省经济的支柱，通过提升核心竞争力，发挥在四川现代化产业体系建设中的作用，对于四川构建现代化产业体系、实现经济高质量发展具有重大的现实意义。

一 国有企业核心竞争力提升的重大意义

在当前经济全球化和国内经济转型的双重背景下，国有企业核心竞争力的提升为实现国家长远发展提供了重要保障，为助力高水平社会主义市场经济体制构建增添了不竭动力，为推动中国式现代化贡献了巨大力量。提升国企核心竞争力，优化国有经济结构布局，实现国有企业高质量发展，发挥其在宏观政策、中观产业、微观企业层面的重要作用。

（一）发挥国企核心作用，推动国家战略落地

当前，世界百年变局加速演进，国际形势复杂多变，外部环境存在诸多不确定性，经济发展不平衡不充分问题依旧突出，全面推进中华民族伟大复兴面临诸多挑战。国有企业是中国特色社会主义的重要物质基础和政治基础，是党执政兴国的关键支柱和依靠力量。围绕增强核心功能、提高核心竞争力，深入开展国有企业改革深化提升行动，着力提升省属企业的创新能力和价值创造能力，更好地发挥科技创新、产业控制、安全支撑的作用，为持续推动经济实现质的有效提升和量的合理增长提供重要支撑。

（二）优化国有经济布局，助力高水平社会主义市场经济体制构建

党的二十届三中全会提出，高水平社会主义市场经济体制是中国式现代化的重要保障。必须更有效地发挥市场机制作用，营造更为公平、更具活力的市场环境，实现资源配置效率最优化和效益最大化。2020年9月开启国企改革三年行动，要求坚定不移地做强做优做大国有企业，切实发挥国有企

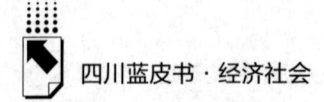

业的主导作用。在实现高水平社会主义市场经济体制建设过程中,国有企业的布局优化发挥了至关重要的作用。一是在经济规模方面,国有经济在国民经济中占比较大的特征得以延续,公有制的主体地位坚如磐石;二是在结构布局上,国有经济涉及国家安全和国民经济命脉的行业领域众多,重点企业和优势企业的占比较大;三是国有企业的监管体系持续完善,其运营效率和管理水平直接影响着整个经济体制的稳定与发展。核心竞争力的提升有利于国企优化布局,促进高水平社会主义市场经济体制的构建。

(三)实现国企高质量发展,为中国式现代化进程注入动力

国有企业高质量发展是推进中国式现代化的重要保障,要求提升核心竞争力并增强核心功能。新一轮深化改革要求国有企业在产业链中发挥引领作用并具备全球竞争力。全国国资系统监管企业资产总额从2020年的268.5万亿元[1]增长至2023年的317.1万亿元,[2] 利润总额从2020年的3.4万亿元增长至2023年的4.6万亿元;[3] 四川省属国有企业资产总额从2020年的1.8万亿元增长至2023年的2.6万亿元,利润总额从2020年的72.1亿元增长至2023年的284.2亿元。[4] 国有企业的规模实力和质量效益显著提升,但部分国有企业存在收益率不高、创新能力欠缺、价值创造能力薄弱等问题。核心竞争力的提升有助于提高国企各方面的效率,推动国有企业进一步做强做优从而实现高质量发展,促进现代化产业体系建设。

二 四川省属国有企业核心竞争力现状分析

四川省属国企在核心竞争力提升上取得了卓越的成绩,在经济指标上

---

[1] 《国务院:2020年全国国有企业资产总额268.5万亿元》,https://baijiahao.baidu.com/s?id=1714227378992255952&wfr=spider&for=pc,2021年10月21日。
[2] 《坚持守正创新——牢牢把握进一步全面深化改革的重大原则③》,https://www.gov.cn/zhengce/202408/content_6970554.htm,2024年8月23日。
[3] 数据来源于国务院国资委。
[4] 数据来源于四川省国资委。

表现为企业规模不断扩大、经济效益显著提升、固定投资持续增加、混改比例稳步提升，在新质生产力的发展与培育上表现为技术创新、产业协同、开放发展等不断增强。但与此同时，增长动能有待强化、创新机制与能力有待提升、监管制度尚不完善等限制了四川省属国企核心竞争力的进一步提升。

（一）发展成效

1. 主要经济指标

一是企业规模持续扩大，增长速度保持稳定。2020~2023年，四川省属国有企业资产总额从17926.2亿元增加到26269.1亿元，2021~2023年增长速度分别为14.6%、14.9%、11.3%，增速基本稳定，资产规模呈现持续扩张态势，国有企业和国有经济不断发展壮大。从所有者权益与负债总额来看，所有者权益从2020年的6335.4亿元增加至2023年的8181.5亿元，2021年、2022年、2023年增长速度分别为8.7%、11.7%、6.4%；负债总额从2020年的11590.8亿元增加到2023年的18087.6亿元，2021年、2022年、2023年增长速度分别为17.8%、16.5%、13.7%，可见所有者权益与负债总额均保持高速增长，且负债的增长速度总体高于所有者权益。2024年1~6月，资产总额、负债总额及所有者权益相较于2023年同期均有所增加，但增速有所下降。此外，2020年至2024年6月四川省属国有企业平均资产负债率为67.3%，高于全国国有及国有控股企业3个百分点。[①]

二是经济效益显著提升，增长速度领跑全国。2020~2023年，四川省属国有企业营业总收入从4302.5亿元增长至7014.1亿元，2021年、2022年、2023年分别增长23.7%、16.6%、13.1%。在利润总额方面，由2020年的72.1亿元提高到2023年的284.2亿元，2021年、2022年、2023年同比增速分别为137.9%、-4.9%、74.2%，增长态势迅猛但波动较大，整体收益状况良好。2024年1~6月，四川省属国企实现营业收入和利润分别为

---

① 根据国务院国资委所公布数据计算得出。

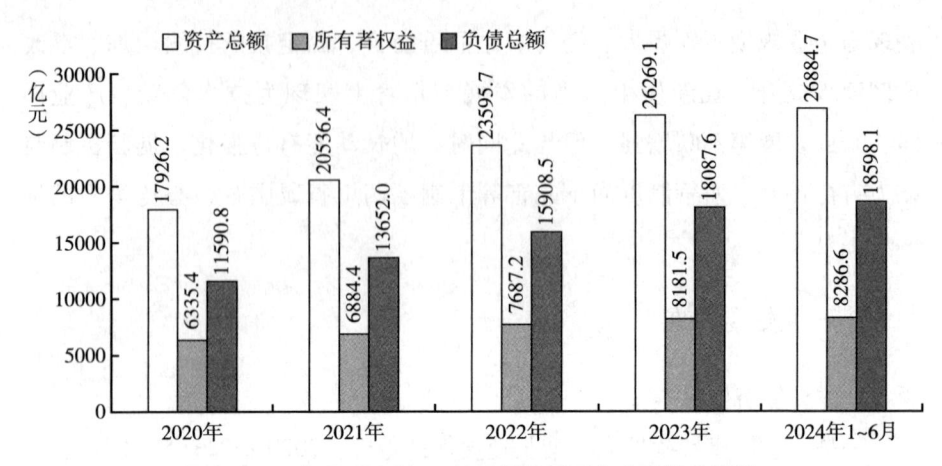

图1 2020年至2024年6月四川省属国有企业资产总额、所有者权益、负债总额的情况

资料来源：四川省国资委网站。

3032.4亿元和93.9亿元，但相比2023年同期所实现的营业收入3017.8亿元和利润164.5亿元，利润有所减少，营收增速有所放缓。

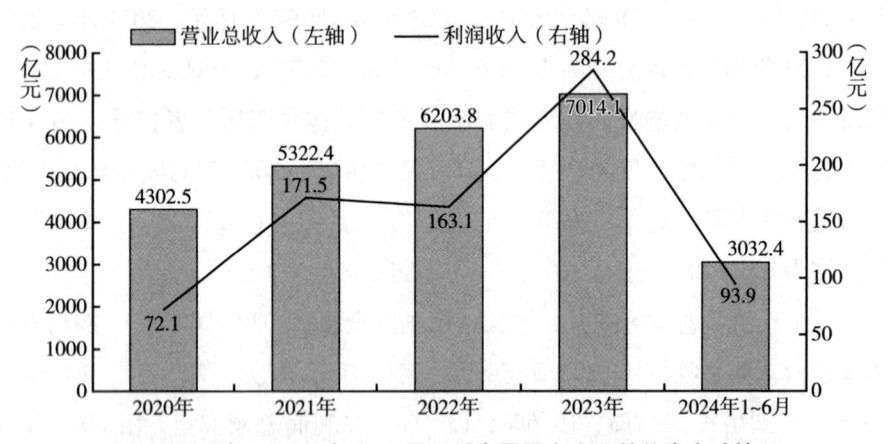

图2 2020年至2024年1~6月四川省属国有企业效益类变动情况

资料来源：四川省财政厅网站。

三是固定资产投资增速上扬，对社会经济贡献持续加大。从固定资产投资来看，2020~2023年，四川省属国有企业固定资产投资额由1219.4亿元增加到2604.2亿元，2021年、2022年、2023年增长速度分别为32.5%、22.2%、31.8%，固定资产投资持续增加，对四川省属国企经济发展的推动作用不断增强。从对社会经济的贡献来看，2022~2023年，四川省属国有企业分别缴纳税费213.7亿元和263.6亿元，同比增长10.5%和7.8%。2024年1~7月，省属国企缴纳税费167.3亿元，同比增长0.2%，其社会贡献小幅增加。①

表1 2020~2023年四川省属国有企业固定资产投资额

单位：亿元

项目	2020年	2021年	2022年	2023年
固定资产投资额	1219.4	1616.2	1975.4	2604.2

资料来源：四川省国资委网站。

四是混改比例稳步提升，市场竞争力增强。四川省属国有企业混改比例从2018年的26.84%②提高至2022年的61.88%③，混合所有制改革成效显著，不仅促进了国有资本的流动，也优化了国有企业控制权分配。截至2024年2月，四川省属国企控股的上市公司达到12家，总市值为2452.6亿元，总体经营状况良好。④

2.新质生产力的发展与培育

新质生产力的发展，能够为国有企业核心竞争力的提升和核心功能的强化提供源源不断的动力。新质生产力的培育与发展，与企业在技术创新、产业协同、开放发展等方面的表现紧密相关，是强化国有企业作为国民经济"稳定器"和"压舱石"作用的重要保障。

---

① 数据来源于四川省财政厅。
② 数据来源于四川省国资委。
③ 《速看！四川交出2022年国企改革"成绩单"》，https://baijiahao.baidu.com/s?id=1756613781159355386&wfr=spider&for=pc，2023年2月1日。
④ 《我省省属企业控股上市公司总市值2452.6亿》，http://gzw.sc.gov.cn/scsgzw/CU230206/2024/3/20/f15996024225418cb0e6874885e22a78.shtml，2024年3月20日。

首先是技术创新。技术创新是推动新质生产力形成的核心要素。从研发投入来看，四川省属国有企业2023年的研发投入达91.7亿元，同比增长29%。[1] 从评选结果来看，2023年国务院国资委公布的科改企业名单中四川省有10家入选。此外，在2024年6月国务院国资委网站公布的100家规模效益强和100家高成长性的"双百企业"中，四川省也有10家入选，数量位居西部省份之首，可见四川省国有企业自主创新能力较强。[2] 从产学研联动创新来看，截至2021年12月，与高校、科研院校合作建立的产学研联合研发机构共12个。截至2023年5月，四川省属国有企业拥有国家高新技术企业86家，国家专精特新"小巨人"企业6家，科改示范企业7家，主动参与建设多个创新平台，包括16个国家级科研平台、67个省级创新创业平台。[3] 从项目合作开展情况来看，2024年2月，四川省经济和信息化厅发布了四川省重点工业和技术改造项目名单，项目分布与四川省六大优势产业紧密结合，通过技术改造和设备更新来推动工业领域的智能化改造和数字化转型，与新兴优势产业的深度融合有助于四川省属国企新质生产力的加快形成。

表2　2024年四川省重点工业和技术改造项目产业分布情况

单位：个，亿元

项目所属产业	项目数量	总投资金额
先进材料	161	6084.4
装备制造	99	2087.9
食品轻纺	88	2471.2
能源化工	60	2975.5
电子信息	62	1915.1
医药健康	30	738.4

资料来源：四川省经信厅网站。

---

[1]《资产总额18.35万亿！四川国资国企2023年成绩单来了》，https：//baijiahao.baidu.com/s?id=1789687759980751173&wfr=spider&for=pc，2024年2月1日。
[2]《"双百企业""科改企业"名单公布！四川20家国企上榜》，http://scnews.newssc.org/system/20240719/001463475.html，2024年7月19日。
[3] 数据来源于四川省国资委。

其次是产业协同。产业协同是促进新质生产力发展的重要途径。从国资国企合作方面来看，为促进川渝国资国企协同合作，截至2024年1月，成渝地区双城经济圈发展基金总规模超过200亿元，已落地近100亿元，有利于深化区域协调发展。① 从与其他单位合作来看，2022年12月，四川省国资委组织国资国企先后在17个市、州（区）开展"国企市州行"活动，累计签约金额超1.7万亿元。2023年，四川省国资国企进一步深化"国企市州行"，与资阳等四个市签署协议123条，协议达成投资额超2000亿元，进一步推动了四川省属国有企业与市州间的产业协同发展。② 与金融机构的深度合作促进了四川省属国企的改革发展与产业协同。自2022年6月四川省国资委组织开展第一次银企合作发展座谈会以来，四川省属国企获银行授信额度达2.28万亿元，年新增贷款将近4800亿元，全省绿色信贷余额达5000亿元，绿色债券发行总额突破800亿元。在2024年9月举办的四川省国资委银企合作发展座谈会上，四川省属国企与金融机构签署23个合作协议，总金额超2600亿元，为省属企业在电子信息、先进制造、新能源新材料等重点领域的建设提供了有力的融资支持。③

最后是开放发展。开放发展是推动新质生产力发展的关键动力，四川省属国有企业积极推进对外合作建设，于2019年融入"一带一路"建设合作发展联盟。2022年底，涉及对外合作的四川省属国有企业在境外投资项目及承包工程共计61个，合同总金额达254.91亿元。其中，对外承包工程项目36个，项目合同金额达75.7亿元人民币；境外投资项目25个，合同金额达179.21亿元。④ 不仅如此，四川省国资委于2024年5月推动构建了四川省国有企业融入"一带一路"建设合作发展协调机制，助力四川省属国

---

① 《进击吧！2024｜建设现代化产业体系 国资国企要多作贡献》，https：//sichuan.scol.com.cn/ggxw/202401/82450718.html，2024年1月19日。
② 数据来源于四川省国资委。
③ 《签约金额超2600亿元 四川国资国企与金融机构签署合作协议》，https：//baijiahao.baidu.com/s?id=1810006611153341287&wfr=spider&for=pc，2024年9月12日。
④ 数据来源于四川省国资委。

有企业更好地参与全球资源配置与分工合作。①从国际贸易业务来看，2020~2023年，四川省国有企业进出口额在所有企业中平均占比7.6%，占比变化幅度较小，由2020年的6.4%上升至2022年的8.7%，但2023年又回落至7.5%。而国有企业进出口总额的同比变化较为显著，2020年因疫情等因素影响，进出口总额同比下降9.2%，2021年和2022年回升迅速，同比分别增长42.4%和17.4%。从进口端来讲，进出口额快速增加，与四川省制造业的高速发展所引发的国内原材料市场需求的持续上升以及四川省属国有企业积极引进国外先进技术和设备紧密相关；从出口端来看，与四川省属国企积极开拓国际市场，如共建"一带一路"国家和地区等，并不断拓展高技术产品生产线密不可分。

表3　2020~2023年四川省国有企业进出口占比及同比变化数据

单位：%

项目	2020年	2021年	2022年	2023年
国有企业进出口额占比	6.4	7.8	8.7	7.5
国有企业进出口总额同比变化	-9.2	42.4	17.4	0.2

资料来源：四川省商务厅网站。

（二）主要不足

1. 增长动能有待强化

2020年至2024年6月，四川省属国有企业在资产规模和营业收入增加方面面临较大压力。省属国企不仅资产规模和所有者权益增长速度有所减缓，而且营业收入和利润增速也都出现了一定程度的放缓，在管理制度和人才培养等方面仍有待改进的空间。此外，相对较高的负债率和负债增速高于权益增速的现状可能会导致四川省属国企经营成本及财务风险增加。与此同时，四川省属国企所控股的上市公司总市值达2452.6亿元，其中规模位居

---

① 《四川国企建立协调机制，高质量融入"一带一路"建设》，http://scdfz.sc.gov.cn/gzdt/zyhy/content_148160，2024年5月30日。

第一的川投能源市值低于900亿元，尚无市值突破千亿元的企业，国企控股上市公司发挥的引领带头作用有待加强。

2. 创新驱动机制和能力有待提升

四川省属国有企业在技术创新领域取得了一定的成绩，但与国际先进水平相比，整体创新能力仍不足。一方面，创新激励机制尚不完善。与国际先进水平相比，四川省属国有企业在创新激励方面缺乏足够的吸引力，涉及对研发人员的薪酬激励、职业发展路径规划以及创新成果的奖励机制等，这不利于吸引创新人才和激发创新动力。另一方面，研发投入相对较小，研发投入额呈持续增长态势，但与国际先进企业相比，在研发方面的投入仍然有限，对企业的技术创新能力提升和新产品开发速度产生了一定的影响。此外，四川省属国有企业同质化问题较为严重，可能对其创新能力的提升造成阻碍，四川省属国企主要集中在市政、交通、能源等基础产业和投资类一般性竞争领域，竞争激烈导致的创新引导较弱现象有待改善。

3. 监管制度和监管职责有待明晰与完善

国有独资公司的股东会职责由履行出资人职责的国有资产监督管理部门行使，然而国有资产监管机构所监管的企业众多，难以对某一家企业实施全方位的监管。四川省国资委对省属国有企业财务监管的主要方式为定期收集经营数据，尚未完全构建起以管资本为主的财务监管体系。从财务监管法治体系建设的角度来看，四川省财政厅和四川省国资委依据相关法律法规，制定省属企业有关财务监管、决算等的管理规定，但是针对省属国有企业财务内控、经营绩效考核以及财务重大事项决策等方面的监管规范化制度建设仍然相对滞后，财务监管法治体系不完善致使省属国有企业财务监管的法理依据不足，在监管方式和灵活度的选择以及监管职能的运用上存在较大的局限性。

三 四川省属国有企业核心竞争力提升的路径

提升国有企业核心竞争力以增强其核心功能达成国资国企改革的总体目标，始终坚持做强做优做大国有资本和国有企业。

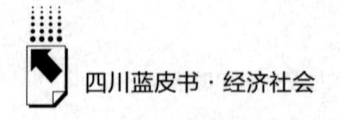

（一）强化独特优势，实现行业领先地位

四川省属国有企业若要实现独特优势的强化和行业领先，可从以下几个方面着手：一是坚持创新驱动发展，加大研发投入，推动技术创新和管理创新，以科技引领企业发展，增强核心竞争力。同时，加强与高校、科研机构的合作，构建产学研一体化的创新体系。二是产业结构优化方面，对于四川省属国有企业的产业结构，需进一步优化产业布局，聚焦主业，剥离非核心业务，以提升产业集中度。与此同时，应主动拓展新兴产业领域，培育新的增长极，推动产业结构实现转型升级。三是人才培养与引进方面，四川省属国有企业应当强化人才培养与引进工作，构建完备的人才激励机制，提升员工素质与创新能力。并且，要加强与国内外优秀人才的交流及合作，为企业发展提供坚实的人才支撑。四是市场化改革方面，四川省属国有企业应深度推进市场化改革，完善公司治理架构，提高决策效率与执行力。此外，要强化与民营企业的合作，实现优势互补，携手开拓市场，提升在行业中的地位。

（二）布局结构优化，聚焦核心业务开展

四川省属国有企业在达成布局结构优化、聚焦核心业务发展目标时，可从以下几方面着手。其一，优化产业布局，借助战略性重组和资源整合，促使国有企业向产业链、价值链的高端环节聚拢，淘汰落后产能，发展新兴产业，构建具备核心竞争力的产业集群。其二，聚焦核心业务，明确主业定位，剥离非主营业务，集中资源发展主业，提高主业的市场占有率和盈利能力，增强企业的核心竞争力。其三，提升创新能力，加大研发投入，加强技术创新、管理创新和商业模式创新，推动国有企业向创新驱动型发展转变，增强企业核心竞争力。其四，完善公司治理机制，优化国有企业内部治理结构，构建健全的现代企业制度，提高决策效率与执行力，保障企业持续稳健发展。其五，深化改革，持续推进国有企业改革，完善市场化经营机制，激发企业活力，提高经营效率，增强国有经济的整体实力。

（三）经济规模扩大，增加国有资本积累

四川省属国有企业在实现经济规模扩张和国有资本积累的进程中，可从以下几个方面予以推进。一是加强企业内部管理，完善企业内部管理制度，提高决策效率与执行力，降低运营成本，增强企业盈利能力。二是深化混合所有制改革，通过引入民间资本、外资等多元化投资主体，优化股权结构，提升企业活力和市场适应能力。三是推进企业国际化经营，鼓励国有企业拓展国际市场，参与国际竞争，提高企业的国际知名度与影响力。四是完善企业激励机制，建立科学合理的薪酬体系和激励机制，激发员工的积极性和创造力，提高企业整体绩效。

四 提升四川省属国有企业核心竞争力的建议

中共四川省委十二届六次全会提出，深化国资国企改革，深入实施国有企业改革深化提升行动，完善市场化经营机制和国有资产监管体制，四川省属国企为改善目前所存在的不足之处及更好地发挥国有企业经济战略的支撑作用，可从强化主导产业引领作用、健全创新制度、增强监督管理能力等入手，提升企业核心竞争力。

（一）强化主导产业引领作用以实现提质增效

针对增长动能欠缺和龙头企业不足的问题，四川省属国有企业应从深化国有企业改革、优化资源配置、培育特色优势产业、强化企业内部管理等方面来增强企业核心竞争力。深化国有企业改革，根据国家以及四川省的相关政策，推进国有企业产权制度和管理体制改革，推动国有企业朝着市场化、专业化方向迈进。通过混合所有制改革引入社会资本，增添企业活力，提升市场竞争力。优化资源配置，按照四川省国资委的要求，通过资产重组、并购整合等手段，优化国有企业资源配置，集中力量发展优势产业和核心业务，培育具有行业影响力的龙头企业。培育特色优势产业，结合四川省的资

源禀赋和产业基础，例如在重点发展的"六大优势产业"中，通过政策扶持、资金注入、资源整合等方式，培育具有区域特色的龙头企业。强化企业内部管理，依照相关法律法规等政策要求，加强国有企业内部管理，提高企业运营效率。通过完善法人治理结构、优化组织架构、强化风险控制等举措，提升企业核心竞争力。

（二）健全创新制度以提升技术创新能力

针对创新驱动机制薄弱和创新能力不足的问题，应当从构建多元化研发投入机制、完善技术创新激励机制、加强知识产权保护与管理等方面来提升技术创新能力。创新能力的提升不仅能为四川省属国有企业发展注入强劲动力，还能缓解企业竞争激烈和同质化的问题。为构建多元化的研发投入机制，四川省属国企要优化研发投入结构，增加基础研究和应用研究的比重，同时积极与高等院校、科研机构合作，形成产学研一体化的创新体系。此外，应设立专项创新基金，支持关键核心技术的研发和产业化。完善技术创新激励机制，建立以创新为导向的绩效评价体系，将技术创新成果纳入企业高管和员工的考核指标，通过股权激励、项目分红等措施，激发企业内部的创新动力。加强知识产权保护与管理，四川省属国企还应加强知识产权的申请、保护和运用，建立健全知识产权管理体系，提升企业核心竞争力。同时，应积极参与国内外技术标准的制定，提高行业话语权。培育创新文化，营造鼓励创新、宽容失败的企业文化氛围，鼓励员工积极提出创新想法，支持跨部门、跨领域的创新协作。同时，需定期开展创新大赛、技术交流会等活动，以激发员工的创新热情。

（三）增强监督管理能力以提升整体运营效率

针对监管制度不完善、监管职责不明晰等问题，四川省属国有企业应按照国资国企改革的要求，从强化内部监督管理体系建设、增强透明度、构建激励与问责机制等方面着手，提升整体运营效率。在强化内部监管体系建设方面，企业要构建并完善内部监管体系，保证监管制度的全面性与有效性，涵盖监管流程的明确、监管标准的制定及监管责任的合理分配。要清晰界定各级监管人员的职责与权限，保证监管工作拥有明确的责任主体，防止因职责不清而引发监管不力的情况。在增强透明度方面，要提升企业运营的透明度，定期公布企业运营状况及财务报告，接受社会监督。在构建激励与问责机制方面，对于监管工作表现出色的个人或团队予以奖励，对监管不力或违规行为进行问责，以此确保监管工作的严肃性与有效性。此外，在建立激励与问责机制时，可引入大数据、云计算等信息技术手段，以提高监管效率。

参考文献

杨瑞龙：《以国企分类改革理论构建中国经济学的微观分析基础》，《经济科学》2022年第4期。

李锦：《国企改革进入"核心竞争力""核心功能"新阶段》，《现代国企研究》2023年第8期。

于米、王雪东：《浅议国有企业增强核心功能与提高核心竞争力的辩证关系》，《现代国企研究》2024年第7期。

B.18 川西高原民族地区农业生态资产赋能乡村振兴产业实践报告*

张舒婷 德西央金**

摘　要： 促进民族地区新质生产力发展需考量脱贫攻坚与乡村振兴之间有效衔接这一阶段性课题。基层政府需挖掘民族地区发展内生动能，促使区域地缘优势、绿色低碳与新兴技术深度融合，实现社会、经济与生态的全面发展。川西高原独特的生态资源及丰富的民族文化是该地区的竞争性资源，也是促进民族地区"绿色生产力"发展的新领域，更是实现乡村振兴的核心要素。于是，民族地区生态资源的资产化与资本化实施路径，是川西高原民族地区推动区域可持续发展的重中之重。本报告以理塘县为例，针对川西高原民族地区脱贫成果以及农业发展的既定基础，总结农业生态资产资本化、产业化、数字化的具体实践，探索川西高原民族地区农业现代化发展的可行路径，进而提出构建特色品牌、精确数字化管理、完善人才培养机制、提高合作社内生动力等对策建议。

关键词： 川西高原　生态资产赋能　内生发展动能　乡村振兴

---

* 四川省科技厅软科学项目"常态化疫情防控下四川省新兴青年群体就业与社会整合研究"（2023JDR0226）；四川省哲学社会科学规划项目"四川现代化进程中新兴青年就业人口特点、变化趋势及对策建议"（SC23TJ037）；四川省社会科学院国家社科基金孵化项目"新形势下大城市青年就业困境及支持体系研究"（23FH12）的阶段性成果。

** 张舒婷，四川省社会科学院社会学研究所助理研究员，伦敦国王学院社会学博士，硕士生导师，研究方向为城市社会学、城乡治理；德西央金，四川省理塘县委办公室工作人员，研究方向为城乡治理、组织社会学。

川西高原民族地区农业生态资产赋能乡村振兴产业实践报告

一 导言

我国深度贫困地区与民族地区高度耦合，区域发展水平低、贫困状况复杂、内生发展能力弱通常是这些后发民族地区的共同特征。[①] 川西高原民族地区具有复杂多样的生态环境以及丰富多彩的民族文化特征，在以往脱贫攻坚事业中属于此类深度贫困区域。学界认为，当前针对民族地区的工作进入了在精准脱贫成果基础上向乡村振兴全面过渡的阶段，需要探索解决区域发展不平衡不充分问题的可行路径，基于地方性生态资源禀赋，激发可持续发展的内生动力，以实现民族地区的共同富裕。[②] 在这一进程中，挖掘川西高原民族地区内生发展动力是关键。内生式发展（Endogenous Development）的概念于 1975 年在联合国特别经济大会上被正式提出，旨在明确社会经济发展需从社会内部推动。[③] 此后，2000 年的《马德里宣言》以及后续可持续发展研究中提出"新内生式发展"（Neo-endogenous）的概念，进一步厘清了内部推动发展的关键因素，比如区域生态与文化、地方的产业基础、低环境损耗与高附加值的融合产业发展、内生组织培育与居民参与等。[④] 这些探讨为川西高原民族地区乡村振兴工作提供了新思路，并成为本报告的重要参考。

本报告聚焦川西高原理塘县，通过对农民合作社的经营情况进行探讨，分析乡村振兴背景下该县生态产业发展的具体路径，包括产业融合、数字化

[①] 李治兵、肖怡然、毕思能等：《深度贫困地区旅游精准扶贫的多维约束与化解策略——以四川藏区为例》，《湖北民族学院学报》（哲学社会科学版）2019 年第 3 期。

[②] 李荷、毕凌岚、钟毅：《川西高原藏区生态资产赋能乡村振兴的对口帮扶路径》，《中国人口·资源与环境》2022 年第 10 期。

[③] Nerfin M., "Another Development: Approaches and Strategies," *Population and Development Review*, 1978, 4(2).

[④] 张文明、腾艳华：《新型城镇化：农村内生发展的理论解读》，《华东师范大学学报》（哲学社会科学版）2013 年第 6 期；张慧、舒平、徐良：《基于内生式发展的乡村社区营建模式研究》，《现代城市研究》2017 年第 9 期；李荷、毕凌岚、钟毅：《川西高原藏区生态资产赋能乡村振兴的对口帮扶路径》，《中国人口·资源与环境》2022 年第 10 期。

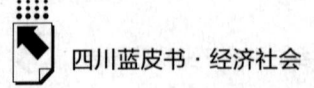

发展、平台保障、对口帮扶及农民合作社的创新实践等内容，在此基础上，提出民族地区农业生态资产赋能乡村振兴的可行路径。

二 案例点及当地农业产业园区经营概况

理塘县位于四川省甘孜藏族自治州西南部，总人口7.3万人，居住有藏族、汉族、蒙古族、回族、纳西族、土家族、彝族、苗族、羌族等9个民族，其中藏族人口占94%。当地气候条件恶劣，含氧量不足平原地区的60%，平均海拔4300米，是全国海拔最高、气候最恶劣、条件最艰苦的县份之一。2011年，理塘被列为国家扶贫特困连片地区重点县，贫困发生率为38.1%，贫困面广、量大、程度深。该县高原地理自然环境属性典型，多民族社区特征凸显，经历了脱贫攻坚，当前正处于朝民族地区乡村振兴、共同富裕方向发展的关键时期，完全符合本研究的目标，因此被选为案例点。

（一）理塘县农业发展禀赋与挑战

理塘县海拔高，光热条件好，太阳辐射强，是典型的内陆干燥气候。光照时间长、夏季气温较低恰恰是错季种植喜凉型蔬菜瓜果非常重要的气候条件。同时，理塘县地处青藏高原横断山系东南边缘部分，沙鲁里山脉由西向南延伸，海拔3100~4600米。现代农业产业园所处高原宽谷地区，是全县农业种植和草原畜牧业重点区域，园区内拥有毛垭草原，是天然优质生态牧场。理塘县河流较多，分为雅砻江与金沙江两大水系，河流面积786930亩，占水域面积的96.39%，大小河流遍布全县。农业园区恰好与无量河毗邻，具有较为理想的灌溉条件。理塘县还是四川省面积第二大县，天然草地1345.6万亩，不仅是青藏高原少有的高原生态牧场，而且是全国五大牧区之一（川西北牧区）的重要组成部分。

理塘县在农业发展方面具备上述优势，但其发展局限也逐渐凸显。伴随着乡村振兴在全国范围内的推进，数字农业升级成为巩固脱贫成果、推动农村经济持续增长的关键动力。然而,这恰好是民族地区的"传统短板",理塘县的农业产业化发展,需结合地域特征和资源禀赋,聚焦地方性生态资产禀赋的精准性挖潜以及数字化发展,从而激发发展的内生动力,为川西高原民族地区的乡村振兴提供实践范式。

(二)目标农业产业园区基本情况

理塘县农业示范园区的情况如下。

1. 第一产业情况

案例点示范园区经营着传统产业牦牛养殖业,发展核心区位于禾尼乡、奔戈乡、藏坝乡,占地约18万亩。现有500头牦牛良种扩繁场1处,建成存栏6000头标准化牦牛育肥基地,年产值0.6亿元,标准化人工饲草基地1.5万亩,草产量3万吨,年产值0.8亿元。作为四川省十大牧区县之一,理塘县发展牦牛产业符合自身基础资源优势,同时按照"龙头企业带合作社带牧户"[①]的组织架构。除了牦牛养殖与相关衍生产业外,理塘县还有蔬果种植业。示范园区的蔬果发展核心区位于濯桑乡、甲洼镇,覆盖4个乡镇16个村。这里的蔬果种植以白萝卜、草莓等为主,种植面积共1.2万亩,年产量达4.8万吨,培育认证绿色有机农产品8项,与盒马(中国)有限公司签订战略合作协议,3项有机农产品入驻盒马。蔬菜生产基地产线的现代化升级也取得瞩目成绩,不仅被农业农村部评为国家现代农业科技示范展示基地,而且"理塘萝卜"实现了全产业链标准化的"产加销"。此外,蔬菜生产基地的对外供应潜力也逐渐提升,比如,目标农业产业园区已成为四川省供港澳及东南亚重要的"出口蔬菜种植加工"备案基地。

2. 第二产业情况

基于理塘的农业发展禀赋,目标农业产业园区主要围绕蔬菜、牦牛两个主导产业发展,持续推进加工产业发展,成功延伸产业链条,形成特色工业

---

① 龙头企业以订单为依托,合作社以养殖大户的方式集中养殖,牧户进行散养。其中,"高原牦牛从头到尾"全产业开发链模式获评第三届全球减贫案例。

加工产品。在牦牛产业加工方面,示范园区年屠宰加工牦牛肉衍生产品1080吨,年产值达1.25亿元。除此之外,园区还建有牦牛绒加工厂1座,占地30亩,年加工牦牛毛(绒)90吨,年加工牦牛奶共计3485吨。除了牦牛养殖衍生产业,蔬果种植方面也延伸出地方特色二产。为进一步实现一产增值,示范园区配套建成蔬菜育苗中心2.4万平方米,商品化处理中心2000平方米,200吨萝卜加工线2条,2000吨绿色蔬菜保鲜冷链库1座,1000吨马铃薯气调库1座,年产3000吨有机肥加工厂,废弃物回收中心1座。蔬果种植的二产发展不仅使得产线全面升级,而且高质量蔬果产出也拓展了高端消费市场,提高了产品附加值,实现蔬菜加工产值0.3亿元。

三 乡村振兴背景下川西高原民族地区农业生态产业发展路径

基于理塘县农业产业园区的具体实践,总结出案例点从脱贫攻坚向乡村振兴转型过程中的主要发展路径,分别涉及产业、技术、组织、外联与地方参与等方面(见图1)。

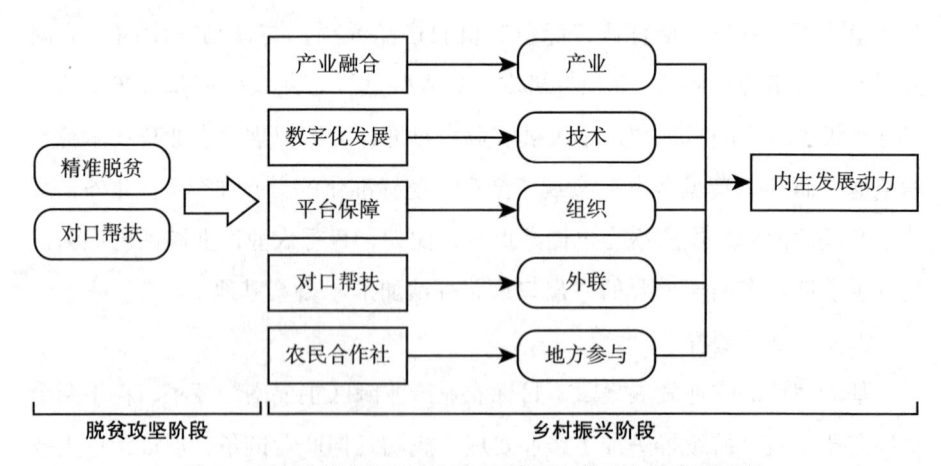

图1 理塘脱贫攻坚向乡村振兴转型阶段的主要发展路径

(一)产业融合

2020年,理塘县丁真在社交平台意外走红,"丁真"新媒体效应大幅提升了理塘的文旅产业影响力,孵化了大量优质文化产品。比如,目标农业产业园区充分利用理塘县景观大道G318、G227线核心地段和香格里拉旅游环线核心区的区位优势,依托"康藏之窗·天空之城"旅游名片,大力打造农(牧)旅融合休闲观光示范点,推进农业产业与旅游产业融合发展。在此基础上,已形成濯桑现代生态农业产业园、甲洼果蔬采摘园、霍曲牧场旅游接待中心、所波大叔骑友之家等休闲娱乐田园牧场多产业融合品牌。同时,利用"旅游+"的模式,逐渐形成了餐饮、种养、培训、就业等连锁融合发展模式,成立了"理塘县汉戈花村旅游服务有限公司",挂牌建立了"甘孜州乡村旅游扶贫培训示范点",培养旅游服务、管理等30余名旅游人才,解决农村就业50余人,年接待游客1万人次,增收5万元。同时,该产业园区采取"集体经济+公司+合作社+农牧民"公司化运营经营模式,每年增收20万元,一二三产业融合发展增强了贫困村的自身"造血"功能。

以上产业融合品牌主要是通过农地流转和整合分散的农牧民居住点打造乡村旅游项目而实现。这一实践不仅实现了土地集约利用和空间商品化,而且园区企业还积极与当地政府合作,开展更多创新实践。比如,致力于打造田园牧场综合体,努力将乡村空间包装成田园牧场生活空间进行营销,进一步打造乡村的"消费性建成空间",将乡村的生产空间、生态空间和生活空间符号化和商业化,并逐步将这种产业融合发展项目细分为有机蔬菜种植示范区、共享田园、参观游览区、乡村酒店民宿、农牧民农庄等多个功能区,吸引外来游客到访理塘县,实现乡村空间的品牌升级与市场化。通过打造这些消费和游览空间,产业园区进一步将少数民族地区文化和田园慢生活等文化符号与乡村空间有机融合,向城市游客提供"田园、家园、乐园"三位一体的生活方式以及消费体验。

(二)数字化发展

数字化发展主要体现在目标农业产业园区的种植区,主要包括两个区域。第一个区域是占地面积较小、对温度敏感的蔬果区。这个区域的生产端全部采用智能冬暖大棚种植技术，实行人工种植和智能温控系统的数字化生产模式，由龙头企业的技术团队和农业科技人才中心改进研发。在物流方面，种植区凭借自身冷链物流将高原农产品输送到成都市，再通过物流集散中枢的渠道外包运送至更远的市场，整套流程有物流信息监控技术保障。在销售渠道方面，由供应商中介将高原农产品输送至盒马、伊藤洋华堂等一、二线城市的中高档商场或生鲜超市。这不仅扩大了理塘高原农产品的销售市场，也促进了川西高原民族地区被帮扶乡村与超大城市的经济贸易，为后发乡村"自身造血"提供了条件。

第二个区域是耐寒蔬菜种植区。该区域根据作物特性采取露天种植，推行机械化播种与遥感监测全覆盖的数字化生产，并配套建设农产品加工流水线，形成了农业大数据的作物模型和生产数据库。在物流方面，该种植区可提供全程溯源、实时监控的普通物流以及冷链物流服务。与此同时，还提供目的地二次检验产品服务，以确保高原农产品的供货质量。在销售渠道方面，种植区的头部企业与大城市中高档商场、各类生鲜超市签订长期供货合同，保障了高原农产品的销售渠道。此外，种植区也与美团等线上平台保持深度合作，新兴电商平台助力高原民族地区品牌推广，不仅实现产销对接，也反向增强了高原民族地区绿色生产力的内生动力。蔬菜园区还建立了物联网溯源体系、质量安全保障体系、水肥一体化等基础设施，积极发展"互联网+农业"。该区域通过在基地安装摄像头、扫码器等设备，建立基地农业生产数据库，保障农产品"产、供、销"各个环节的质量安全，能够随时追踪相关信息，建立起农产品安全质量溯源体系。

（三）平台保障

园区在产业化发展过程中还建立了两个保障平台。首先是由政府主导的园区建设保障服务平台。理塘政府组建了康南农牧业投资有限责任公司。该公司从农牧民手中统一流转耕地（草）地，然后再将这些土地转租给龙头企业和专业合作社，以确保农牧民能够获得稳定的耕地流转收益以及专业合作社的用地保障。这种方式不仅避免了专业合作社因利益冲突而与农牧民产生矛盾，而且在制度设计上规避了可能引发社会不稳定的因素。农业投资公司的建立加强了农业企业、专业合作社与农牧民之间的联系。该公司直接负责管理土地归集流转、规划建设、资产管理等综合事务，既保障了农牧民的土地流转利益，又降低了专业合作社的投资风险。园区龙头企业主导构建的产业发展创业平台是第二个保障平台。产业发展创业平台主要为合作社组织以及农牧民贫困户提供"代种代销"社会化服务，实现农业产业化与数字化。这两个保障平台的建立有助于增强园区产业化发展的稳定性和可持续性，同时也为当地农牧民提供了更多的就业机会和增收渠道。通过政府主导的园区建设保障服务平台和龙头企业主导的产业发展创业平台的协同，有针对性地解决了产业发展中的关键问题，推动了园区产业结构的优化和升级。

（四）对口帮扶

案例点理塘曾是川西高原贫困县，属于国家对口支援西部经济落后地区的政策覆盖区。目前对口支援理塘的地区包括广东省珠海市、浙江省杭州市钱塘区、四川省成都市金堂县和新都区。"对口帮扶"是民族地区脱贫攻坚时期的重要战略路径，而在乡村振兴与高原民族地区新质生产力发展阶段，前期所累积的资金、技术、农产品市场、人才等资源依旧可助力民族地区的经济发展。比如，与珠海市签订的《高原生态农产品展销合作协议》，提升了理塘高原农产品在粤港澳大湾区的品牌价值。杭州市基于电子商务产业优势协助理塘县搭建了新业态和数字平台，并联合当地居民打造高原民族地区农特产品共享直播间，助推农产品品牌升级。

（五）农民合作社

目标农业产业园区内的各类龙头企业有10家，总计从业人员500多人，家庭承包经营的农牧民2588户，家庭承包经营的耕地27471亩。园区生产企业、专业合作社与加工企业签订了肉、菜保价收购协议，并与种养大户、专业合作社之间建立了稳定的合作关系，逐渐形成"专业合作社负责种植

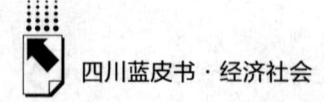

养殖，加工企业负责加工生产，电商平台负责销售"的生产销售模式。此外，园区还在党建引领社会服务、乡村赋能方面取得新进展。该园区以党支部为中心，联合龙头企业与当地农牧民构建了新型社会化服务体系，为整合区域先天禀赋、促进产业融合、农业生态资产市场化奠定了坚实的基础。此外，当地政府制定了《理塘县农村集体资产股份合作制改革试点方案》，对藏坝乡等10个相关村进行农村集体资产股份合作制改革试点，通过产权量化、确股到人、按股分红的方式，达到了"资源变资产、资金变股金、牧民变股民"的目的，当地农牧民也成为参与乡村资产赋能的"新"农人，成为后发地区在乡村振兴过程中实现资产赋能的典型案例。

四　民族地区农业生态资产赋能乡村振兴实践经验总结

促进民族地区新质生产力发展需考量脱贫攻坚与乡村振兴之间有效衔接这一阶段性课题。本报告基于理塘县的实践展现了川西高原民族地区农业现代化、数字化转型的态势。川西高原独特的生态资源及丰富的民族文化是其竞争性资源，也是促进民族地区"绿色生产力"发展的新领域，更是实现乡村振兴的核心要素。于是，生态资源的资产化与资本化实现路径是川西高原民族地区推动区域可持续发展的重中之重。理塘县属于欠发达地区，区域位置远离超大城市群，但高原独特的农业生产条件与农业生态资源优势凸显，是实现农业产业化的天然基底。于是，当前该区域的乡村振兴工作的重点是结合既有的发展基础，在生态资源资本化和资产化过程中，探究如何更好地将各类资源整合，以生态资产赋能的多元实践，增强区域内生发展动力，改变生态资源难以实现价值转化的现象。对此，针对案例点的具体实践成果，总结如下。

（一）整合多元产业，构建特色品牌

理塘县有关农业生态资产的实践中，政府联合产业园区龙头企业整合各类资源，克服了川西高原民族地区农业生产过程中的生产成本高启以及空间

积压等问题,并在川西高原区域既定公共品牌的基础上,联动理塘丰富的绿色生态资源与多元的民俗文化构建具有高原民族特色的品牌体系。这一举措可以融合民族地区生态农业与民俗文化,凸显品牌的区域先天禀赋与比较优势。此外,理塘县在农业生态资产赋能乡村振兴实践中还依托优质品牌以及稳定的供应体系,进一步凸显区域特色,借助对口帮扶力量和丁真新媒体效应,构建多媒体和多平台的宣传渠道,不断深化产业链条和品牌矩阵的有效协同,提升了理塘农产品的市场影响力。

(二)提高产业数字化,执行科学管理

川西高原民族地区已经采用了数字化的生产模式,如冷链技术和产品溯源等,但在具体的产品端供给差异化策略方面成效并不明显。为了解决这一问题,当地政府需要与产业园区的龙头企业合作,建立数字化平台,进一步整合数据,有效联动农民和农产品采购商以拓展销路。理塘通过农业数字化促进民族地区特色农产品生产,并不断提升产品附加值、拓展市场,兼顾了区域经济、社会、生态环境的可持续发展,为乡村振兴事业贡献了宝贵的治理经验。需要注意的是,由于少数民族地区技术基础相对薄弱,在地方"数字战略"执行方面仍面临挑战。例如,虽然技术投入必定造成成本增加,但这一举措可以带来长远的收益,尤其是通过科学管理,农产品得以升级并进入中高端市场,能够带来收入增加,并形成有效的激励反馈机制,让企业和当地村民均受益。

园区龙头企业一直致力于数字化转型,不仅响应了国家农业产业化和数字化战略号召,而且为地方新质生产力挖掘制定了新目标。此外,对口扶贫政策使高原民族地区直接对接先发区域的技术、资金、专业技术人员等优势资源与成熟经验,有效降低了产业化和数字化转型中的风险与成本,生产共同体也使得农业产业化与数字化在空间维度得以实现。

(三)完善人才培养机制,谋求民族地区乡村长远发展

在乡村振兴工作中,人才是关键。理塘县根据川西高原民族地区农

业产业特征以及实际发展需求等构建了培养本地复合型农业生产专业技术人员的机制。该机制以促进四川高原民族地区农业可持续发展为目的，依托数字化等核心技术，由四川高原民族地区的职业院校、高校开设与当地支柱产业数字化转型需求相关的专业课程，如人工智能、云计算和大数据分析等。通过扎根于当地经济发展需要的"产学研"路径，强化政府、企业、高校间的紧密合作，培养具有更强实践性、理论性的专业技术人才。理塘还聚焦各类"人才项目"的开展。这一举措不仅吸引了各领域优秀人才来川西高原民族地区创业就业，而且通过提高人才待遇，留住人才，助力民族地区乡村振兴。另外，理塘致力于增强本地农牧民的数字技能，扩大传帮带效应。比如，正在推广的各类农业技术培训活动涵盖了产业数字化科普知识包、培育本土一线专业技术团队、面向农牧民的数字技术培训等内容，这些举措可以规避一线人员因"数字鸿沟"而产生的不利因素。

（四）提高合作社内生发展动能，实现从"外部推力"向"内生式发展"的转型

促进高原民族地区的新质生产力发展关键在于培育乡村的内生发展动力。从外部融资渠道来看，理塘县园区合作社自身融资能力较弱，存在"输血"强依赖风险，容易导致农业合作社的内生发展动力不足。比如，农业合作社发展和相关农业设施建设等过度依赖财政资金与帮扶资金，后续发展受限。因此，地方政府应提供多层次的智力和信息等支持，以增强合作社内生动力。同时，地方政府不仅应根据实际发展需求制定专项政策，为农民合作社推动农业数字化转型提供政策支持，而且需要积极吸引社会资本和多元市场经营主体在组织、资金、硬件设施、专业技术等方面予以支持。此外，地方政府还可以考虑给予农民合作社在农业数字化方面的税收优惠等支持，并加大相关政策宣传力度，组织深入基层的服务答疑活动，激发民族地区农业数字化转型的内生动力。此外，农民合作社也需要进一步挖掘自身融资潜力。理塘的实践经验表明，提高自身融资能力是

化解资金、技术等风险最有效的措施。因此，民族地区地方政府应积极探索农业发展新增长点，联动各类主体，以促进规模化发展，并借助大数据融资系统促进农业资源的市场化与资本化。学界已经开始关注农村社区与金融机构、社会组织、企业等组建利益联结和信贷联合体，构建共同融资链条，提高融资能力的实践。

高品质生活篇

B.19
新时代四川妇女和儿童权益保障现状研究报告

张雪梅 管墨霏[*]

摘　要： 新时代以来，四川省通过建立工作体系、出台政策制度和实施保障措施，持续构建了一个全方位、多层次的妇女和儿童权益保障体系。对2017~2023年四川省维护妇女儿童合法权益优秀案例库的686个案例进行分析，发现妇女和儿童权益遭受侵害的高发类型集中在妇女经济和劳动就业、婚姻和人身保障领域，以及儿童人身保障、抚养监护权领域，并呈现出侵害高发于亲近关系、特殊弱势群体比例较大、城乡差异较大的特点。妇女和儿童权益保障在拓宽维权渠道、强化部门协同、发挥妇联等群团组织枢纽作用、创新应用数字化监测等方面取得了一定成效。妇女和儿童权益遭受侵害的情况和特点凸显了当前城乡二元结构问题仍然突出、家庭结构变迁持续影响、网络社会带来新发问题、社会性别平等意识有待提升等多重结构性社会问题。而妇女和儿童权益保障工作的开展也还存在社会参与不足、源头保障

---

[*] 张雪梅，四川省社会科学院社会学研究所副研究员，研究方向为城乡社区治理与社会性别；管墨霏，四川省社会科学院社会学研究所，研究方向为城乡社区治理与社会性别。

欠缺、制度措施落实不到位等问题。在妇女和儿童权益保障上，需要对结构性社会问题给予更多关注和系统解决，在具体的工作开展上也需要持续完善存在的不足。

关键词： 妇女 儿童 权益保障 四川省

妇女和儿童权益保障工作是维护社会公平正义、促进家庭和谐的基石，维护妇女和儿童权益不仅是国家对提升人民生活品质坚定承诺的体现，也是个体尊严实现以及社会整体福祉增进的重要途径。新时代，党和国家对妇女儿童权益保障工作的重视程度不断提高，党的二十届三中全会审议通过的《中共中央关于进一步全面深化改革 推进中国式现代化的决定》明确提出了"健全保障妇女儿童合法权益制度"的任务要求，体现了党和国家在推动维护妇女儿童合法权益方面的决心与行动力。四川省也出台一系列政策，有力推动全省妇女和儿童的全面发展与社会公正。同时，妇女和儿童权益保障工作仍存在薄弱环节，需要司法、行政、文化、法律、家庭、学校、社会等多部门、多领域的协同合作，共同构建全方位、多层次的保障体系，营造安全、公正、包容的环境。

一 新时代四川省妇女和儿童权益保障体系

妇女和儿童权益保障是一个系统工程，旨在通过一系列制度安排和社会行动，确保妇女和儿童在健康、教育、经济、政治、社会、家庭、环境、法律等方面的权利，并特别保护妇女和儿童免受歧视和侵害。要实现保障妇女和儿童合法权益这一目标，需要法律、政策、社会观念及实践行动的协同配合。新时代，四川省妇女和儿童权益保障工作遵循国家相关法律法规并结合本省实际情况，构建了涵盖各级政府、社会团体、相关部门以及政策法规等的全方位、多层次保障体系。

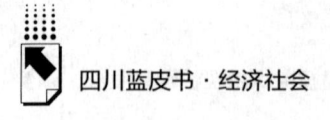

（一）工作体系

四川省妇女儿童工作委员会作为省级层面的领导机构，负责组织、协调、指导和督促全省妇女和儿童权益保障工作。四川省妇女儿童工作委员会办公室（以下简称"省妇儿工委办"）作为政府综合协调议事机构，是四川省妇女儿童工作委员会的日常办事机构，负责具体实施和协调相关事务。省妇儿工委办现设在四川省妇女联合会，相关工作与省妇女联合会合署办公。四川省妇女联合会作为省级群团组织，围绕全省妇女和儿童发展的目标与措施，协助政府开展妇女和儿童权益保障工作。省妇女联合会下设的权益部作为核心部门之一，通过开展法律宣传和调查研究、处理妇女儿童权益受侵害的投诉和求助、参与政策制定等方式，保障妇女和儿童的合法权益，是这项工作的牵头单位。此外，这项工作还涉及多个成员单位：公、检、法、司等司法部门为妇女儿童权益维护和未成年人犯罪预防提供司法支持；共青团四川省委、四川省总工会、四川省残疾人联合会等群团组织在各自的职责范围内协助开展妇女和儿童权益保障工作；各级政府的民政、教育、卫健、司法等部门通过多部门联动合作，共同推进妇女和儿童权益保障工作。

（二）政策支撑

2021年，四川省人民政府印发了《四川妇女发展纲要（2021—2030年）》《四川儿童发展纲要（2021—2030年）》，为推动妇女儿童事业高质量发展提出了具体的目标和策略措施，这是全省第三轮关于妇女儿童发展的十年规划。《四川妇女发展纲要（2021—2030年）》对妇女的健康、教育、经济、参与决策和管理、社会保障、家庭建设、环境、法律等方面进行了规定；《四川儿童发展纲要（2021—2030年）》对儿童的健康、安全、教育、福利、家庭、环境、法律保护等方面作出了规定。其中，可以看到妇女和儿童发展离不开各领域的权益保障。2022年，四川省人民检察院与四川省妇女联合会共同制定了《关于加强妇女儿童权益保护协作的十项举措》，包括建立案件线索共享机制、案件线索处置机制，落实涉案未成年人司法保护制度等，进一步深化妇女儿童权益保护工作。同年，四川省人民政府办公厅印发了《四川省贯彻〈中国反对拐卖人口行动计划（2021—2030年）〉实施方案》，为有效预防和依法打击拐卖人口犯罪行为、积极救助和妥善安置被拐卖受害人、保障妇女和儿童合法权益提供了明确的行动指南和政策支持。2023年，四川省人大常委会修订公布《四川省〈中华人民共和国妇女权益保障法〉实施办法》，对妇女人身和人格权益、婚姻家庭财产权益、教育文化权益、参与决策权益、劳动与社会保障权益和相关救济措施做了进一步的明确，并规定了政府、社会组织和个人在保障妇女权益方面的责任，标志着四川省妇女权益保障法律体系的进一步完善。

（三）措施保障

2016年起，四川省妇女联合会和四川省法院、省检察院、省公安厅、省司法厅、省民政厅、省总工会等部门联合发起了"四川省维护妇女儿童合法权益优秀案例"征集评选活动，通过具体案例的示范作用，引导全社会尊法、学法、守法、用法，激励有关部门及社会各界更好地参与妇女和儿童权益保障工作，在全社会营造尊重妇女、爱护儿童的积极氛围。目前这项工作已经持续开展八年。2017年，四川省人民政府办公厅印发《四川省妇女儿童工作专项行动计划（2017—2020年）》，明确提高妇女儿童健康水平，提升妇女儿童受教育水平，保障妇女平等享有经济资源的权利和机会，提高妇女参与国家、社会事务管理实效，提升妇女儿童民生保障水平，保障妇女儿童合法权益，优化妇女儿童生存环境等重点任务，并提出了相应的实施指标，形成了全省阶段性开展妇女儿童工作的基本遵循。

二 新时代四川省妇女和儿童权益保障现状分析

"四川省维护妇女儿童合法权益优秀案例"评选活动自2016年开展以来，已成为四川省妇女和儿童权益保障工作中的示范活动。活动征集到的案例兼具典型性、代表性、创新性等，较好地反映了全省妇女和儿童权益保情况。每年经由全省各部门、各单位推荐与提交的优秀案例数量约100件，2017~2023年累计收集到优秀案例700余件，通过对重复案例进行清理，得到聚焦妇女权益维护的案例268个，聚焦儿童权益维护的案例418个，共计686个案例。本报告以该686个案例为样本，采取内容分析的方法，对四川妇女和儿童权益遭受侵害的主要类型、特征、权益保障工作的现状与成效进行分析，为进一步推动四川省妇女和儿童权益保障工作提供有力的依据与参考。

（一）四川妇女儿童权益遭受侵害的主要类型

1.妇女经济和劳动就业权益

如表1所示，涉及侵害妇女权益的案例共涵盖8种类型，其中经济纠纷案例在所有类别中占比最高，达56.72%；其次是婚姻纠纷案例，占比为25%。此外，人身伤害案例也呈现较高比例，占比为13.06%。

表1 妇女权益受侵害类型

类别	频数	百分比	累计百分比
经济纠纷	152	56.72	56.72
婚姻纠纷	67	25.00	81.72
人身伤害	35	13.06	94.78
人格权	7	2.61	97.39
拐卖	3	1.12	98.51
救助帮扶	2	0.75	99.25
抢劫	1	0.37	99.63
诈骗	1	0.37	100.00
合计	268	100.00	—

如表2所示，对侵害妇女经济权益的案例进一步细分，涉及的类别包括劳动纠纷、财产纠纷、抚养费纠纷、赡养纠纷、土地权益纠纷、健康纠纷和合同纠纷7种。其中，劳动纠纷比例最高，占比为48.68%，具体到案例内

容来看,与生育问题如生育津贴发放、产假时长认定、工资和职位变动等有关的劳动纠纷较多,孕产期妇女的劳动权益受侵害情况高发。其次是财产纠纷,占比为19.74%,其中遗产继承纠纷、夫妻共同债务认定纠纷高发,抚养费纠纷和赡养纠纷占一定比例。

可以看到,妇女权益遭受侵害的高发类型首先是经济权益;而经济领域中,排首位的是与劳动就业等相关的经济权益。妇女的经济权益保障存在多元需求。

表2 妇女经济权益受侵害的具体类型

类别	频数	百分比	累计百分比
劳动纠纷	74	48.68	48.68
财产纠纷	30	19.74	68.42
抚养费纠纷	18	11.84	80.26
赡养纠纷	16	10.53	90.79
土地权益纠纷	8	5.26	96.05
健康纠纷	5	3.29	99.34
合同纠纷	1	0.66	100.00
合计	152	100.00	—

2. 妇女遭受婚姻纠纷和家庭暴力

除经济权益外,妇女婚姻权益和人身权益受侵害情况也呈现高发态势。感情不和与家庭暴力是婚姻纠纷的主要缘由,感情不和导致的矛盾往往会升级为家庭暴力,给妇女带来身体和心理的双重创伤。如表3所示,在妇女人身伤害案例中,家庭暴力的比例最高,占51.43%,是最主要的人身伤害形式。家庭暴力严重威胁着妇女的人身安全。此外,随着社会的发展变化,一些婚恋领域的陋习、旧习又死灰复燃,各地与彩礼有关的纠纷逐渐增多,习俗与法律之间出现张力,婚姻纠纷与经济因素相互错杂,变得更加复杂化、多样化。

表3 妇女人身权益受侵害的具体类型

类别	频数	百分比	累计百分比
家庭暴力	18	51.43	51.43
性侵害	8	22.86	74.29
故意杀人	6	17.14	91.43
故意伤害	3	8.57	100.00
合计	35	100.00	—

3. 儿童人身伤害和抚养监护问题

如表4所示，涉及侵害儿童权益的案例共涵盖16种类型。其中，人身伤害案例在所有类别中比例最高，占比为42.11%；抚养监护案例次之，占比为20.81%。此外，经济纠纷也呈现较高的比例，占比为9.81%。人身伤害问题、抚养监护问题是儿童权益受侵害的高发领域。

表4 儿童权益受侵害类型

类别	频数	百分比	累计百分比
人身伤害	176	42.11	42.11
抚养监护	87	20.81	62.92
经济纠纷	41	9.81	72.73
救助帮扶	35	8.37	81.10
综合安全	17	4.07	85.17
意外伤害	12	2.87	88.04
拐卖拐骗	12	2.87	90.91
盗窃	9	2.15	93.06
抢劫	8	1.91	94.98
遗弃	7	1.67	96.65
校园欺凌	5	1.20	97.85
人格权纠纷	4	0.96	98.80
涉毒	2	0.48	99.28
帮助信息网络犯罪	1	0.24	99.52
绑架	1	0.24	99.76
诈骗	1	0.24	100.00
合计	418	100.00	—

对儿童人身伤害的情况进一步细化，如表5所示，涉及强奸、猥亵、他人暴力伤害、家庭暴力、组织卖淫、有偿陪侍、自杀以及传播淫秽物品8种类型。其中，与性侵害有关的案例占比最高，而强奸和猥亵是儿童遭受性侵害的主要形式；同时还出现了借助网络实施侵害这一新发途径，网络性侵害以更加隐蔽的形式侵害着儿童的合法权益。此外，儿童因琐事自杀的现象时有发生，儿童心理健康问题同样值得关注。

表5 儿童人身权益受侵害的具体类型

类别	频数	百分比	累计百分比
强奸	89	50.57	50.57
猥亵	39	22.16	72.73
他人暴力伤害	21	11.93	84.66
家庭暴力	12	6.82	91.48
组织卖淫	8	4.55	96.02
有偿陪侍	4	2.27	98.30
自杀	2	1.14	99.43
传播淫秽物品	1	0.57	100.00
合计	176	100.00	—

对儿童抚养监护权受侵害的情况进一步细化，如表6所示，涉及抚养费、抚养权、监护权及探望权的争议，这些争议与未成年人的基本生活和情感需求直接相关。2020年《中华人民共和国民法典》颁布后，与非婚生子女抚养费问题有关的案例数量呈上升趋势，非婚生子女群体的合法权益得到了持续关注，非婚生子女的权益保障工作得到加强。

表6 儿童抚养监护权受侵害的具体类型

类别	频数	百分比	累计百分比
抚养费纠纷	32	36.78	36.78
抚养权纠纷	23	26.44	63.22
监护权确定	26	29.89	93.10
探望权纠纷	6	6.90	100.00
合计	87	100.00	—

对儿童经济纠纷的情况进一步细化,如表7所示,涉及财产纠纷、土地权益纠纷、合同纠纷、恋爱婚姻纠纷、医疗纠纷5种类型,其中财产纠纷案例比例最高,占比为56.10%。未成年人的遗产继承、赔偿金分配等财产权益因被亲属占有而受到侵害的情况多发。土地权益纠纷次之,占比为17.07%,部分地区农村集体经济组织未将未成年人纳入组织成员名单,导致未成年人难以获得应有的土地财产收益。未成年人需要依靠成年人监护的客观事实,使得未成年人权益容易被长辈忽视以及掠夺,在财产权益方面最为突出。同时还存在父母为未成年子女订立婚约并收受彩礼的现象,不仅损害了未成年人的合法权益,也对社会公序良俗造成冲击。

表7 儿童经济权益受侵害的具体类型

类别	频数	百分比	累计百分比
财产纠纷	23	56.10	56.10
土地权益纠纷	7	17.07	73.17
合同纠纷	6	14.63	87.80
恋爱婚姻纠纷	3	7.32	95.12
医疗纠纷	2	4.88	100.00
合计	41	100.00	—

(二)四川妇女儿童权益遭受侵害的主要特点

1. 妇女儿童权益受侵害多发于亲近关系

如表8所示,案例受害人与施害人之间涉及12种人际关系。其中,亲属关系所占比例最高,为26.53%,显示家庭成员间的权益冲突问题相对突出,进一步分析显示,近一半的妇女儿童拐卖拐骗系由亲属实施。夫妻关系所占比例较高,为18.08%,多涉及离婚诉讼、财产纠纷以及家庭暴力。劳动关系所占比例为11.08%,表明职场环境中妇女权益也面临严峻挑战。此外,还有相当一部分比例的各类熟人朋友、师生关系。综合上述数据,妇女儿童权益受到侵害的情况在亲近关系中发生率较高,在维护妇女儿童权益方面，需要特别关注家庭和亲近社会关系中的潜在风险。

表8 妇女和儿童权益受侵害案例主体间关系

类别	频数	百分比	累计百分比
亲属关系	182	26.53	26.53
陌生人	181	26.38	52.92
夫妻关系	124	18.08	70.99
劳动关系	76	11.08	82.07
熟人朋友	45	6.56	88.63
师生关系	26	3.79	92.42
情侣关系	17	2.48	94.90
村集体与个人	14	2.04	96.94
网友关系	8	1.17	98.10
交易关系	7	1.02	99.13
医患关系	3	0.44	99.56
司乘关系	3	0.44	100.00
合计	686	100.00	—

儿童权益受侵害多发于亲近关系的特点最为突出。如表9所示，在儿童性侵害案例中，案例主体间存在6种关系类型，分别是陌生人、亲属关系、师生关系、熟人朋友、网友关系及情侣关系。相较于陌生人，与受害儿童认识的人实施性侵害的比例更高，占比为58.87%。

表9 儿童性侵害案例主体间关系

类别	频数	百分比	累计百分比
陌生人	58	41.13	41.13
亲属关系	30	21.28	62.41
师生关系	22	15.60	78.01
熟人朋友	20	14.18	92.20
网友关系	7	4.96	97.16
情侣关系	4	2.84	100.00
合计	141	100.00	—

儿童经济纠纷进一步展现出侵害多发于亲近关系的特点。如表10所示，在儿童经济纠纷案例中，涉及的人际关系共有8种类别：亲属关系、村集体与个人、交易关系、陌生人、情侣关系、朋友关系、医患关系及劳动关系。在这些类型中，亲属关系的比例最高，占比为46.34%，显示儿童经济权益受侵害的情况多与家庭有关，亲属往往以保管的名义侵占未成年人合法财产。村集体与个人次之，占比为14.63%，显示传统的村规民约与儿童的土地权益冲突现象仍旧突出。

表10 儿童经济权益受侵害案例主体间关系

类别	频数	百分比	累计百分比
亲属关系	19	46.34	46.34
村集体与个人	6	14.63	60.98
交易关系	4	9.76	70.73
陌生人	4	9.76	80.49
情侣关系	3	7.32	87.80
朋友关系	2	4.88	92.68
医患关系	2	4.88	97.56
劳动关系	1	2.44	100.00
合计	41	100.00	—

妇女遭受经济权益侵害也多发于亲近关系。如表11所示，在妇女经济纠纷案例中，案例主体间关系共有8种类别，包括劳动关系、夫妻关系、亲属关系、村集体与个人、陌生人、情侣关系、朋友关系及交易关系。在这些关系中，劳动关系比例最高，占比为49.34%，多涉及妇女因生育问题在职场中遭受不公平对待以及工伤认定争议等。夫妻关系、亲属关系合计近40%，多涉及抚养纠纷、债务认定、财产继承等纠纷。可以看到，妇女经济权益受侵害的情况，首先与职场相关，其次与亲近关系相关。

表 11　妇女经济权益受侵害案例主体间关系

类别	频数	百分比	累计百分比
劳动关系	75	49.34	49.34
夫妻关系	32	21.05	70.39
亲属关系	28	18.42	88.82
村集体与个人	7	4.61	93.42
陌生人	6	3.95	97.37
情侣关系	2	1.32	98.68
朋友关系	1	0.66	99.34
交易关系	1	0.66	100.00
合计	152	100.00	—

妇女遭受人身伤害更多发于亲近关系。如表12所示，在妇女人身权益受侵害案例中，施害者与受害者之间存在夫妻关系的比例最高，占比为60.00%，显示家庭暴力对妇女人身安全构成了严重威胁，预防和惩治家庭暴力具有重要性和紧迫性。

表 12　妇女人身权益受侵害案例主体间关系

类别	频数	百分比	累计百分比
夫妻关系	21	60.00	60.00
陌生人	6	17.14	77.14
熟人朋友	5	14.29	91.43
亲属关系	3	8.57	100.00
合计	35	100.00	—

总体来说，夫妻、亲属等亲近关系在侵害妇女和儿童权益的案例中占据显著比例，集中于财产权益侵害以及人身侵害问题。此外，对于妇女而言，除亲近关系外，工作单位也成为侵害妇女权益的重要关系方。

2. 特殊弱势群体占一定比例

如表13所示，案例中特殊弱势群体的比例接近总体的1/4，占比为24.64%。特殊弱势群体主要包括两大类，一是涉罪未成年人，涉及人身伤

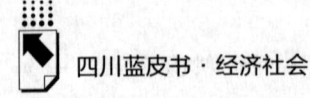

害、盗窃、抢劫、性侵害、毒品、帮助信息网络犯罪等类别；二是特殊脆弱群体，包括残障群体、留守儿童、老年妇女、孕产妇、患病群体、抑郁群体、孤儿及少数民族妇女，她们因各自独特的脆弱性，在权益保障领域面临着更为复杂与严峻的问题。

表13 妇女和儿童权益受侵害人类型

类别	频数	百分比	累计百分比
无特殊情况	517	75.36	75.36
涉罪未成年人	33	4.81	80.17
残障群体	32	4.66	84.84
留守儿童	25	3.64	88.48
老年妇女	24	3.50	91.98
孕产妇	19	2.77	94.75
患病群体	15	2.19	96.94
抑郁群体	12	1.75	98.69
孤儿	6	0.87	99.56
少数民族妇女	3	0.44	100.00
合计	686	100.00	—

儿童案例中特殊弱势群体比例更高。如表14所示，在儿童性侵害案例中，属于特殊脆弱群体的儿童受害者比例接近1/3，主要有三类：留守儿童、抑郁儿童以及残障儿童。其中，留守儿童在儿童性侵害受害者中的比例达14.19%，显示留守儿童仍旧处于高风险状态；罹患抑郁症的儿童占比为7.09%；残障儿童占比为6.38%；留守、抑郁、残障儿童在面临各种潜在风险时，往往难以有效、及时地进行自我防护和应对。需要对这些特殊脆弱儿童进行更为细致地关注与保护，以及采取精准有效的干预策略。

表14 儿童性侵害受害人类型

受害者特殊情况	频数	百分比	累计百分比
无特殊情况	102	72.34	72.34
留守儿童	20	14.19	86.53

续表

受害者特殊情况	频数	百分比	累计百分比
抑郁儿童	10	7.09	93.61
残障儿童	9	6.38	100.00
合计	141	100.00	—

妇女案例中的特殊弱势群体，以老年妇女和孕产妇居多。如表15所示，在妇女经济纠纷案例中，属于特殊脆弱群体的妇女占据一定比例，其中，老年妇女的比例为13.16%，主要面临着无人抚养和赡养问题；孕产妇的比例为12.50%，主要涉及劳动单位在其生育期的不公正待遇问题；患病和残障妇女的比例分别为3.95%和2.63%，生理性弱势迫使她们依赖丈夫，而丈夫又因其疾病或残障状况而拒绝履行抚养义务，使得她们陷入困境。

表15 妇女经济权益受侵害人类型

受害者特殊情况	频数	百分比	累计百分比
无特殊情况	103	67.76	67.76
老年妇女	20	13.16	80.92
孕产妇	19	12.50	93.42
患病妇女	6	3.95	97.37
残障妇女	4	2.63	100.00
合计	152	100.00	—

3. 妇女儿童权益受侵害情况城乡差异显著

不同侵害类型的发生地点有显著的城乡差异。以儿童性侵害为例，如表16所示，性侵害发生地位于城镇地区的比例最高，占比为42.54%；其次是城市地区，占比为40.30%。相比之下，位于农村地区的性侵害案例比例最低，为17.16%。农村地区案例比例较低的原因，可能是农村地区儿童在初中以上往往迁移到城镇、城市就读，也有可能是农村地区儿童性侵害情况更加隐蔽，难以被发现。而城镇作为城市和农村的中间地带，人员流动频繁，儿童关爱保护措施较为缺失，成为儿童性侵害的高发地区。

表16 儿童性侵害案例城乡分布

类别	频数	百分比	累计百分比
城市	54	40.30	40.30
城镇	57	42.54	82.84
农村	23	17.16	100.00
合计	134	100.00	—

妇女经济权益受侵害的类型在城乡属性上也呈现出显著差异。如表17所示，进一步分析妇女经济权益受侵害类型的城乡分布，发现劳动纠纷、财产纠纷在城市和城镇地区发生的比例高于农村地区；而赡养纠纷、土地权益纠纷则主要发生在农村地区。可以看出，城市、城镇、农村不同地区的妇女面临着不同类型的经济风险。劳动纠纷在城市和城镇地区高发，是由于城市和城镇地区妇女有着更高的正规就业劳动参与率，也伴随着劳动争议风险的增加。财产纠纷在城市和城镇地区也高发，并主要体现在夫妻共同债务认定方面，这是由于与农村妇女相比城市和城镇妇女的经济独立性更强，对财产划分和债务承担问题更敏感从而更易产生争议。赡养纠纷多发于农村地区，可能是由于农村妇女经济来源较为单一和脆弱，尤其是老年妇女往往更加依赖子女的经济支持，如若子女未能履行赡养义务，农村老年妇女便极易陷入生活困境而引发赡养纠纷。土地权益纠纷和相关的征地赔偿纠纷在农村地区也是典型和高发的经济纠纷，农村土地分配的村规民约往往忽视妇女的土地权益，从而导致农村妇女面临土地权益被侵害的风险。

表17 妇女经济权益受侵害案例城乡分布

类别	劳动纠纷 百分比	财产纠纷 百分比	抚养费纠纷 百分比	赡养纠纷 百分比	土地权益纠纷 百分比	健康纠纷 百分比
农村	1.64	13.64	35.29	50.00	87.50	40.00
城镇	45.90	31.82	35.29	28.57	12.50	40.00
城市	52.46	54.55	29.41	21.43	0.00	20.00
合计	100.00	100.00	100.00	100.00	100.00	100.00
χ^2 检验			$P=0.00$			

（三）四川妇女儿童权益保障的现状和成效

1. 妇女和儿童权益维护渠道多样化

如表18所示，四川省妇女和儿童权益受侵害案例总体上可以分为自行求助、外部介入两大类。在自行求助的案例中，求助对象涉及公安机关、检察院、法院、法律援助中心、民政部门、信访部门、妇联、工会、村（居）委会以及社会组织等多个主体。在外部介入的案例中，介入方式主要涉及三种类型，第一类是学校、医院、社区的工作人员通过强制报告制度上报儿童受侵害情况；第二类是检察院、民政部门、妇联在工作中发现相关线索，及时介入处理；第三类是社会大众如记者、村民等发现妇女儿童权益受侵害情况后向相关部门反映。上述主体覆盖了司法、行政、社会等多个系统，妇女儿童维权的渠道呈现出多样化的特点。

表18 妇女和儿童权益受侵害的发现方式

类别	频数	百分比
自行求助	502	86.25
外部介入	80	13.75
合计	582	100.00

2. 部门协同配合程度持续加强

一是部门协同增强。在四川省妇女儿童权益维护实践中，除了司法体系的公、检、法、司部门依法协同配合履行职责外，其他部门的协同程度也在持续增强。如表19所示，四川省妇女和儿童权益受侵害案例中，涉及多部门协同的案例占比为74.05%。司法部门在儿童权益保障方面已形成一套较为完整的协同机制。例如，检察院提前介入侦查以及"一站式"询问机制已普遍应用于未成年人性侵害案件的处置过程，不同部门之间实现信息共享和数据互通，案件从侦查到审判各个环节做到高效衔接。

司法部门以外的其他部门在协同联动维护妇女儿童合法权益方面也发挥着重要作用。如表19所示，有47.52%的案例至少有一个公、检、法、司以外的部门参与。通过对四川省妇女儿童权益受侵害案例的分析检索，共识别出关工委、政法委、宣传部、民政部门、教育部门、市场监督管理局、就业局、财政局、卫健局、文旅局、网信办、综治办、共青团、工会、工商联、残联、妇联、村（居）委会等近20个部门，部门覆盖广泛。

表19 妇女和儿童权益受侵害处置部门协同情况

	是否多部门协同	频数	百分比
是	有公、检、法、司以外的部门协同	326	47.52
	没有公、检、法、司以外的部门协同	182	26.53
否		178	25.95
合计		686	100.00

二是部门协同治理的制度化建设加强。在四川省妇女儿童权益保障实践中，各市（州）出台政策、采取措施，将多部门协同工作机制制度化，长效保障机制建设得到加强。在政策引领方面，德阳市旌阳区检察院、德阳市红十字会、德阳市旌阳区妇联、德阳市旌阳区残联发布《关于加强对妇女、儿童、残疾人开展司法救助的实施办法（试行）》，通过多部门合作与协调，为困难妇女、儿童和残疾人提供司法救助，确保司法救助工作的全面实施和有效运行；广元市利州区检察院、教育局发布《关于进一步加强未成年学生校外教育培训机构防性侵害监督管理工作实施意见》，对校外培训、托管机构的准入、人员资质、安全投入等方面作出了详细规定，以确保中小学生在参加校外教育培训时的安全；自贡市荣县检察院、公安局、卫生健康局联合制定《关于建立性侵害案件艾滋病信息核查制度的意见》，明确了对性侵害案件犯罪嫌疑人进行艾滋病信息核查，对被害人采取暴露后预防以及持续跟踪关爱保护未成年被害人等措施，预防艾滋病病毒通过性侵害等行为向被害人，特别是向未成年被害人传播。

在措施保障方面，乐山市建立未成年人检察公益诉讼观察员制度，通过在全市范围内公开选聘观察员，拓宽收集侵害未成年人权益案件线索的渠道；雅安市雨城区检察院牵头建立保护未成年人"110"指挥中心制度，通过12309、两法衔接、派驻检察官、检察联络员、网络舆情监控等5种渠道，及时收集影响未成年人健康成长的信息；泸州"纳爱"支持体系由泸州市检察院联合共青团泸州市委、泸州市民政局、教体局等25家单位、部门共同建立，通过"未成年人权益保护网格化管理平台"、学校"纳爱"服务点等，为未成年人提供全方位关爱与支持；成都市建立劳动纠纷一站式联处中心，中心由成都市人社局、法院、司法局、总工会等多部门联合构建，通过多元化的调解机制和高效的处理流程，快速、公正地处理劳动争议案件。

3. 以妇联为代表的群团组织枢纽作用效应显著

妇联作为党和政府联系妇女儿童的桥梁与纽带，在妇女和儿童权益保障中发挥着重要作用。如表20所示，在四川省妇女和儿童权益受侵害案例中，各级妇联参与其中并提供支持的案例占比为23.03%，接近1/4。此外，共青团、工会、残联等群团组织在儿童、女职工、残障妇女儿童权益保护方面也发挥着重要的作用。

表20　妇女儿童权益受侵害案例妇联参与情况

妇联是否参与	频数	百分比
是	158	23.03
否	528	76.97
合计	686	100.00

作为群团组织，各级妇联在妇女儿童权益保障实践中连接各方资源，通过矛盾调解、心理疏导、就业培训、就学帮扶、资金援助、联络捐赠等方式为妇女儿童提供帮助。眉山市青神县妇联通过建立"小区—社区—街道—县妇联"四级联动服务机制，打造"家门口"微治理服务平台，着重提供婚姻家庭矛盾纠纷调解、公共便民服务等。雅安市天全县始阳镇建立镇妇联执委联系企业工作制度，镇妇联执委一人联系2~3家企业，以便及时了解女职工所急所盼，及时发现和解决女职工合理诉求。这些服务平台和联络机制的建立，进一步增强了妇联在推动妇女儿童发展、保障妇女儿童权益上的枢纽作用。

4. 数字化手段在监测防范方面得到创新应用

数字化时代，四川各地纷纷利用大数据建立数字化监测模型，通过监测预防、数据共享等数字化手段探索妇女儿童权益保障新形式。成都市建立"一站式"反家暴线上平台，在成都法院"蓉易诉"电子诉讼平台开通专门端口，设立"一站式反家暴"受理专栏；同时，依托"蓉易诉"电子诉讼平台创建成都市家庭暴力大数据库，法院干警、社区民警、妇联工作人员可以实现信息录入与共享，以便及时、有效地处置家暴案件。雅安市检察机关通过文化管理、市场监管、劳动监察、公安治安等部门获取娱乐场所数据信息，并利用大数据建模技术将涉案未成年人相关信息与场所信息进行比对分析，绘制人员及场所的类型画像，与地理数据进行结合后在地图上生成可视化POI数据，准确锚定违法高发娱乐场所分布，加强未成年人保护预防监测工作。达州市建立数字平台监测留守儿童状况，推动建成手环预警系统，实现常态监测、动态管理、快速预警功能；针对重点儿童进行单独监测，通过数量和位置的显示，加强保护处在高风险状态的女童。数字化手段在妇女和儿童权益保障中的创新应用，持续将预防妇女儿童受侵害的端口前移。

三 新时代四川省妇女和儿童权益保障面临的挑战

（一）妇女和儿童权益受侵害情况凸显出的社会问题

1. 城乡二元结构问题仍然突出

随着城市化进程加快，人口流动程度加大，城乡区域发展不均衡依然是制约高品质生活建设以及社会全面发展的重要因素之一。全省妇女和儿童权益保障情况也存在较为显著的城乡差异，反映着城乡二元结构矛盾。

从权益受侵害情况来看，不同权益受侵害类型城乡差异显著，反映的是城乡二元结构下妇女和儿童面临的生产和生活的结构性差异。以妇女经济权益为例，妇女经济权益受侵害的类型与城乡地区存在显著关联，妇女劳动纠纷、财产纠纷多发于城市和城镇地区，土地权益纠纷、赡养纠纷多发于农村地区，这与不同地区妇女不同的劳动生产形态、生活形态密切相关。农村妇女更多的是面对生产资料和生活资源分配等更基础性的问题，如土地和赡养问题；而城市和城镇妇女更多的是面对就业发展和财产分配问题，如劳动争议、债权债务问题。

从权益保障上看，城市地区的保障资源显著优于城镇和农村地区。以困境儿童救助帮扶案例为例，如表21所示，在城市地区实施救助帮扶的比例最高，占比为41.18%。相比城镇和农村地区以捐赠物资为主，城市地区以社会组织为代表的社会力量的介入程度更高。例如，城市地区的社会组织依靠其志愿者网络发现处于困境中的儿童，并及时对接社会资源提供救助关爱服务。又如，通过政府购买社会组织服务，社会组织以项目制方式为困境儿童提供更加精细化、专业化的服务。从发现困境儿童到提供帮扶，社会组织、社工、志愿者队伍等社会参与及其提供的多样化服务在城市地区发挥着重要作用，而城镇和农村地区主要依靠民政救助、司法救济等单一的经济帮扶形式。这种资源分配、服务方式上的差异，使得困境儿童救助帮扶在城乡地域分布上呈现出较大的不均衡性。城乡二元结构问题反映在妇女儿童权益保障上仍然突出。

表21 困境儿童救助帮扶案例城乡分布情况

类别	频数	百分比	累计百分比
城市	14	41.18	41.18
城镇	12	35.29	76.74
农村	8	23.53	100.00
合计	34	100.00	—

2. 家庭结构变迁带来持续影响

妇女和儿童经济权益、人身权益遭受侵害属于高发类型，且侵害多发于亲近关系，从这一点来看，家庭结构变迁给妇女和儿童权益保障带来持续影响。2016~2022年，四川省离婚人数均在全国排名第一，再婚重组家庭、单亲家庭等多种家庭形态与以往相比持续增加，带来了婚姻财产纠纷、夫妻共

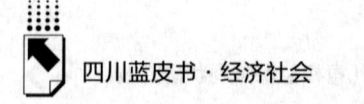

同债务认定、子女监护权争夺或推诿、不履行抚养义务、家庭暴力等矛盾和问题高发，而妇女和儿童在这些矛盾纠葛中的经济权益、人身权益遭受侵害也必然呈现高发态势。

以老年重组家庭为例，再婚老年妇女权益受侵害的案例逐年增多，多为配偶不能履行夫妻抚养义务或受（继子女）干扰婚姻权益、财产权益受侵害。再婚配偶能否履行夫妻抚养义务以及继子女是否持有友好态度影响着再婚老年妇女的经济权益，进而影响其老年生活品质。在重组家庭中，夫妻间抚养义务往往又与重组家庭中子女赡养义务交织在一起，再婚老年妇女处于更为脆弱的地位。家庭结构变迁带来的多种家庭形态下，如何保障妇女和儿童的合法权益，促进妇女和儿童生活品质的提高，还需要司法以及社会的共同努力。

3. 网络社会带来新发问题

信息技术的发展促进了虚拟网络与社会实体网络的融合，网络社会正在成为一种新的社会形态，而网络社会将现实生活与虚拟世界连接起来的特性也带来了许多新发问题。例如，针对未成年人的网络新型犯罪行为——"隔空猥亵"，即利用互联网向未成年人传播淫秽信息，对未成年人进行性骚扰而无须面对面接触。由于网络的匿名性和跨地域性，"隔空猥亵"往往难以被及时发现和有效遏制，进一步增加了未成年人在网络社会中面临的风险。又如，专门利用未成年人身份信息、银行信息的网络诈骗，不法分子以"分钱"为由，诱使中职学校的未成年人提供银行账户为网络赌博平台转账。而未成年人自身法律意识淡薄、家庭教育缺失，以及银行账户管理漏洞等多方面对未成年人保护不足的问题，都可能促使未成年人在不知不觉中走上犯罪的道路。随着未成年人与网络的接触日益频繁，加之网络犯罪的隐蔽性强，未成年人由于身心不成熟的特质，遭受网络不法侵害的风险显著加大。

4. 社会性别平等意识仍待提升

尽管实行男女平等基本国策已经写入宪法，国家对妇女和儿童权益保障的重视程度不断增加，但社会面的社会性别平等意识仍有待提升，突出表现在妇女经济权益方面,在劳动就业问题上,女职工因怀孕被单方面解除劳动合同、拖欠生育津贴及工资现象频发。用人单位由于缺乏社会性别敏感意识,往往在追求经济效益与效率的同时,不能充分认识到女性在社会发展中的重要作用与独特贡献,忽视了女性职工的特殊需求,甚至侵害女性职工的生育权利。这不仅限制了女性的职业发展,也阻碍了企业的可持续发展与社会的和谐进步。在土地问题上,在传统观念的影响下,无论是村规民约的制定还是土地分配的实践都存在忽视妇女土地权益的现象;近年来,又进一步延伸到征地拆迁赔偿款等经济权益上。一方面妇女在出嫁后往往会被自动剥夺对娘家土地的分配权;另一方面在嫁入新家庭后,她们往往也难以在夫家获得平等的土地分配。不平等的土地分配现象,严重制约了妇女的经济地位和发展机会,也与社会性别平等理念背道而驰。

(二)妇女和儿童权益保障工作开展的不足

1. 社会参与不足

妇女儿童权益保障需要连接司法、行政、社会等各部门资源,形成协同工作机制,营造安全友好的社会环境。从四川省妇女儿童权益保障工作来看,司法、行政部门的资源投入以及部门协作情况较好,而社会参与的广度和深度则极为不足。在四川省妇女儿童权益保障优秀案例中,有社会性主体参与的案例仅占10%,多集中在人身伤害类和救助帮扶类案例。而在妇女和儿童权益保障的一些重要领域,如劳动争议、婚姻辅导、家庭教育指导等领域,社会参与还非常欠缺。此外,社会参与程度也较低,权益遭受严重侵害的妇女和儿童要回归到正常生活,不仅需要短期关爱帮扶,往往还需要有针对性和持续性的长期支持,而这方面的社会化服务显著不足。

2. 源头保障欠缺

妇女和儿童权益保障是一个全链条、全过程的工作体系。目前的保障措施多为权益受损后的补救措施,在源头采取的预防措施较少。法律援助、司法救助、心理疏导等事后补救方式往往只能在一定程度上减轻伤害,却无法完全消除已经造成的不良影响。如果能够在问题尚未发生之前就采取有效的预防措施，加强对潜在风险的识别和防范，增强妇女和儿童的自我保护意识和能力，就可以大大降低妇女儿童权益受损的可能性。目前全省针对一些重点人群如留守儿童、留守老人等都建立了相关工作台账，但监测、预防工作的具体落实还有待加强。同时，针对婚姻家庭纠纷、妇女劳动就业争议、未成年人网络保护等权益易受侵害领域的源头治理还很薄弱，数字化等新型监测预防手段的应用也有待进一步推广。

3. 制度措施落实不足

制度措施保障是维护妇女和儿童权益的重要一环，而仅有制度措施的制定还远远不够，目前关于保障妇女和儿童的制度措施在落实层面还十分不足。以从业禁止制度的落实为例，从业禁止制度是预防从业者利用职业便利对未成年人实施性侵害的重要举措。在全省落实从业禁止制度的实践中，目前主要通过专项行动或以案为切入点开展入职查询清理工作，针对学校教职工的入职查询工作尚未在教育部门和各部门间形成常态化机制，仍然存在监督力度不足与部门协作不足的情况。

四 相关对策建议

（一）妇女和儿童权益受侵害凸显的社会问题需要引起关注

妇女和儿童权益受侵害情况凸显出的结构性社会问题需要引起关注和重视。一是要加大对农村地区的资源投入，建立城乡一体化的妇女儿童权益保障机制，缩小城乡差距，保障城乡妇女和儿童在权益保障方面享有均等资源和同等机会。二是要加强婚姻家庭辅导和教育，通过提供专业的婚姻家庭辅导、家庭教育指导等服务，帮助家庭成员建立健康、和谐的家庭关系。三是要加强网络监管，一方面制定和完善针对妇女和儿童的网络保护法律法规，另一方面通过教育宣传，增强妇女和儿童的网络安全意识和自我保护能力。四是要持续开展性别平等教育培训，从干部培训、学校教育、社会宣传、专业培训等多渠道入手，提高全社会对性别平等的认知。

（二）妇女和儿童权益保障工作开展的不足需要重视

一是要加强社会参与。加大政府购买社会服务的力度，拓宽社会力量参与妇女儿童权益保障的渠道，为妇女儿童提供精细化和持续性的服务。二是要注重源头预防监测。一方面建立健全妇女和儿童风险预警机制，分级分类加强对潜在风险因素的监测和分析。另一方面针对不同职责主体开展相应培训，提升监测预警工作的专业性。三是要加强制度措施执行落实。一方面增强各部门对党委政府妇女儿童工作重要性的认知，提高部门对抓落实的重视；另一方面加大制度措施落实的责任考核和社会监督力度。

B.20 "一老一小"双龄养育背景下四川家庭政策体系的构建与实施路径[*]

候蔺 李飞扬[**]

摘　要： 四川家庭政策需求强烈，但现行政策对家庭整体支持不足，存在分散化、碎片化和含蓄性、应急性问题。本报告立足于四川家庭变迁及发展现状，构建了基于家庭生命周期的家庭政策体系，提出家庭政策实施需整体赋能家庭功能，综合全面保障家庭发展，以家庭价值促进代际友好，并将"一老一小"问题作为家庭政策实施效能的重点抓手和优先路径。

关键词： 少子老龄化　家庭政策体系　家庭政策实施路径

四川家庭数量规模庞大，家庭政策需求强烈。同时，四川面临较全国更为突出的"一老一小"家庭养育问题化趋势。然而，在我国公共政策领域，对家庭的支持十分有限。四川的家庭政策存在分散化、碎片化和含蓄性、应急性问题，亟须构建系统化、协同性的家庭政策体系，以促进家庭结构完整、增进家庭关系和谐、助力家庭功能强韧、推动家庭良性发展。

---

[*] 本文为四川省哲学社会科学基金项目"生命周期视角下四川家庭政策体系的构建与实施路径"（项目批准号：SCJJ24ND101）的阶段性成果。

[**] 候蔺，四川省社会科学院社会学研究所副研究员，研究方向为人口社会问题；李飞扬，四川省社会科学院社会学研究所，研究方向为人口与健康。

一 家庭变迁及家庭政策演变

家庭作为社会最小单位，其变迁受到外部推进和内部演化的双重作用。一方面，我国家庭受到社会变迁影响，是多条路径和多种因素共同作用的结果，[①] 表现为传统家庭功能明显弱化，[②] 家庭关系由家本位向个体本位转变，[③] 家庭生命发展周期具有双重扩展阶段；[④] 另一方面，我国家庭变迁也受到生活逻辑和社会制度的制约，[⑤] 展现出个体化倾向和传统家庭文化并存的现象。[⑥]

我国家庭政策发展是以社会转型、人口转变和家庭变迁为动力，改革开放前，以《婚姻法》为基础，仅有少量与家庭相关的社会福利政策。[⑦] 改革开放后，计划生育政策率先成为具有特殊意义的家庭政策。有学者认为我国人口和生育政策主导的家庭政策体系已经形成，但不完备。[⑧] 而有的学者则提出反对意见。[⑨] 2010年9月，国务院办公厅印发《关于发展家庭服务业的指导意见》，促进了家庭政策讨论的跨学科多视角态势。但是，我国家庭并未因此获得政策释压，反而成为转移和消解社会转型压力和成本的载体。[⑩]

[①] 马春华：《当代日本家庭变迁和家庭政策重构：公共资源的代际再分配》，《社会发展研究》2017年第3期。

[②] 胡湛、彭希哲：《家庭变迁背景下的中国家庭政策》，《人口研究》2012年第2期；吴小英：《照料的问题化及其政策选择——一个家庭变迁视角的探讨》，《杭州师范大学学报》（社会科学版）2020年第6期。

[③] 陈卫民：《我国家庭政策的发展路径与目标选择》，《人口研究》2012年第4期。

[④] 杨菊华：《生命周期视角下的中国家庭转变研究》，《社会科学》2022年第6期。

[⑤] 石金群：《转型期家庭代际关系流变：机制、逻辑与张力》，《社会学研究》2016年第6期。

[⑥] 宋健、张晓倩：《从人口转变到家庭转变：一种理论分析思路》，《探索与争鸣》2021年第1期。

[⑦] 张文馨：《从个体关照到提升家庭整体发展能力：我国家庭发展政策研究综述》，《湖北经济学院学报》2013年第4期。

[⑧] 彭希哲、胡湛：《当代中国家庭变迁与家庭政策重构》，《中国社会科学》2015年第12期。

[⑨] 刘继同、左芙蓉：《"和谐社会"处境下和谐家庭建设与中国特色家庭福利政策框架》，《南京社会科学》2011年第6期。

[⑩] 彭希哲、胡湛：《当代中国家庭变迁与家庭政策重构》，《中国社会科学》2015年第12期。

2017年后，"一老一小"面临严峻的家庭养育问题。家庭政策研究开始倾向于关注生育支持①、家庭照料②、养老支持③等相关内容。但是，以家庭为单位，覆盖家庭成员，贯彻家庭周期的家庭政策和制度建设仍显滞后。

综上所述，我国的家庭政策体系存在内容局部化、对象特定化、范畴阶段化问题。家庭政策体系不完备形成了无法破解的政策悖论，家庭负有艰巨的社会责任，同时反而成为获得政策支持的壁垒。因此，构建家庭政策体系，应将家庭作为整体单元进行政策安排，重视家庭内部关系构成和政策价值导向，从家庭发展的角度推进家庭建设，通过纵贯视角进行全过程、全成员的家庭赋能。

二 四川家庭现状及政策影响

我国社会变迁及经济发展持续影响人口发展，尤其是计划生育政策直接参与家庭生育决策，成为我国家庭变迁的重要推力。四川作为人口大省，曾经严格实施了计划生育政策，有效控制了人口增长，促进了经济社会快速发展和人口再生产类型的转变。④ 在此背景下，四川家庭结构、规模和稳定性发生了巨大改变，传统家庭观念、责任及功能也受到不同程度的影响。

（一）四川家庭特征及主要问题

1. 家庭户数增长较快且"一老一小"特征显著

2020年，四川共有家庭户3075.6万户，较2010年的2580.2万户增

---

① 汤梦君：《中国生育政策的选择：基于东亚、东南亚地区的经验》，《人口研究》2013年第6期；茅倬彦：《三孩政策下的生育支持政策体系构建——基于多重家庭均衡理论的思考》，《华中科技大学学报》2023年第3期。
② 白维军：《"幼有所育"家庭支持政策体系的构建》，《武汉科技大学学报》（社会科学版）2023年第2期。
③ 李连友、李磊等：《中国家庭养老公共政策的重构——基于家庭养老功能变迁与发展的视角》，《中国行政管理》2019年第10期。
④ 四川省地方志编纂委员会编纂《四川省志·综合管理志》，http://scdfz.sc.gov.cn/scfzg/zssjk/scsz/dylsz18401985/content_4440，2017年2月16日。

长了16.2%。① 其中，有65岁及以上老年人的家庭有997.3万户，占全省总家庭户的32.4%，相较于2010年的671.1万户增加了326.2万户，增长幅度高达48.6%。② 由此可见，四川家庭总户数增长迅速，且家庭老化速度显著，同时，"二老"家庭与"多老"家庭户数双双上升，"纯老"家庭户的涨幅高达12.9%（见表1）。

表1 2010年和2020年四川家庭户状况

单位：万户，%

家庭户		家庭户		占家庭户比重		涨幅
		2010年	2020年	2010年	2020年	
家庭总户数		2580.2	3075.6	—	—	16.2
老年家庭户数		671.1	997.3	26.0	32.4	6.4
"一老"户	户数	477.2	639.4	71.1	64.1	-7.0
	单身老人户	110.6	231.6	16.5	23.2	6.7
	"一老一小"户	11.3	14.7	1.69	1.47	-0.2
	其他	355.2	393.2	52.9	39.4	-13.5
"二老"户	户数	191.3	350.7	28.5	35.2	6.7
	老年空巢户	80.4	180.9	12.0	18.1	6.1
	"二老+小"户	8.4	13.0	1.3	1.3	0
	其他	102.4	156.9	15.3	15.7	0.4
"多老"户	户数	2.5	7.1	0.4	0.7	0.3
其中：纯老家庭户						
单身老年户+老年空巢户		191.0	412.5	28.5	41.4	12.9

资料来源：2010年和2020年四川省人口普查数据。

四川青少年家庭户也相对较多。2020年，含0~19岁青少年的家庭户数有1407.8万户，占比达43.7%（见表2）。由此可见，四川家庭"一老一小"特征显著，家庭养育负担偏重。

---

① 《四川省第七次全国人口普查公报（第一号）》，https://www.sc.gov.cn/10462/c105630/2021/5/26/437808cb2e7b4f0aa15fa90957b6ff31.shtml，2021年5月26日。
② 孙炜红、路瑶等：《四川家庭十年之变》，《四川省情》2022年第4期。

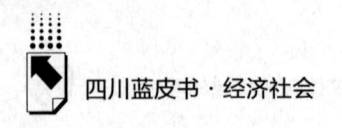

表2　2020年四川青少年家庭户状况

单位：万户，%

项目	户数	占比
青少年家庭户	1407.8	—
含0~4岁家庭户	357.3	25.4
含5~9岁家庭户	401.8	28.5
含10~14岁家庭户	418.4	29.7
含15~19岁家庭户	230.4	16.4

资料来源：2020年四川省人口普查数据。

2.家庭规模持续缩减且代际结构简化

四川家庭规模呈现不断缩减趋势，家庭户均人口数突破"三口之家"模式，由2010年的2.95人缩减至2020年的2.51人，家庭户小型化特征凸显。其中，2人及单人家庭户的比重分别上升了4.5个百分点和11.2个百分点（见表3）。

表3　2010年和2020年四川家庭户规模占比及户均人口情况

单位：%，人

年份	1人户	2人户	3人户	4人户	5人户	6人户及以上	户均规模
2010	17.5	25.3	25.3	16.7	9.6	5.6	2.95
2020	28.7	29.8	19.8	11.6	6.1	4.0	2.51

资料来源：2010年和2020年四川省人口普查数据。

此外，2010~2020年，四川家庭户结构进一步简化，多代家庭户的比重趋减（见表4）。2010年，四川一代户家庭占比仅有35.7%，但2020年就迅速增至51.5%；二代户和三代户则分别由2010年的44.2%和19.3%下降至2020年的33.1%和14.6%。由此可见，四川传统多代户家庭结构呈现扁平化趋势，大家庭"裂变"为小家庭。

表4　2010年和2020年四川家庭户代际结构情况

单位：%

年份	一代户	二代户	三代户	四代户及以上
2010	35.7	44.2	19.3	0.84
2020	51.5	33.1	14.6	0.77

资料来源：2010年和2020年四川省人口普查数据。

3. 家庭类型呈现多元且迁移流动频繁

四川家庭类型的多元倾向主要体现在丁克家庭、空巢家庭、留守家庭及流动家庭数量增长。2020年，四川一代户家庭占比已逾50%，① 由此计算空巢家庭和丁克家庭的占比为22.8%，这种以夫妻二人为建制的家庭已成为重要家庭类型。另外，四川是劳务输出大省，在外务工人员超2600万，形成大量留守家庭，留守儿童数量居全国第一。② 同时，四川的省际差距和城乡差别加剧了区域城乡的双重流动，催生了流动家庭和家庭成员流动。

4. 家庭条件不断改善但存在城乡差异

四川家庭经济条件显著改善且城乡差距不断缩小。2020年，四川城镇与乡村的家庭人均可支配收入较2010年明显上升，分别增加至38253元和15929元，收入差距由3.0∶1缩小至2.4∶1（见表5）。

表5　2010年和2020年四川家庭户经济水平的城乡差异

单位：元

年份	地区	家庭人均可支配收入	收入差距
2010年	城镇	15461	3.0∶1
	乡村	5140	
2020年	城镇	38253	2.4∶1
	乡村	15929	

资料来源：2010年和2020年四川省人口普查数据。

---

① 一代户中包括空巢家庭、丁克家庭以及独身家庭（1人户家庭）。
② 《汇聚多方力量　关爱留守儿童——宣汉县农村基本公共服务提升典型材料》，https：//nynct.sc.gov.cn/nynct/c100630/2024/1/11/d3dc271362fe43b2af55b7835f6330f1.shtml，2024年1月11日。

四川家庭住房条件不断改善，人均住房间数和人均住房建筑面积均呈上升趋势（见表6）。四川人均住房间数由2010年的1.1间增加到2020年的1.3间；人均住房建筑面积由2010年的35.1平方米增至2020年的43.6平方米。

表6 2010年和2020年四川家庭户住房情况

单位：平方米，间

地区	年份	平均每户住房数	人均住房建筑面积	人均住房间数
四川	2010	3.3	35.1	1.1
	2020	3.3	43.6	1.3
城镇	2010	2.7	32.6	1.0
	2020	2.8	38.9	1.1
乡村	2010	3.6	36.6	1.2
	2020	3.8	49.4	1.5

资料来源：2010年和2020年四川省人口普查数据。

5.家庭养育功能弱化且养育压力相互叠加

当前，四川在老龄化与少子化的进程中，面临着较全国更为突出的"一老一小"养育问题。2020年，四川"一老一小"人口总量为3163.5万人，占全省人口的37.8%，且老年人口超过少儿人口，[①] 这必将带来老幼两端人口养育策略的变化。近年来，国家虽然不断调整生育政策鼓励人口生育，但四川家庭生育意愿严重受阻于"工作—生活—养育"之忧，家庭养育人力资源严重不足，家庭成员协同养育功能逐步弱化。从养育政策部署及公共服务现状来看，社会服务尚不能满足家庭"一老一小"养育需求，养育压力在家庭及社会两个层面相互叠加。

（二）四川家庭政策特征及发展诉求

1.家庭政策含蓄且分散，政策效能偏低

四川家庭变迁从属于国家家庭变迁进程，且国家政策指导地方政策构

---

① 赵倩倩：《四川老幼人口"两端"数据透视》，《四川省情》2021年第11期。

建。党的十八大以来，以习近平同志为核心的党中央高度重视家庭建设，从国家立法到各部门均出台与家庭相关的法规政策，基本确保家庭政策建设与法规建设同步进行。但是，从政策的设置和内容来看，我国现有的家庭政策体系缺少以家庭发展为目标的整体性政策设计，极大地约束了政策的有效性及可持续性（见表7、表8）。同时，我国没有专司家庭事务的部门，家庭政策大都融入其他政策，并由相关部门分散或联合管理，这无法避免部门间的职责交叉和政策间的冲突。因此，应建立共兼职能、整合资源的专门机构，制定家庭单元整体性和家庭模式一体化的政策和制度，提升政策的实效性，引导家庭可持续发展。

表7 国家法律相关内容（部分）

国家法律	相关内容
《宪法》	婚姻、家庭、母亲和儿童受国家保护 父母抚养教育未成年子女的义务，成年子女赡养扶助父母的义务
《婚姻法》	规定生育、婚龄、禁婚范围、离婚、财产等规范婚姻家庭关系的条例
《教育法》	规定父母教育子女的家庭责任，学校与教师对家庭教育的指导义务
《未成年人保护法》	设置"家庭保护"单元，明确家庭保护未成年人的责任
《妇女权益保障法》	规定妇女家庭平等、婚姻自主、离婚保护、反家暴、支配财产等权利
《反家庭暴力法》	禁止任何形式的家庭暴力，促进家庭和谐及社会稳定
《人口与计划生育法》	在生育过程、社会保障、计生服务和法律责任等方面保护家庭利益
《家庭教育促进法》	规定父母或监护人对未成年人道德、技能、文化和习惯的培养及引导

表8 家庭政策相关内容（部分）

家庭政策	发布时间	机构	相关文件/内容
家庭生育政策	1980	中共中央	《关于控制我国人口增长问题致全体共产党员、共青团员的公开信》（"一孩政策"）
	2013	中共中央	《中共中央关于全面深化改革若干重大问题的决定》（"单独二孩政策"）
	2015	中共中央	中共十八届中央委员会第五次全体会议公报（"全面二孩政策"）
	2021	中共中央政治局	一对夫妻可以生育三个子女政策及配套措施
	2021	国家卫健委	《健康儿童行动提升计划（2021—2025年）》
	2021	四川省卫健委	《四川省人口与计划生育条例》（第六次修正）

续表

家庭政策	发布时间	机构	相关文件/内容
家庭服务政策	2010	国务院办公厅	《关于发展家庭服务业的指导意见》
	2012	商务部	《家庭服务业管理暂行办法》
	2019	国务院办公厅	《关于促进家政服务业提质扩容的意见》
	2021	商务部等	《家政兴农行动计划（2021—2025年）》
家庭教育政策	1997	国家教委、妇联	《家长教育行为规范》
	2010	国务院	《国家中长期教育改革和发展规划纲要（2010—2020年）》
	2010	全国妇联等	《全国家庭教育指导大纲》
	2015	教育部	《关于加强家庭教育工作的指导意见》
	2020	中共中央、国务院	《关于全面加强新时代大中小学劳动教育的意见》
	2022	全国妇联、教育部等	《关于指导推进家庭教育的五年规划（2021—2025年）》
婚姻家庭政策	2017	全国妇联等	《关于做好婚姻家庭纠纷预防化解工作的意见》
	2019	全国妇联	"家家幸福安康工程"家庭建设指导计划
	2020	民政部 全国妇联	《关于加强新时代婚姻家庭辅导教育工作的指导意见》
妇女儿童政策	2012	国务院	《女职工劳动保护特别规定》
	2021	国务院妇女儿童工作委员会	《中国妇女发展纲要（2021—2030年）》 《中国儿童发展纲要（2021—2030年）》
家庭税收政策	2018	国务院	《个人所得税专项附加扣除暂行办法》

2. 家庭政策应急且片面，政策供给不足

在社会转型、人口转变和家庭变迁的复杂态势下，四川传统婚姻模式及家庭稳定性已发生改变。家庭模式多元，家庭需求多样，家庭责任沉重，由此产生了家庭福利供给与家庭需求的匹配鸿沟。家庭政策的应急性和阶段化特征明显（见表9），注重家庭政策的广泛性和多样性，才能强化家庭在福利供给中的责任。此外，家庭困境可能是暂时性的，但家庭发展是长期性的。现行家庭政策聚焦"问题家庭"施政，无法长效应对全周期家庭问题，因此在保障对"问题家庭"援助的基础上，实施发展型、全链型家庭政策是确保家庭可持续发展的有效路径。

表9 四川家庭政策的内容（部分）

发布时间	及机构	相关文件
2011	四川省人民政府	《四川省人民政府办公厅关于发展家庭服务业的实施意见》
2019	民政厅等	《关于进一步加强事实无人抚养儿童保障工作的实施意见》
2019	民政厅、卫健委	《关于做好困难艾滋病病毒感染者和病人家庭最低生活保障工作的通知》
2022	民政厅等	《四川省低保边缘家庭认定办法》
2022	民政厅、财政厅	《关于提高全省孤儿基本生活最低养育标准的通知》
2022	民政厅等	《关于提高重度残疾人护理补贴标准的通知》
2022	民政厅等	《关于治理农村大操大办、高价彩礼等陈规陋习推动移风易俗工作的通知》
2022	民政厅、财政厅	《关于切实保障好困难群众基本生活的通知》
2023	民政厅等	《关于进一步做好孤儿、事实无人抚养儿童年满18周岁后助学工作的通知》
2023	民政厅等	《关于进一步做好最低生活保障等社会救助兜底保障工作的通知》
2023	民政厅等	《关于发布2023年全省城乡居民最低生活保障和特困人员基本生活标准低限的通知》
2023	民政厅等	《四川省关于开展特殊困难老年人探访关爱服务的工作方案》
2024	民政厅等	《四川省农村留守儿童和困境儿童关爱服务质量提升三年行动方案》
2024	民政厅等	《关于进一步加强残疾人两项补贴精准管理的实施意见》
2024	成都市医保局等	《关于优化调整生育医疗待遇政策的通知》
2023	攀枝花市卫健委、财政局	《攀枝花市发放育儿补贴金实施细则》

3.家庭变迁背景下的四川家庭政策

四川家庭发展正在经历重大转变，家庭户数、规模、结构及居住方式的变动，兼具"少子老龄化"和人口迁移流动的背景而更显复杂性。在社会转型中，经济社会发展驱动家庭内亲子及夫妻间的权力格局发生变化，随着代际文化传递模式转变，传统价值认同趋弱。大家庭的"裂变"以及家庭成员间的地域分割，使得"裂变"后的小家庭在养老育幼、生产劳动方面的功能不断被削弱，家庭在其生命周期内可供给的资源被不断稀释。

改革开放后,社会福利分配转向市场,国家作为福利提供者的角色被弱化,①家庭成为个体保障和福利职责的承担者,面临巨大的压力和风险。②然而,四川家庭福利政策仍以补缺应急为主,作用于边缘弱势群体而非全体家庭成员。在面对"一老一小"养育压力时,四川出台了一系列养老托幼政策,但是政策重心在于完善社会养育服务功能释放家庭养育压力,缺少以家庭为福利单元的政策支持。由此看来,四川家庭功能及其职责与现行政策互不对等,对家庭稳定和社会运行产生极大冲击,亟须制定系统性、赋能型的家庭政策。

三 四川家庭政策体系的构建

(一)生命周期视角下的家庭政策

家庭变迁是动态过程,家庭生命周期是串联家庭结构和功能等要素的链条。因此,家庭政策体系要从家庭发展角度布局,构建整体性、一体化的家庭政策支持框架(见图1)。由于我国家庭转变的复杂性,中国特色的家庭生命周期具有双重扩展期,家庭政策体系应依据家庭生命周期并兼顾政策层级和家庭多样性而构建,强化家庭功能,激活家庭潜力。

1. 家庭形成期的家庭政策

当前,四川家庭形成期普遍推迟,晚婚晚育已成常态,平均初婚年龄已逾28岁。青年群体结婚年龄普遍推迟是个人追求、生活压力及观念转变等多重因素共同作用的结果。这一时期,家庭政策应强调家庭作为福利对象的整体性,延续中华民族重视家庭的优良传统。比如,针对组建家庭买房租房、集体婚礼的优惠政策;强化家庭的情感支持功能和保障属性;提倡构建健康稳定的家庭关系,减轻结婚成家给青年群体带来的经济及精神压力。

---

① 李桂梅:《当代中国家庭政策建构的伦理维度研究》,社会科学文献出版社,2023。
② 胡湛:《传统与超越:中国当代家庭变迁与家庭政策》,社会科学文献出版社,2018。

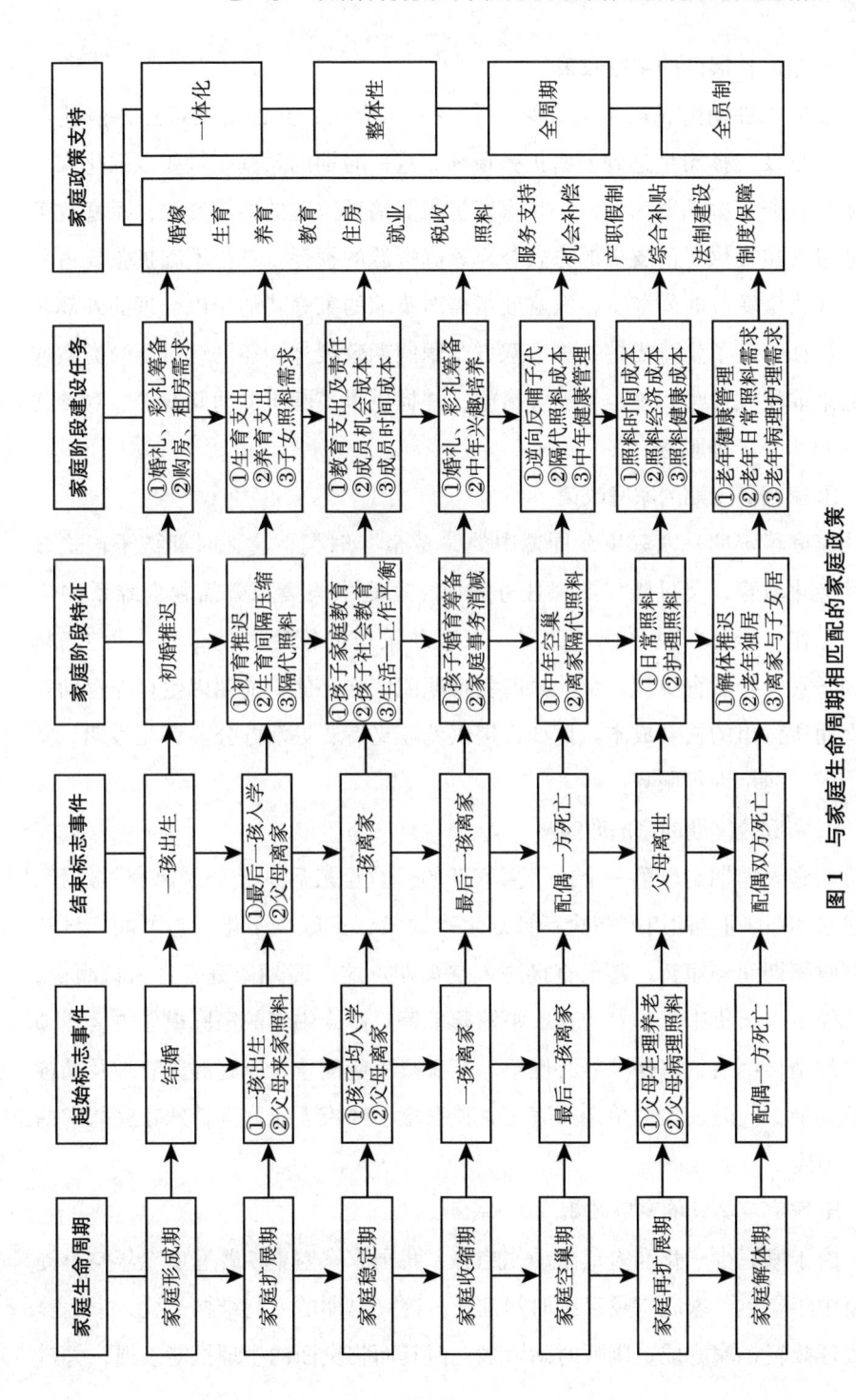

"一老一小"双龄养育背景下四川家庭政策体系的构建与实施路径

图1 与家庭生命周期相匹配的家庭政策

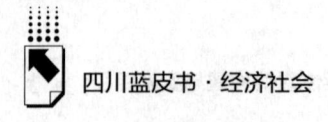

2. 家庭扩展期的家庭政策

家庭扩展期由成家后生育第一个孩子而形成，并伴随父母迁入隔代照料、二孩及三孩出生达到家庭扩张顶峰。这一时期的家庭政策要以强化家庭资源和补充家庭功能为主。一是家庭扩张要消耗家庭的经济资源，家庭政策可通过直接提供经济支援的方式补充家庭资源的损耗。二是家庭扩张要占用家庭人力资源和时间成本，家庭政策需对萎缩的家庭功能予以合理的外部转移。比如，除了生育支持、夫妻双方产职假期政策外，还需针对不同类型的家庭采取税收优惠、现金补助等措施，并提供生殖健康、幼儿看护、双龄共养、妇幼保护等服务。

3. 家庭稳定期的家庭政策

家庭稳定期是家庭生命周期中的"黄金"时期，这一时期孩子正式接受社会化教育，父母隔代照料任务完成，家庭中夫妻双方需独自维系"生活—工作—养育"的平衡。此时，家庭政策应向家庭中的成年夫妻倾斜，减轻子女社会教育负担，赋能家庭教育职能，弥补他们前期因生育养育幼年子女而所付出的机会成本。比如，提供就业支持、灵活办公、育儿假期、父母生产技能培训等服务。

4. 家庭收缩期的家庭政策

家庭收缩期是以第一个孩子离家开始，直至最后一个孩子离家的过程。在过去40年间，四川严格执行计划生育政策，家庭少子化日趋严峻，导致家庭收缩期间隔短暂，甚至直接进入空巢期。这一时期家庭常住人口减少，家庭经济支出集中于子女教育、婚嫁筹备等。步入中年的家庭成年夫妻亟须丰富的精神生活，以保障身心健康。家庭政策应侧重于家庭健康管理及精神生活规划，同时加大对单亲家庭、失独家庭、残疾人家庭等特殊家庭需求的倾斜力度。

5. 家庭空巢期的家庭政策

由于家庭少子化和人口流动化趋势，我国家庭空巢期普遍由老年空巢提前至中年空巢，家庭空巢存续时间延长。这一时期的家庭结构简化，家庭养育责任减轻，家庭成员闲暇时间增多，但其面临全面的生理机能衰退，并进入养老筹备期。此时,家庭政策除了身心健康保障外,应注重家庭人力资本投资、劳动生产率提升,以及延长家庭成员社会生产性和挖掘老年人力资本的措施。

6. 家庭再扩展期的家庭政策

家庭再扩展期是我国家庭生命周期的特有阶段,表示退休的老年人为了隔代照料孙辈,与成年子女共同生活的三代户短期共居阶段。这一时期,家庭养育责任加重,活力老年人不仅要完成自我养老,还要完成孙辈照料,甚至逆向反哺成年子女家庭,使得老年家庭的经济资源、人力资源和时间成本被再度稀释和占用。因此,家庭政策应承认隔代照料释放成年劳动力的间接性社会生产,予以技能、资金、服务方面的支持,整合教育、卫生、就业等相关政策,以强韧的家庭功能创造发展人力资本的优良环境。

7. 家庭解体期的家庭政策

随着人口老龄化及人口预期寿命增长,家庭解体期不断延长,表现为家庭户中老年户、老年空巢户以及独老户数量大幅增加。家庭政策一方面应做好积极应对老龄社会的现实养老问题,另一方面则要保障老龄社会的可持续发展及代际和谐。因此,家庭政策需通过家庭将社会资源分配到具有生产性的社会活动中,并形成政府、家庭、市场三方合作共担的养老制度。

(二)家庭政策体系的构建

1. 宏观层面家庭政策体系

突出家庭政策广泛性和明确性,建立家庭整体性和一体化的家庭支持政策,即引导家庭可持续发展、促进家庭及社会代际和谐的措施及手段,包括家庭财政支持政策、家庭税收优惠政策、家庭住房优惠政策、家庭经济支持政策、家庭福利优惠政策、婚姻家庭法律制度等。

2. 微观层面家庭政策体系

突出家庭政策的整体性和多样性,建立涵盖家庭生命周期和全体家庭成员的家庭支持政策,即以家庭为单位出台一系列整合性的服务性和赋能性支持政策,包括婚嫁支持政策、生育支持政策、养育支持政策、教育支持政

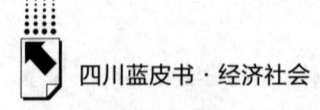

策、就业支持政策、产职假制政策、健康服务政策、家庭照料政策、综合补贴政策、机会补偿政策等。

3.与生命周期相对应家庭政策体系

家庭生命周期是考察家庭发展变化，展现不同阶段家庭功能的重要视角，涵盖了人口婚姻、生育、居住、死亡和家庭关系（夫妻、亲子、代际）等要素。婚育行为又决定了家庭的形成、扩展、稳定、收缩和解体过程。另外，家庭无论以何种复杂形式变迁，始终未能脱离形成、扩展、解体的发展轨迹。因此，家庭生命周期使家庭政策体系的构建具备了整体特征和全链条视角。

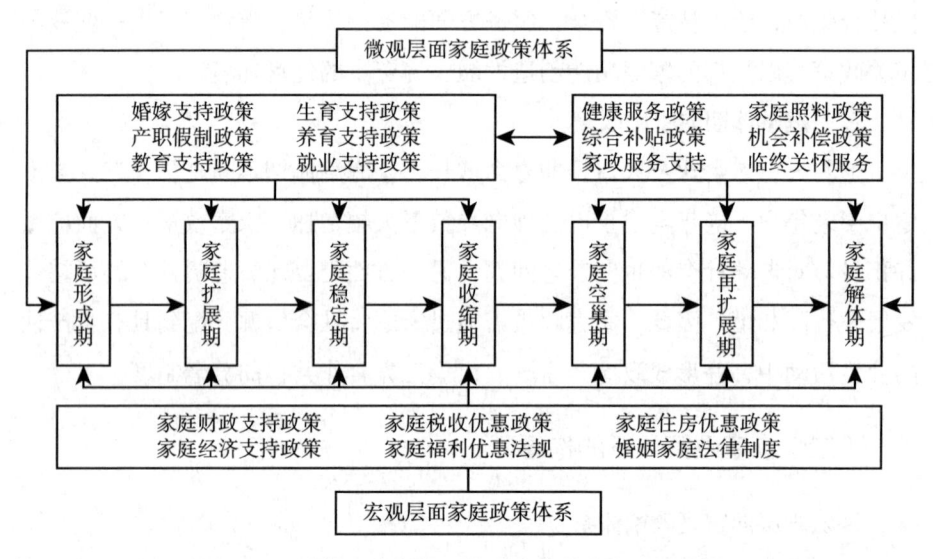

图2 生命周期视角下的家庭政策体系的构建

四 四川家庭政策体系的实施路径

（一）以家庭为基本单元赋能家庭功能

家庭是个体生存、发展并得以保障的微观载体，各类社会政策终将于家庭层面发生效用，同时家庭也是社会政策产生效能促进社会功能的基本单元。因此，四川家庭政策体系的建设方向要改变以个体作为政策客体及福利对象的做法，强调将家庭整体作为福利单元；家庭功能导向也应从阶段性的规范家庭转变为可持续性的发展家庭；家庭政策的效果应以赋能家庭功能为目标，在家庭生命周期的串联机制下，整合和扩容现有政策资源，形成政策体系框架，提高家庭应对风险、履行职责和促进发展的能力。

（二）以系统性和综合性保障家庭发展

家庭发展是指家庭通过自身协调和外部支持，在生命周期不同阶段得以经济条件改善、教育水平提高、健康状况良好、精神生活丰富、功能结构优化等综合能力的全面提升。因此，四川家庭政策应改变碎片化和阶段化的政策构建惯习，以系统性、综合性的政策体系保障家庭全面性、可持续性的发展。现阶段，四川家庭普遍出现结构简化、功能弱化趋势，"家庭问题"与"问题家庭"并存。在此背景下，家庭政策体系一方面要以生命周期系统性应对家庭问题；另一方面则要匹配家庭模式多样化，以全面综合的政策机制支持问题家庭。

（三）以家庭价值为导向促进家庭友好

家庭正在经历人口与社会的双重转变，出现家庭变迁过程中个体化倾向和传统家庭主义并存的现象。因此，家庭政策要在现代与传统的博弈中，平衡家庭主义与个人主义观念，以尊重个体权益为基础，通过提升家庭主义价值降低个人主义倾向带来的风险。自古以来，四川的家庭观念就强于宗族观念，其有着悠久的家庭伦理基础和川渝家庭文化特色，传统家庭价值和家庭关系纽带在当代社会中依然强韧。四川应充分利用家庭文化优势，推进家庭政策体系建设。

（四）以"一老一小"为重点推进政策实施

四川"一老一小"双龄人口体量巨大，面临较全国其他省份更为严峻的

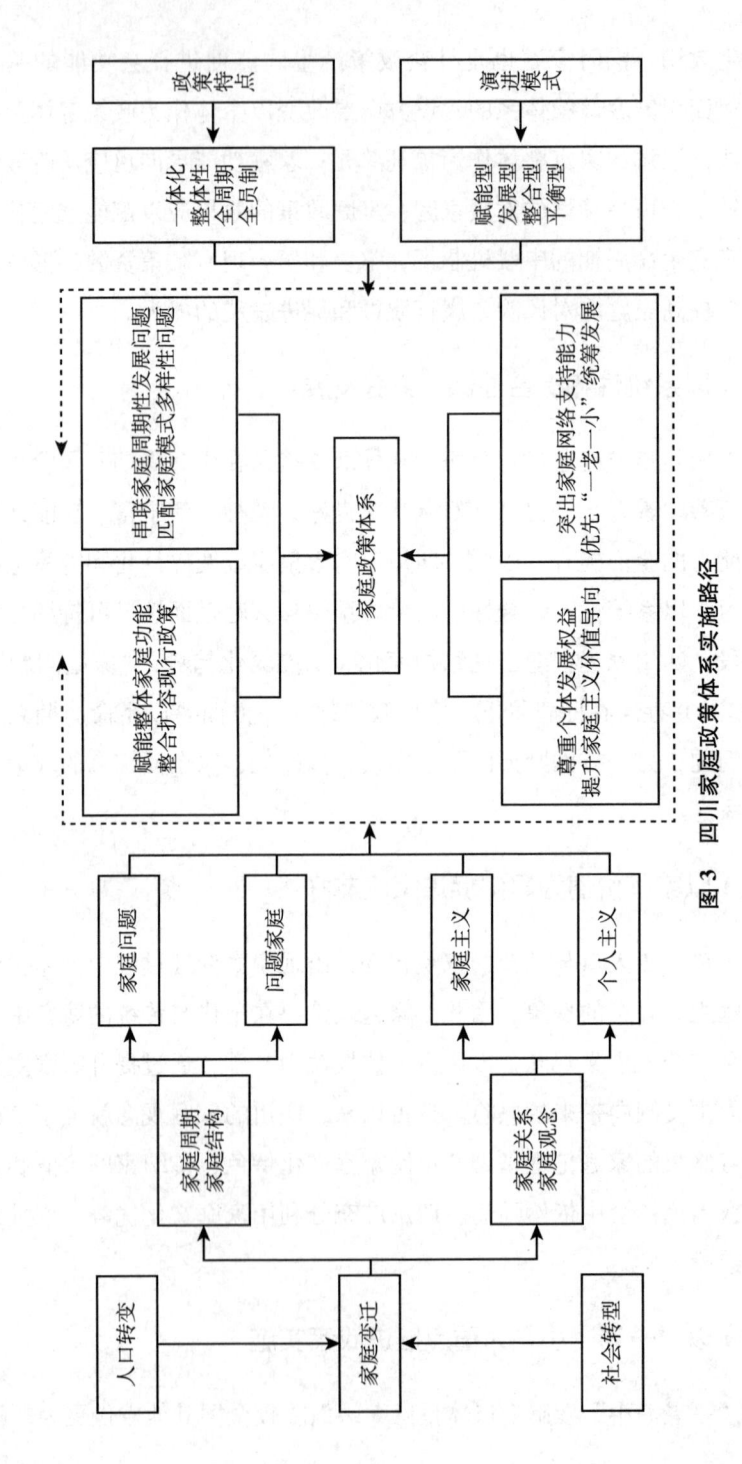

图 3 四川家庭政策体系实施路径

"一老一小"养育问题。"一老一小"共属家庭网络始末,贯穿家庭生命周期首尾,承载社会发展今昔。他们的生存发展直接关系到家庭的幸福和社会的稳定,并影响人口发展的均衡。当前,四川"一老一小"的照抚工作仍由家庭承担,在家庭变迁及现行政策支持乏力的态势下,家庭"一老一小"养育策略不断优化,且已催生大量的生育支持、家庭平衡和养老服务等相关政策。因此,在"一老一小"双龄养育背景下强化家庭责任,应成为实践家庭政策体系的重要抓手和优先选择。与此同时,以完善家庭政策支持家庭建设,应成为四川乃至我国积极应对少子老龄化社会的重点。

B.21 中国式现代化视域下四川省社区卫生服务资源公平性研究报告*

刘金华 黎繁琳 王械冰**

摘　要： 以高质量健康素质促进人口高质量发展，社区卫生服务资源的均衡布局、公平可及是根本保障。为考察四川省社区卫生服务资源均衡性和公平性，使用洛伦兹曲线、基尼系数、泰尔指数和首位集中指数分析2010~2020年四川省21个市州的社区卫生服务资源的纵向变化、横向对比，结果表明：第一，洛伦兹曲线、基尼系数、泰尔指数和首位集中指数均显示四川省21个市州的社区卫生服务资源配置相对公平；第二，从区域均衡布局角度来看，川东北五城的社区卫生服务资源配置有待优化。为促进卫生服务资源的均衡布局、公平可及，坚持加快补齐基层医疗卫生事业短板，增加优质医疗资源供给，加快推进健康四川建设，着力以高质量健康素质促进四川人口高质量发展。

关键词： 社区　卫生服务　人口高质量发展　四川省

一　引言

社区卫生资源的合理配置是保障公民健康权益和提升人口健康素养的关

---

* 国家社科基金重点项目"青藏高原农牧民共同富裕的阶段目标、推进路径与重点任务研究"（22AZD021）；省规划重大项目"四川促进共同富裕的实现路径"（SC22ZDYC13）的阶段性成果。
** 刘金华，四川省社会科学院马克思主义学院院长、研究员，四川省中国特色社会主义理论体系研究中心特约研究员，研究方向为马克思主义中国化、民族地区社会经济发展；黎繁琳，西财天府社区治理学院，研究方向为社区治理；王械冰，浙江大学，研究方向为人口社会学。

键。社区医疗卫生服务在分担首诊责任、推动疾病预防控制、普及健康教育等方面发挥着至关重要的作用，构成了我国卫生医疗服务体系的第一道防线。正如党的二十大报告所强调的，推进健康中国建设、壮大医疗卫生队伍，并将工作重心聚焦农村和社区，完善社区医疗卫生服务是实现这一目标的关键。随着"健康中国"战略的推进，公共政府部门为社区卫生服务营造了良好的外部发展环境。公平性是考察资源配置的重要指标之一，社区卫生服务资源的公平配置可以保障公民健康权益，满足人民群众对美好健康生活的追求。基尼系数和泰尔指数是学术界研究资源配置公平性问题时常用的评估方法。本研究旨在探索四川省内社区卫生服务资源的配置公平性问题，在进行此项研究时，不仅应用了基尼系数和泰尔指数这两种被广泛认同的资源公平性分析方法，还将洛伦兹曲线和首位集中指数作为衡量资源公平性的两种关键工具，这四种分析方法共同用于评估四川省 21 个市（州）社区卫生服务资源配置的公平性状况。

二 数据来源及相关计算说明

（一）数据来源

2010 年、2015 年和 2020 年常住人口数据来源于《四川统计年鉴 2011》《四川统计年鉴 2016》《四川统计年鉴 2021》，2010 年、2015 年和 2020 年的社区卫生服务机构数据、床位数数据和卫生技术人员数据来源于《四川卫生统计年鉴 2010》《四川卫生统计年鉴 2015》《四川卫生统计年鉴 2020》。

（二）相关计算说明

本文主要从基尼系数、泰尔指数和集中指数三个角度出发，测量四川省社区卫生服务资源配置的公平程度。基尼系数和泰尔指数是学术界常用来评价某类资源配置的公平程度的指标，基尼系数侧重于从整体的角度评估资源配置的公平程度；泰尔指数可以从全局和局部的两个方面，评估资源配置的

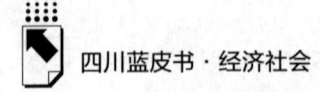

公平程度。首位集中指数侧重从人口规模的角度测量某类资源的首位集中情况,以此判断某个地区资源是否存在不公平现象。为了全面地分析四川省社区卫生服务资源配置的公平性问题,本文在常用公平性分析方法的基础上,引入了首位集中指数,进一步分析四川省社区卫生服务资源的公平性。

1. 基尼系数

基尼系数是评价资源配置公平程度的测量指标之一,学者一般认为0.2以下表示绝对公平、0.2~0.3是相对公平、0.3~0.6是不公平、0.6以上是高度不公平,计算公式如下:

$$G = 1 - \sum_{i+1}^{n}(x_{i+1} - x_i)(y_{i+1} - y_i) \tag{1}$$

其中,G表示四川省社区卫生服务资源的基尼系数,x_i代表四川省21个市州人口的累计百分比,y_i代表四川省21个市州的社区卫生资源的累计百分比。

2. 泰尔指数

泰尔指数是从全局和局部的角度分析某类社会资源配置的公平情况,泰尔指数越小,其代表的公平性就越好;泰尔指数越大,代表的公平性就越差。本研究采用可分解的泰尔指数,计算公式如下:

$$T = T_{区域内} + T_{区域间} \tag{2}$$

$$T_{区域内} = \sum_{t=1}^{k} y_t T_t \tag{3}$$

$$T_{区域间} = \sum_{t=1}^{k} y_t \log\frac{y_t}{p_t} \tag{4}$$

其中,k代表区域数,T_t代表各区域的泰尔指数,y_t代表各区域的社区卫生服务资源占总的社区卫生服务资源的比重。

3. 首位集中指数

"首位度"最早由美国学者马克·杰斐逊在对国家城市规模分布规律研究时提出的重要概念。随后,他提出"首位城市"概念,即某地区内人口规模排第一位的城市,进而提出了"首位城市法则",即某地区内首位城市发展水平要高于该地区排第二的城市。马歇尔对马克·杰斐逊的首位法则进行了补充，认为首位度高于 2 的城市才能称为首位城市。① 此后，学术界在研究中通常将某地区内首位城市与排第二位的城市的人口规模比称为"首位度"。

我国学者在杰斐逊公式（$S=P1/P2$）的基础上，改进了首位度计算方法，提出了更加严谨的 4 城市指数和 11 城市指数的计算方法：

$$S4 = P1/(P2 + P3 + P4) \qquad (5)$$

$$S11 = 2P1/(P2 + P3 + P4 + \cdots + P11) \qquad (6)$$

其中，$S4$、$S11$ 分别代表首位度 4 城市指数和首位度 11 城市指数，P1、P2、P3、P4，…，P11 分别代表第 1，2，3，4，…，11 位城市的人口。从计算公式上看，4 城市、11 城市指数法涵盖的数据范围更广，更具有实用性。崔志军等认为首位集中指数以 1 为标准，即某地区的某项资源首位集中指数为 1，说明了该区域的这项资源配置呈现首位集中现象，由此可以推断该区域的某项资源配置存在不公平现象；指数值越大，则首位集中现象越严重。②

三 四川省社区卫生服务资源的公平性分析

（一）基于洛伦兹曲线的公平性分析

洛伦兹曲线可以反映资源配置的公平程度，本文利用四川省 2010 年、2015 年、2020 年社区卫生服务资源与 2010 年、2015 年、2020 年常住人口统计数据，将社区卫生服务机构数、社区卫生服务机构床位数及社区卫生服务机构卫生技术人员数三类社区卫生服务资源从小到大进行排序，以常住人

---

① 曹范堃、袭燕、郑文贵：《山东省社区卫生服务中心卫生资源配置公平性分析》，《医学与社会》2018 年第 1 期。
② 崔志军、郑晓瑛：《我国 25 省区卫生资源首位集中分析：兼议首位度方法在区域卫生资源配置公平性研究中的应用》，《人口与发展》2014 年第 6 期。

口累计百分比为横坐标，以社区卫生服务资源的各项指标累计百分比为纵坐标，绘制基于人口的洛伦兹曲线。

洛伦兹曲线的弯曲程度越大，表示分配越不公平。由图1可以看出，四川省2020年社区卫生服务资源在社区卫生服务机构数、床位数及卫生技术人员数三项指标配置上相对不公平。其中，卫生技术人员数的洛伦兹曲线弯曲程度最大，这说明四川省21个市州的社区卫生服务资源在卫生技术人员数这方面的配置公平性弱于社区卫生服务机构数和社区卫生服务机构床位数。

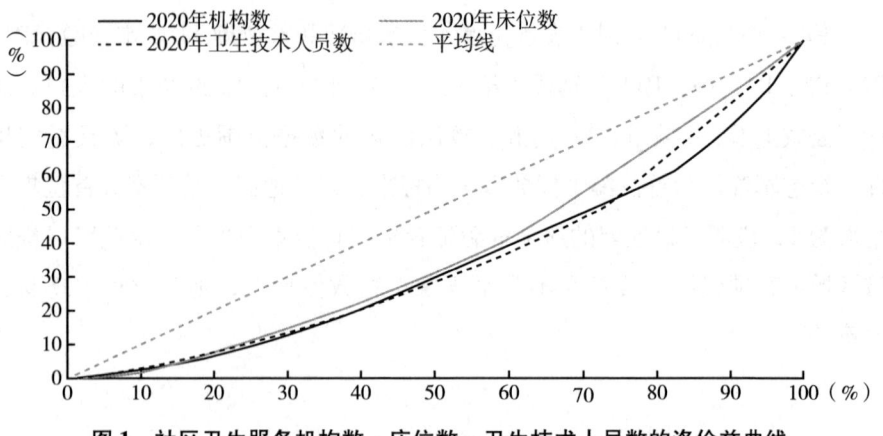

图1　社区卫生服务机构数、床位数、卫生技术人员数的洛伦兹曲线

对四川省在2010年、2015年和2020年的社区卫生服务资源配置进行比较，可以通过洛伦兹曲线观察到，无论是在机构配置、床位配置还是卫生技术人员配置方面，曲线的弯曲程度都在减弱。这一现象表明，四川省在市州层面的社区卫生服务资源配置公平性逐渐提高。然而，不同资源类型的洛伦兹曲线与平均线之间的距离却不同。在2010年、2015年和2020年的社区卫生服务资源洛伦兹曲线方面，卫生技术人员数的曲线比其他两类资源更陡峭，与平均线的距离也更远。这表明，在四川省市州层面的社区卫生服务资源配置中，卫生技术人员资源的公平性配置程度低于机构资源和床位资源。

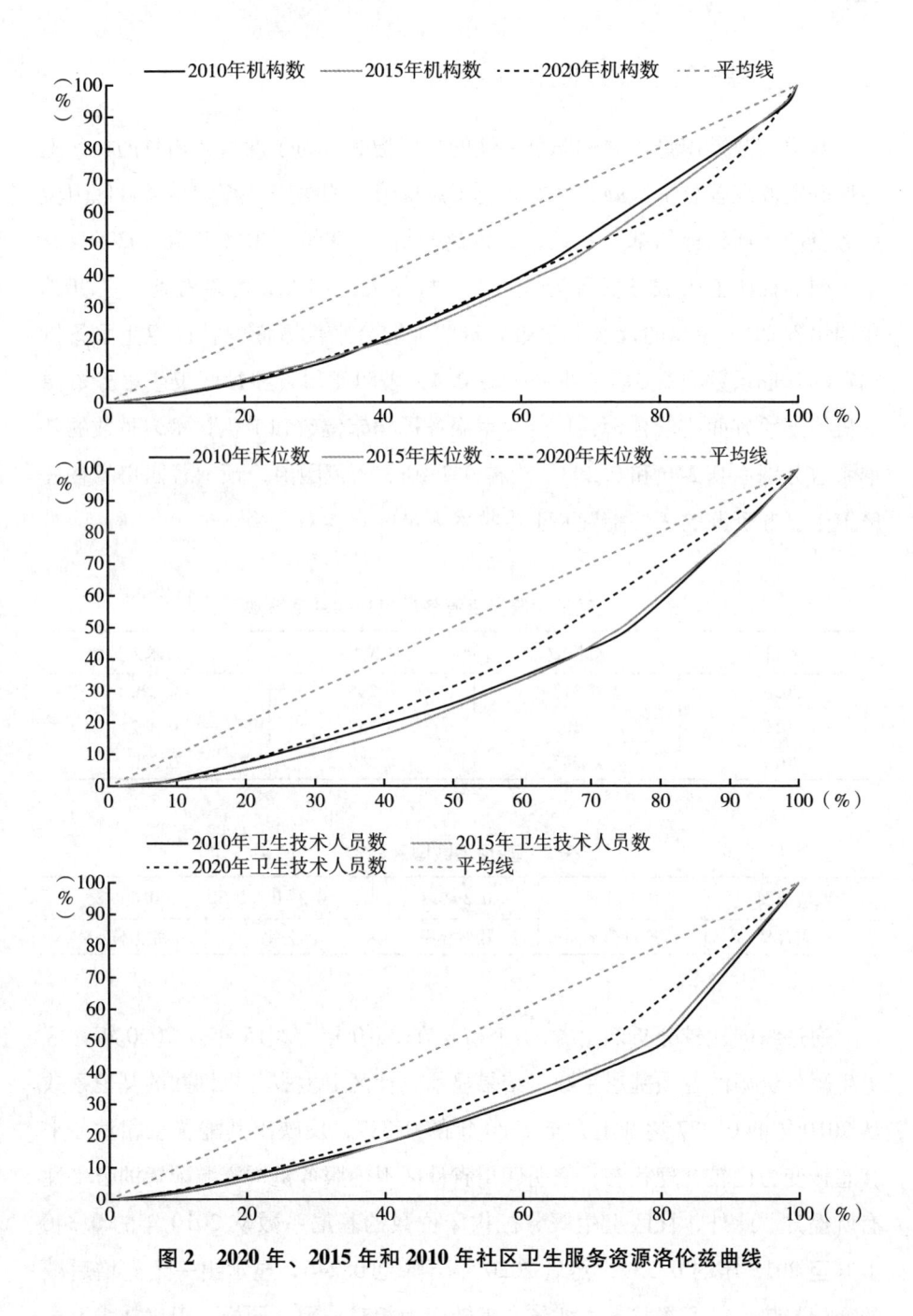

图2 2020年、2015年和2010年社区卫生服务资源洛伦兹曲线

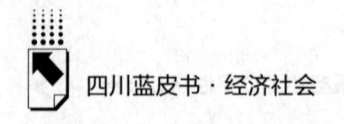

（二）基于基尼系数的公平性分析

基尼系数是衡量资源配置公平性的常用指标。为了探讨四川省的社区卫生服务资源配置公平性问题，本研究采用梯形面积法来计算四川省社区卫生服务资源三项指标的基尼系数，并以此分析2010年、2015年和2020年21个市州的社区卫生服务资源配置情况。根据表1和表2可以看到，在2020年四川省21个市州的社区卫生服务资源配置公平性方面，社区卫生服务机构数的基尼系数为0.317，处于0.3~0.4，表明四川省在社区卫生服务资源的机构配置方面比较合理；社区卫生服务机构床位数和卫生技术人员数的基尼系数分别为0.246和0.298，均在0.2~0.3的范围内，预示着四川省在社区卫生服务资源的床位配置和卫生技术人员配置相对公平。

表1　社区卫生服务资源各项指标的基尼系数

年份	机构数	床位数	卫生技术人员数
2020	0.317	0.246	0.298
2015	0.307	0.359	0.377
2010	0.287	0.340	0.388

表2　基尼系数国际标准

取值范围	0.2以下	0.2~0.3	0.3~0.6	0.6以上
代表含义	绝对公平	相对公平	不公平	高度不公平

通过纵向比较分析四川省21个市州在2010年、2015年及2020年社区卫生服务资源的各项基尼系数，结果显示，社区卫生服务机构数的基尼系数从2010年的0.287逐渐上升至2020年的0.317，反映出其配置从相对公平状态转变为比较合理状态，表明四川省社区卫生服务机构资源配置的公平性有所提升。此外，社区卫生服务机构床位数的基尼系数从2010年的0.340上升至2015年的0.359，然后2020年下降至0.246，显示出一个先增后减的变化趋势，其配置状态由比较合理转变为相对公平。同样，卫生技术人员

数基尼系数从2010年的0.388下降至2020年的0.298，其配置状态由比较合理转变为相对公平。综合来看，四川省21个市州社区卫生服务资源的配置公平性整体上有所提升，趋向于更加合理。

（三）基于泰尔指数的公平性分析

洛伦兹曲线和基尼系数主要用于评估资源配置的整体公平性，但无法揭示各区域间的公平性问题。相比之下，泰尔指数具有更广泛的应用性，不仅能从全局角度反映资源配置的公平性，还可以深入探究区域间以及区域内部的资源配置公平性问题。值得注意的是，泰尔指数值越小，意味着对应的资源配置公平性越高。

为了进一步分析四川省社区卫生服务资源配置的公平性问题，采用可分解的泰尔指数对社区卫生服务机构资源、床位资源及卫生技术人员资源的配置公平性进行分析。同时，依据"核心—边缘"理论，将四川省21个市州按照经济发展水平和地理位置进行了三个维度划分，包括核心城市区、核心城市的邻近地区、边缘城市区。具体来说，成都市被划为核心城市；邻近成都市的德阳市、绵阳市、遂宁市、资阳市和眉山市被划为核心城市的邻近地区；其余城市被划为边缘城市区。之后，通过应用泰尔指数的分解公式，求得总泰尔指数、区域间的泰尔指数以及区域内部泰尔指数，以此来对资源配置公平性问题进行更深层次的探讨。

表3 四川省社区卫生服务资源的泰尔指数比较

年份	指标	总泰尔指数	区域间泰尔指数	区域内部泰尔指数
2010	机构数	0.0659	0.0085	0.0575
	床位数	0.0870	0.0439	0.0431
	卫生技术人员数	0.2416	0.2090	0.0325
2015	机构数	0.0675	0.0138	0.0537
	床位数	0.0913	0.0328	0.0585
	卫生技术人员数	0.1078	0.0779	0.0299

续表

年份	指标	总泰尔指数	区域间泰尔指数	区域内部泰尔指数
2020	机构数	0.0777	0.0057	0.0720
	床位数	0.0489	0.0142	0.0347
	卫生技术人员数	0.0631	0.0422	0.0209

表3展示了四川省各类社区卫生服务资源在2010年、2015年和2020年的变化情况。可以观察到，机构资源的总泰尔指数从2010年的0.0659增至2015年的0.0675，2020年进一步上升到0.0777，呈现出增长趋势；而床位资源的总泰尔指数从2010年的0.0870上升到2015年的0.0913，然后2020年下降到0.0489，呈现出先增长后下降的趋势；卫生技术人员资源的总泰尔指数，从2010年的0.2416下降到2015年的0.1078，2020年进一步减少到0.0631，呈现出降低的趋势。值得注意的是，卫生技术人员数的总泰尔指数变化幅度最大。

在对机构资源、床位资源以及卫生技术人员资源的区域间泰尔指数进行分析时，可以观察到以下趋势：机构资源的区域间泰尔指数从2010年的0.0085上升至2015年的0.0138，随后2020年下降至0.0057，呈现出先增后减的趋势；床位资源的区域间泰尔指数从2010年的0.0439下降至2015年的0.0328，2020年进一步降至0.0142，呈现出持续下降趋势；卫生技术人员资源区域间泰尔指数呈现下降趋势，从2010年的0.2090降至2015年的0.0779，2020年降至0.0422。总体上，机构资源的区域间泰尔指数经历了先增后减的过程，而床位资源和卫生技术人员资源的区域间泰尔指数均呈现下降趋势，特别是卫生技术人员资源的区域间泰尔指数变化最为显著，表明卫生技术人员资源的区域间分配差距减小得最为明显。

综合分析四川省社区卫生服务资源的泰尔指数可以发现，其数值范围均为0~1，且所有指标的泰尔指数均未超过0.25的阈值。值得注意的是，仅在2010年，卫生技术人员数的总泰尔指数、区域间泰尔指数略高于0.2，而在其他年份，所有指标的各类泰尔指数均维持在0.2以下。这揭示了四川省在社区卫生服务资源配置方面表现出较高的均衡性，反映出其资源分配的公平性。

（四）基于集中指数的公平性分析

在分析社区卫生服务资源集中度的公平性时，本研究采用了城市经济地理学中的首位集中指数分析方法来评估四川省21个市州在社区卫生服务资源配置上的变化趋势。通过使用首位集中指数的计算公式，可以得到四川省2010年、2015年和2020年的社区卫生服务资源首位集中指数（见表5）。此方法的应用有助于深入了解四川省社区卫生服务资源的分布特征及其演变情况，为进一步优化资源配置提供科学依据。

受城市空间发展规划理论体系的启发，研究参考约翰·弗里德曼的"核心—边缘"理论进一步划分四川省21个市州，探究不同区域的社区卫生服务资源配置现状。"核心—边缘"理论指出，地区的发展会率先出现在基础设施完备的大城市，随后会向周边城市以及外围城市进行扩展。在弗里德曼看来，一个地区是由一个或若干个核心区域和边缘区域组成，核心区域是由一个城市或城市集聚组成，其承载了经济发展和社会发展的核心任务；与此同时，边缘区域在整个地区的可持续发展中也发挥着重要的作用，能够为核心地区的发展提供各种资源，同时也受到核心地区的辐射带动作用。

表4 2020年四川省21个市州常住人口与社区卫生服务机构基本情况

单位：万人，个

分类	城市	常住人口		社区卫生服务机构数	
核心城市	成都市	2094.70		255	
周边城市	德阳市	345.70		45	
	绵阳市	487.10		105	
	遂宁市	281.50	1640.9	106	277
	资阳市	231.00		9	
	眉山市	295.60		12	

续表

分类	城市		常住人口		社区卫生服务机构数	
边缘城市	川东北	广元	230.70	1927.4	22	268
		达州	538.70		39	
		广安	325.60		27	
		巴中	271.40		32	
		南充	561.00		148	
	川东南	自贡	249.00	1447.9	31	140
		泸州	425.60		51	
		内江	314.20		16	
		宜宾	459.10		42	
	川西南	乐山市	316.10	1067	34	103
		雅安市	143.60		8	
		凉山州	486.00		16	
		攀枝花市	121.30		45	
	川西北	阿坝州	82.30	193.1	13	15
		甘孜州	110.80		2	

资料来源：常住人口数据来源第七次全国人口普查公报、社区卫生服务机构数据来源于《四川卫生统计年鉴2020》。

《全国医疗卫生服务体系规划纲要（2015—2020年）》指出，综合考虑城镇化、地理位置、人口聚集程度等因素，社区卫生服务中心按照街道办事处行政区划或一定的服务人口进行设置，在每个街道办事处范围或每3万~10万居民规划设置1所社区卫生服务中心为居民提供基本的医疗卫生保障服务。[①] 可见，我国社区医疗卫生服务资源的规划、配置与人口密度、人口分布密切相关，四川省社区卫生服务资源的区域间配置不均衡，广元、达州、广安、巴中和南充五个川东北城市的常住人口比德阳市、绵阳市、遂宁市、资阳市和眉山市五个成都市的周边城市的常住人口多，但前者的社区卫生服务机构配置数比后者要少，未达到按照人口比例均衡配置。

---

① 《国务院办公厅关于印发全国医疗卫生服务体系规划纲要（2015—2020年）的通知》，http://www.gov.cn，2015年3月。

表 5　四川省社区卫生服务资源的首位度和首位集中指数

项目		2010 年	2015 年	2020 年
社区卫生服务资源首位度	机构数	0.86	1.02	0.79
	床位数	1.59	1.29	1.51
	卫生技术人员数	2.27	2.06	2.28
人口首位度		0.64	0.66	0.98
社区卫生服务资源首位集中指数	机构数	1.34	1.53	0.80
	床位数	2.47	1.95	1.53
	卫生技术人员数	3.55	3.11	2.32
	均值	2.46	2.20	1.55

依据学术界对首位集中指数的界定标准，可以将该指数的值域分成四个区间，以评估四川省社区卫生服务资源分布的集中程度。具体而言，当首位集中指数取值小于等于 1 时，可以认为不存在显著集中现象；当指数值为 1~1.5（不含 1.5）时，资源分布被认为处于可接受的集中水平；若指数值为 1.5~2（不含 2），则表明存在中度集中趋势；当指数值超过 2 时，可以将其定义为高度集中现象。通过分析四川省 2010 年社区卫生服务资源数据，发现机构资源的首位集中指数略高于 1 但低于 1.5，这表明其分布相对均衡；然而，床位资源和卫生技术人员资源的首位集中指数均超过 2，显示出这两种资源在 2010 年的配置中呈现出显著的高度集中特征。总而言之，2010 年四川省在社区卫生服务资源的配置中，机构资源的配置较为合理，而床位和卫生技术人员资源的配置表现出高度集中现象。

对 2015 年四川省社区卫生服务资源配置情况进行分析发现，机构资源和床位资源的首位集中指数均在 1.5~2，表明这两种资源在 2015 年呈现出中度集中倾向；而卫生技术人员资源的首位集中指数超过 2，揭示了该资源配置的高度集中特征。与 2010 年的数据相比，2015 年机构资源的首位集中指数有所上升，而床位资源和卫生技术人员资源均则有所下降。尽管如此，从整体资源配置的角度来看，2015 年四川省的社区卫生服务资源配置仍然有不公平的迹象。在社区卫生服务资源管理中，需要进一步关注资源的均衡

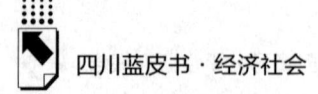

分配。

对2020年四川省社区卫生服务资源配置状况进行分析，观察到机构资源的首位集中指数低于1.0，表明该资源在社区层面的分布较为均衡，未表现出明显的集中趋势。相较之下，床位资源的首位集中指数在1.5~2.0，反映出中度集中状态。同时，卫生技术人员资源的首位集中指数超过2，揭示该资源配置表现出高度集中现象。对比2010年至2020年的首位集中指数发现，四川省社区卫生服务资源的集中程度整体呈现下降趋势，表明四川省在社区卫生服务资源配置方面已经取得了积极的进展。尽管卫生技术人员资源的首位集中指数在2010年、2015年、2020年均超过2，但值得关注的是，其集中程度逐渐降低，显示出资源配置趋于均衡。这些发现对于指导未来四川省社区卫生服务资源的合理分配具有重要意义，凸显了持续监测和调整资源配置策略的必要性，以确保资源能够在不同社区之间实现更加公平和有效地分配，从而更好地满足居民的卫生服务需求。

四　总结

社区卫生服务机构是基层卫生服务系统的基石，承担着对常见疾病的及时干预与有效治疗的重要职能，为居民提供便捷的医疗服务，从而在我国的分级诊疗体系中发挥着基础性作用，党和国家对社区医疗卫生服务体系的完善一直给予高度关注。对比四川省在主要年份的社区卫生服务资源配置情况，从洛伦兹曲线角度，与2010年和2015年相比，2020年的洛伦兹曲线更加接近于平均线，表明资源分配不平等程度有所降低；分析基尼系数，2020年四川省社区卫生服务机构资源的基尼系数为0.317，床位资源的基尼系数为0.246，卫生技术人员资源的基尼系数为0.298，均位于0.3~0.4，进一步印证了资源分配的相对公平性。泰尔指数也支持了这一观点，2020年四川省社区卫生服务资源的三类泰尔指数均处于较低水平，表明资源分配不平等程度有所下降。从洛伦兹曲线、基尼系数、泰尔指数以及首位集中指数的角度来看，四川省的社区卫生服务资源在2020年整体呈现出较为公平的配置状态，但从区域均衡配置的角度出发，仍然存在不足，特别是川东北地区的社区卫生服务资源配置仍需进一步地优化和调整，以实现区域内的均衡发展，确保所有社区居民都能获得高质量的卫生服务。

参考文献

崔志军、郑晓瑛：《我国25省区卫生资源首位集中分析：兼议首位度方法在区域卫生资源配置公平性研究中的应用》，《人口与发展》2014年第6期。

李志刚、杜福贻、李丽清：《我国社区卫生服务机构卫生资源配置的公平性研究》，《中国全科医学》2018年第10期。

曹范堃、袭燕、郑文贵：《山东省社区卫生服务中心卫生资源配置公平性分析》，《医学与社会》2018年第1期。

彭蓉、邓蒙、覃娴静、冯俊、韦小飞、凡滇琳、冯启明、李贞：《2015—2017年广西卫生资源配置现状及公平性研究》，《中国卫生政策研究》2020年第3期。

朱斌、毛瑛、张宁、何荣鑫、宁伟、谢涛、刘锦林：《基于空间分析的中国药师、技师配置及优化策略研究》，《中国卫生事业管理》2022年第7期。

王梅、郭默宁、谭鹏、李昂：《北京市社区卫生服务中心卫生人力资源现状研究》，《中国全科医学》2021年第10期。

张明吉、严非：《基层卫生人力资源困境的职业地位解释》，《医学与社会》2020年第11期。

苗苗、范雪薇、芦鑫源、岳志浩、张仲：《2014年—2018年内蒙古社区卫生资源配置现状及公平性研究》，《现代预防医学》2021年第9期。

B.22
四川森林康养产业发展研究报告

金小琴*

摘　要： 森林康养产业作为一个覆盖面广、产业链长、多业态融合的新兴产业，在人口老龄化和亚健康化背景下迅速步入发展快车道。四川是"森林康养的破译者"，森林康养产业的发展具有起步早、行动快、模式多、影响广的特点。本文从供给端、需求端和消费端分析森林康养产业发展趋势，并系统总结和分析了四川发展森林康养产业的主要做法，提出要积极争取配套政策支持、注重森林康养人才培养、培育森林康养市场主体、加强森林康养技术研究、促进森林康养融合发展，从而进一步推进森林康养产业高质量发展。

关键词： 森林康养　健康产业　高质量发展

一　问题的提出

森林康养产业充分体现了"绿水青山就是金山银山"理念，是处理好发展与保护辩证关系的重要实践，具备主体多元、产业共融、业态相生、覆盖面广、产业链长、多业态融合等优势，是前景广阔、潜力巨大、成长性很好的新兴产业。近年来，森林康养产业的发展步入快车道，并呈现产品同质化、竞争白热化趋势；同时，由于过低的门槛，森林康养企业良莠不齐，甚至打着"养老""康养"旗号行非法经营、欺诈行骗之实，这在一定程度上

---

* 金小琴，四川省社会科学院副研究员，主要研究方向为资源与环境问题。

影响了森林康养产业的健康有序发展。因此，推进森林康养产业高质量发展，成为社会各界关注的热点话题。

森林康养是一个新概念，源于对森林生态的认知，也源于城市生活环境污染带来的困扰，还源于对林业改革与发展的选择与期待。森林康养是健康产业的分支，对于社会大众来说，是新型的健康生活方式；对于林业部门来说，是从供给侧结构性改革着手森林经营发展的新方向；对于产业发展来说，是健康服务业中的新业态。森林康养产业是指依托于丰富多彩的森林景观、沁人心脾的森林养生环境、健康安全的森林食品、内涵浓郁的生态文化等资源，[①] 融入休闲旅游、运动养生、医疗养老等健康服务的新理念，以修身养性、调适机能、养颜健体、延缓衰老等方式促进大众健康为目的，形成的一个主体多元、产业共融、业态相生的产业综合体。

森林康养既是实施健康中国战略、满足人民群众对生态产品和健康服务需求，主动融入大健康服务业的有效载体，也是"双碳"目标下科学合理利用森林资源、拓展森林多重功能、探索生态产品价值实现机制的有效途径，同时也是推动林业供给侧结构性改革和林业产业转型升级的路径选择。四川作为全国第二大林区和我国重要的生态屏障区，森林资源和特色民族文化资源丰富，具备发展森林康养产业的基础和条件；同时，四川面临着生态脆弱性与民生发展紧迫性等现实矛盾，森林康养产业的发展有利于将潜在的生态资源优势转化为现实发展优势，增强绿色高质量发展的内生动力。因此，推进四川森林康养产业高质量发展具有十分重要的意义。

二 森林康养产业的研究进展

（一）理论层面

国外关于森林康养的研究主要集中为森林环境的医学论据研究、森林康

[①] 吴冕：《四川森林康养产业模式研究》，四川农业大学学位论文，2018。

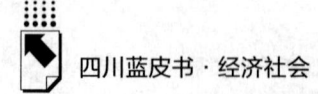

养产业的发展模式和森林康养基地建设评价研究等。① 国内研究主要集中在森林康养概念②、康养基地建设③、森林康养产业发展④等方面。而森林康养认知度不够、森林康养资源整合度不高、森林康养产品同质化、森林康养服务设施不完善、森林康养人才资源短缺等问题，制约着森林康养产业的可持续发展。⑤

（二）实践层面

森林康养（Forest Health）源于19世纪40年代德国创立的世界首个森林浴基地，最早称为"森林浴"（Forest Bathing）、"森林疗法"（Forest Therapy），在发展过程中逐步形成了森林医疗型的德国模式、森林保健型的美国模式、森林浴型的日本模式。⑥ 森林康养在我国处于起步阶段，湖南、北京、四川、贵州、浙江和福建等省市率先开展了试点建设。⑦ 在地方政府大力推进森林康养产业发展的同时，部分高校、科研院所也开始聚焦森林康养的科技研究与人才培训。⑧ 截至目前，全国大部分省区市都开展了森林康养基地建设和认证评定，有力地推动了森林康养产业的蓬勃发展。⑨

---

① Grilli Gianluca, Sacchelli Sandro, "Health Benefits Derived from Forest: A Review," *International Journal of Environmental Research and Public Health*, 2020, 17(17); Y. Ohtsuka, Noriyuki Yabunaka, Shigeru Takayama, Shinrin-yoku, "Forest Air Bathing and Walking Effectively Decreases Blood Glucose Levels in Diabetic Patients," *International Journal of Biometeorology*, 1998, 41(3).
② 吕火明：《森林康养：内涵、作用与发展对策》，《中国西部》2019年第4期。
③ 陈云、刘大均、王维等：《四川省森林康养基地可达性及其影响因素研究》，《绿色科技》2023年第15期。
④ 郑贵军：《森林康养产业发展的动力机理研究》，《中南林业科技大学学报》（社会科学版）2019年第2期。
⑤ 吴后建、但新球、刘世好等：《森林康养：概念内涵、产品类型和发展路径》，《生态学杂志》2018年第7期。
⑥ 侯英慧、丛丽：《日本森林康养政策演变及启示》，《世界林业研究》2022年第2期。
⑦ 王政、杨霞：《森林康养空间分布特征及其影响因素研究——以四川森林康养基地为例》，《林业资源管理》2020年第2期。
⑧ 张绍全：《发展森林康养产业推进现代林业转型升级的思考》，《林业经济》2018年第8期。
⑨ 郑胜男、徐祥明：《森林康养研究进展综述》，《四川林业科技》2023年第3期。

可以看出，国外对森林康养的研究相对比较成熟，而森林康养在我国的起步较晚，兴起于2015年，基本形成了包括概念界定、理论基础、产品体系、发展路径的研究体系。因此，现有理论研究与实践探索为四川森林康养产业发展提供了经验性总结和方向性指引。

三 森林康养产业发展的趋势分析

（一）从供给端看：森林康养产业未来发展前景广阔

1. 国家政策大力支持森林康养产业的发展

新兴产业的发展离不开国家层面的政策支持。2013年国务院发布了《关于促进健康服务业发展的若干意见》，2015年《政府工作报告》提出"健康中国"行动，2016年发布《"健康中国2030"规划纲要》，随后出台了一系列推进健康服务业发展的政策措施。2017年"森林康养"首次被写入中央一号文件。2018年中央一号文件提出开展森林康养服务的"森林人家"。2019年《关于促进乡村产业振兴的指导意见》提出，建设一批森林人家和康养基地的要求；《关于促进森林康养产业发展的意见》发布，使森林康养产业发展由一个部门的倡导变为多部门共同推进。2020年10月，发布《国家级森林康养基地标准》《国家级森林康养基地认定实施规则》《国家级森林康养基地认定办法》《森林康养基地命名办法》四项国家团体标准。2024年1月，国家发展改革委发布《产业结构调整指导目录（2024年本）》，森林康养、自然教育和生态旅游被列入鼓励类。从拓展森林经营方向的角度出发，顺应健康服务业发展潮流，我国提出了"森林康养"这个概念和推出了森林康养这个新业态，为森林康养产业的发展提供了广阔的空间。

2. 森林康养产业发展与市场需求契合度有待提升

随着对森林康养关注度的不断提升，四川、湖南、贵州等省主动探索森林康养产业发展路径，寻找将医学、旅游、休闲、养老及林业等多产业融入森林康养的发展模式。从现阶段看，森林康养产业是一个综合性的朝阳产

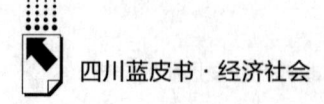

业，处于起步阶段，森林康养的市场认知度、辨识度和吸引力有待提高，尚未跳出传统旅游模式，还不能很好地满足广大居民的康养需求。因此，现有康养市场供给与人民日益增长的美好生活需要之间的差距，正是今后高质量发展森林康养产业的重要动力。

（二）从需求端看：森林康养消费需求将呈现持续性增长态势

1. 人口老龄化加剧

人口老龄化是当前四川乃至全国、全球共同面临的挑战。2020年，根据第七次全国人口普查数据，四川65岁及以上人口为1416.8万人，占四川常住人口的16.93%，已进入深度老龄化阶段，仅次于辽宁和重庆，居全国第三位。面对如此汹涌的"银发浪潮"，森林康养所提供的健康环境与医疗服务正是老年群体急需的。

2. 亚健康群体增加

世界卫生组织把"亚健康"定义为人体处于疾病与健康之间的一种过渡状态，称第三状态。人们在尽情享受现代文明成果的同时，文明病、城市病、身心障碍类疾病日益增多，处于亚健康状态的人越来越多。据世界卫生组织调查，全球亚健康状态人口约占总人口的70%，而中国亚健康人口的比例高达75%左右。同时，亚健康人口集中分布在经济发达地区。实际上，"亚健康"之所以与"不健康"有一字之差，说明此时疾病还没有呈现出压倒性趋势，只要适当保养，可以获得非常好的治疗效果。事实证明，森林康养对亚健康状态具有良好的改善作用，森林可以让人放松心情、释放压力，森林的摄氧活动有益于调节神经、改善睡眠，森林的清新空气有益于调试功能、增强抗病能力。

（三）从消费端看：消费意愿和消费能力助推森林康养产业发展

1. 高品质生活的消费意愿强烈

近年来，随着国民的健康意识日益增强，尤其是新冠疫情带给人类的反思，人们对回归自然、追求健康生活的愿望越来越强烈。根据国家卫健委数据，我国居民健康素养水平从2012年的8.80%上升到2023年的29.70%，基本实现了到

2030年达到30%的目标。从马斯洛的人类需求层次阶梯分析，在有一定的经济基础后，人会理性地思考现实问题，包括客观地分析生活环境，寻求维持健康的场所，对健康服务的主观需求就会自然产生，从而逐步增强对高品质生活消费的意愿。森林康养由此契合了人们更高层次的需求。

2020年中国森林康养行业市场规模超1300亿元，预计2021~2025年，中国森林康养产业市场规模将持续较快扩张，增速维持在30%以上。由此可见，人们对健康服务需求强劲，森林康养产业发展前景十分可观。

2. 健康服务的消费能力得到保障

收入是消费的基础和前提，也是影响消费最核心的因素。随着我国人民生活水平的提高，城乡居民人均可支配收入水平也不断提升，健康消费已经逐渐成为居民消费的重要内容。此外，作为世界第二大经济体，我国已经连续多年成为世界上的储蓄大国，中国人民银行发布的数据显示，截至2024年2月末，我国住户存款余额高达143.24万亿元，人均存款约为10.80万元。因此，消费能力的提升如果转化为现实的消费需求，必将助推森林康养产业高质量发展。

四 四川森林康养产业发展的探索与实践

四川森林康养产业的发展具有起步早、行动快、模式多、影响广的特点。作为"森林康养的破译者"，四川在森林康养产业发展方面积极探索。

（一）注重顶层设计

自森林康养理念被提出后，中央连续多年的一号文件都对发展森林康养产业提出了明确要求，各地对森林康养产业的发展也高度重视。2016年5月，《四川省林业厅关于大力推进森林康养产业发展的意见》提出，要把四川基本建成国内外闻名的森林康养目的地和全国森林康养产业大省。该意见也是率先在全国出台的省级发展意见。2021年12月，四川省委十一届十次全会审议通过了《中共四川省委关于以实现碳达峰碳中和目标为引领推动绿色低碳优势产业高质量发展的决定》，提出要加快建设人与自然和谐共生绿色发展先行区，这为四川森林康养产业发展指明了方向，推进森林康养产业高质量发展成为四川重点发展的新业态。

（二）注重试点示范

2015年首批十大森林康养基地试点正式启动，并从天保工程改革发展奖励资金中给予第一批试点基地各50万元的康养项目补助，主要内容包括：改建康养步道、宣传森林医学、推广康养活动、改善康养基本条件等。通过短短几年时间的努力，四川的森林康养基地和相关业态如雨后春笋般迅速发展。截至2023年末，四川已进行了八个批次的省级森林康养基地评定，四川省级森林康养基地达到298家，全省21个地市州皆有分布。从数量上看，位居全省第一的是宜宾市，有38家；位居第二的是巴中市，有36家；成都市位居第三，有31家；而内江市和甘孜州均仅有1家入选（见图1）。此外，森林康养示范片、森林康养线路及康养驿站等多种实践模式也在不断探索中。值得一提的是，峨眉半山的洪雅七里坪森林康养基地成为四川森林康养的领跑者，受到了省内外消费者的青睐，同时涌现出了洪雅玉屏山、峨眉半山七里坪、攀西阳光康养、广元天曌山和曾家山、北川药王谷、南江光雾山、崇州道明竹里、都江堰安缇缦等一大批示范典型。

（三）注重规范引导

四川十分注重森林康养产业的标准化、规范化发展，并得到了省质量技术监督局（省市场监督管理局）的支持。自2016年起，四川陆续制定并印发了森林康养建设的系列行业标准。2017年出台了《四川省森林康养人家评定办法（试行）》。2022年12月，四川省林草生态旅游发展中心牵头完成了《四川省森林康养基地评定和运行监测办法》修订工作，进一步规范了四川省森林康养基地评定和运行监测工作。此外，四川充分发挥行业协会和产业技术联盟等社会性组织的桥梁和纽带作用，形成行业内部自律和评价管理机制，引导森林康养产业健康发展。

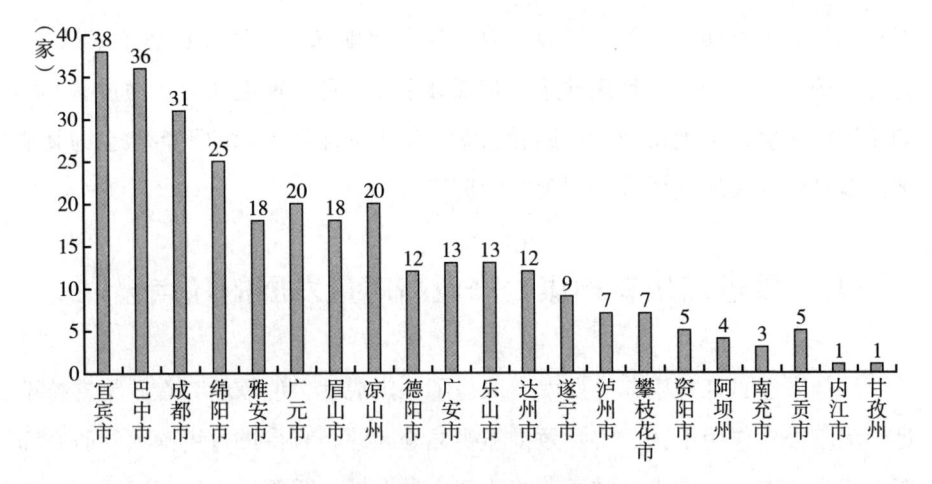

图 1　四川省级森林康养基地分布

资料来源：根据四川省林业和草原局公布数据整理所得。

（四）注重宣传推介

四川森林康养产业的发展在全国处于领跑地位，这离不开其的大力宣传和推介。一方面，在宣传上，有关媒体不仅积极宣传传统中医的疗法（香囊、烟熏、花浴等），更是积极介绍森林医学和园艺疗法的相关研究成果，使森林康养有医学的佐证。另一方面，省主管部门联合相关机构每年召开森林康养年会，通过会议方式进行经验交流和推广。2015 年 7 月，首届四川森林康养年会在眉山市洪雅县玉屏山召开，标志着森林康养理念开始进入人们的视野。[1] 2017 年，第三届森林康养（冬季）年会发布了"森林康养指数"。[2] 2018 年，第四届四川森林康养年会以"绿水青山就是金山银山　森林康养助推乡村振兴"为主题；2019 年，第五届四川森林康养年会以"践行'两山'理论，助力全民健康——宜人宜宾·康养樟海"为主题。2021 年，森林康养年会在眉山市洪雅县玉屏山景区举行，在会上中国林场协会授予洪雅县国有林场全国首家"森林康养林场培训基地"荣誉称号。2024 年 6 月，

---

[1] 吴冕：《四川森林康养产业模式研究》，四川农业大学学位论文，2018。
[2] 张绍全：《发展森林康养产业推进现代林业转型升级的思考》，《林业经济》2018 年第 8 期。

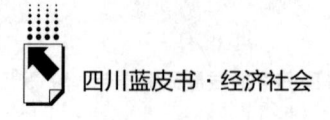

四川森林康养集团成功举办了以"森林康养领航未来,康养旅居未来已来"为主题的大会,积极推动康养旅居与森林康养产业的深度融合。通过举办不同主题的年会,给地市州森林康养探索提供了交流和展示的平台,也为其他地区森林康养发展提供了一个观察的窗口。

五 推进四川森林康养产业高质量发展的几点建议

综合来看,森林康养产业发展取得了一定成就,但依然存在政策支持不足、示范带动作用不强、实际效果不明显等问题,有待进行更深入的研究和探索。为了进一步推进森林康养产业高质量发展,需要注意以下问题。

(一)积极争取配套政策的支持

森林康养产业作为新兴产业,离不开国家和地方层面的政策支持。森林康养产业发展涉及养老、医疗、旅游、科技信息、绿色农业等多个领域,尤其是医疗、养老领域的改革对森林康养产业的发展而言至关重要。在具体操作过程中,森林康养产业健康发展需要用地、融资、税收优惠等多个方面的政策支持。值得注意的是,森林康养产业发展的每个阶段对政策需求的重点不一样,如在起步阶段,难以实现森林康养产业的充分市场化、高度商业化、产品高端化与推广品牌化,需要大量的资金撬动。因此,应根据产业的不同发展阶段进行政策调整,实现政策导向与现实需求的精准对接。

(二)注重森林康养的人才培养

森林康养产业发展,必须有相应的人才保障。一方面,强化对政府工作人员的培训。森林康养作为新生事物,部分领导干部对森林康养理念的认知不到位,应使其熟悉了解森林康养的基本含义、理念、政策,从推进生态文明建设、健康中国建设和践行"绿水青山就是金山银山"理念的高度,深化对森林康养产业发展的重要性、系统性和紧迫性的认知。另一方面,加强对森林康养专业技术人员的培养。建议把发展森林康养产业与落实各项就业、创业政策紧密结合起来，将对森林康养管理人员、从业人员及森林康养师、森林引导员、解说员、理疗师等的培训纳入行业、地方人才保障和就业计划。做好森林康养业务培训，利用新型职业农民培训等各种平台，强化对森林康养基地、森林康养人家等森林康养经营者、从业人员的专业培训，并给予一定的政策激励，提升森林康养从业人员的整体技能。

（三）培育森林康养的市场主体

以市场需求为导向，因地制宜制定森林康养龙头企业培育方案，打造创新能力强、管理水平高、引领作用大、辐射范围广的森林康养龙头企业。结合乡村振兴战略，鼓励引导大学生、在外成功人士等回乡开展与森林康养相关的创业，大力培育一批森林康养产业的专业大户、家庭林场和专合组织，①鼓励和引导社会资本投入森林康养产业，全面推动森林康养市场体系不断完善。

（四）加强森林康养的技术研究

根据森林康养产业发展新需求，开展森林康养产业科学技术研究与开发，为森林康养产业发展提供技术支撑。森林康养基地标准认定以及森林康养活动体验效果监测的方法和标准等还需要进一步规范，"互联网+"技术的应用以及新基建的发展等对森林康养产业发展的影响值得关注。在电信网、广播电视网、互联网"三网融合"的基础上，进一步借助物联网、云计算等新一代信息技术，促进森林康养向更加专业、更高质量的方向发展。

（五）促进森林康养的融合发展

森林康养是我国大健康产业的新模式、新业态、新创意，也是养老产业发展的新方向。森林康养产业的发展，一方面促进了森林康养师、康养导游、康养治疗师等职业的发展；另一方面可辐射带动交通、餐饮、住宿、养

---

① 何欢：《巴中：打造中国最佳森林康养目的地》，《巴中日报》2016年5月16日。

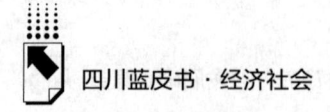

生养老等领域受益。因此，森林康养产业发展应以森林资源开发为主要内容，充分发掘利用自然景观、森林环境、休闲养生文化等资源，形成多元组合、产业共融、业态相生的多业态融合发展格局。

参考文献

Grilli Gianluca, Sacchelli Sandro, "Health Benefits Derived from Forest: A Review," *International Journal of Environmental Research and Public Health*, 2020, 17(17).

Y. Ohtsuka, Noriyuki Yabunaka, Shigeru Takayama, Shinrin-yoku, "Forest Air Bathing and Walking Effectively Decreases Blood Glucose Levels in Diabetic Patients," *International Journal of Biometeorology*, 1998, 41(3).

李后强、廖祖君、蓝定香等：《生态康养论》，四川人民出版社，2015。

侯英慧、丛丽：《日本森林康养政策演变及启示》，《世界林业研究》2022年第2期。

王政、杨霞：《森林康养空间分布特征及其影响因素研究——以四川森林康养基地为例》，《林业资源管理》2020年第2期。

刘婧琳、张洋、吴成亮：《居民森林康养基地认知对消费意愿的影响》，《西南林业大学学报》2022年第5期。

李洪：《生态价值转化视角下森林康养产业融合发展》，《南方农业》2021年第23期。

B.23
四川城镇老旧小区改造的背景、举措与成效研究报告

刘宗英　陈　晨　陶成蹊*

摘　要： 城镇老旧小区由于建设年代较早，普遍出现市政基础设施老化、公共服务设施不足、专业物管缺乏等问题。为此，国家高度重视，出台了一系列政策推动老旧小区改造。四川省积极贯彻落实，通过政策制度引领、多元资金保障、小区居民参与、长效机制建立等举措，扎实推进老旧小区改造，不断满足人民日益增长的美好生活需要，取得显著成效。住房和城乡建设部多次将四川经验做法编入城镇老旧小区改造可复制政策机制清单，向全国推广。

关键词： 老旧小区　空间改造　城市更新

中华人民共和国成立以来，我国城市已经历了四轮更新。[①] 城市更新的方式从大拆大建向管理提升和综合整治迈进，城市更新的对象从大规模旧城改造向小规模、渐进式的微更新转向。[②] 老旧小区是城市建成区的核心板块，也是我国新一轮城市更新改造工作的重点内容。2014年，国务院在《国家新型城镇化规划（2014—2020年）》中提出"有序推进旧住宅小区

---

* 刘宗英，四川省社会科学院社会学研究所副研究员，研究方向为城乡基层治理；陈晨，四川省社会科学院，研究方向为组织社会学；陶成蹊，四川省社会科学院，研究方向为组织社会学。

① 阳建强、陈月：《1949—2019年中国城市更新的发展与回顾》，《城市规划》2020年第2期。
② 谢芳芸：《我国老旧小区改造中政府治理模式及其优化研究》，重庆大学博士学位论文，2022。

综合整治"，开启了最新一轮的城市更新，并一直持续至今。2024年7月国务院印发的《深入实施以人为本的新型城镇化战略五年行动计划》中推进城镇老旧小区改造依然是重点任务之一。老旧小区改造是提升城市品质、改善居民生活的重要抓手。四川省作为西部地区的重要省份，其老旧小区改造工作对于推动区域社会经济发展、提升城市形象、推进社会治理现代化具有重要意义。

一 四川省城镇老旧小区改造背景

（一）四川老旧小区的状况

老旧小区主要是指2000年底前建成的城镇老旧住宅小区。据统计，四川省老旧小区近2.2万个，有房屋10万余栋，建筑面积约2亿平方米，涉及居民200余万户、600多万人，① 这些老旧小区不同程度地存在建筑外立面斑驳、基础设施老化、功能缺失、配套不完善等现象，不仅影响居民的居住安全，也影响了居住环境的舒适度。

在基础设施方面，供水、供电、排水等系统普遍陈旧，难以满足现代家庭的基本生活需求，频繁出现的故障更是给居民生活带来了诸多不便。此外，老旧小区的公共服务设施严重匮乏，如缺乏足够的绿地空间、健身设施、文化活动中心等，难以满足居民日益增长的精神文化需求。同时，小区管理机制不完善，导致环境卫生、治安秩序等问题频发，进一步降低了居民的生活质量。更为严峻的是，老旧小区改造工作往往因改造难度大、资金投入多、利益协调复杂而进展缓慢，容易成为城市更新的盲点。这不仅影响了城市整体面貌的改善，也制约了城市功能的优化和居民生活品质的提升。因此，四川省大力推进老旧小区改造，不仅是改善居民居住条

---

① 《今年四川老旧小区改造计划已开工38万户 开工率达84.7%》，http://www.scol.com.cn，2020年10月27日。

件、提升城市品质的必然要求，也是推动城市可持续发展、促进社会和谐稳定的重要举措。

（二）国家政策的推动

党中央、国务院高度重视城镇老旧小区改造工作。国务院早在2014年就在《国家新型城镇化规划（2014—2020年）》中提出了"有序推进旧住宅小区综合整治"。2015年中央召开城市工作会议，再次强调要加快推进老旧小区改造。为探索城市老旧小区改造更新模式，2017年住建部开展了老旧小区改造综合试点。2019年，习近平总书记在中共中央政治局会议上明确要求实施城镇老旧小区改造等补短板工程；中央经济工作会议进一步强调，推进老旧小区改造工作，共同缔造美丽城市，提升城市品质和人居环境质量。2020年7月，国务院办公厅出台《关于全面推进城镇老旧小区改造工作的指导意见》，明确了全国城镇老旧小区改造的行动方向，吹响了行动的号角。城镇老旧小区改造的重点为2000年底前建成的市政配套设施不完善、失养失修失管、社区服务设施不健全、居民改造意愿强烈的城镇老旧住宅小区，包括基础类、完善类、提升类三大类。同年10月，《中共中央关于制定国民经济和社会发展第十四个五年规划和二〇三五年远景目标的建议》把"加强城镇老旧小区改造和社区建设"作为重要内容纳入"推进以人为核心的新型城镇化"之中进行部署。可见，城镇老旧小区改造作为重大民生工程和发展工程，在国家层面得到了高度重视。

为贯彻落实党中央、国务院的有关决策部署，相关部门先后出台多项支持性政策文件，助推城镇老旧小区的改造工作。2021年9月，国家发展改革委、住房城乡建设部发布《关于加强城镇老旧小区改造配套设施建设的通知》，提出要加强项目储备、强化资金保障、加强事中事后监管、完善长效管理机制等多项举措，其中特别强调要对城镇老旧小区养老、托育、停车、便民、充电桩等配套设施短板和燃气、电力、排水、供热等设施安全隐患进行摸排。2023年7月，住房城乡建设部等部门印发《关于扎实推进2023年城镇老旧小区改造工作的通知》，要求各地要有序推进城镇老旧小区改造计划的实施，重点抓好"楼道革命""环境革命""管理革命"。2024年6月自然资源部办公厅印发《关于进一步加强规划土地政策支持老旧小区改造更新工作的通知》，部署了深化资源资产调查评估、加快编制城市更新相关详细规划、优化用地办理程序、完善全周期监管机制等事项。以上这些政策，从不同角度为老旧小区改造提供了资金、规划、土地等多方面的支持，以确保改造工作的顺利进行。

二 四川省城镇老旧小区改造对象

根据党中央和国务院的部署，结合本地实际，四川省把老旧小区改造范围确定为2000年底前建成的城镇老旧小区，包含散居楼栋。这些小区失养失修失管严重、市政配套设施不完善、社会服务设施不健全、社区服务能力不足、大多数居民改造意愿强烈。四川省鼓励相邻、分散小区与老旧小区整合联动改造。改造的内容与国家提出的基础类、完善类、提升类基本相同。基础类主要是为满足居民安全需要和基本生活需求，包括小区内建筑物公共部位的维修，以及供水、排水、供电、弱电、道路、供气、消防、安防、移动通信等基础设施改造。完善类主要是为满足居民生活便利需要和改善型生活需求，重点包括小区及周边绿化等环境、适老和文体等配套设施改善，条件允许的加装电梯等建筑功能提升。提升类主要是为丰富社区服务供给、提升居民生活品质，包括社区综合服务设施、公共卫生设施、教育设施、智能感知设施，以及便民菜市、便利店等社区专项服务设施提升改造。在尊重群众意愿前提下，基础类应改尽改，完善类能改则改，提升类根据实际情况推进。"十四五"期间，全省计划改造老旧小区250万户，力争基本完成国务院部署的目标任务。

在具体实施中，部分地区改造范围略有不同。例如，成都市将改造小区的建成时间从2000年底前延后至2004年底前，进一步扩大了政策覆盖范围，以惠及更多的城镇居民。同时，成都市的老旧小区改造还特别注重优先保障基础民生，把"存在安全隐患"和"基本居住功能缺失"的房屋纳入重点改造范围，在基础类、完善类、提升类基础上，新增安全类，按照"保安全、重基础、强完善、促提升"的原则统筹推进。

三 四川省城镇老旧小区改造的主要举措

（一）强化政策制度引领

四川省委、省政府高度重视城镇老旧小区改造工作。省委十一届六次全会要求加快推进老旧小区改造，逐步推进社区有机更新和环境治理。2017年，攀枝花市被列入住房和城乡建设部发布的全国15个老旧小区改造试点城市名单，四川省由此开启了老旧小区改造试点工作。2018年，四川省住房城乡建设厅指导成都、绵阳、攀枝花等地在全国率先对城镇老旧小区开展摸底调查。2019年，全省10个市州成功申报国务院城镇保障性安居工程项目735个，涉及建筑面积1542万平方米、16.9万户。2020年21个市州申请老旧小区改造项目4193个，总数位列全国第三，涉及建筑面积4149万平方米、46.2万户。[①] 在前期扎实地探索性工作基础上，四川省逐步完善顶层设计，构建起城镇老旧小区改造从顶层设计到落地实施的全过程管理体系。

首先，以"一个实施意见、一组技术标准、一本工作手册、一套信息系统、一批示范项目"为支撑，构建起"实施意见总统领、工作手册明流程、技术导则定规范、试点示范创机制、管理系统强监督"的政策制度框架，为全省老旧小区改造提供指引。具体来说，"一个实施意见"即2020年9月四川省发布的《关于全面推进城镇老旧小区改造工作的实施意见》。意见明确提出了全省全面推进城镇老旧小区改造工作的指导思想、基本原则、工作目标、主要任务、实施机制、资金来源及配套政策等，对四川城镇

---

① 《住房城乡建设厅：〈四川省人民政府办公厅关于全面推进城镇老旧小区改造工作的实施意见〉解读》，https://www.sc.gov.cn/10462/10464/13298/14097/2020/9/29/f6ad1809da0b44f09896c2f552d97611.shtml，2020年9月29日。

老旧小区改造工作进行了全面部署。"一组技术标准"即《四川省城镇老旧小区专项改造规划编制大纲》《四川省城镇老旧小区改造技术导则》《四川省城镇老旧小区改造消防设计指南》等技术标准,明确了规划编制要求,强化了技术指导,确保改造工作的高效和规范,为科学推进城镇老旧小区改造工作奠定了坚实的基础。"一本工作手册"即《四川省城镇老旧小区改造工作手册》,明确了城镇老旧小区改造工作的步骤、流程与职责分工,为规范有序推进城镇老旧小区改造工作提供有力保障。"一套信息系统"即城镇老旧小区数据信息系统,主要用于全省老旧小区改造项目申报、动态监控、数据分析等。"一批示范项目"即 2020 年四川省在全省范围内遴选的 40 个老旧小区改造试点示范项目。这批项目获得了省级财政给予的 1.2 亿元资金支持,用于探索老旧小区改造工作推进中有关政策保障、统筹协调、资金筹措、长效治理等方面的体制机制,形成可复制、可推广的经验做法,为后续项目提供借鉴。

其次,出台相关的配套政策,为全省城镇老旧小区改造提供支撑。城镇老旧小区改造是重大民生工程和发展工程,为加快推进全省城镇老旧小区改造,2020 年 11 月四川省出台了《支持城镇老旧小区改造十条措施》。这些支持措施从拓展住宅专项维修资金保障范围、拓展住房公积金使用范围、统筹城镇老旧小区改造与棚户区改造、鼓励采用设计施工总承包、推动成立业主委员会、支持物业企业承接物业服务、鼓励住房租赁企业参与改造、优化项目审批流程、开通市政道路挖掘许可办理绿色通道等十个方面给予明确支持,有效解决了老旧小区改造审批办理、现行标准适用中存在的问题。

最后,完善评价体系,提升老旧小区改造品质。四川省住建厅出台了《关于建立城镇老旧小区改造成效评价制度的通知》,在全国率先建立老旧小区改造成效评价机制,使改造成效可量化、可考核。该评价制度以改造完工小区为基本单元,从 22 个方面 88 项逐项赋分进行评价,将资金使用绩效评价指标体系和改造成效评价机制作为"指挥棒",嵌入老旧小区改造工作全过程。

（二）构建多元资金保障机制

改造资金的筹措是老旧小区改造的重要保障。国务院《关于全面推进城镇老旧小区改造工作的指导意见》和四川省《关于全面推进城镇老旧小区改造工作的实施意见》都明确提出建立改造资金合理共担机制。具体来说，通过合理落实居民出资责任、加大政府支持力度、鼓励单位出资改造、推动社会力量参与、提升金融服务水平、落实税费减免政策等举措，形成政府、社会、居民等多主体共担的资金支持机制。

其一，各级政府的财政资金支持。政府的投入是老旧小区改造的主要资金来源之一。首先，中央的资金支持。从2019年开始，城镇老旧小区改造被纳入城镇保障性安居工程，中央逐年安排补助资金。2023年，全省共有5293个小区、56.1万户被纳入中央支持改造计划，共争取到位中央财政补助资金27.59亿元，中央预算内资金35.48亿元。[①] 例如，成都市争取到位保障性安居工程2023年中央预算内投资10.7亿元，其中，城镇老旧小区改造配套基础设施建设项目争取到位1.5亿元。再如，泸州市2024年1~8月累计获得保障性安居工程配套基础设施专项中央预算内资金1.95亿元。其次，省级的专项补助资金支持。四川省设立了省级保障性安居工程老旧小区改造专项补助资金，2021~2023年省财政年均安排补助资金约9亿元支持市县城镇老旧小区改造。最后，市、县人民政府对老旧小区改造给予资金支持，统筹用好涉及住宅小区的各类资金，提高资金使用效率。例如，成都市设立了城市更新专项资金。该专项资金对政府投资的城市更新项目采用直接投资的方式予以支持；对城市发展需要且难以实现平衡的项目，如老旧小区改造中的部分项目，经政府认定后采取资本金注入、贷款贴息、投资补助等方式给予支持。

其二，居民参与出资。这并不是指居民一定要掏钱投入小区的改造中。

---

① 四川省住房和城乡建设厅：《用心用情办实事 增进民生福祉》，《四川日报》2024年1月23日。

按照谁受益、谁出资原则，四川省居民参与出资的方式有多种，主要包括现金出资、使用住宅专项维修资金、让渡小区公共收益、捐资捐物、投工投劳等方式。具体实施中，各地通过多种方式动员居民参与出资。四川省南充市将居民出资作为纳入年度改造计划的前置条件，通过社区入户走访宣传政策、党员干部带头出资、召开协商会议等措施，动员居民出资用于小区改造及补建续筹住宅专项维修。南充市改造项目居民出资率达96%，改造后建立住宅专项维修资金制度的小区比例达92.5%；2023年，居民共出资4200余万元，较上年度增加43%，其中3305万元用于小区改造，895万元用于补建续筹住宅专项维修资金。成都市主要通过以下两种方式合理落实居民出资责任，一是承担户表改造中的居民出资部分，二是建立老旧院落（小区）住宅专项维修资金交存、使用、管理机制，业主按照不低于每平方米5元的标准交存老旧住宅小区首期维修资金。

其三，社会力量参与投资。四川各级政府多措并举，引导社会力量出资参与老旧小区改造。一是贯彻落实国家相关税费减免政策，对参与老旧小区改造的专业经营单位给予相关税费减免政策，进一步激发市场活力。二是积极推广政府和社会资本合作（PPP）模式，通过特许经营权、合理定价、财政补贴等事先公开的收益约定规则，带动社会资本参与改造。例如，各地积极盘活土地资源和存量房屋，吸引经营主体投资配建居民最需要的充电、停车、便利店、托育、养老、助餐等各类设施。经营主体通过运营便民设施等逐步收回投资。三是创新金融服务，为城镇老旧小区改造项目提供融资支持。与驻川金融机构签订战略合作协议，将老旧小区改造作为重点支持内容。2023年四川省借助川渝住房城乡建设博览会发布机会清单项目69个，总投资121亿元。

同时，四川省高度重视资金监管，不断提高财政资金使用绩效，制定《四川省省级财政城镇保障性安居工程事后奖补分配试点工作方案》，转变资金支持方式，开展事后奖补试点；印发《关于优化城镇保障性安居工程财政补助资金预算执行机制提高使用绩效的通知》等一系列政策文件，要求提高城镇保障性安居工程财政补助资金使用效益；印发《关于开展2023

年度城镇保障性安居工程中期评估工作的通知》,通过地方自评、地方互评、省级核查扎实开展中期评估,并将评估结果与奖补试点资金挂钩,提高地方工作的主动性和积极性。从2018年开始,四川省还常态化开展第三方绩效评价,并根据评价结果相应调整各地补助资金额度。2024年6月,四川省出台《四川省中央和省级财政城镇保障性安居工程补助资金管理办法》,进一步规范中央和省级财政城镇保障性安居工程补助资金的分配、使用、管理和监督,进一步明确老旧小区改造中该项资金的主要用途,具体包括支持小区内水电路气等配套基础设施和公共服务设施建设改造,小区内房屋公共区域修缮、建筑节能改造,以及支持有条件的小区加装电梯等。

(三)强化小区居民的社区参与

四川省高度重视城镇老旧小区改造中居民主体作用的发挥,此前出台的多个政策文件强调,要尊重群众意愿,在组织实施的各个环节引导居民参与其中。全省各地在具体实施中,将社会治理思维融入老旧小区改造工作,通过建立小区党组织、组建自管委、搭建小区议事平台、召开院落"坝坝会"、社区"网格员"或志愿者上门、微信App等多种形式和手段,提升居民参与的可及性和便利性,引导群众积极参与,共同推进小区改造。

改造前"问需于民"。各地通常采取入户走访、问卷调查、楼栋代表会议等形式,收集居民改造意愿和诉求,前置处置矛盾纠纷。成都市武侯区创新采用"菜单式"改造策略,改造方案经2次以上小区公示,修改完善后才启动实施。

改造中"问计于民"。在推动改造的过程中,建立改造信息公开制度,为居民参与奠定基础;建立有业主委员会及其他形式的小区自治组织参加的小区自治联席会议,确保居民的建议可以被充分听取。项目设计中,社区规划设计师、工程师等专业人员进社区、院落服务,与小区居民一起研究确定具体改造内容,"一区一策"优化完善改造方案,确保符合居民共同利益。此外,改造过程中,居民自治组织全过程参与监督。成都市组建了"共同缔造"委员会、社区居民议事会等公众议事平台,居民、产权单位、专业经营单位等共同参与，各方诉求可以得到及时协调。

改造后"问效于民"。四川省将居民满意度作为老旧小区改造成效评价的重要内容，要求项目完工后，小区自治组织要参与竣工验收工作。此外，四川省从2024年开始，全面落实完工小区根据《关于建立城镇老旧小区改造成效评价制度的通知》进行赋分评价，对于评价得分低的小区要进行整改。

（四）健全长效管理机制

建立长效管理机制是确保小区改造更新后进入良性轨道的关键。国务院发布的《关于全面推进城镇老旧小区改造工作的指导意见》中强调，要坚持建管并重，加强长效管理。住房城乡建设部等部门印发的《关于扎实推进2023年城镇老旧小区改造工作的通知》强调，要有效实施"管理革命"。四川省印发《城市老旧小区（院落）治理补短提质行动方案》，着力从多方面引导改造后的老旧小区建立长效管理机制。

物业管理是老旧小区长效管理的重要内容，也是老旧小区管理的一大难题。物业公司常常因老旧小区体量小、物业服务费用低、缴费率不高等而不愿意入驻。四川省住房城乡建设厅联合省委组织部、民政厅等相关部门分工协作，组织力量，对小区物业管理情况进行摸底排查、一区一策拟定物业管理服务提升方案，同步建立党组织和居民自治组织，引导居民因地制宜采用市场化物业服务、居民自管等模式。各地也在积极探索创新老旧小区物业管理模式，《成都市老旧小区推行物业服务专项行动方案》就是其中之一。方案不仅提出成片引入物业管理方式、市政服务与物业服务相结合方式、信托制物业服务方式、街区共享物业服务方式四种物业服务方式，而且对物业的收费标准、财务信息公开以及居民的查阅权限做出了指引。

除完善物业管理外，四川省还引导城镇老旧小区通过构建协商议事平台、建立议事规则和小区管理公约，完善小区管理制度；逐步建立健全改造后维护资金归集、使用、续筹机制，吸引社会资本参与投资运营，提升小区自身造血功能，促进小区改造后维护更新进入良性轨道；通过开展丰富多彩的精神文化活动，增强小区的凝聚力。

四 四川省城镇老旧小区改造成效与经验启示

（一）改造成效

四川省将城镇老旧小区改造作为改善民生、促进有效投资、推动城市转型发展的重要抓手，补短板、强弱项，持续推进城镇老旧小区改造。2021~2023年，四川省委、省政府连续三年将城镇老旧小区改造纳入全省30件民生实事。截至2024年1月，全省累计新开工改造城镇老旧小区2.19万个，惠及居民233万户。2024年，全省共有8523个老旧小区被纳入改造计划，涉及居民超过80万户。截至2024年7月底，已开工小区4303个，开工率超过五成。[①]

四川省老旧小区改造不仅在数量上取得了显著进展，而且在基础设施、功能提升、长效管理等方面取得了显著成效。以遂宁市船山区南小区片区改造为例。这个始建于20世纪80年代的片区在历经繁华后，配套设施薄弱、老化等弊端逐渐凸显。通过改造，拆除了违章建筑，改造了外墙面，实现了雨污分流、杂乱飞线下地，规划了机动车停车位，安装了车辆道闸、人行道智慧门禁和监控安装，小区不仅颜值飙升，而且通过开展"邻里微帮"互助服务，更有"人情味"了。

据统计，截至2024年1月底，四川省已累计完成增设电梯1.7万部，发放省级财政以奖代补资金16.6亿元，覆盖20个市（州），惠及19万余户家庭。2023年全省共计完成更新改造燃气管道1.02万公里、供水管道2202公里、排水管道4254公里。总的来看，改造后，居民的居住环境和生活质量得到极大改善，获得感、幸福感和安全感显著增强。

---

① 《提"颜"增"质"我省老旧小区焕新提速》，成都市物业管理协会公众号，2024年8月20日。

（二）经验启示

其一，加强改造工作统筹协调。政府组织间工作统筹方面，四川省建立城镇老旧小区改造省级联席会议机制，负责研究制定老旧小区改造的相关政策措施，协调解决改造工作推进中的重大问题。各市（州）政府成立城镇老旧小区改造组织领导机构，建立"市（州）、县（市、区）、街道（乡镇）、社区、小区"五级联动工作机制，统筹协调部门资源，促进落实各级主体责任。改造进度统筹方面，按照"先整体规划设计后分批推动实施"的原则，编制城镇老旧小区改造的专项规划和年度计划。改造项目落地统筹方面，社区牵头搭建联合议事平台，组织原产权单位、实施主体、设计单位、施工单位、小区自治组织、物业服务企业等参与，开展多种形式的基层协商模式，促进各方形成改造共识。项目施工主体的工作统筹方面，成都市由各区（县）牵头部门将项目点位信息通报给水电气等专业经营单位，专业经营单位组织技术力量实地踏勘并编制专项改造方案，最后项目实施单位在此基础上编制整体改造施工方案，优化施工流程，统筹组织实施。

其二，创新改造资金筹措方式。老旧小区改造需要大量的资金，这些资金需求仅靠单一主体或模式都难以满足。四川省在"建立改造资金合理共担机制"的总体思路下，不仅积极组织市县申报基础设施投资基金，而且鼓励各地创新资金筹措方式，确保项目顺利推进。例如，四川成都市猛追湾片区探索总结的全过程一体化推进模式，按照"政府主导、市场主体、商业化逻辑"原则，由政府收储、租赁、利用既有房屋，引入实力强、资源广、经验丰富的社会力量作为运营商，对收储资产实施项目招引、业态管控、资产管理、运营管理，以经营性收益平衡改造投入。此外，遂宁市从各级财政资金、专项债券、社会投资、业主自筹等方面落实项目资金，江安县统筹小区内外设施运营收益争取银行贷款等经验做法，都被住房和城乡建设部采纳进入城镇老旧小区改造可复制政策机制清单，提供给全国各地学习借鉴。

其三，坚持老旧小区改管并重。老旧小区不仅设施陈旧，环境堪忧，而且大多数缺乏专业的物业管理。如果改造后小区环境仍然得不到及时的专业维护，改造成果难以持久。为此，四川多地在改造过程中都很注重居民自治组织的建立、居民自治能力的培养，以及物业企业的引入，将城镇老旧小区改造后的治理体系建立融入改造过程中。例如，成都市坚持"先自治后整治"，将成立业主委员会等作为启动改造的前置条件，这有助于改造完成后，业主委员会作为小区居民代表的合法组织引进物业企业，提供专业的物业维护服务，长效维持改造成果。为促进纳入改造范围的老旧小区成立居民自治组织，成都市对首次设立业委会或居民自治组织，并且建立了自治公约、运行物业服务机制的该类小区，由财政给予一次性补助5万元。此外，成都市还建立了老旧小区住宅专项维修资金管理机制，为改造后小区的管理和维护奠定资金基础。总之，如果说"先自治后整治"是在改造中融入治理，那么重视群众的全程参与则是将治理融入改造。如此改管并重，确保了城镇老旧小区改造工作的顺利进行、改造成效的长期维持。

参考文献

佘高红：《城市贫困空间形成原因解析》，《城市问题》2010年第6期。

《关于全面推进城镇老旧小区改造工作的实施意见》，https://www.sc.gov.cn/10462/c103046/2020/9/28/4ef2baa39aa8448d986d0b59fa30d2f5.shtml，2020年9月28日。

《支持城镇老旧小区改造十条措施》，http://jst.sc.gov.cn/scjst/gfxwj/2020/11/28/13fc9d2c44e34d6ca88c2f8e422b378b.shtml，2020年11月28日。

《四川老旧小区改造计划已开工38万户》，《四川观察》2020年10月29日。

《四川省住建厅：老旧小区改造，旧貌焕新颜！》，http://www.siurc.com/public/cms/front/content_show/id/3895，2023年5月6日。

B.24 成都市青年发展型城市建设专项调查与分析报告[*]

张兴月 陈 欣[**]

摘 要: 青年是城市发展的核心动力之一。近年来,成都市在吸引青年人口方面一直保持着较强的竞争力,呈现青年人口规模稳定扩大、青壮年占比增加、人口向近郊主城集聚的特点。本报告结合成都市青年人口现状,总结部分国际化大都市推进青年发展的先进经验,针对未来应该关注的重点方向提出建议,为成都提升城市"青和力"、高质量建设青年发展型城市提供参考。

关键词: 青年发展 城市建设 人才政策

一 建设青年发展型城市的意义

(一)重视青年发展是城市建设的必然要求

习近平总书记指出,青年人是全社会最富有活力、最具创造性的群体,要为青年铺路搭桥,提供更大发展空间。在全球化与数字化并进的时代背景下,青年群体作为社会进步与创新的主力军,直接影响着城市的未来竞争力。在城市建设过程中,青年不仅是推动经济社会进步的重要力量,也是衡

---

[*] 本文为四川省哲学社会科学基金项目"习近平总书记关于人口发展重要论述的原创性贡献及四川实践"(项目批准号:SCJJ24ND274)的阶段性成果。
[**] 张兴月,博士,四川省社会科学院社会学研究所助理研究员,主要研究方向为人口与社会发展;陈欣,成都市经济发展研究院经济师,主要研究方向为人口发展、公共服务等。

量一个城市未来发展潜力的关键指标。中共中央、国务院《中长期青年发展规划（2016—2025年）》明确指出，要把青年发展摆在党和国家工作大局中更加重要的战略位置。团中央深化规划精神，提出推动青年发展型城市建设，旨在通过为青年提供优质、便利、包容的发展和生活环境，促进青年更加有为。

近年来，我国不断加大对青年发展的支持力度，出台一系列政策措施，旨在为青年提供更好的成长环境和发展机遇。随着时代的发展和社会的进步，重视青年发展不仅是城市发展的必然要求，也是实现可持续发展目标的关键所在。如何吸引和留住青年人才，成为许多城市面临的共同挑战。在青年优先发展的政策背景下，城市规划者和决策者应认识到青年在城市发展中的核心地位，通过建设青年发展型城市，为青年人口提供广阔的发展空间和优质的生活条件，在激发青年创新潜能的同时，促进城市持续繁荣和社会和谐发展。

（二）青年发展型城市是成都发展的客观需要

成都作为四川省的省会城市，不仅是西南地区的经济、文化和交通中心，也是全国青年发展型城市建设的重要试点城市之一。近年来，成都市积极响应国家战略部署，致力于提高城市对青年的友好度，旨在通过一系列政策和服务创新，吸引和留住青年人才，促进青年与城市共同发展。随着城市化进程的加快，成都市青年人口发展面临一系列挑战和机遇，完善建设青年发展型城市的政策措施，成为城市发展的必然选择。

一是满足青年人口快速增长的需求。成都作为西部地区的重要经济中心，对青年的吸引力不断提升，这在增强城市活力的同时，也带来了住房需求激增、公共服务供给不足、城市功能有待完善等问题。因此，政府需要制定相应政策来应对青年人口变化带来的挑战，满足其多样化需求。二是应对青年人口分布不均衡问题。随着城市化进程的加速，成都市青年人口分布出现不均衡现象。一方面，中心城区人口密度较高，另一方面，远郊新城和乡村地区则面临青年人口流失。为促进区域协调发展，应时刻关注青年人口变化，优化城市资源配置和青年人口分布。三是促进青年与城市融合发展。青年人口增长不仅带来了活力和创新，也增加了城市融合的复杂性。如何促进不同群体间的交流与合作，提高社会治理和人口管理的有效性，是推动城市全面进步与可持续发展的关键。因此，建设青年发展型城市，是一条既促进经济发展，又兼顾青年福祉的可持续发展之路。

二 成都青年人口发展的主要特征与变化趋势

随着经济社会的快速发展和城市化进程的不断推进，成都市青年人口发展呈现出一些新趋势和新特征。通过对现有数据和研究成果的综合分析，本部分将揭示青年人口在数量规模、素质、结构等方面的特点。根据中共中央、国务院《中长期青年发展规划（2016—2025年）》中的年龄划分标准，青年人口为14~35周岁人群。由于2010年第六次全国人口普查数据获取的是15~34岁年龄组数据，为方便对比，本报告将青年人口年龄界定为15~34岁。

（一）青年人口规模稳定增长，增速保持较高水平

得益于强大的经济发展动力以及一系列人才吸引政策，近年来成都市青年人口的绝对规模保持稳定的增长趋势。《成都青年发展报告（2022）》显示，全市14~45岁"蓉漂"人口达683.49万人，成都对北京、上海等一线城市青年的吸引力不断提升。根据2020年第七次全国人口普查数据的统计结果，2020年成都市14~34岁青年人口规模达642.24万人，与2010年相比增加了176.04万人，增速为37.76%，呈现出稳定且迅速地增长态势，青年人口再上新台阶（见图1）。从人口占比来看，青年人口占15~64岁劳动年龄人口的比重为41.96%，接近劳动年龄人口的一半，较2010年的41.83%上升了0.13个百分点，青年人口占比保持相对稳定，依然是成都人力资源的重要力量。

需要说明的是，2020年成都市青年人口占全市常住人口的比重为30.67%，较2010年的33.19%下降2.52个百分点，成都市青年人口在绝对规模扩大的同时呈现出相对规模收缩的态势。这一现象说明，成都市正在经

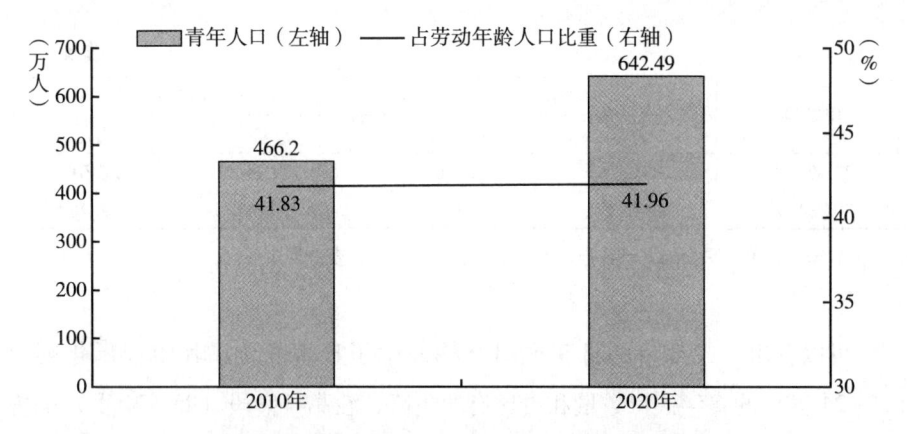

图1 2010年和2020年成都青年人口数量及其占比

资料来源：第六次全国人口普查数据、第七次全国人口普查数据。

历人口结构的新变化，也反映出人口老龄化趋势加剧、生育率下降、青年人口迁移以及城市在吸引和保留年轻劳动力方面所面临的挑战。

（二）青壮年人口增长显著，成为青年人口主力军

2010~2020年，成都市青年人口年龄结构呈现出大龄化的发展趋势。其中15~19岁和20~24岁年龄组人口占比均有所下降，占青年人口总量的比重分别为14.03%和25.20%，与2010年相比，分别下降6.79个和8.61个百分点。25~29岁和30~34岁年龄组人口规模和占比均有较大幅提升，其中30~34岁青年人口增长最多，共增加109.04万人，25~29岁青年人口增加69.70万人，两者占青年人口的比重达60.77%，这一比例较2010年的45.37%上升15.4个百分点（见表1）。

表1 2010年和2020年成都青年人口数量及占比

单位：万人，%

年龄组	2010年		2020年	
	总量	占比	总量	占比
15~19岁	97.05	20.82	90.11	14.03
20~24岁	157.61	33.81	161.86	25.20

续表

年龄组	2010年		2020年	
	总量	占比	总量	占比
25~29岁	110.18	23.63	179.88	28.01
30~34岁	101.35	21.74	210.39	32.76

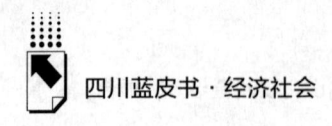

资料来源：第六次全国人口普查数据、第七次全国人口普查数据。

可以看出，成都市的青年人口结构发生了显著变化，其中较低年龄段（15~24岁）的青年人口数量和占比有所下降，较高年龄段（25~34岁）的青年人口数量和占比则有所增加。这一现象表明，成都市正面临人口老龄化和少子化的挑战，但同时作为西南地区的经济中心，成都也提供了较多的工作机会和职业发展空间，因此在吸引和留住较高年龄段青年人口方面仍具有较强的能力，青壮年人口增长显著，成为当前劳动力市场的主力军。随着青年人口中青壮年数量的不断增加，这些变化将对城市规划、公共服务供给以及经济发展等方面产生深远影响。因此，成都市需特别关注这一群体在就业、生活品质、个人成长、社交活动及子女托管等方面日益增长的需求。

（三）青年受教育水平提高，高层次人才增加

随着教育事业的稳步发展，成都市青年人口整体素质不断提升。普查数据显示，2020年，成都市15岁及以上人口的平均受教育年限为10.85年，较2010年提升了1.06年。2010~2020年，全市每10万人中拥有大学文化程度的人口由15710人增加到25582人，拥有高中文化程度的人口由16139人增加到16186人。在14~45岁群体中，大专及以上学历人口规模为449.72万人，占比达到46.83%，高于全市平均水平。从现有职业的年龄构成来看，2020年，在成都企业的经营管理人才、专业技术人才和技能人才中，约80%的年龄在45岁以下，青年群体正在成为高技能人才的主力军。[1]

---

[1] 数据来源于《成都青年发展报告（2022）》。

与此同时，成都市良好的创业就业环境和一系列人才支持政策也对高素质青年人口产生了较强的吸引力。一方面，大学生来蓉就读意愿强烈。2023年，全市在校大学生（包括本专科学生和研究生）数量达120.8万人，[①] 在全国各城市中排行第五。另一方面，高层次青年人口赴蓉留蓉规模稳定增长。调查发现，成都市在毕业生首选城市中排名全国第四，[②] 有65.82%的大学生愿意留蓉就业[③]；在青年创业者期望创业城市中排名全国第二，[④] 2021年全市新增市场主体中，接近八成（75.95%）的创业者为18~45岁的青年群体；在城市对人才的吸引力中排名全国第六，[⑤] 成都逐渐成为知识青年和高层次人才最青睐的城市之一。

（四）近郊主城崛起，成为吸纳青年的主力区域

成都市青年人口大多聚集在近郊"新主城区"和部分城市新区，其中高新区拥有最多的青年人口，达到54.32万人，其次分别是双流、郫都、龙泉驿、成华、新都、武侯和金牛区，青年人口数量均在40万人以上。新津区、东部新区、蒲江县的青年人口规模最小，均在10万人以下。这一分布还与青年人口的职业特征有关。近年来，成都市新产业、新业态、新模式发展迅速，新职业从业者出现跨越式增长，规模排名全国第二，其中九成以上为18~45岁青年。[⑥] 调查发现，高新、双流、武侯等区是探索新职业人群就业新平台的重点区域之一，聚集了科技、电子商务、文化创意、医美丽人等新兴行业和创新资源，对新职业青年具有较强的集聚作用。

与此同时，近年来，成都市近郊"新主城区"和城市新区发展迅速，逐渐通过提供优质的居住环境、丰富的就业机会、完善的基础设施及创新的发展模式，成为吸纳青年人口的主要区域。按区域划分来看，截至2020年

---

① 数据来源于根据2023年各城市国民经济和社会发展统计公报整理。
② 数据来源于《2021年高校毕业生就业报告》。
③ 数据来源于《成都青年发展报告（2022）》。
④ 数据来源于《青年创业城市活力报告（2021）》。
⑤ 数据来源于《中国城市人才吸引力排名2023》。
⑥ 数据来源于《主要城市新职业人群发展报告2020》。

末,双流、郫都、龙泉驿、温江、新都以及天府新区等近郊主城区承载全市青年人口比重由2010年的34.14%上升到2020年的44.65%,已成为成都市青年人口的主要承载地。锦江、青羊、金牛、武侯、成华和高新区(中心城区5+1区域)共承载了全市37.46%的青年人口,较2010年下降了3.82个百分点,但其中高新区的青年人口占比较2010年上升了3.88个百分点。金堂、大邑、崇州、简阳等郊区新城的青年人口占比由2010年的24.57%下降到2020年的17.88%(见图2)。

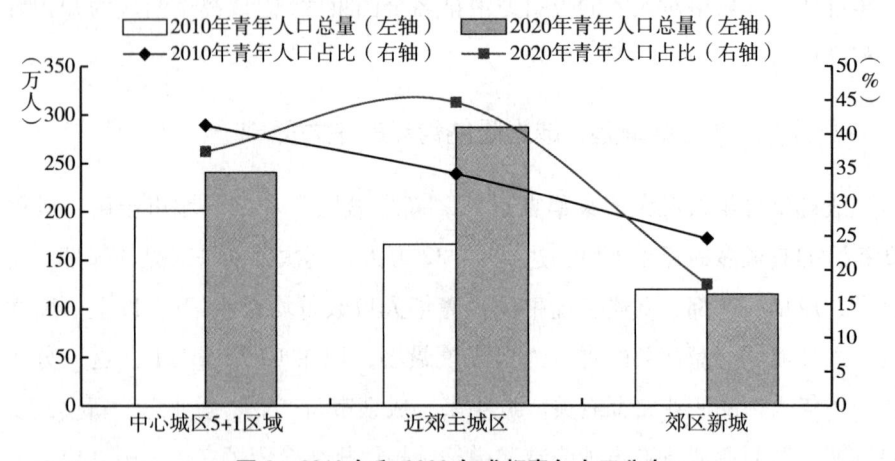

图2　2010年和2020年成都青年人口分布

资料来源:第六次全国人口普查数据、第七次全国人口普查数据。

三　国内外主要城市推动青年发展的政策经验

国际化大都市是人口流动和人才配置的"中枢",大量青年的涌入有效补充了劳动力市场,激活了长期消费和投资潜力,但同时也带来了失业率提高、住房困难等问题。长此以往不仅城市对青年的吸引力下降,还为城市安全埋下了隐患。部分城市重点聚焦为青年赋能、让青年安居、使青年更有融入感和归属感,使其成为参与城市建设和治理的中坚力量。

（一）用活量：为青年赋能参与城市发展

拥有充足发展机会的国际化大都市是青年群体的"引力场"，在继续加强青年人才引聚能力的同时，聚焦为青年提供机会并挖掘其潜能，为城市发展贡献更大力量。

1. 为培养青年领袖搭建平台

上海实施青年科技启明星计划，选拔和培养优秀青年科技人才，发布《上海市青年英才开发计划实施意见》，每年遴选约100名在管理、专业技术、创业等领域表现突出的优秀青年人才，通过提供培训、资金支持等方式进行重点培养；纽约推出"Ladders for Leaders"计划，为优秀的高中和大学生提供在纽约市领军公司、非营利组织以及政府机构带薪职业暑期实习机会，帮助其积累职业技能和社会经验；东京在《东京2020年》发展规划中提出"青年支持项目"，实施规模宏大的海外留学支援计划，计划在未来几年内资助1万名青年前往海外学习，并以大学为核心构建亚洲人才交流网络，进一步开阔青年的国际视野。

2. 关注处境不利青年的发展

大多数青年由于学历、工作经验不足，往往在劳动力市场处于弱势地位。针对这一问题，深圳推出"青年见习计划"，为16~24岁青年提供实习机会、职业指导和培训服务，量身定做凸显港澳特色的就业创业服务，组织港澳青年交流学习，帮助其构筑"生活圈"和"朋友圈"。深圳在2021年中国年度最佳雇主评选中获得"最佳促进就业城市"奖项。纽约根据分年龄就业情况，重点关注刚进入就业市场、未就业率最高的18~24岁群体，推出Workforce1 Program、Year Up、Young Adult Internship Program等项目，为青年提供实习机会、工作准备培训和获取全职工作等，其中工作准备培训甚至包括"软"技能培训，如简历书写、面试和营销技能培训等。

（二）安好居：让青年在城市拥有一个家

面对物价、房价以及生活成本增加的压力，居住问题成为城市青年面临的最大阻碍。许多城市采取一系列措施来帮助缓解青年群体的居住压力，不断调整可负担住房政策，缓解社会矛盾并保持发展活力。

1. 增加优质租赁住房供应

租房是青年的第一选择，58同城、安居客发布的《2021年毕业生就业居住调研报告》显示，80.5%的毕业生需要租房，且青年租客对住房品质、位置、周边环境有更高要求，倾向于租住在交通便利、生活服务配套完善的中心城区。柏林主要通过购买私人业主房源的形式来提供区位良好的租赁住房，如2019年以10亿欧元的总价从私人业主方购置6000套公寓作为可负担住房，并采取冻结租金等方式减轻租客的租房负担；深圳面向白领、应届毕业生等的现代化住房需求，对CBD附近城中村进行人才保障房改造，开展"水围柠盟人才公寓"试点项目，将其建设成为集"生活+居住+休闲+汇聚人才+创业""五位一体"的青年社区，留住年轻精英人群。

2. 扩大小户型住房供给

青年群体买或租大套房的能力有限，加之随着城市"空巢"青年比重增加，对小户型住房的需求上升，上海的调研报告显示，超过62%的青年希望增加中小户型普通商品住房。[①] 波士顿针对城市大量"蜂族"青年的需求，打造小户型蜂族公寓，面积仅为28~50平方米，同时在房屋设计上更加迎合年轻人的需求。上海在非居转化和集体用地上建设的租赁住房以25~30平方米的小户型为主，并且从2020年起开始探索"一张床"供应模式，在合适区域拿出部分公租房拆套后提供合租服务，加强宿舍型房源筹集，增加"一间房""一张床"的租赁供给。

（三）重治理：增强青年融入感和归属感

青年已成为城市流动人口的主体，而城市典型的"浅型社交"，让城市青年独处且孤独成为常态。部分城市关注青年交往交流、引导其参与公共事务，既能促进青年融入城市，又能为城市治理培养一支生力军。

---

① 数据来源于《上海青年对"十四五"规划的期待调研报告》。

1. 推动"新"青年与"老"居民的空间接触

巴塞罗那在对老工业街区@22街区的改造中，打造有创意的工作场所，建设适宜办公、生活的混合社区，吸引大量有创意的年轻群体进入，同时也可以在同一社区内满足居民的各种服务和活动需求，促进了新老居民在日常生活中的接触和交流。上海倡导在老旧社区更新中吸引年轻"新"居民，如曹杨新村的老龄化程度高达43.9%，其在改造中利用存量建筑和土地功能调整，打造了人才公寓和青年众创空间，为"新"居民融入本地社区创造接触空间。

2. 打造无处不在的交往空间

上海鼓励沿街混合布局各类社区公共设施，在年轻人较多的区域，引入咖啡馆、书店、快餐店等年轻人喜欢的零售业态，激发街道社区的交往功能，打造了大学路等街道交往空间，并在社区建设及改造中充分考虑青年需求，鼓励设置富有设计感的座椅、运动场地等，打造社区交往微节点、微空间，构建了具有包容性和多样性的社区环境，使社区成为不同人群共享的空间。

3. 鼓励青年参与公共事务

伦敦针对青年更倾向于在网络空间发表意见和建议的特征，建立"Talk London"在线社区，用以公开讨论伦敦公共事务并收集意见。上海以青年关心的物业问题为翘板，推动青年通过法定程序进入住宅小区业委会，要求各区成立不少于100人的青年业委会委员顾问团。通过推动青年参与公共事务，不仅可以激发青年的社区责任感，还可以促进社区治理的现代化和高效化，为社区的可持续发展奠定坚实的基础。

四 推动成都高质量建设青年发展型城市的建议

青年人口不断向城市集中，其就业创业、公共服务需求激增。在这一背景下，改善青年群体困境，平衡经济增长与公共服务供给，确保青年在住房、教育、医疗等方面享有更好的保障，成为青年发展型城市建设中亟待解决的关键问题。

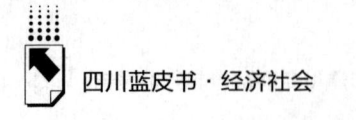

（一）加强全市统筹，形成青年发展型城市建设合力

青年发展型城市建设涉及产业、就业、建设、民生等多个部门以及众多非政府机构，在继续发挥团委力量之外，应形成全市共识，将目标、任务落到实处，确保各项政策措施相互配合、形成合力。

一是加强全市青年工作规划部署。上海、深圳、宁波等纷纷出台"十四五"时期青年发展专项规划，成都也应持续性和阶段性地制定青年发展专项规划，将各项重点任务分解到职能部门，确保青年发展的全面性和系统性。建立跨部门协调机制，确保住建、教育、卫健、人社、组织部等部门，以及非政府组织、企业等之间紧密合作，充分对接青年需求，明确重点任务和工程。

二是建立青年发展型城市评价体系。完善的评估监督机制可以促进目标更快更优达成。成都可借鉴深圳建设青年发展型城市的经验，全面综合考量住房、教育、就业、健康、文化、婚姻、社会融入等影响青年发展的各类因素，探索构建一套青年发展型城市评价指标体系，涵盖民生保障、赋能创新、开放活力等维度的指标，推出青年发展型城市指数，并动态开展相关指标监测统计。

三是构建青年发展型城市建设四级体系。在统筹推进市级青年发展型城市建设的基础上，加快构建青年友好区（市）县、青年友好街道（乡镇）、青年友好社区（村）体系，由上至下实现顶层设计、区域协调、街道实施和社区参与。探索建立四级评价指标体系，对评价优秀的区（市）县、街道（乡镇）、社区（村）予以一定鼓励。

（二）聚焦青年分布，制定精准化青年发展策略

成都近郊主城与城市新区已成为青年人口的主要承载地，应结合青年分布、年龄结构特征及其差异化需求，提前谋划，确定分区域的重点发展方向。

一是优化青年人口承载区域的基础设施与服务。在高新、天府新区、郫

都、温江、双流、新都等青年人口较多的区域，在保障性租赁住房建设、青年人才公寓建设上给予建设用地指标倾斜，实现土地配置"地随人走"，增强区域人口承载力。结合轨道交通站点和枢纽地区重点建设 TOD 商圈、文化中心、体育中心、会展中心等年轻人喜欢的高品质设施，加快规划建设托育托幼、公办幼儿园、中小学教育设施，满足青年子女入托入学需求。

二是增强远郊新城对青年人口的吸引力。在邛崃、大邑、蒲江等吸引力不强的远郊新城，进一步放宽落户条件，吸引青年人才。推动中心城区非核心功能向远郊新城疏解，畅通远郊新城与中心城区之间的交通连接，并着力缩小远郊新城与中心城区之间的公共服务差距，提升对青年人口的吸引力。

三是精准化制定青年发展策略。各区（市）县要抓住人口普查契机，以青年人口总量、结构、分布变化为依据，预判对城市公共服务供给、功能设施布局产生的影响。开展青年需求调研，实施精准化的青年发展策略，如关注低年龄段青年的教育支持、职业规划咨询、潮流娱乐等需求，关注较高年龄段青年的托育托幼服务、亲子娱乐、心理咨询与减压等需求，关注就业创新青年的创业就业指导、职业技能提升、文娱交流、婚恋支持等需求。

（三）关注青年安居，建设活力多元的居住空间

近年来，成都采取租赁补贴、产业功能区配套住房、人才公寓等方式加大对新市民住房保障的力度，但由于来蓉青年总量大、增速快、住房需求旺盛，目前人才公寓只能满足部分急需紧缺人才和高端人才的住房需求，绝大部分青年处于安居政策的"夹心层"，仍需加大支持力度。

一是积极培育发展租赁市场。积极释放存量房源，支持品牌住房租赁企业通过租赁、购买等方式多渠道筹集房源；积极推进集体用地建设租赁住房试点，加快推进产业功能区配套租赁住房建设，建立利用城市更新推动租赁住房改造的工作机制；鼓励租赁当事人签订住房租赁长期合同，加大对违规发布房源信息、随意涨价、取消合同等行为的查处力度，推进行业信用体系建设，探索建立"负面清单"和"黑名单"制度。

二是大力实施租赁补贴提标扩面。加大对新就业大学生和引进青年人才

租赁补贴、定向配租人才住房的保障力度,探索打破现有租赁补贴申请标准的收入和行业限制,研究深圳、杭州、宁波等城市对新引进人才进行全面租房补贴的政策在成都实施的可行性,增强对青年人才的吸引力。

三是打造宜居的新型人才公寓。创新工作与生活相结合的开发模式,试点在城市更新项目、TOD站点打造一批极具设计感且集生活、办公、创业、社交等多种功能于一体的新型青年人才公寓,并鼓励适当增加20~30平方米的小户型单身公寓占比。

(四)优化政策法规,营造青年发展适宜性环境

相较"送钱、送房、送户口"的同质化青年人才竞争政策,打造适宜青年发展的环境是下一阶段"抢人大战"比拼的新赛道。成都应在现有人才新政的基础上,优化青年发展政策,激活青年价值,加快构筑全国领先的人力资本优势。

一是探索打造重点区域青年人才政策先行先试区。立足天府新区、高新区、东部新区、西部区域等重点区域的战略定位和青年人口的现状特征,全面构建良好的创新创业生态和工作生活环境,支持重点区域打造成青年人才政策先行先试区,逐步形成可复制可推广的青年人才政策。

二是进一步完善产教融合政策。"产教融合"是为广大青年赋能并推动青年与产业协同发展的重要途径,成都可学习泉州等城市的做法,设立市级产教融合发展专项基金,加快培育和认定一批产教融合型功能区、产教融合型行业和企业,给予"金融+财政+土地+信用"组合式激励;对校企开展人才合作培养、共建实训基地予以支持,加大职业技术(技工)院校、高技能人才培训基地、技能大师工作室等各类机构面向社会开放培训资源的力度。

三是完善青年就业创业扶持政策。深入实施青年创新创业就业筑梦工程,加快推动青年就业创业示范基地和孵化器建设,试点打造一批青年创新创业社区;加强青年创新创业领域税收、融资贷款等政策集成;加大就业见习基地建设支持力度,拓展见习基地类型和青年覆盖面,帮助青年积累实践经验、增强就业能力。

（五）创新治理手段，推动青年治理能力现代化

青年是城市中最具活力的。成都应适应青年群体不断涌入、青年需求快速变化的新趋势，加快建立一套多方参与且适应于青年快速成长和广泛流动的治理体系，促进青年更好地融入城市。

一是构建全市青年人口监测新机制。市公安局、市人社局、市统计局、市团委等职能部门应优化青年人口、人才统计指标，明确统计口径、计算逻辑，构建统一高效的青年人口动态监测、跟踪评估机制，做好数据研判运用，为青年工作科学决策提供依据；支持权威智库等第三方机构发布有关青年人才竞争力等指数，提升成都青年发展影响力和话语权。

二是搭建青年人才大数据平台。推动政府青年人才统计数据与互联网数据等集成，运用数据平台，开展青年人才大数据采集、分布式管理、数据分析、人才评价等服务，加强青年人才信息共享和运用。

三是促进青年社会组织发展。通过社会组织搭建政府与青年之间沟通与合作的桥梁，重点发展科技类、公益慈善类、社区服务类青年组织，充分发挥青年组织在青年能力提升、诉求表达、需求收集、矛盾化解、融入社会等方面的作用。

四是以社区为平台调动青年参与城市治理的积极性。现有社区服务与活动大多针对老年群体的需求而设计，应面向青年人的需求，推出健身、烹饪、插花、育儿、收纳整理等更多年轻人感兴趣的活动，并针对青年的作息时间开展晚间、周末活动；为有志于扎根社区、热心于社区事务的青年搭建平台，提供培训学习、交流成长的机会，培育社区青年治理队伍。

B.25
新质生产力视角下四川省消费发展研究

刘艳婷*

摘　要： 2024年四川省消费市场运行基本平稳，增速略有回落，服务类等热点消费领域增长较为显著。四川省新质生产力发展与培育，将为进一步发挥消费基础性作用奠定基础，消费促进政策持续发力，将为四川消费市场进一步发展提供良好机遇。同时，宏观经济环境存在的诸多不确定性，对四川省经济的平稳运行形成挑战，成为四川消费增长的制约因素。促进四川消费市场发展，应紧抓新质生产力发展契机，促进经济转型创新，多措并举提振消费，着力促进文旅、餐饮、体育赛事、银发经济、新型消费业态等重点领域建设。

关键词： 消费市场　新质生产力　消费新场景　四川省

一　新质生产力条件下消费将发挥更为重要的基础性作用

为进一步推进经济高质量发展，习近平总书记提出要积极发展新质生产力。新质生产力强调要转变传统的要素投入式经济增长方式，建立体现新发展理念的先进生产力质态，是创新起主导作用，强调技术创新、产业创新、制度创新的生产力。积极发展新质生产力，将进一步促进消费业态和消费模式创新转型，使得消费在国民经济中的基础性作用更为显著。

---

* 刘艳婷，博士，四川省社会科学院产业经济研究所副研究员，主要研究方向为产业经济、对外经济。

（一）经济增长模式层面

新质生产力条件下，要求向注重发展质量的内涵式经济增长方式转变。"三驾马车"中，与投资需求比，消费需求的增长拉动效应更具有长期稳定性，更具备最终需求特征与内涵式增长效应。在国际经济不稳定大环境下，出口依赖型增长模式难以持续，需要消费需求发挥更重要的基础性作用。近年来，消费需求在经济增长中的贡献率位居三驾马车之首。

（二）技术创新层面

新质生产力是创新起主导作用的生产力。技术创新将推动产业转型升级，促进传统产业技术升级，促进产业高质量发展，促进新兴产业发展壮大。在消费经济层面，技术创新与产业升级将极大地提升生产供给侧的发展质量，提供更优质、丰富的产品，提升供给侧对消费需求的拉动效应，促进供销两旺的消费市场格局形成。

（三）产业模式创新层面

新质生产力条件下的产业模式创新，将催生消费业态消费模式创新，产生消费需求端与生产供给端间的融合互动效应，促使消费经济转型升级。数字信息技术革命促进了经济运行模式变革与产业模式创新。在商业流通环节，催生了网络零售、互联网平台服务、共享经济等商业模式创新与消费业态创新，极大地丰富了消费新场景。在数字经济条件下，消费需求信息能够渗透到原料供应、研发设计、生产制造、销售流通等各个环节，产生需求反馈效应，消费端与供给端的互动导向性效应更加凸显。

（四）市场环境层面

需要构建起适应新质生产力发展的新型生产关系，破除阻碍新质生产力发展的体制机制障碍，推进关键领域改革。在消费领域，要打造公平高效的

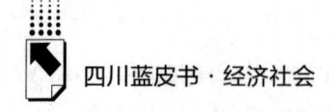

消费市场秩序，构建良好的市场监管环境，促进消费市场管理服务体制机制创新，优化消费市场环境。

二 四川省消费市场运行基本态势

2024年，四川消费市场运行基本平稳，增速略有回落，消费结构层面，服务类消费、以"互联网+"为代表的新型消费业态持续保持较快增速，部分升级类品质类商品消费增长显著；物价层面，基本呈现平稳态势。

（一）消费市场运行基本平稳增速略有回落

2024年，四川省聚焦经济高质量发展，基本实现经济增长稳中有进。截至2024年9月，四川省消费市场运行基本平稳，累计实现社会消费品零售总额19767.6亿元，同比增长4.4%，高于全国平均增速1.1个百分点。消费增速较2023年同期略有回落，考虑到2022年基数较低，计算得到2022年1~9月至2024年1~9月社会消费品零售总额年均增长6.8%，消费市场基本保持平稳运行。

消费月度增速层面，2024年2~9月四川社会消费品零售总额月度同比增速分别为6.5%、6.9%、3.1%、3.8%、4.3%、3.2%、2.6%、4.1%，除2月、3月受春节因素影响保持较高增速外，其余月份消费增速基本保持稳定。

（二）服务类等热点消费领域增速显著

从消费结构看，一些热点商品呈现结构性增长。2024年1~8月限上企业社会消费品零售总额项目下商品零售部分16类商品中，有10类商品消费累计增速保持正增长，较为突出的包括：粮油食品类（增速为12.5%），日用品类（14.2%），体育、娱乐用品类（8.1%），中西药品类（11.8%），文化办公用品类（6.9%），建筑及装潢材料类（9.4%），家具类（5.4%）等，粮油食品类、日用品类等保持较快增长，体育、娱乐用品类和文化办公用品类等具有

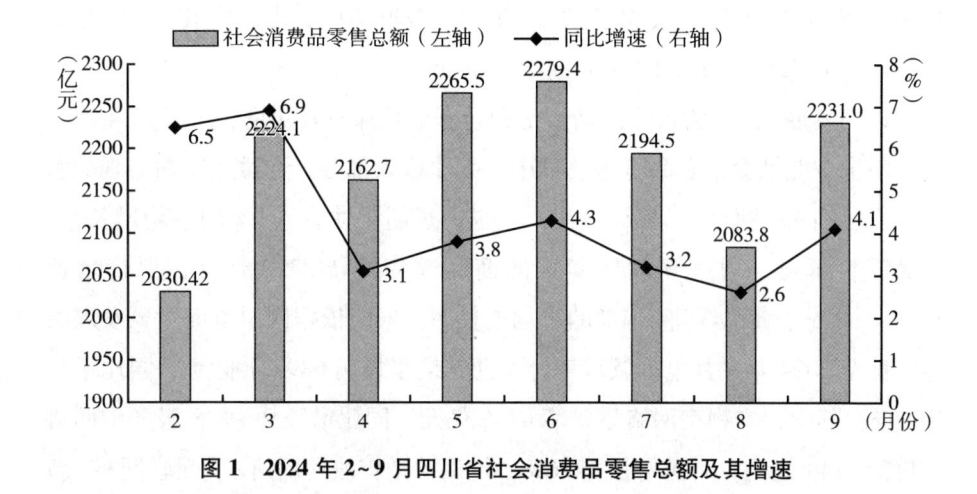

图1 2024年2~9月四川省社会消费品零售总额及其增速

升级类品质类特征的产品增速显著，房地产市场有一定程度回暖，建筑及装潢材料类消费有所增长。近年来的热点领域汽车类消费（0.5%）增速有所放缓，通信器材类（-10.3%）与家用电器和音像器材类（-2.1%）则呈现负增长，反映出居民对电子通信器材类的消费在经历了前几年的快速增长后有一定降温。

服务类消费持续保持快速增长。四川省加快构建优质高效服务业体系，服务业保持引领增长，截至2024年9月，四川省服务业实现增加值24558.12亿元，累计同比增长5.6%，增速在三次产业中居首，领先四川省GDP同期增速0.3个百分点。其中与居民消费联系紧密的住宿和餐饮业、交通运输仓储和邮政业、批发和零售业分别实现增加值增长7.3%、8.2%、6.3%，均保持了较高的增速。四川省传统优势服务业餐饮、旅游、休闲娱乐、健康养老均保持良好发展势头。截至2024年9月，四川省累计实现餐饮收入2767.5亿元，同比增长9%，超出同期商品零售增速（3.7%）5.3个百分点。假日出游需求旺盛，2024年以来主要节假日期间旅游景区旅游收入和接待人次均超过2019年同期水平。"五一"假期期间全省游客接待人次与旅游收入分别达到4207.58万人次、211.48亿元，实现4.7%、5.09%的同比增速；端午假期期间，四川全省纳入统计的A级旅游景区累计

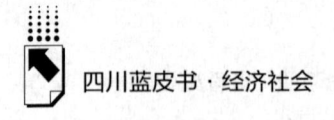

接待游客 1260.09 万人次、门票收入 10939.10 万元，同比分别增长 12.33%、6.23%，较 2019 年分别增长 49.67%、53.85%。

以"互联网+"为代表的新型消费业态依然保持较快增长。2024 年 1~8 月，限上企业社会消费品零售总额中，餐饮收入部分，通过互联网实现的餐饮收入达到 43.5 亿元，累计增长 45.6%，远超餐饮收入 9%的平均增长率。商品零售部分，通过互联网实现的商品零售额 1133.9 亿元，累计增速 5.0%，领先于商品零售 3.1%的平均增长率。同时依据四川电商主要发展指标，截至 2024 年 9 月电商领域累计实现网络零售额 6894.1 亿元，同比增长 10.7%。其中，实物型网络零售额 4746 亿元，同比增长 9.1%；服务型网络零售额 2148 亿元，同比增长 14.6%，均保持了较快的增速。"互联网+"新型消费模式的驱动效应依旧较强。

（三）物价呈现基本平稳态势

2024 年 1~8 月，四川省居民消费价格呈现基本平稳态势，1~8 月居民消费价格指数（CPI）累计增速为-0.1%，比 2023 年同期下降 0.5 个百分点。进入 2024 年以来，物价基本延续 2023 年以来的平稳态势，经济常态化运行，使得物价基本保持平稳或者略有下降。

从价格结构层面，八大类商品与服务中有五大类呈现价格指数正增长，其中居住类（增长 0.1%）、生活用品及服务类（0.2%）、医疗保健类（0.4%）价格指数保持基本平稳；价格指数涨幅较显著的是教育文化和娱乐类（1.7%）以及其他用品和服务类（2.4%）；交通和通信类（-1.4%）、食品烟酒类（-0.8%）、衣着类（-0.2%）价格指数则呈现下降态势。综合来看，2024 年 1~8 月四川省生活类刚需类商品与服务价格指数基本平稳，但 7~8 月食品烟酒类价格指数呈上涨趋势，8 月食品烟酒类价格指数上涨 2%。教育文化和娱乐类价格指数连续两年呈现较为明显的上涨（2023 年同期价格指数上涨 2.3%），反映出居民在该类别的消费需求持续保持旺盛。交通和通信类价格指数下降，则与近年来居民对手机等电子通信类商品的消费热度下降、更换频率下降等有一定联系。

表1 2024年1~8月四川省居民消费价格指数增长情况

单位：%

指标	1~6月累计增长	7月同比增长	8月同比增长	1~8月累计增长
居民消费价格指数	-0.3	0.2	0.3	-0.1
食品烟酒	-1.5	0.3	2.0	-0.8
衣着	-0.1	-0.5	-0.5	-0.2
居住	0.1	0.1	0.1	0.1
生活用品及服务	0.2	0.2	-0.2	0.2
交通和通信	-1.1	-1.3	-2.9	-1.4
教育文化和娱乐	2.0	1.4	0.5	1.7
医疗保健	0.4	0.3	0.3	0.4
其他用品和服务	2.4	2.5	2.2	2.4

资料来源：依据四川省统计局网站相关数据整理得出。

三 四川省消费市场的发展环境分析

四川省积极促进新质生产力的培育与发展，通过发挥新质生产力创新赋能效应，进一步激发消费的基础性作用，为消费经济发展提供了重要的契机。稳定的宏观经济运行将为消费发展提供支撑，四川省在特色优势产业与消费领域以及消费载体打造方面具备较扎实的基础，构成了四川消费市场发展的条件，但是也不能忽视国际经济不确定性与国内经济结构性矛盾带来的制约因素。

（一）四川消费市场发展的条件与机遇

1. 四川省积极促进新质生产力的培育与发展

四川省致力于培育新质生产力，为进一步发挥消费基础性作用奠定基础。中共四川省委十二届五次全会提出要以创新为核心，从实施前沿科技攻坚突破行动、推动产业深度转型升级、深化重点领域改革三方面进行新质生产力发展部署。一是针对国家发展战略与四川发展需要，围绕人工智能、航

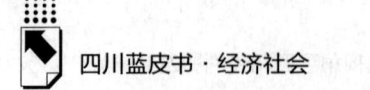

空航天、先进装备等方面展开一批重大科技专项攻坚。二是以科技创新推动产业深度转型升级。统筹推进传统产业升级、新兴产业壮大、未来产业培育。深入实施电子信息、装备制造等六大优势产业提质倍增行动。①着力实施制造业"智改数转"行动，加快规上工业企业数字化转型全覆盖。三是深化关键领域改革，破除制约新质生产力发展的体制机制障碍。深入推进要素市场化改革，提升要素资源配置效率。释放数据要素价值，推动数据市场形成等。

2. 四川稳定的宏观经济运行为消费发展提供了支撑

较为稳定的宏观经济运行为消费发展提供了支撑。疫情后四川省经济运行总体平稳，实现持续平稳增长。2024年前三季度四川省实现GDP45441.82亿元，同比增长5.3%，高于全国同期水平0.5个百分点。剔除基数因素，2022年前三季度至2024年前三季度四川GDP平均增长6.0%，保持平稳增长。与消费联系紧密的服务业保持了快速增长，2024年前三季度第三产业增加值同比增长5.6%，超出同期GDP增速，餐饮、交通、商贸等生活消费类服务业同比增速均达到6.0%以上，为消费市场发展提供了良好的基础。2024年上半年四川居民人均可支配收入同比增长5.5%，领先于GDP增速0.1个百分点。其中城镇居民、农村居民人均可支配收入分别实现4.6%与6.5%的增长，城乡差距有所缩小。

3. 四川省具备较为扎实的消费发展条件

四川省特色优势消费领域与热点消费领域已具备较扎实的基础。四川省餐饮、文旅、休闲娱乐、商贸等特色优势产业将持续为消费市场提供支撑。近年来，四川省积极推进文旅产业融合发展，文博、演艺、文创、会展、体育赛事、餐饮等要素不断与旅游业相融合，催生新场景新模式，有力地促进了文旅消费。近年来，兴起露营式旅游、弱景区化旅游、沉浸体验式旅游，旅游呈现生活化趋势。四川省颇具特色的生活方式使得县域旅

---

① 《中共四川省委关于以发展新质生产力为重要着力点扎实推进高质量发展的决定》，https：//www.sc.gov.cn/10462/10464/10797/2024/6/3/c45cd65fba134a47970c5d90fb8993e3.shtml，2024年6月3日。

游资源丰富，在全国范围内优势明显。同时结合消费发展特点、发展趋势，四川省积极推进消费热点领域发展，如绿色消费产业、康养产业、体育健身产业等，推进生活服务类产业良性发展，促进新的消费增长点的形成。在国家消费品以旧换新热点领域，在大力度促销政策加持下，汽车、家居产品、家用电器等大宗商品的消费需求保持旺盛。新型消费业态保持较快增长，2024年1~8月限额以上通过互联网实现的餐饮收入增速高达45.6%，通过互联网实现的商品零售额增速达到5.0%，线上消费增速领先于线下消费。

消费载体建设进一步夯实。成都进一步深化国际消费中心城市的打造，已初具一定规模，2023年成都社会消费品零售总额首次迈上万亿元台阶，达到10001.6亿元，同比增长10%，实现高速增长。成都围绕国际知名度、消费繁荣度、商业活跃度、到达便利度等，不断提升消费创新创造能力。传承弘扬成都千年商业文明，塑造城市消费品牌，积极建设春熙路商圈、交子公园商圈、宽窄巷子高品质步行街，打造千亿级世界级商圈与时尚文化消费重地。四川省积极打造文旅消费载体，目前已有国家级文化和旅游消费示范城市1个（成都），国家级文化和旅游消费试点城市5个（乐山、泸州、绵阳、南充、宜宾）。县域旅游载体日益丰富，2024年全国县域旅游百强县中，四川省上榜13个，位居全国第二。体育赛事发挥着重要的消费载体功能，2024年四川省成功举办"汤尤杯"等，并带来成都蓉城的"金牌球市"效应，同时电竞主流赛事走进成都等也发挥着重要消费载体作用，通过体育赛事消费溢出效应，极大地拉动了四川文化旅游消费及相关消费产业发展。

4. 国家与四川省消费促进政策措施将持续发力

国家高度重视消费在内循环经济发展格局与内生增长动力方面的作用，出台了多项消费促进政策措施。商务部等印发了《推动消费品以旧换新行动方案》，四川省则积极部署落实，先后出台《四川省推动消费品以旧换新行动方案》《关于进一步支持大规模设备更新和消费品以旧换新的若干政策措施》，成为近年来优惠力度最大的促销政策。国家出台的其他政策措施中,《国务院关于促进服务消费高质量发展的意见》提出要把服务消费作为消费扩容升级的重要抓手,创新服务消费场景、加强品牌培育、扩大服务业对外开放,优化服务消费环境,突出绿色、数字、健康消费,支持餐饮住宿、家政服务、养老托育、文娱旅游、教育体育、健康服务等服务消费重点领域的高质量发展;《关于打造消费新场景培育消费新增长点的措施》指出要培育餐饮、文旅体育、购物、大宗商品、健康养老托育、社区等六大消费新场景,培育和壮大消费新增长点;《关于进一步优化商业领域支付服务提升支付便利性的通知》提出要致力于构建包容多样支付受理环境,满足老年人、外籍来华人员等群体多样化的支付服务需求。

(二)四川消费市场面临的挑战与制约

近年来国际国内宏观经济环境存在诸多不确定性,对我国乃至四川省实现经济平稳与合理增速运行形成挑战,成为四川消费市场持续稳定增长的制约因素。

国际层面,国际经济环境复杂严峻,我国经济发展的外部环境依然严峻。世界经济增长放缓,全球经济总体处于低迷下行阶段;国际地缘政治冲突不断,极大地影响了国际经济环境,反全球化与贸易保护主义抬头,国际贸易与国际投资活动减少,发达国家的制造业回归与再工业化战略,使得国际经济合作面临较大不确定性;西方国家着力推动供应链、产业链重建,我国在全球供应链分工中面临较大风险与挑战。国际经济环境的不确定性给我国经济社会发展带来较大影响。

国内层面,经济运行基本保持平稳,但我国经济转型发展过程中呈现出国内结构性矛盾与周期性问题交织的态势,经济在合理增速范围内持续稳定增长、不断回升向好的基础仍不牢固。供给层面,发展不平衡问题突出,部分产业面临困境,中小企业、民营经济存在经营压力大、抗风险能力不足等问题;需求层面,居民消费预期与消费信心不足,制约消费需求增长,有效需求尚显不足;就业形势较为严峻,特别是高校毕业生就业难度不断加大,是制约消费增长的重要因素之一。

四 四川省促进消费市场发展的对策建议

积极促进新质生产力发展，推进经济转型创新与消费增长，多措并举提升居民收入与消费能力，加快消费热点重点领域建设，营造良好的消费市场环境等，以促进四川消费发展。

（一）紧抓新质生产力发展契机促进经济转型创新与消费增长

积极贯彻落实中央发展新质生产力部署，按照四川省委推进新质生产力发展的纲领性文件《中共四川省委关于以发展新质生产力为重要着力点扎实推进高质量发展的决定》，推进科技创新、产业转型升级与产业发展模式创新、体制机制创新，进一步构建国内国际经济双循环发展格局，奠定经济转型发展、高质量发展的良好基础。下一步，要全面贯彻新发展理念，推进新质生产力发展，扎实推进成渝地区双城经济圈建设，大力实施"四化同步、城乡融合、五区共兴"发展战略，为四川宏观经济合理平稳增长打下扎实的基础，为切实促进消费增长夯实经济基础。

（二）多措并举提振居民消费能力，拉动消费需求

提升居民收入依然是增强居民消费能力与消费信心的关键。继续深化收入分配改革。增加劳动者报酬、工资收入在国民收入初次分配中的比重；加大收入分配调节力度，进一步深化个税、财产税、遗产税等税收政策改革，遵循收入分配的"扩中、限高、提低"原则；加强市场准入负面清单管理制度改革，降低市场进入壁垒，提升市场竞争效率，缓解因市场进入限制而带来的产业间非效率性收入差距问题；继续推进教育、医疗、居住等基本公共服务均等化改革，扩大基本公共服务与社会保障体系的覆盖面，切实增强居民基本生活保障，提振消费信心；深入实施就业优先战略，积极推出各项就业优先政策，特别是将大中专毕业生的就业状况作为衡量大中专院校工作的重要因素；供给层面，需要加大对市场主体的政务服务力度，提升营商环

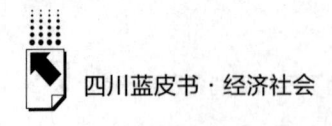

境的市场化法治化便利化水平,针对经济转型过程中的企业经营困境,积极促进助企纾困政策措施的出台与落实。

(三)积极推动四川省消费热点重点领域建设

促进四川省消费热点重点领域的建设,积极打造消费新场景,培育消费新增长点。文旅消费方面,深入推进融合式发展,打造文旅消费新场景,如沉浸体验式旅游、文娱演出旅游、体育赛事旅游、亲子研学旅游、博物馆旅游、餐饮旅游、生活化旅游等多元化文旅消费场景。优化文旅消费服务,提升文旅项目建设运营能力,提高支付便利化水平,促进入境旅游消费。"体育赛事+"消费领域,加快打造体育赛事活动自主品牌,积极拓展体育赛事市场,发挥赛事场馆设施的后续作用,设立专门的赛事遗产管理机构,最大程度地发挥大运会等赛事遗产在提升本地职业体育水平、提供居民健身场地和会展演艺场所等方面的促进作用,做强"体育+"产业。餐饮消费方面,强化餐饮质量安全监管,完善餐饮业标准体系,促进餐饮业绿色发展,擦亮四川餐饮文化金字招牌;银发经济领域,要积极应对人口老龄化趋势,满足老龄人口消费需求。老龄人口在老年助餐服务、保健抗衰产品、康复辅助器具、智慧健康护理与养老服务、养老金融、老年旅游等方面有着较大的需求,要丰富相关领域的服务与产品供给。抓住国家以旧换新促销政策为汽车、家居产品、智能家电等产品消费市场增长提供的良好契机。发展消费新业态新模式,加强"互联网+""数字技术+"消费业态发展,促进社交电商、直播电商、电子竞技、数字化沉浸体验、剧本娱乐等新业态发展,推动房车露营等生活化体验式旅游发展,为消费市场增长提供新动能。

(四)着力营造公平高效的消费市场环境

加强市场监管,着力营造公平高效的市场环境。积极发挥《反不正当竞争法》《反垄断法》对市场秩序的治理功能。数字经济与互联网平台产业迅速发展,对数字经济领域的市场秩序治理提出了新要求,应积极探索两部法律在数字经济与互联网平台产业领域的适应性与应用性。充分利用大数据技术,强化市场监管数据分析，促进部门协调合作，加强跨区域数据共享、案例共享等，有效提升市场监管效率；将消费者关心的食品、药品安全问题，以及乡镇农村市场秩序混乱等问题，作为重点领域强化监管，加大执法力度；积极维护消费者权益，加强消费者维权法律制度建设，完善消费者诉求维权体制机制，切实为消费者提供安全诚信、具备权益保障机制的消费市场环境。

参考文献

四川省统计局：《2024年前三季度四川经济形势新闻发布稿》，http://tjj.sc.gov.cn/scstjj/c112117/2024/10/21/378ac8b2f64a48d895260f5b328866bb.shtml，2024年10月21日。

《中共四川省委关于以发展新质生产力为重要着力点扎实推进高质量发展的决定》，https://www.sc.gov.cn/10462/10464/10797/2024/6/3/c45cd65fba134a47970c5d90fb8993e3.shtml，2024年6月3日。

《国务院关于促进服务消费高质量发展的意见》，https://www.gov.cn/zhengce/zhengceku/202408/content_6966275.htm，2024年8月3日。

区域发展篇

B.26
2024~2025年成都平原经济区经济形势分析与预测

贺培科　周婧苑*

摘　要： 2024年，成都平原经济区协调发展水平和引领作用不断提高，但依然面临一体化发展体制机制不健全、产业发展层次和协同水平不够高、县域底部支撑不充分、要素集聚和协调配置不均衡等问题。2025年，要加快完善区域一体化发展机制，提升成都极核和成都都市圈辐射带动作用，优化产业空间布局，加强县域特色产业培育，推动要素统一市场建设，努力推动经济实现量的稳定增长与质的有效提升，引领支撑四川经济高质量发展。

关键词： 高质量发展　区域协调发展　成都平原经济区

---

* 贺培科，四川省社会科学院产业经济研究所助理研究员，主要研究方向为产业经济、区域经济；周婧苑，四川省经济和社会发展研究院经济师，主要研究方向为区域经济。

一 成都平原经济区经济运行状况

成都平原经济区涵盖成都、德阳、绵阳、遂宁、乐山、雅安、眉山和资阳八市，总人口接近全省的一半，经济总量占全省的比重超过六成。经济区的区位条件优越、产业基础雄厚、开放水平领先、科技优势突出。近年来，成都平原经济区紧抓高质量共建"一带一路"、新时代推进西部大开发、长江经济带发展等国家重要机遇，围绕推动成渝地区双城经济圈建设走深走实和"四化同步、城乡融合、五区共兴"发展战略，落实《成都平原经济区"十四五"一体化发展规划》，充分释放成都"主引擎"作用，着力推动经济区一体化发展，在建设高质量发展活跃增长极、科技创新重要策源地、内陆改革开放示范区等方面取得显著成效，强力支撑四川经济高质量发展。

（一）2024年上半年经济运行情况

1. 经济增长稳中有进

2024年上半年，成都平原经济区实现地区生产总值18341.28亿元，占全省的62.3%；成都都市圈实现地区生产总值13931.43亿元，占全省的比重达47.3%。其中，成都市地区生产总值11152.14亿元，分别占全省、成都平原经济区、成都都市圈的37.9%、60.8%、80.1%，但增速仅居成都平原经济区第七。

2. 产业结构持续优化

2024年上半年，电子信息、生物医药、汽车制造、高端装备制造、食品饮料等特色优势产业规模持续扩大，信息传输、软件和信息技术服务业与交通运输、仓储和邮政业增长较快，成都平原经济区三次产业结构为4.7∶34.0∶61.3，与2023年同期相比，第一、第二产业分别下降0.1个、0.3个百分点，第三产业上升0.4个百分点。其中，第一产业占比仅成都和乐山保持不变，其余城市均呈现不同程度的下降趋势；第二产业占比方面，其中德阳、资阳、眉山分别上升1.0个、1.1个、1.0个百分点，绵阳、遂

图1 2024年上半年成都平原经济区GDP及增速

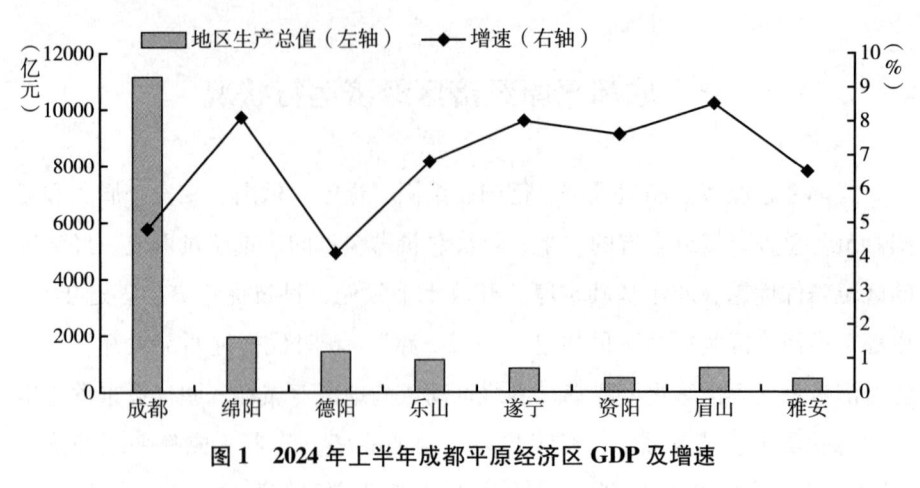

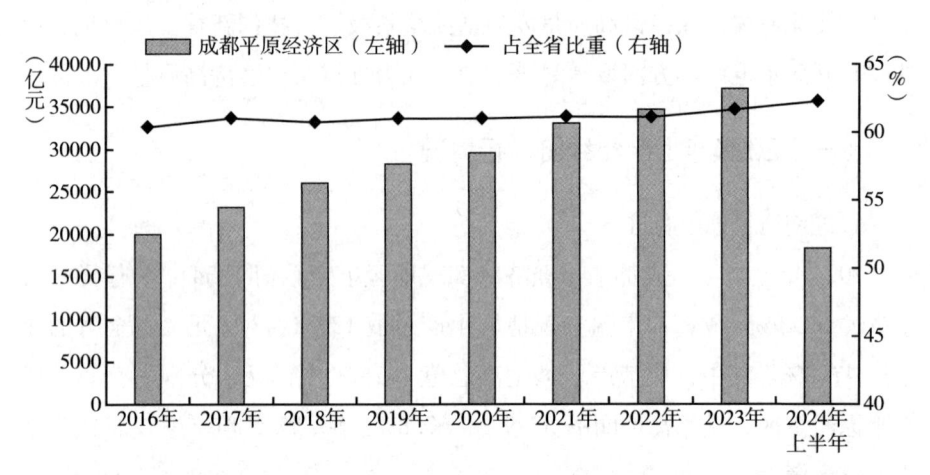

图2 2016年至2024年上半年成都平原经济区GDP及其占全省的比重变化

资料来源：各市州统计局网站。

宁、乐山分别下降1.5个、1.4个、1.1个百分点，拉低第二产业整体占比；第三产业占比方面，其中绵阳、遂宁增长幅度较大，为2.2个、1.9个百分点（见图3）。

3.工业经济提质增效

2024年上半年，成都平原经济区各市规上工业增加值均呈正向增长，较上年同期（4.1%）增长加快。其中，成都、乐山增速较缓，分别为

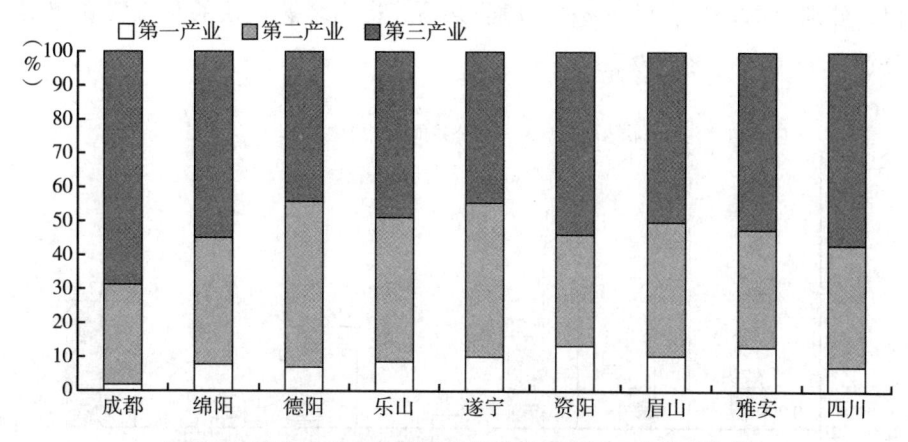

图3 2024年上半年四川及成都平原经济区三次产业结构

2.6%和2.1%,未达到经济区平均水平。增速最高的是眉山,为18.8%;德阳以15.2%的同比增速排名第二(见图4)。

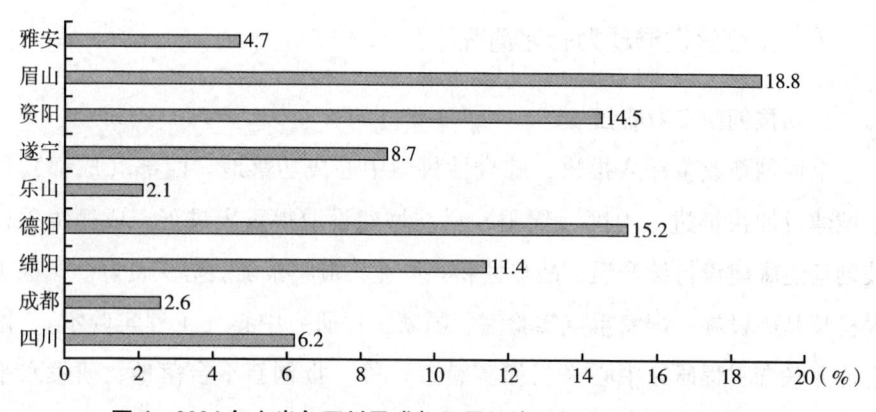

图4 2024年上半年四川及成都平原经济区规上工业增加值增速

4. 财政收支运行平稳

财政收入提升、结构优化,2024年上半年成都平原经济区完成一般公共预算收入1645.57亿元,占全省的52.9%,同比增长6.4%,高出全省3.1个百分点;一般公共预算支出2401亿元(不含乐山),同比增长2.61%,占全省的34.4%。其中,绵阳和德阳的一般公共预算收入增速较

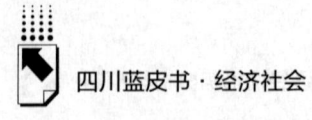

快，分别为22.8%、15.5%；一般公共预算支出增速较快的是雅安和德阳，分别为11.23%、8.20%。

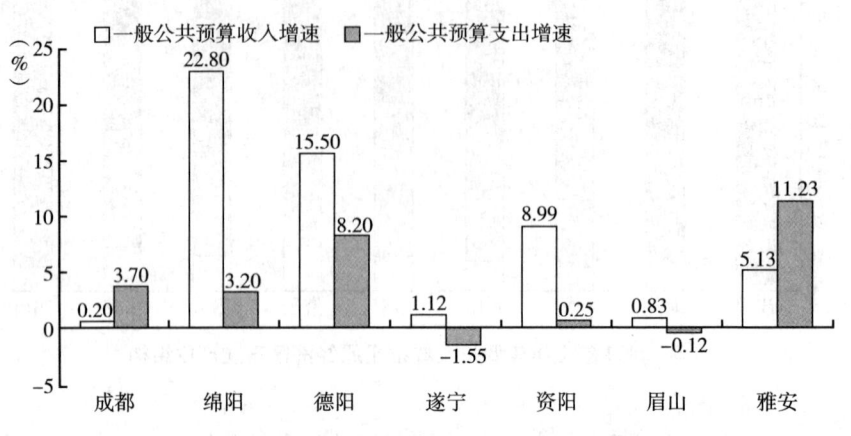

图5　2024年上半年成都平原经济区财政收支情况

（二）经济发展动力转化情况

1. 科技创新实力增强

全面创新改革深入推进，综合性科学中心成功落地，西部（成都）科学城建设加快推进，中国（绵阳）科技城建设取得重大进展，成德绵乐科技创新走廊建设持续升温，战略性新兴产业集群集聚发展势头良好。国家重大科技基础设施、国家重点实验室、国家工程研究中心（工程实验室）、国家地方联合工程研究中心（工程实验室）等一批创新平台落地，研发水平和成果转化效率大幅提升。

2. 开放合作水平提高

中国（四川）自由贸易试验区改革取得突破性进展，"一带一路"国际多式联运综合试验区加快建设，中欧班列累计开行量居全国前列，"蓉欧+"东盟国际班列德阳和眉山基地建成投用，中国（四川）与老挝经贸合作交流深入推进，中老班列快速增长。成都国际铁路港综合保税区、绵阳综合保税区封关运行，德阳、遂宁、乐山保税物流中心（B型）加快建设，成都、德阳、绵阳、眉山跨境电商综合试验区建设有序推进。对外贸易大幅增长，2024年上半年进出口总额达到4344.15亿元，占全省进出口总额的比重为88.56%。

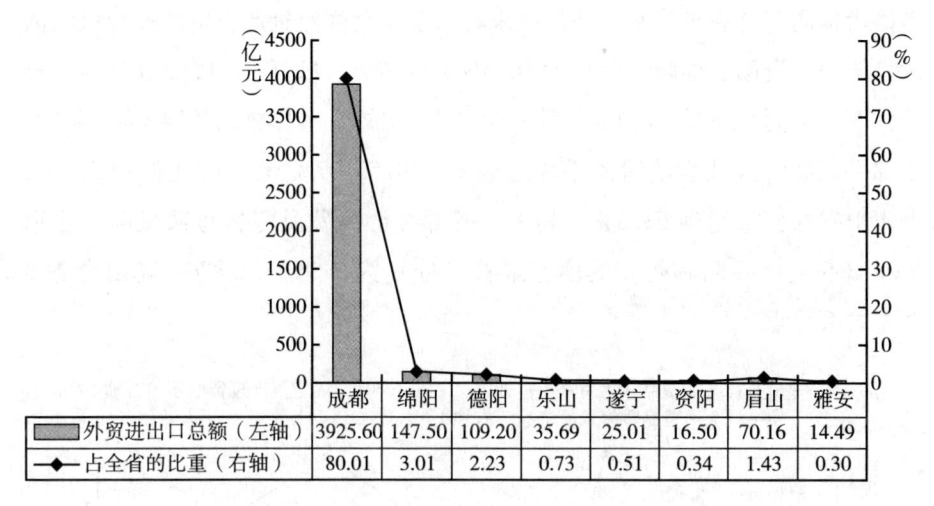

	成都	绵阳	德阳	乐山	遂宁	资阳	眉山	雅安
外贸进出口总额（左轴）	3925.60	147.50	109.20	35.69	25.01	16.50	70.16	14.49
占全省的比重（右轴）	80.01	3.01	2.23	0.73	0.51	0.34	1.43	0.30

图6 2024年上半年成都平原经济区进出口总额及占比

3. 要素跨区域优化配置

基础设施持续扩能提质，交通枢纽能级大幅提升，成都综合交通枢纽建设能效显现，成德、成眉、成资市域铁路实现公交化运营，跨市公交常态化开行。水资源调配能力显著增强，引大济岷工程前期工作有序推进，毗河供水一期、武引二期灌区已竣工，李家岩水库、张家岩水库直接引水至老鹰水库管道工程等重点水利工程有序推进。人才交流合作深化，依托成都人才园的人力资源数据库和产业地图、人才指数，规划建设了人才信息互通互享的智能化线上平台，为区域内各市（州）提供中高端人才寻访推介、智能市场匹配、智能信用评价、在线交易结算等服务。① 此外，通过共建"人才飞地""研发飞地""双招双引"工作站等线下载体，进一步拓宽了人才服务的渠道和范围。

---

① 《成都发挥头雁引领作用 "天时" "地利"之外 聚力打好"人和"牌》，https://www.sc.gov.cn/10462/10464/10465/10595/2023/5/2/b5e3977c9e834cf1b2e6defd94d9a485.shtml，2023年5月2日。

4. 需求拉动作用显现

固定资产投资持续加力，2024年上半年，成都平原经济区（除乐山外）整体增速高于全省平均水平。具体来看，全社会固定资产投资增速较快的依次是德阳、资阳、绵阳，分别为16.5%、16.2%、11.1%，成都增速相对较低，而乐山同比下降18.1%。消费品市场需求快速释放，2024年上半年，成都平原经济区社会消费品零售总额实现8153.07亿元，同比增长3.9%，占四川省的比重达到61.5%。其中，成都社会消费品零售总额最高，达到5068.3亿元，绵阳和德阳的增速最快，分别为7.9%、7.8%，高出全省3个左右百分点。

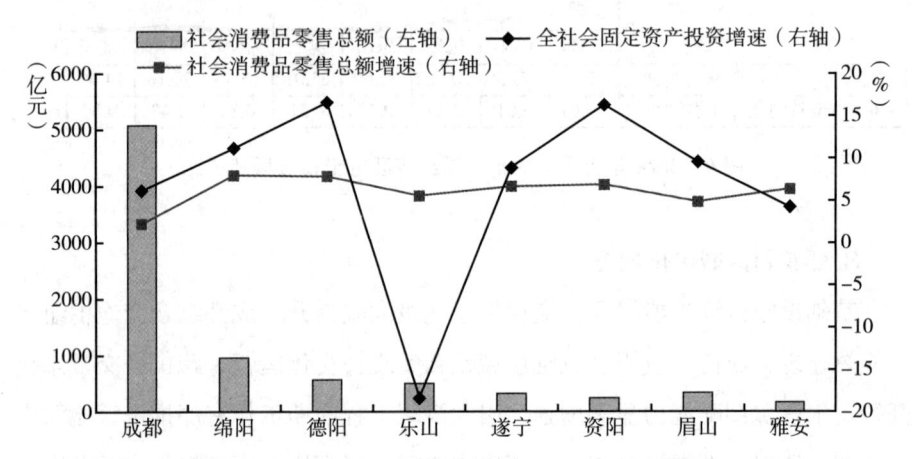

图7　2024年上半年成都平原经济区各市固定资产投资和社会消费品零售总额情况

（三）区域集聚扩散效应情况

1. 成都都市圈极核作用强化

成德眉资成立电子信息、先进材料、医药健康、绿色智能汽车和现代商贸等产业生态圈联盟，成都市软件和信息服务集群、成德高端能源装备产业集群入选国家先进制造业集群，加快构建轨道上的都市圈。2024年上半年成都都市圈实现地区生产总值13931.43亿元，占成都平原经济区的比重基本维持在76%左右，占全省的比重由2016年的45.9%增长到47.3%。根据

《现代化成都都市圈高质量发展指数（2023）》，成都都市圈高质量发展指数综合得分为76.4分，在12个都市圈中排名第5位，[①] 在中西部都市圈中处于领先地位，加快构建具有国际竞争力和区域带动力的现代化都市圈。

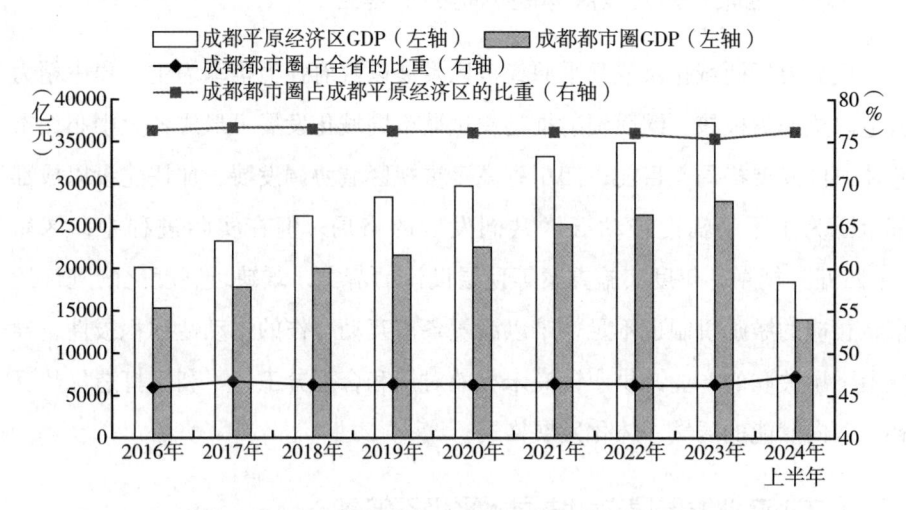

图8 2016年至2024年上半年成都平原经济区和成都都市圈GDP及其占比

2. 辐射带动作用逐步显现

区域合作共兴格局加快形成，成都平原经济区深化与川南经济区的产业合作，加密开行南向班列，携手共建长江上游成宜国际物流园等项目；聚焦特色产业协作，成都与广安两地创新探索"双飞地"产业发展模式；突出绿色低碳产业协作和战略资源开发，成都平原经济区深化与攀西经济区、川西北生态示范区的合作，首批14个绿色低碳产业合作项目签署合作协议。

二 成都平原经济区发展面临的问题

2024年，成都平原经济区面临区域一体化发展体制机制不健全、产业

[①] 清华大学中国新型城镇化研究院、北京清华同衡规划设计研究院有限公司：《现代化成都都市圈高质量发展指数（2023）》，https：//cddrc.chengdu.gov.cn/cdfgw/fzggdt/2024-04/07/content_dc92b65de8814697992442c48252a4ac.shtml，2024年4月7日。

发展层次和协同水平不够高、县域发展的底部支撑作用不充分、区域要素集聚和协调配置不均衡等问题。

（一）区域一体化发展体制机制仍不健全

成德眉资同城化及成都平原经济区发展以政府强力推动为主，集中精力打造以成都为极核，继而辐射推动周边城市同城化发展，形成各大中小城市整体协同发展格局。目前，四川省高度重视区域协调发展，加快建设以成都都市圈为主干、辐射带动五区共同发展的格局，但在实际进程中，区域"十四五"规划、年度实施方案等顶层设计的落实，既缺乏制度化的刚性约束，相应的激励机制也不足，难以激发各市互动合作的主动性和积极性，导致上下游关联的产业链供应链尚未有效对接和合理分工，不利于打造优势互补、双向赋能的区域一体化发展格局。

（二）产业发展层次和协同水平仍不够高

各经济板块间发展差距依然较大，产业互补性、关联性不强，缺乏有效的产业协作配套，产业集群成链发展不足。一方面，产业层次和能级不强，尚未在重点产业上形成较强的竞争力，在市场资源配置上不具有主导权。从产业链环节看，如电子信息制造业多为加工贸易型的状况尚未得到根本转变。另一方面，区内主导产业缺乏协作、功能互补不足，优势资源未充分整合，除成都市以外，其他市的产业结构相似度较高，产业同质化发展现象明显，影响整体产业链供应链稳定性和竞争力提升。

（三）县域发展的底部支撑作用仍不充分

县域经济不发达，占成都平原经济区生产总值的比重低，2023年占比不足33%。县域经济发展极不平衡，2023年简阳市、江油市、彭州市等10个县市的GDP均在500亿元以上。相应地，经济总量偏低的沐川县、荥经县、丹棱县等9个县的GDP均不足百亿元，简阳GDP是宝兴县的15余倍。

2024~2025年成都平原经济区经济形势分析与预测

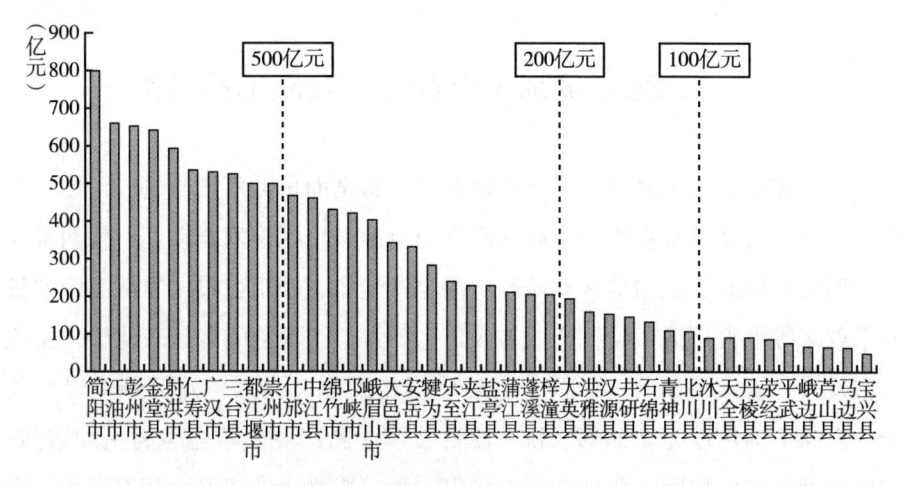

图9 2023年成都平原经济区县（市）地区生产总值

（四）区域要素集聚和协调配置仍不均衡

从整体发展上看，人才集聚储备不够，高学历人口比重不高，对人才的吸引力有待提升。创新转化能力偏弱，院士（专家）工作站、海外人才离岸创新创业基地等平台较少，科技成果的转化效率和应用水平有待提高。数据产业发展进度不够，大数据企业数量偏少，重大数据与算力设施平台缺乏，数据资源的开发利用和共享机制尚不完善。土地空间资源受限，产业类项目用地供给明显不足，土地资源的利用效率有待提高。

从各市发展看，由于经济社会发展水平、财政规模和城市能级存在差异，在财政支持、税收减免、金融服务、科技创新、人才引进等领域实施差异化的优惠政策，形成区域性政策上的先发优势。例如，人口集聚差异大，2013~2023年成都平原经济区常住人口增加416万人、增长10.9%。其中，2023年成都都市圈常住人口、城镇常住人口分别占成都平原经济区的71.1%、75.9%，遂宁、雅安、乐山常住人口均存在不同程度的下降，2023年较2013年分别下降近40万人、8万人、8万人。同时，要素市场配置制度尚需进一步完善，跨市域的要素流动被行政区限制，如技术市场政产学研相脱节，"数据孤岛"和"数据烟囱"问题仍然存在。

385

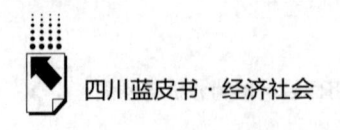

三 2025年成都平原经济区发展形势预测

当前和今后一个时期，成都平原经济区将全面贯彻落实党的二十届三中全会精神，认真落实省委十二届六次全会精神，抢抓国家推动新时代西部大开发形成新格局、成渝地区双城经济圈走深走实、四川建设国家战略腹地核心承载区等重大机遇，发挥产业、人口、要素、市场空间等比较优势，强化极核及其辐射带动作用，引领全省经济行稳致远。当然，外部环境错综复杂，全球不确定性显著加剧，新一轮科技革命和产业变革竞争将更加激烈；省域间竞争日益加剧，西部地区加快谋划国家战略腹地建设，随着高铁、高速、河运和航运连接网络的逐步完善，区域产业、技术、资本、人才等竞争态势日益加剧，成都平原经济区高质量发展任重道远。

（一）经济增长稳中快进

2024年上半年，成都平原经济区实现地区生产总值18341.28亿元，占全省的62.3%，同比增长达到5.47%，高于全省平均水平0.07个百分点，为2024年下半年支撑全省经济高质量发展奠定了一定的基础。2025年，成都平原经济区将进一步发挥以成都都市圈为核心的辐射带动作用，强化同绵阳、乐山等省域副中心、区域中心城市联动，抢抓成渝地区双城经济圈走深走实、四川建设国家战略腹地核心承载区等重大机遇，提升成都平原经济区产业能级和城市能级，成都平原经济区将保持稳中快进的增长态势。

（二）现代化产业体系加快构建

2024年上半年，成都平原经济区优势产业规模持续扩大，第三产业占比有所上升，工业呈现不同程度增长。2024年下半年及2025年，成都平原经济区加快抢建战略产业核心承载区，超前布局新兴产业和未来产业发展，在产业分工协作上进一步倒逼优化产业链供应链，跨区域构建产业链生态圈，夯实维护国家产业安全的基石作用；在产业空间布局上进一步突破传统空间阻隔和竞争格局，拓展区域新质生产力合作领域，提高区域合作成效；在产业发展能级上，将进一步增强增长极和动力源的核心功能。

（三）投资保持较快增长

2024年上半年，成都平原经济区整体增速高于全省平均水平。2024年下半年及2025年，国家将加大财政货币政策逆周期调节力度，要发行使用好超长期特别国债和地方政府专项债，更好发挥政府投资带动作用。① 就成都平原经济区来讲，将紧盯"两重""两新"重点支持领域谋划储备一批重大项目，用好用足成渝地区双城经济圈、四川建设国家战略腹地核心承载区等重大机遇，发挥其战略牵引力、政策推动力和发展支撑力，极大提振市场预期、社会预期，促进一系列政策利好、投资利好、项目利好落地，推动成都平原经济区战略性基础设施布局、重大生产力布局和产业转型升级、公共服务普惠共享。

（四）消费潜力持续释放

2024年上半年，成都平原经济区社会消费品零售总额实现8153.07亿元，同比增长3.9%，占四川省的比重达到61.5%。2024年下半年及2025年，随着经济总量提升，居民收入稳定且逐步增加，在国家、省及各市消费政策的刺激下，消费意愿增强，有效需求提升，消费对于经济的支撑力将进一步增强。

（五）区域经济竞相发展

区域协调发展机制进一步完善，特色鲜明、优势互补的成都平原经济区格局加快形成。其中，现代化国际化成都都市圈加快建成，绵阳建设省域副中心、乐山提升区域中心城市能力等工作深入推进，次级增长极支撑作用明

---

① 《中共中央政治局召开会议 分析研究当前经济形势和经济工作 中共中央总书记习近平主持会议》，https://www.gov.cn/yaowen/liebiao/202409/content_6976686.htm，2024年9月26日。

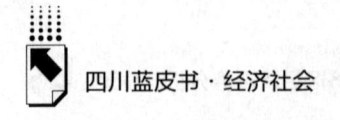

显增强,托底帮扶和县域城乡融合发展加快推进,县域经济底部基础筑牢夯实,成都平原经济区现代化建设走在西部前列。

四 推进成都平原经济区高质量发展的对策建议

2025年成都平原经济区将贯彻落实党的二十届三中全会、省委十二届六次全会精神,积极探索推动区域协调发展体制机制改革,健全区域一体化发展机制,提升成都都市圈的辐射带动作用,提高产业链供应链韧性和竞争力,夯实县域经济底部支撑,促进资源要素流动配置,努力推动经济实现量的稳定增长与质的有效提升。

(一)完善一体化机制,凝聚区域高质量发展合力

深化成德眉资同城化综合试验区建设。健全统一的经济区规划体系,特别是加强各市之间规划的相互衔接,确保在产业发展、交通网络、公共服务、生态环境等方面形成互补优势,避免重复建设和资源浪费。探索推进要素市场一体化建设,建立跨区域土地利用协调、人口流动和合理分布管理机制。建立政策协调对接机制,加强省级部门与各市之间的政策沟通和协调,围绕生产要素流动、跨区域建圈强链、税收优惠等领域制定协同一致的政策措施,形成政策和行动合力。

建立以一体化为导向的绩效考核和可持续发展机制。持续完善省级层面的区域协调发展统筹协调机制,发挥由省级政府主导、相关部门和地市参与的协调机构作用,针对各市特点制定差异化考核标准,建立并落实跟踪分析、督促检查机制,强化对各市党委、政府的绩效考核和结果运用,加大对排名靠前的城市的用地、财税等奖励或政策倾斜。探索构建"资源—生态—社会发展""三位一体"的补偿机制,以经济补偿、实物补偿、政策补偿等多种形式对资源产地及居民给予补偿,探索将部分资源开发收益用于设立区域发展基金,增加资源税费地方留成比例,增强资源开发地区的经济社会可持续发展能力。

（二）提升极核引领能级，增强成都都市圈辐射带动作用

做强成都极核引领能级。一是着力提升经济竞争力，以构建产业生态圈、创新生态链为核心组织经济工作，深入推进产业链垂直整合，提升行业聚合力和产业配套率，积极融入全球产业链高端和价值链核心，推动航空航天、生物医药等优势产业领先发展、规模发展。二是着力提升创新引领能力，围绕产业链部署创新链，全力争取布局国家综合性产业创新中心，以重点产业关键核心技术研发和产业化为突破口，打通政产学研用协同创新通道，统筹衔接基础研究、应用开发、成果转化、产业发展各环节，建设具有国际影响力的创新创业中心。三是着力提升国际门户枢纽功能，深化"两场一体"协同高效运营，推动国家临空经济示范区建设，构建"空中丝绸之路"网络。高标准建设亚蓉欧开放大通道，加快贯通西部陆海新通道西线通道。建强国家物流枢纽功能，深入实施国家多式联运示范工程。

提升成都都市圈辐射带动作用。一是强化主要城市的互联互通，加快推进天眉乐高速等项目建设，持续推动以成都为核心的成乐、成绵等高速扩容改造。二是鼓励成都都市圈企业向周边城市投资发展，着力打造产业特色鲜明的成德绵、成德资、成眉乐产业联动区，跨区域推动形成新型显示、航空装备、新能源汽车等先进制造业跨区域协作配套产业生态链生态圈。此外，强化成都都市圈同乐山、雅安、遂宁等的生产要素自由流动、产业链供应链网络联动，提高资源配置整体效率。

（三）优化产业空间布局，提高产业链供应链韧性和竞争力

共树产业协同和集群发展的链群发展新思维。形成以城市群为载体的产业集群发展格局，坚定融入成都都市圈、实现城市优势互补和融合发展的思路，打破区域行政壁垒，助力促进成都平原经济区一体化市场建设，推动要素流动和高效配置，加强产业间的分工协作和优势互补联系，逐步实现产业优化升级、产业集群发展的目标，最终实现区域产业整体高质量发展。

共谋区域整体招商和分工布局新模式。产业链和供应链布局需要招商引资"补位"、产业转移优化，探索建立共同招商引资、跨市产业布局、产业转移的利益共享机制和建设用地指标的跨行政区交易机制，梳理产业链、供应链各环节配套和布局情况，找出改善点，搭建协同平台，借助新一轮西部大开发承接国内外产业转移，为市场主体自主选择本地化多元化供应链网络提供基础。

共建国家产业安全备份基地新格局。加快启动成都平原经济区产业链供应链安全及韧性评估工作，强化省域乃至川渝范围内的重要产业链环节衔接，明确自然灾害等不可控环境下重点产业环节和产品的可替代应急方案，提高本地配套率。加强同东部优势地区的产业对接，通过共建产业园区、"飞地经济"等模式，探索建立产值、收益、用地等指标的分享机制，吸引产业有序转移，促进区域优势资源互补，加强区域间的产业转移合作，建设国家战略腹地和关键产业备份。

（四）加强特色产业培育，夯实县域经济底部支撑

培育一批县域产业集群。精准把握各县域在资源环境、产业基础、生态文化、城镇功能等方面的异质性，明确区位优势、找准发展定位，做到宜工则工、宜农则农、宜旅则旅、宜商则商。打破县域"行政边界"制约，加强县域内城、镇、村的纵向经济联系，推进各县域间的横向区域合作与经济开放式协同发展，共同打造活力与韧性并存的产业集群效应。此外，以数字化转型为特色产业发展拓展空间，积极发展数字农业、农村电商，推进智能工厂、数字化车间建设，打造智慧景区与数字文旅。

推动县域一二三产业融合发展。促进农产品精深加工，建设"川字号"农产品加工园区和优势特色产业基地，促进业态持续迭代和能级显著提升，构建具有特色优势的现代农业体系，打造新时代更高水平"天府粮仓"示范区。深度开发农业多元功能和产品，以保护乡村原生态风貌和本色生产生活方式为前提，因地制宜融入农事体验、休闲养心等新兴业态，积极创新业态场景、功能载体、开发运营等新模式新机制。

（五）推进统一市场建设，促进资源要素流动配置

共同建设要素流动共享平台。充分利用现有的大数据中心和数据共享交换基础，探索制定成都平原经济区数据共享目录、统一数据标准，建立共享交换平台和一体化数据库，逐步建成"逻辑统一、物理分解、共享共用"的大数据中心，重点集成区域内的人才、科技、创新、市场、金融、生态等要素信息，为生产要素跨区域流动提供信息支撑，消除信息不对称。

构建区域人才技术要素自由流动机制。探索建立统一的人力资源市场体系，建立专业技术人才职称、资格互认机制，深化跨区域人才认证和服务，设立优秀专家人才库，鼓励成都高精尖人才资源通过人才"周末工作室"等方式向成都平原经济区其他城市辐射延伸。

以跨区域分工布局的承载机制共享土地要素。完善整体招商和跨区域分工布局机制，探索建立共同招商引资、跨市产业布局、产业转移的利益共享机制。探索建设行政区和经济区适度分离的承载地，统筹整合资金、技术、建设用地、优惠政策等资源，借鉴长三角以"企业组团"和"政府间协议"等方式使上海企业入驻异地的"园中园""共建园"，降低企业外部商务成本和发展环境限制，在成都平原经济区等交界区域打造要素集聚、产业链供应链补齐畅通的重要载体。

完善区域科技创新技术共创共享机制。充分发挥成都科技中心的引领作用，围绕高端装备制造、电子信息等领域，完善鼓励国家实验室、共性技术研发机构和研究型大学开展基础性研究、原始创新的科研体制。构建开放型区域创新体系，支持各类重点实验室、工程研究中心等创新平台面向都市圈内创新主体开展技术服务，促进更多科技原创成果在都市圈就地转化、沿链孵化，并率先实现产业化。

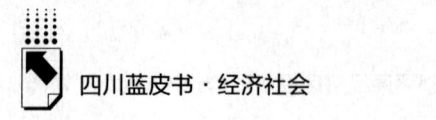

参考文献

《中共中央关于进一步全面深化改革　推进中国式现代化的决定》，https：//www. gov. cn/zhengce/202407/content_ 6963770. htm？sid_ for_ share＝80113_ 2，2024 年 7 月 21 日。

习近平：《关于〈中共中央关于进一步全面深化改革、推进中国式现代化的决定〉的说明》，《人民日报》2024 年 7 月 22 日。

樊杰：《"十五五"时期中国区域协调发展的理论探索、战略创新与路径选择》，《中国科学院院刊》2024 年第 4 期。

B.27
2024~2025年川南经济区经济形势分析与预测

龚勤林 万一孜*

摘　要： 2024年，川南经济区扛住经济下行压力，稳中求进，经济总量保持稳定增长、工业经济较快增长、服务业总体增势良好、全社会固定资产投资差异明显、消费品市场增长显著、财政收入平稳增长。2025年川南经济区有望保持向好态势，经济综合实力迈上新台阶、工业竞争力进一步增强、消费市场规模持续扩大、开放合作能级稳步提升，不断释放经济发展活力。川南经济区要进一步加强区域协同互动、提升制造业核心竞争优势、提高交通基础设施内联外畅水平、强化生态环境共建共治、以科技创新为引领加快发展新质生产力，进而实现更高质量、更可持续的发展。

关键词： 工业经济　区域协调发展　川南经济区

一　川南经济区发展现状

川南经济区包括自贡、泸州、内江、宜宾4市，28个县（区），地处川渝滇黔结合部，区域面积达3.5万平方公里，占四川省总面积的7.3%，2023年末常住人口1444.4万人，占四川省总人口的17.3%。2024年上半年，外部环境更趋

---

* 龚勤林，四川大学经济学院教授、博士生导师、副院长，主要研究方向为区域与城市经济、产业经济；万一孜，四川大学经济学院，主要研究方向为区域与城市经济。

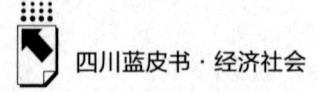

严峻复杂，结构调整阵痛持续显现，叠加极端天气等短期因素冲击，川南经济区扛住经济下行压力，稳中求进，经济呈现持续向好态势，高质量发展稳步推进。但外部环境复杂多变，国内有效需求仍显不足，经济稳增长压力较大，川南经济区要不断增强自身综合实力，促进区域经济稳定增长。

（一）经济总量稳定增长

近年来，川南经济区在四川省经济发展中扮演着越来越重要的角色。2024年上半年，川南经济区实现地区生产总值4690.48亿元，占全省的比重为15.92%，相较2023年上半年占比提高0.15个百分点，增量高达289.35亿元，经济运行总体平稳、稳中有进（见表1）。宜宾市作为该区域的"领头羊"，2024上半年GDP达到1694.93亿元，位列全省第三，同比增长6.7%，比全省平均水平高出1.3个百分点。泸州市2024上半年经济总量达到1265.4亿元，位列全省第六，但GDP增量仅为45.56亿元，同比增长3.6%，GDP增速不仅位列川南四市倒数第一，在全省也处于垫底位置，经济增长相对乏力。内江市和自贡市2024年上半年GDP虽然没有突破千亿大关，但也达到800亿元以上。具体来看，内江市2024年上半年GDP为873.9亿元，小幅领先于自贡市，位列全省第十，增速为6.9%，高于全省平均水平1.5个百分点，展现出良好的发展态势。自贡市上半年GDP为856.25亿元，位列全省第十一，较上年同期增量为58.49亿元，GDP增速为7.8%，高于全省平均水平2.4个百分点，位列全省第四，显示出强劲的经济增长态势。

表1 2024年上半年川南经济区地区生产总值及增速

单位：亿元，%

地区	GDP	全省排名	增速	全省排名
自贡	856.25	11	7.8	4
内江	873.90	10	6.9	6
宜宾	1694.93	3	6.7	8

续表

地区	GDP	全省排名	增速	全省排名
泸州	1265.40	6	3.6	20
川南经济区	4690.48	—	—	—
全省	29463.30	—	5.4	—

资料来源：四川省统计局、川南经济区四市统计局网站。

（二）工业经济较快增长

2024年上半年，在外部环境依然复杂严峻的背景下，全省工业发展平稳增长，规模以上工业增加值同比增长6.2%，川南经济区规模以上工业增加值同比增长7.2%，高于全省平均水平（见图1）。具体来看，自贡市规模以上工业增加值同比增长15.5%，列四市首位、全省第二，比全省平均水平高出9.3个百分点，从主要工业产品产量看，铝材同比增长6400.9%，锂离子电池增长184.5%，产量大幅增长主要得益于新项目的投产和产能的逐步释放，展现出强大的发展活力和潜力。宜宾市规上工业增加值增速为11.8%，比全省平均水平高出5.6个百分点，工业增长速度较快。内江市规

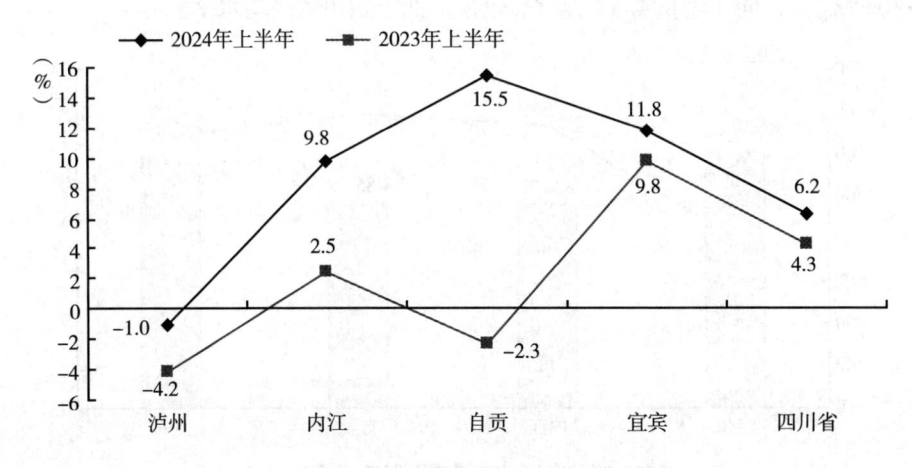

图1 川南经济区规模以上工业增加值增速

资料来源：四川统计局、川南经济区四市统计局网站。

上工业增加值增速为9.8%，高于全省平均水平3.6个百分点，从主导产业看，"页岩气+"同比增长36%，"钒钛+"同比增长10.7%，"甜味+"同比增长16.3%，"装备+"同比增长3.2%，工业经济实现较快增长。泸州市规模以上工业增加值仍然为负增长，为-1%，但降幅较窄。

（三）服务业增势良好

2024年上半年，服务业延续恢复增长势头，四川省服务业实现增加值16773.8亿元，同比增长5.8%，占GDP的56.9%，对经济增长的引领作用持续增强。川南经济区服务业增加值实现4690.5亿元，占GDP的48.9%（见图2）。具体来看，自贡市服务业增势良好，2024年上半年，服务业增加值同比增长7.8%，位列全省第二，其中批发和零售业增长0.4%，住宿和餐饮业增长18.7%，交通运输、仓储和邮政业增长7.7%，信息传输、软件和信息技术服务业增长12.2%，租赁和商务服务业增长24.0%。内江市服务业实现增加值480.20亿元，同比增长7.5%，服务业对经济的贡献率持续提升，成为拉动经济增长的主要力量。宜宾市服务业实现增加值725.94亿元，位列四市第一，同比增长7.2%，高于四川省平均水平。泸州市服务业增加值601.5亿元，同比增长4.5%，增长较慢，低于四川省平均水平。

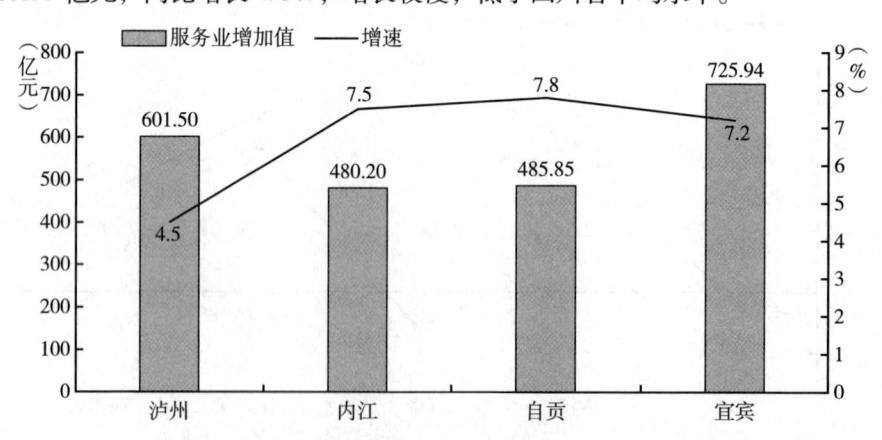

图2 2024年上半年川南经济区服务业增加值及增速

资料来源：四川省统计局、川南经济区四市统计局网站。

（四）全社会固定资产投资差异明显

2024年上半年，全省固定资产投资增速为0.9%，相比于2023年同期有所下降，显示出一定的增长压力（见图3）。川南经济区内固定资产投资增长情况在不同城市间差异明显，内江市和自贡市表现较好，而泸州和宜宾则面临一定挑战。具体来看，内江市在固定资产投资方面表现强劲，增速达10.7%，高于全省平均水平9.8个百分点，具体分产业看，第一产业投资下降14.7%；第二产业投资增长32.9%，其中工业投资增长33.0%；第三产业投资增长2.3%。自贡市固定资产投资增速居于第二位，略低于内江市，达10.5%，高于全省平均水平9.6个百分点，分产业来看，第一产业投资同比增长76.4%，第二产业投资增长16.9%，第三产业投资下降0.2%。而宜宾市和泸州市固定资产投资增速在2024年上半年均出现了负增长，增速分别为-6.2%和-16.2%，相较于2023年同期均大幅下降，投资低位运行，远低于全省平均水平。

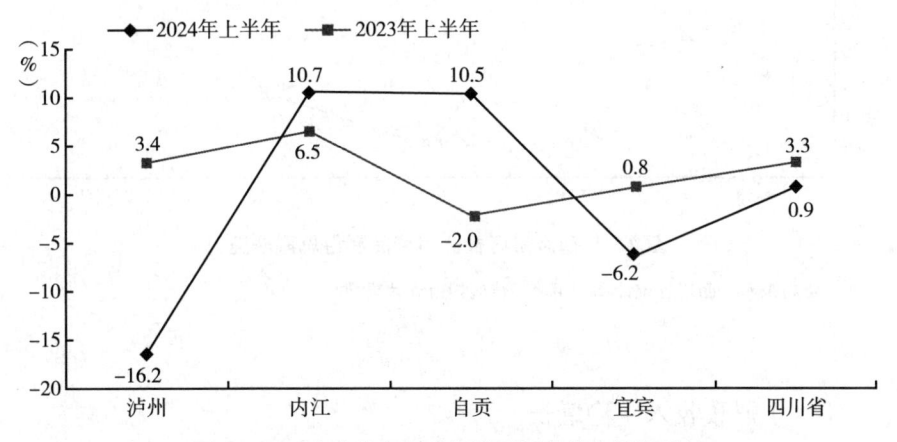

图3 2024年上半年川南经济区固定资产投资增速

资料来源：四川省统计局、川南经济区四市统计局网站。

（五）消费品市场增长显著

2024年上半年，四川省实现社会消费品零售总额13258.3亿元，同比增长4.9%。川南经济区四市实现社会消费品零售总额1947.1亿元，同比增长6.5%，增速比四川省平均水平高出1.6个百分点，占全省份额相较2023年同期略有上升，占比达14.69%（见图4）。在川南经济区中，自贡市社会消费品零售总额增速位列第一，为7.4%，城乡市场同步增长，其中城镇消费品零售额同比增长7.2%，乡村消费品零售额同比增长8.0%。内江市消费市场继续保持增长，但增速略低于自贡市，为7.1%。宜宾市与泸州市增速接近，分别为6.2%、6.0%。相较于2023年上半年川南四市增速均低于四川省平均水平，2024上半年川南四市的增速都高于全省平均水平，川南经济区的消费潜力得到有效释放，消费市场活力持续增强。

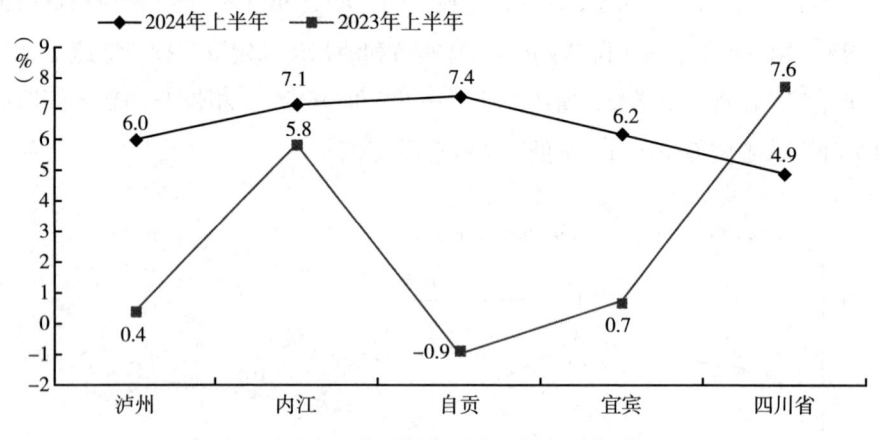

图4 川南经济区社会消费品零售总额增速

资料来源：四川省统计局、川南经济区四市统计局网站。

（六）财政收入平稳增长

2024年上半年，四川省地方一般公共预算收入3110.7亿元，增长3.3%。川南地区财政收入也保持稳定增长，一般公共预算收入达445.84亿元，收入增速为3.9%，超过四川省平均水平（见图5）。具体来看，宜宾市的财政收入总额较大，为216.65亿元，位列全省第二，同比增长2.9%，其中税收表现较为出色，税收收入108.4亿元，占比50%，同比增长2.4%。

泸州市一般公共预算收入达到129.2亿元，位列全省第三，增速为2%，低于全省平均水平。自贡市与内江市财政收入水平与宜宾、泸州两市财政收入水平存在较大差距，其中内江市一般公共预算收入为56.7亿元，增速较快，为12.7%，增速位列全省第六。自贡市一般公共预算收入为43.29亿元，增速为4%，其中税收收入完成17.88亿元，增长2%；非税收入完成25.40亿元，增长5.4%，税收和非税收入表现出色，共同助力财政增长。

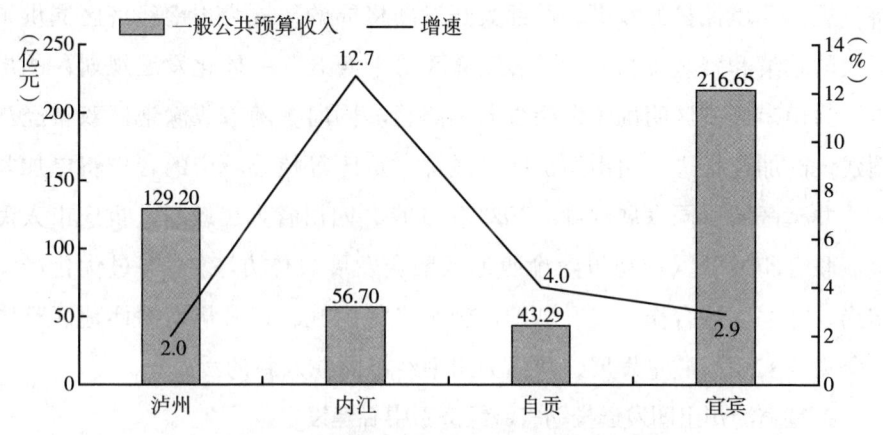

图5　川南经济区一般公共预算收入及增速

资料来源：四川省统计局、川南经济区四市统计局、财政局网站。

二　2025年川南经济区发展面临的机遇和挑战

当前国际环境复杂严峻，我国经济正处于转变经济发展方式、优化经济结构、转换增长动力的关键时期，川南经济区作为四川省第二大增长极，正站在一个新的历史起点上，面临重大机遇、蕴含巨大潜能。2025年，作为"十四五"规划的关键节点，川南经济区的发展将步入一个全新的阶段，其发展前景既令人期待，也充满考验。机遇与挑战并存，只有紧紧抓住国家区域发展战略和政策红利的机遇，充分发挥自身优势，积极应对各种挑战，才能实现更高质量、更可持续的发展，为全省乃至全国的经济社会发展作出更大贡献。

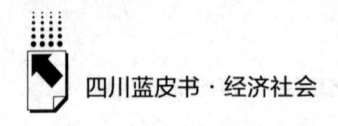

（一）川南经济区发展面临的机遇

1. 政策红利与战略叠加为川南经济区发展提供保障

随着共建"一带一路"的深入推进和西部陆海新通道建设的加速，川南经济区将成为连接内陆与沿海、贯通国内国际的重要枢纽；长江经济带的发展将促进川南经济区完善交通网络，加强与周边城市的合作，实现经济发展与环境保护的双赢；西部大开发新格局的形成为川南经济区提供了更大的政策和资金支持；《川南经济区"十四五"一体化发展规划》的出台，为川南经济区明确了发展方向和路径。同时，随着成渝地区双城经济圈建设的加速推进，川南经济区与成都、重庆等核心城市的合作将更加紧密，共享区域协同发展红利。2023年3月，四川省人民政府、重庆市人民政府联合印发了《推动川南渝西地区融合发展总体方案》，通过优化产业布局、加强区域合作、提升基础设施水平等措施，提升川南渝西地区整体竞争力，实现高质量发展，从而为川南经济圈注入新的活力。

2. 宜宾泸州组团发展推动省域经济副中心建设

为推动优势地区领先发展、促进实现"五区共兴"，2023年12月，四川省人民政府发布《中共四川省委　四川省人民政府关于支持宜宾泸州组团建设川南省域经济副中心的意见》（以下简称《意见》），明确指出要支持宜宾泸州组团建设川南省域经济副中心，打造支撑全省高质量发展的重要引擎，促进高水平区域协调发展。《意见》不仅在产业、交通和城市建设等方面给予支持，还在金融、财政、土地、能效等要素方面予以保障政策倾斜。这是四川省出台的首个专门针对省域经济副中心建设的文件，显示了四川坚定做大城市经济、推进省域副中心城市建设、促进区域协调发展的战略意图。宜宾和泸州的组团式发展将深化两地合作，同时避免两地发生同质化竞争，形成优势互补、利益共享，引领带动川南经济区高水平建设全省第二经济增长极。

3. 四市紧密联系优势互补推动川南一体化发展

川南四市在资源禀赋上各有优势、在产业发展上各有特色，通过区域协同，可以实现资源要素的共享和优化配置，推动川南一体化发展。作为历史文化名城，自贡有着独特的"盐龙灯红"文旅资源。自贡市充分发挥文旅资源优势，并将其转化为产业优势和发展优势。泸州港是四川省的重要港口之一，具有得天独厚的长江黄金水道优势。泸州市依托港口物流优势，高水平建设港口型国家物流枢纽城市，同时，充分发挥白酒核心原产地和浓酱双优的独特优势，做优做强泸州老窖和郎酒，携手宜宾共建世界优质白酒产业集群。内江是老工业城市，拥有较为完善的工业体系和丰富的页岩气资源，依托工业基础和页岩气资源，内江市聚力发展"页岩气+""钒钛+""甜味+""装备+"四大主导产业。宜宾地处长江上游，依托丰富的水资源，大力发展水电产业和航运业，同时积极开辟数字经济新蓝海、绿色新能源产业新赛道，加快构建现代化产业体系。通过优化区域生产力布局，推进错位发展、特色发展，进一步提高川南经济区的产业竞争力。

（二）川南经济区发展面临的挑战

1. 全球经济形势复杂多变

2024年上半年，外部环境更趋严峻复杂，全球经济增长动能不强，各大经济体面临复苏压力，国际贸易环境复杂多变，地缘政治形势再度紧张，部分地区提高对华关税，外部环境趋紧，各国采取更多的保护主义措施，如提高关税、设置非关税壁垒等，影响川南经济区的对外贸易。相较于2023年，2024年上半年川南经济区货物进出口仅有泸州呈现增长态势，其余三市增速放缓，宜宾甚至出现负增长。近年来，由于全球气候的持续变化，极端天气事件在川南经济区变得更加频繁，给川南经济区带来新挑战。川南经济区需要密切关注全球经济形势、地缘政治风险以及自然灾害等短期因素的变化，采取积极的政策措施来应对挑战，确保经济持续健康发展。

2. 产业结构有待进一步优化

服务业在现代经济中扮演着越来越重要的角色。近年来，川南经济区的产业结构优化整体来说取得了较为显著的成效，2023年上半年，川南经济区产业结构为9.7∶43.5∶46.8，2024年上半年已调整为9.4∶41.7∶48.9，

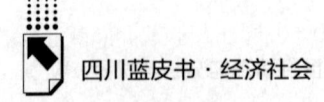

但相较于四川省总体水平（7.3∶35.8∶56.9）而言仍存在一定差距。具体来看，四川省第三产业占比为56.9%，在三次产业中占比最高，远高于第一产业和第二产业，表明四川省的经济结构正在朝更高级化、服务化的方向转变，服务业已成为经济增长的主要动力。川南经济区第三产业占比最高，为48.9%，但低于四川省平均水平，意味着川南经济区在服务业发展上还有较大的提升空间，产业结构有待进一步优化升级，但可能会遇到传统产业转型困难、新兴产业培育不足等问题，挑战复杂又多变。

3. 区域发展不平衡问题依然突出

从省内区域间差距来看，川南经济区是四川省第二大增长极，综合实力强于其他三大经济区，但与成都平原经济区的经济实力相比存在巨大差距。2024年上半年，川南经济区GDP占四川省的15.92%，而成都平原经济区GDP占62.25%，区域发展不平衡问题仍然突出。成都平原经济区已进入相对成熟的发展阶段，而川南经济区则处于快速崛起阶段，还有较大的发展潜力和增长空间，提升区域竞争力和综合实力是川南经济区未来发展的重大课题。从川南经济区内部发展来看，宜宾市和泸州市2024年上半年GDP均已超过千亿，而内江市和自贡市则尚未突破千亿大关，川南经济区内经济体量最大的宜宾为经济体量最小的自贡的1.98倍，相较于2023年上半年的1.97倍差距持续扩大，这不利于川南经济区一体化发展。

三 2025年川南经济区经济形势预测

2024年川南经济区经济呈现持续向好态势，稳中求进。2024年上半年，川南四市GDP实现4690.48亿元，占全省的15.92%，同比增长6.6%，增速高于全省平均水平。2025年是《川南经济区"十四五"一体化发展规划》的收官之年，同时也是川南经济区实现区域发展目标、推动一体化和高质量发展的关键时期。总的来看，2025年川南经济区经济有望保持增长态势，不断释放发展活力。

（一）经济综合实力迈上新台阶

2023年川南经济区经济总量已经迈上了万亿台阶，达到10090.12亿元，2024年上半年，川南经济区扛住经济下行压力，经济总量持续增长，占四川省的比重也在逐年提升，显示出强劲的增长势头。根据《川南经济区"十四五"一体化发展规划》，预计到2025年川南经济区的经济总量将攀升至1.1万亿元，成为四川省第二经济增长极。在川南经济区良好的发展态势下，预计2025年川南经济区的经济总量将继续保持增长，经济综合实力迈上新台阶，顺利实现规划中的经济总量目标。

（二）工业竞争力进一步增强

2024年上半年，在外部环境依然复杂严峻的背景下，川南经济区规模以上工业增加值同比增长7.2%，高于全省平均水平。"十四五"期间，川南经济区致力于建设现代产业体系，加快发展战略性新兴产业，促进传统产业提档升级。自贡市重点发展新材料及环保装备制造等新兴产业；宜宾市加速形成"5+1"千亿级产业集群，如新能源及智能汽车、智能终端、高端装备制造等；泸州市构建"3+3"现代制造业体系，强化白酒产业、电子信息产业、能源化工产业等支柱产业；内江市加快构建"5+5"现代制造业体系，推动冶金建材、机械汽配、食品饮料等五大传统优势产业和大数据产业等新兴领域发展。[1] 预计2025年川南经济区传统优势产业不断壮大，新兴产业发展保持强劲动力，工业竞争力将进一步增强。

（三）消费市场规模持续扩大

2024年上半年，川南经济区四市实现社会消费品零售总额1947.1亿元，同比增长6.5%，川南四市的增速都高于全省平均水平，消费潜力得到

---

[1] 马玲兰：《川南经济区经济发展与产业布局分析》，https://www.qianzhan.com/analyst/detail/627/221123-0581385a.html，2022年12月2日。

有效释放。为进一步提升居民消费意愿，释放消费潜力，我国政府出台了一系列政策措施，例如，推动大规模设备更新和大宗消费品以旧换新、支持新能源汽车普及、优化住房消费政策、推动文化和旅游消费等，新消费热点频出，消费新业态新场景创新加速。2025年，促进和抑制消费增长的因素并存，消费升级与降级趋势并行。在2024年川南经济区消费市场增长显著的背景下，预计2025年川南经济区消费市场规模有望进一步扩大，消费品市场将持续回暖，但要实现消费高增长仍有挑战。

（四）开放合作能级稳步提升

"十四五"期间，川南经济区充分发挥西部陆海新通道、长江黄金水道通道优势，大力发展开放型经济，促进更深层次的对外开放合作。2024年，川南经济区不断提升区域开放平台能级，不仅高质量建设川南临港片区和自贡、内江、宜宾协同改革先行区，还加快推进开放口岸建设。在泸州、宜宾综合保税区高水平运行的基础上，2024年6月内江保税物流中心（B型）也被准予设立，这是成渝发展主轴首个、全省第四个保税物流中心（B型），标志着内江市在构建内陆开放新高地、加快建设区域物流枢纽、助推全省外向型经济高质量发展方面迈上了新台阶。2025年，预计川南经济区开放合作能级将持续稳步提升，南向开放大通道顺利形成，成为四川南向开放的主战场和排头兵。

四　对策建议

2024年川南经济区经济展现出持续向好、稳中求进的良好发展态势，在迈入2025年之际，机遇与挑战并存，川南经济区需乘势而上，聚焦关键领域，深化区域合作，提升核心优势，完善交通网络，加强生态保护，培育新兴动能，以更加坚定的步伐迈上区域一体化和高质量发展之路。

（一）加强区域协同互动

川南经济区与成都平原经济区之间、川南经济区内部各城市之间的经济发展水平都还存在较大差距，缩小区域发展差距对川南经济区及成渝地区双城经济圈的发展而言都至关重要。首先，加强川南经济区与其他四大经济区之间的产业链合作，搭建产业链上下游企业间的合作平台，鼓励企业跨区域投资合作，通过共享资源、分工协作等方式，形成紧密的产业链合作关系，提高整体产业竞争力。其次，根据川南各城市的发展水平和特点，实施有针对性地扶持政策，引导资源向欠发达地区倾斜，促进川南经济区内部平衡发展。此外，清理和废除阻碍区域经济一体化的各种行政规定和地方保护政策，健全一体化发展体制机制，消除行政壁垒，促进区域内要素自由流通。

（二）提升制造业核心竞争优势

制造业是国民经济的支柱和根基，要坚持高端产业引领，深度融入全球产业链创新链价值链，加快发展战略性新兴产业，如新能源、新材料等，推动产业发展塑造新优势。依托现有产业基础，强化食品饮料、装备制造、电子信息等产业集群发展，加快传统产业改造升级，例如推动宜宾、泸州等地的白酒产业园区提档升级，建设全国领先的白酒生产基地和智能酿造基地。同时，推动生产性服务业发展，如现代物流、金融服务、信息服务等，实现产业链上下游协同发展，为制造业提供有力支撑。此外，创新商业模式和营销模式，营造一流的营商环境，强化与粤港澳大湾区、北部湾经济区、南亚和东南亚多领域互利共赢的务实合作，制定更加灵活和优惠的税收政策，拓展对外开放渠道，推动区域开放平台能级提升。

（三）提高交通基础设施内联外畅水平

加快构建区域性综合交通枢纽，完善铁公水空立体交通体系，推进江津经泸州至宜宾高速公路、自贡至永川（四川境）高速公路、绵阳至遂宁至内江铁路、金沙江向家坝翻坝转运体系、自贡凤鸣通用机场改扩建等重大项目建设，并规划泸州至遵义铁路等重点项目，研究论证内江机场等。通过完善区域内的快速交通网络，提升泸州—宜宾全国性综合交通枢纽能级，促进内自交通同城化发展，提高川南经济区与成都经济区的物流效率和人员往来便利性，有效缩短城市间的距离，形成互联互通、高效便捷、安全可靠的交通基础设施体系，增强一体化发展的支撑保障。

（四）强化生态环境共建共治

川南经济区位于长江上游，生态环境保护对于保障长江水质安全、维护生物多样性以及促进区域可持续发展具有重要意义。川南经济区要严守生态红线，对长江、沱江、赤水河等重要水系及其流域实施严格的生态保护措施，防止污染和生态破坏。建立健全生态环境监管体系，加强对重点区域、重点行业和重点企业的环境监管，通过现代信息技术手段，实现对大气、水体、土壤等环境要素的实时监测和动态评估，提升监管能力和效率。加强与周边地区的生态环境保护合作，建立跨区域生态补偿机制，共同应对跨界环境污染和生态破坏问题，提升区域生态环境治理水平。发展绿色低碳循环经济，构建绿色生产生活方式，推动绿色低碳循环发展，形成生态环境保护与经济发展的良性互动格局。

（五）科技创新为引领加快发展新质生产力

新质生产力是基于现代科技和现代产业模式的更高水平的现代化生产力，川南经济区加快构建新发展格局，推动高质量发展，迫切需要以科技创新为引领，加快发展新质生产力。同时发展新质生产力能够引入新技术、新模式和新业态，有助于推动传统服务业转型升级，向更加现代化、智能化的服务模式转变，提高产业附加值和竞争力。首先，集中优势资源，支持川南经济区内的科研机构、高校和企业联合建设一批国家级和省级重点实验室、工程技术研究中心等创新平台，加强与国内外知名科研机构的合作，促进科技成果转化和产业化。其次，加大人才培养和引进力度，支持区域内高校和职业院校加强与产业发展的对接，通过校企合作、订单式培养等方式，培养更多符合市场需求的高素质技能人才和创新型人才，同时制定更具吸引力的人才引进政策，吸引国内外优秀人才来川南经济区创新创业，为经济发展注入新的动力。

参考文献

《中共四川省委 四川省人民政府关于支持宜宾泸州组团建设川南省域经济副中心的意见》，https：//www.sc.gov.cn/10462/10464/10797/2023/12/14/d238d1f32c3846e9a518b2bfa88b803f.shtml，2023年12月14日。

秦智城：《川南经济区4市将携手打造全省第二经济增长极 形成成渝地区双城经济圈建设重要支撑》，https：//baijiahao.baidu.com/s? id＝1765556044527339109&wfr＝spider&for＝pc，2023年5月11日。

《全省现有第四家 四川内江保税物流中心（B型）准予设立》https：//baijiahao.baidu.com/s? id＝1803718332312138273&wfr＝baike，2024年7月5日。

B.28
2024~2025年川东北经济区经济形势分析与预测

曹 瑛[*]

摘　要： 2024年川东北经济区经济运行延续恢复向好态势，经济总量稳步扩大，产业结构提升优化，物价水平虽低位运行但保持平稳，整体呈现"量升、质提、价稳"特点。与此同时，经济区内有效需求提升不足，房地产市场延续疲软偏弱状态，地方财政收支矛盾依然未彻底消解。2025年川东北经济区应以改革为动力，在全面促进消费和挖掘内需潜力的同时，切实优化改善营商环境，有效提升市场预期，重振发展信心，强化地区经济持续回升向好态势。

关键词： 扩大内需　市场预期　川东北经济区

2024年川东北经济区经济发展总体延续恢复向好态势，经济运行平稳，既有量的增长也有质的提升，高质量发展迈出新的步伐。2025年及后续时期，经济区内各市地方政府需遵循国家和四川省政策指引，强化区内政策实施，研究并推出有效的增量举措，着力于延续和增强经济回升向好态势，以实现地区经济量的合理增长和质的有效提升。与此同时，加快部署推进党的二十届三中全会提出的各项改革任务，加大力度完善地区营商环境，以体制机制改革为动力，确保稳增长、调结构、防风险三者协同推进，持续提升增强川东北地区经济发展的内生动力与活力。

---

[*] 曹瑛，博士，四川省社会科学院区域经济研究所副研究员，主要研究方向为区域经济理论与实践。

一 2024年川东北经济区经济运行主要特点

2024年川东北经济区经济运行延续恢复向好态势。从2024年上半年数据来看，川东北经济区地区生产总值同比增长5.6%，产业结构继续优化，物价总体表现为跌幅收窄的低位稳定运行态势，经济运行总体呈现"量升、质提、价稳"特点。

（一）规模指标稳定增长

经济规模继续扩大。2024年上半年，川东北经济区地区生产总值规模达4218.0亿元，同比增长5.6%。区内各市经济规模仍是南充市和达州市居于领先地位。实际增速方面广安市以7.2%排名首位，广元市和巴中市分别以6.7%和6.4%居于中间，南充市和达州市分别低于经济区平均增速1.1和0.6个百分点（见表1）。

生产与服务持续复苏。2024年上半年，川东北经济区第一产业增加值同比增长2.7%，低于全省均值0.1个百分点；第二产业增加值同比增长4.2%，低于全省1.2个百分点；第三产业持续复苏向好，增加值规模达2231.7亿元，同比增速7.4%，高于全省均值1.6个百分点（见表1）。

表1 2024年上半年川东北经济区经济增长情况

单位：亿元，%

区域	GDP		第一产业		第二产业		第三产业	
	绝对值	同比增速	绝对值	同比增速	绝对值	同比增速	绝对值	同比增速
广元	573.2	6.7	88.6	2.7	215.1	8.2	269.5	7.1
南充	1283.4	4.5	174.9	2.6	422.1	1.1	686.3	7.2
广安	721.0	7.2	85.2	2.8	267.3	8.6	368.5	7.6
达州	1231.3	5.0	163.6	2.9	386.6	1.4	681.1	7.7
巴中	409.2	6.4	78.6	2.2	104.2	8.6	226.4	7.0
川东北	4218.0	5.6	591.0	2.7	1395.4	4.2	2231.7	7.4
全 省	29463.29	5.4	2142.78	2.8	10546.69	5.4	16773.82	5.8

注：川东北经济区地区生产总值及三次产业同比增速为本报告测算所得。

资料来源：四川省及广元市、南充市、广安市、达州市和巴中市统计局网站。下文所有数据，如无特别说明均与本表资料来源相同。

内需规模稳定增长。消费领域，2024年上半年川东北经济区消费规模延续增长态势，区内五市社会消费品零售总额达2435.6亿元，在社会消费品零售总额增速方面，以广安市的8.0%为最高，南充市的4.2%为最低，相比上年同期，除广元市之外，其他四市消费增速均出现不同程度的下降（见表2）。

表2　2024年上半年与2023年同期川东北经济区内需相关指标增速

单位：%

地区	社会消费品零售总额增速		全社会固定资产投资增速	
	2024年上半年	2023年上半年	2024年上半年	2023年上半年
广元	5.7	1.5	9.1	0.3
南充	4.2	9.5	-12.0	6.2
广安	8.0	10.4	-8.2	0.5
达州	7.3	11.3	4.2	3.5
巴中	7.5	7.7	8.8	-5.0

投资方面，2024年上半年川东北经济区各市投资状态冷热不均，部分市全社会固定资产投资出现负增长，如南充市同比下降12%，广安市同比下降8.2%，但广元市和巴中市则保持相对较快增长，分别为9.1%和8.8%。与上年同期相比，市级投资数据波动较大，2023年上半年投资处于低迷状态的广元和巴中两市，2024年上半年投资大幅增加，2023年上半年投资增速为6.2%的南充市，2024年上半年则大幅下降至-12.0%；达州市投资起伏较小，但投资增速仅从2023年上半年的3.5%提升至2024年上半年的4.2%（见表2）。

（二）结构指标逐步改善

产业结构有所优化。相比2023年末的产业结构，2024年上半年川东北经济区产业结构有较大改观，由18.1∶32.9∶49.0调整为14.0∶33.1∶52.9，农业占比下降，工业和服务业占比上升。川东北区内五市产业结构调整表现为农业占比均下降；第二产业除南充市和达州市分别下降1.8个和2.3个百分点之外，其他三市都有所提升；服务业则除广安市下降2.1个百分点之外，其他四市均有所提高（见表3）。

表3 2023年与2024年上半年川东北经济区产业结构

单位：%

地区	2023年			2024年上半年		
	第一产业	第二产业	第三产业	第一产业	第二产业	第三产业
川东北	18.1	32.9	49.0	14.0	33.1	52.9
广元	18.2	37.1	44.7	15.5	37.5	47.0
南充	18.5	34.7	46.8	13.6	32.9	53.5
广安	16.4	30.4	53.2	11.8	37.1	51.1
达州	16.6	33.7	49.7	13.3	31.4	55.3
巴中	25.0	22.6	52.4	19.2	25.5	55.3
全省	10.1	35.4	54.5	7.3	35.8	56.9

（三）产业升级逐步推进

川东北经济区的产业转型升级主要体现在工业的平稳发展过程中，工业增加值的增长得益于制造业增加值的快速增长。2024年上半年，广元市制造业增加值增长12.9%；巴中市规模以上制造业增加值同比增长20.9%，占全部规模以上工业增加值的66.7%；广安市"33"优势特色产业（绿色化工、装备制造、医药健康、电子信息、食品轻纺、先进材料）产值增长8.1%，截至7月累计同比增长速度提升至9.8%。

在产业高端化方面，2024年上半年，川东北经济区部分市高技术产业、战略性新兴产业增加值增速快于规模以上工业，比如南充市2024年上半年规上工业增加值增长2.4%，其中，高新技术产业增加值增长14.1%。与此同时，川东北经济区的产业绿色化水平提升，如南充市2024

年上半年新能源汽车产量增长较快，产业园区绿色化低碳化改造加速推动。①

（四）物价低位平稳运行

川东北经济区2024年前三季度居民消费价格指数（CPI）总体运行平稳，除广安市CPI累计同比增速处于正值区间且逐月增长之外，其余各市（其中南充市无公开数据）月度CPI累计同比增速均位于负值区间，但跌幅呈收窄趋势（见表4）。

表4　川东北经济区月度CPI累计同比增速

单位：%

区域	1~2月累计	1~3月累计	1~4月累计	1~5月累计	1~6月累计	1~7月累计
广元	—	—	—	—	-0.3	—
广安	0.1	0.2	0.5	0.6	0.8	0.9
达州	-0.8	-0.7	—	—	-0.3	—
巴中	-1.1	-1.1	-1.0	-0.9	-0.8	-0.7
全省	-0.5	-0.4	-0.4	-0.3	-0.3	-0.2
全国	0.0	0.0	0.1	0.1	0.1	0.2

具体到物价运行细项上，食品、烟酒、穿着等消费品价格同比下降是拖累川东北经济区各市CPI上涨的主要因素，而食用油、鲜菜以及畜肉类价格降幅逐步收窄，尤其猪肉价格回暖，是2024年第二季度以来CPI累计同比增速下跌幅度收窄的重要推力。另外，服务类如教育文化娱乐以及其他用品和服务价格上涨对推动区内各市CPI止跌回升的作用也相对较明显。如巴中市，2024年1~7月，食品烟酒价格下降2.6%，衣着价格下降3.9%，生活用品及服务价格上涨0.7%，教育文化娱乐价格上涨1.1%，医疗保健价格

---

① 《南充：绿色制造激发产业新动能》，https://www.nanchong.gov.cn/xwdt/ncyw/202408/t20240819_2003886.html，2024年8月19日。

下降0.9%，其他用品及服务价格上涨2.2%。① 广安市2024年上半年CPI累计上涨0.8%，大类别消费品和服务价格呈现"5涨3跌"：上涨类中教育文化娱乐、衣着、生活用品及服务分别上涨9.8%、3.3%、1.8%，医疗保健、其他用品和服务分别微涨0.4%、1.0%；下跌类中食品烟酒、交通和通信、居住分别下降1.1%、1.9%、0.7%。②

二 当前经济运行面临的困难和挑战

当前，川东北经济区经济运行延续回升向好态势，但在运行过程中仍面临与全国、全省相似的挑战，如有效需求提升乏力、房地产市场疲弱不振以及地方财政收支矛盾尚未得到有效消解等。

（一）有效需求不足

当前有效需求不足是制约川东北经济区经济回升上提的主要因素。在消费领域，需求不足问题相对突出，消费潜力释放和有效激活面临障碍。2024年上半年，川东北经济区社会消费品零售总额同比名义增速尽管高于全省和全国平均值，但与新冠疫情前多年两位数的增速相比，差距仍然较大，川东北经济区五市之中经济总量居首位的南充市，2024年上半年社会消费品零售总额增速仅为4.2%，表现最好的广安市也只达到8.0%。以此看来，川东北经济区居民消费同全国和全省面临类似困扰，即同样存在"无钱可花""钱少不敢花""有钱不愿花""钱多没处花"的消费收缩③问题。在实际消费能力方面，在无法获得居民收入详细数据的情况下，通过金融机构存款余额可以发现，川东北经济区2024年1~6月存款余额增速9.6%，较居民消

---

① 《2024年1—7月巴中市居民消费价格小幅下降》，https：//www.cnbz.gov.cn/public/6600041/13400707.html，2024年8月27日。
② 《广安上半年居民消费价格上涨0.8%》，https：//www.guang-an.gov.cn/gasrmzfw/c112069/pc/content/content_18115663659502141 44.html，2024年7月11日。
③ 楠玉：《消费收缩、结构分化与消费差异特征》，《北京工业大学学报》（社会科学版）2023年第4期。

费品零售总额增速高出 3.4 个百分点，五市之中，除巴中市两个名义增速无差别（增速皆为 7.5%）之外，其他四市都是存款余额增速高于社会消费品零售总额增速，这侧面反映出消费能力实际上要高于消费意愿。究其原因，当归结于区内社会整体的消费信心不足，在当前居民和企业多认为未来不确定性较强的情况下，增加储蓄和提前还贷意愿强于即时消费意愿。

投资领域，国内当前在投资领域有支持大规模设备更新等"稳投资"支持政策，但企业特别是民营企业仍然面临经营压力较大、运营信心不足、投资意愿低迷等问题。2024 年上半年，经济规模位于川东北经济区首位的南充市，全社会固定资产投资同比负增长（-12%），民间固定资产投资增速仅为-6.9%，其他市有类似表现，如广安市民间投资 2024 年 1~6 月甚至累计同比下降 32.7%，7 月累计增速继续下降至-34.0%。经济区内 2024 年上半年民间投资数据仅巴中市表现较好，累计同比增速达到 9.4%并高于全市平均投资增速，7 月，全部投资和民间投资增速累计值分别上升到 13.1%和 19.2%，这在全省 21 个市州中居于前列。

表5 2024年上半年四川省、川东北经济区及各市主要经济指标

单位：亿元，%

项目	川东北经济区	广元	南充	广安	达州	巴中	全省
地区生产总值	4218.0	573.2	1283.4	721.0	1231.3	409.2	29463.3
实际增速	5.6	6.7	4.5	7.2	5.0	6.4	5.4
投资增速	—	9.1	-12.0	-8.2	4.2	8.8	0.9
房地产投资增速	—	-33.6	-24.1	-12.3	-21.9	-22.0	-12.5
财政一般预算收入	347.5	42.2	84.2	70.5	113.6	37.0	3110.7
名义增速	11.4	10.7	7.4	7.5	15.0	19.4	3.3
财政一般预算支出	1171.5	176.5	299.0	202.3	287.1	206.5	6984.1
名义增速	7.5	10.1	3.7	2.6	6.7	18.1	3.6
金融机构存款余额	18713.6	2422.1	5706.3	3217.0	5252.7	2115.5	130396.9
名义增速	9.6	9.5	9.6	9.7	10.6	7.5	7.4
社会消费品零售总额	2435.6	259.5	846.4	331.8	719.0	278.9	13258.3
名义增速	6.2	5.7	4.2	8.0	7.3	7.5	4.9

另外，作为基础设施投资的重要主体，川东北经济区五市政府近年来受债务规模约束影响，该项投资能力相对往年偏弱。同时，2024年入夏以来省内尤其是川东北经济区多地的洪涝灾害及之后的高温天气，对基础设施项目施工进度也造成短期影响。如2024年1~5月，占比三成的南充市基础设施投资同比增长为负值，仅为-24.9%。

（二）房地产市场偏弱

有效需求不足还有一个重要的原因在于地区房地产市场呈现萎缩下滑趋势。近年来川东北经济区的房地产市场供求关系发生重大变化，总体上表现为供过于求状态，这与全国和全省其他地方情况类似，过去若干年"高负债、高周转、高杠杆"的经营开发模式弊端尽显，与此同时，新的房地产发展模式仍在探索过程之中。①

同全国和全省近年来房地产市场供过于求的表现类似，当前的川东北经济区房地产市场仍徘徊于转型阵痛期之中，区内各市房地产的投资、销售、价格等指标仍处于筑底阶段，房地产开发投资同比已连续多月呈负增长，这是经济区内各市固定资产投资乃至整体有效需求不足的主要因素。2024年上半年，全省房地产投资上半年累计下降12.5%，1~7月累计降幅稍稍收窄至12.0%。相比全省数据，川东北经济区房地产投资下降更为剧烈，2024年上半年，广元、南充、广安、达州和巴中房地产投资分别下降33.6%、24.1%、12.3%、21.9%和22.0%，至7月末，各市累计增速多数持续下挫，如广元下降2.4个百分点至-36.0%，广安下降2.5个百分点至-14.8%，达州下降0.4个百分点至-22.3%，而南充和巴中跌幅收窄，分别至-23.2%和-16.9%。由于本轮房地产下行周期速度快、幅度深，川东北各市经济运行承受的转型冲击和财税影响仍可能延续一段时间。

---

① 王锋：《我国房地产市场供求关系和未来发展趋势研究》，《中国房地产金融》2024年第2期。

（三）物价低位运行风险

物价长期低位运行会影响企业营业收入和利润生成。2024年1~7月，川东北经济区五市物价多处于低位运行，CPI走势除广安市（南充市无公开数据）外多在0轴之下。对企业运营影响更为关键的PPI和IPI增速，仍没有脱离下跌状态，从2024年1~8月全国及1~7月四川省PPI和IPI全部位于0轴之下可以观察得到（见图1），但好的方向是，PPI和IPI的总体趋势都呈现斜率为正、跌幅收窄状态。

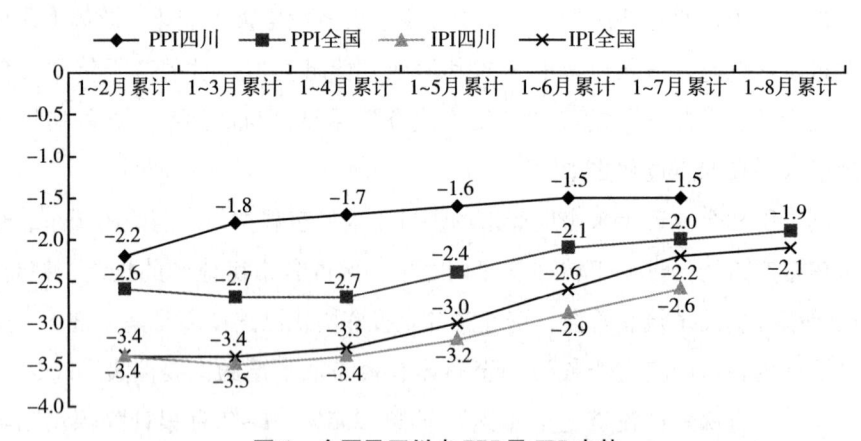

图1　全国及四川省PPI及IPI走势

实际上，2024年上半年川东北经济区GDP实际增速高于名义增速1.8个百分点，五市中除广安市稍低0.3个百分点之外，其他四市实际增速均高于名义增速（见表6），说明GDP平减指数处于负值状态。如果继续观察三次产业的实际增速与名义增速之间的状态，可以发现唯有服务业是实际增速低于名义增速，第一产业和第二产业实际增速则高于名义增速，尤其是第二产业，川东北经济区第二产业整体的实际增速高于名义增速7.8个百分点（名义增速为-3.6%）。经济学界通常认为，若该指标长时间处于此种状态，经济运行或存在通缩风险，但这种价格表现仅是通缩发生的一个必要条件。①

---

① 戴冠来：《我国GDP平减指数转负的原因及其影响》，《价格理论与实践》2015年第8期。

表6　四川省、川东北经济区及各市GDP2024年上半年实际增速和名义增速比较

单位：%

地区	GDP		第一产业		第二产业		第三产业	
	实际增速	名义增速	实际增速	名义增速	实际增速	名义增速	实际增速	名义增速
广　元	6.7	4.4	2.7	1.3	8.2	0.1	7.1	9.2
南　充	4.5	1.5	2.6	0.9	1.1	-7.2	7.2	8.0
广　安	7.2	7.5	2.8	1.9	8.6	7.5	7.6	8.9
达　州	5.0	4.3	2.9	0.4	1.4	-6.5	7.7	12.7
巴　中	6.4	2.2	2.2	0.9	8.6	-10.0	7.0	9.4
川东北	5.6	3.8	2.7	1.0	4.2	-3.6	7.4	9.8
全　省	5.4	5.6	2.8	1.8	5.4	4.3	5.8	6.9

（四）财政收支矛盾突出

川东北经济区财政收支不平衡问题仍然突出。2024年上半年，川东北经济区五市地方政府财政一般预算收支差额达823.94亿元，其中南充市差额达214.81亿元；2024年1~7月累计差额继续增加101.25亿元，达925.19亿元。川东北经济区各市地方政府一般公共预算本级收支常年处于赤字状态，税收作为川东北地方政府本级财政收入主要来源，近年来受整体宏观经济环境影响，如2024年上半年，广元市全部税收收入42.39亿元，同比减少1.0%，其中第二产业实现18.80亿元，同比下降9.9%；1~7月第二产业税收累计增速同比下降10.4%。广安市2024年上半年税收收入54.8亿元，同比下降5.9%。巴中市2024年上半年税收收入增加4.0%，但工业税收收入下降7.4%。达州市2024年1~4月规上工业企业应交增值税8.76亿元，同比下降17.7%。

川东北经济区各市政府的财政本级收入，之前多年尚可通过土地使用权出让收入补充缺口，近年来由于房地产市场调整，土地使用权出让收入持续减少，与此同时，地方政府财政支出面临各种刚性约束，整体财力大为削弱。在这种情形下，地方政府除在非税收入方面寻求来源之外，多数情况下还通过债券融资寻求资金补充，但这会引致地方政府债券规模不断增大以及偿债压力上升。

表7　四川省及川东北经济区各市财政一般预算收支及差额

单位：亿元，%

地区	财政一般预算收入		财政一般预算支出		收支差额
	绝对值	名义增速	绝对值	名义增速	
广　元	42.23	10.70	176.52	10.10	-134.29
南　充	84.19	7.40	299.00	3.70	-214.81
广　安	70.52	7.50	202.30	2.60	-131.78
达　州	113.60	15.00	287.14	6.70	-173.54
巴　中	36.97	19.40	206.49	18.10	-169.52
川东北	347.51	11.42	1171.45	7.49	-823.94
全　省	3110.67	3.30	6984.14	3.60	-3873.47

三　2025年川东北经济区经济展望与主要增速预估

当前经济运行面临的困难与挑战有所增加，特别是国内有效需求不足问题较为突出，国内大循环存在不畅。但从基本面来看，从中长期视角分析，经济的稳定运行、长期向好的基本态势并未改变，高质量发展的趋势依然稳固。[1]

基于此并前瞻2025年，从国家战略部署上看，党的二十届三中全会决议中提出的多项改革措施已进入推进进程，2025年及之后时期国内整体经济运行环境必将显著改善，这为地方政府、企业和居民提供了重要的指引。从政策支撑看，大规模设备更新和消费品以旧换新政策、因城施策的房地产政策调整优化，以及超长期特别国债等政策和措施的实施，将有利

---

[1] 《国家统计局新闻发言人就2024年上半年国民经济运行情况答记者问》，https://www.stats.gov.cn/sj/sjjd/202407/t20240715_1955622.html，2024年7月15日。

于国内投资和消费环境呈现向好趋势，国内经济运行的优化完善空间将持续加大。

与此同时，随着2024年9月美元进入降息周期，国内降准、降息及股市和房地产市场相继迎来大规模促进政策与措施，国内经济运行有望进入资金相对宽裕期，企业经营和产业发展或在2025年之后开启一个新的景气周期。就川东北经济区而言，国内经济运行环境向好，区内各市面临更友好的市场环境，助力高质量发展顺利推进。

总体而言，整体经济环境向好趋势，将使2025年及之后的川东北经济区经济发展受益。预计2025年川东北经济区经济运行将继续保持稳定向好态势，其中动能方面，消费和投资需求将在保持稳健增长的基础上进一步扩大，进而推动供给端持续向好向上，经济中高速增长的基础有望获得进一步巩固。

根据前述分析，本报告对川东北经济区2025年部分主要经济指标增速进行如下预估：2025年GDP实际增长率约为5.5%，或可上探至6.0%；社会消费品零售总额和全社会固定资产投资名义增长率均将提至10%之上；居民消费价格指数增长率约为1.5%，或可上探至2.0%。

四 对策建议

党的二十届三中全会重点部署了未来五年的重大改革措施，并提出要按照党中央关于经济工作的决策部署，落实宏观政策，积极扩大国内需求，因地制宜发展新型生产力等。在此指引下，川东北经济区各市政府应落实国家和四川省推出的各项改革措施，加大力度深化创新驱动发展，深入挖掘内需潜力和提升市场活力，特别是在稳定市场预期和增强社会信心上下足功夫，不断强化地区经济稳定向好的发展趋势。

（一）以提振消费为重点扩大内需

以服务消费为切入点扩大内需。建议川东北经济区深入挖掘基础型消费潜力，支持餐饮、家政、养老行业发展，提升服务质量；激活改善型消费活力，围绕文化娱乐、教培、体育和旅游以及居住服务，倡导和激发相关服务行业创新；培育新型消费模式，打造新的消费增长点，鼓励企业采用新技术优化服务流程，推动绿色消费等新兴服务业发展；创新服务消费场景，开发符合地区特色的消费体验；培育服务品牌和服务种类，支持创建地方特色服务品牌，满足细分需求；优化消费环境，加强监管和诚信经营，保护消费者权益。

围绕促就业中心工作切实增加居民收入。建议完善就业促进机制，优化就业服务体系，尤其是加强地方政府与企业的合作，以市场化手段推动就业信息广泛传播、职业咨询和职业培训等服务深入发展；支持稳岗和扩岗，通过税收减免、贷款优惠等措施，鼓励企业稳定现有员工并扩大招聘规模；为重点群体如大中专毕业生、退役军人等提供特别就业服务；加大对青年就业的支持力度，如提供实习机会、创业培训和资金支持等，帮助青年顺利进入职场或实现自主创业；积极发展零工经济，提供支持灵活就业的社会保障；严格执行最低工资标准，保障劳动者权益；增加居民财产性收入，鼓励参与金融投资和租赁市场；通过税收减免和发放消费券等方式，增强中低收入群体消费能力。

围绕惠民生促消费核心加大有效投资。根据经济区内各市的具体条件和实际需求，强化"两新"（大规模设备更新和消费品以旧换新）政策实施。建议采取更加高效、快速和便捷的方式，确保政策措施能直接惠及所有企业和消费者，并引导社会资本将更多投资着力点投向惠民生、促消费领域；建议创新和加强资本合作机制，进一步调动民间投资的积极性，为社会资本提供更多投资机会和渠道，及时推出符合法律法规的市场准入特别措施，支持社会资本的参与。

（二）维持房地产市场健康稳定发展

落实好促进房地产市场平稳健康发展的政策措施。建议地方政府施行双轨并行策略，在消化存量房的同时优化新房供给结构。可支持开发商将未售出商品房转化为保障性住房以减少空置。与此同时，保交房工作需扎实推进，以保护购房者利益和提振市场信心。建议研究和推出适合川东北经济区实际情况的租购并举住房制度，满足不同居民需求，促进市场多元化发展。

推进实施新一轮农业转移人口市民化行动。建议全面执行《深入实施以人为本的新型城镇化战略五年行动计划》，引导和促进当前尚滞后于全国和全省平均水平的城镇化进程。建议完善农业转移人口多元化住房保障体系，通过保障性住房途径以及鼓励支持市场多样化选择方式，满足不同人群需求。建议实行由常住地登记户口并提供基本公共服务的制度，满足和保障进城农民工及其随迁家属就业、教育等需求和权利。在产业发展方面，建议地方政府把就业容量大的产业作为经济转型发展重点，为农业转移人口提供更多的就业机会。与此同时，高度重视和支持鼓励平台经济发展，发挥其吸纳就业和公平高效配置资源的作用。

实施城市更新和安全韧性提升行动。城市更新和安全韧性提升行动是一个系统工程，不仅能够为居民提供更好的生活环境，还能够推动城市的可持续发展，构建更加和谐、安全、宜居的城市空间。建议有计划有步骤地推进川东北经济区各市的城市更新进程，特别关注城镇老旧小区改造。根据川东北经济区城乡地理与气候特点，并基于近年来整体气候变化以及极端冷热天气事件增多的实际，加强包括排水系统建设在内的城市洪涝治理，扩充城乡绿地面积，有针对性地优化和加强城市生命线安全工程建设，特别是城市地下管网等"里子"和"动脉"工程建设，提升城市安全韧性，确保城市功能的连续性和稳定性。

（三）强化和改进财政收支与调控管理制度

强化地方政府财政收支管理。优化地方政府财政支出结构，确保资金被有效且合理地使用。在组织收入的过程中，必须严格依法依规行事，禁止任何形式的超额或非法征税。对于非刚性和非重点的支出，如非必要的行政开支或非紧急项目投资，建议严格控制，以确保"三保"底线和财政资源得到最佳利用。同时地方政府进一步落实好化债方案，尽快创造条件平稳化解地方融资平台债务风险，包括隐性债务风险，尽最大可能降低地方政府债务水平。与此同时，加快清理地方政府拖欠企业账款。川东北经济区加快建立与高质量发展相适应的地方政府债务管理机制，包含债务限额、风险评估、债务服务和偿债基金等内容，以确保地方政府债务水平可控。

改进地方财政调控管理制度。采取系列综合措施来确保财政政策的有效实施，如用好专项债券资金，保障基本民生项目实施和地方重大战略任务执行。落实好财政补助和财政贴息政策，为地方特定领域或重点项目提供资金支持，并降低企业和个人的融资成本。完善税费优惠政策是吸引金融资源和社会资本的关键，建议川东北经济区地方政府采取符合法律法规的税收减免、费用补贴等激励措施，有效引导资金流向战略性新兴产业、普惠金融以及绿色发展等领域。

（四）优化营商环境及加强内外开放

充分利用国内外经贸平台。依托四川省现有的西博会、糖酒会等贸易平台，积极培育发展具有川东北特色的跨境电商、市场采购等新业态和新模式，在此基础上加快拓展贸易种类，提升贸易层次，协助川东北地区本地企业积极融入"一带一路"建设。

持续加大内外资金引进和利用力度。完善地区的市场化法治化营商环境，深化地方投融资促进相关制度改革，尤其在各市的战略性新兴产业、先进制造业及现代服务业投资准入方面，争取率先在省内取得若干制度性突破，以寻求在数字经济、文化旅游、医疗健康及特色消费等新一轮服务业扩大开放的国家级和省级层面的试点资格。特别是营商环境改善方面，建议优先推进川东北各市在资质许可、政府采购、要素获取等方面保障民企国企获得同等待遇，消除市场壁垒和制度障碍，以此作为吸引民间资本和外部资本投向川东北的重要着力点。

参考文献

楠玉：《消费收缩、结构分化与消费差异特征》，《北京工业大学学报》（社会科学版）2023年第4期。

王锋：《我国房地产市场供求关系和未来发展趋势研究》，《中国房地产金融》2024年第2期。

戴冠来：《我国GDP平减指数转负的原因及其影响》，《价格理论与实践》2015年第8期。

B.29
2024~2025年攀西经济区经济形势分析与预测

段莉 孟祥娜*

摘 要： 2024年攀西经济区经济发展持续平稳向上、规上工业发展速度超过全省平均水平、全社会固定资产投资地区差异明显、消费市场活力增强、财政收支实现"双增长"。2025年，经济区要在抓好用好多重有利条件的基础上着力发展新质生产力、因地制宜统筹谋划改革任务、持续提振消费、积极推进对外开放、促进县域经济协同发展，增强经济发展的定力。

关键词： 新质生产力 提振消费 攀西经济区

攀西经济区（以下简称"经济区"）包括攀枝花市和凉山彝族自治州（以下简称"凉山"）2个市（州），是四川深入实施"四化同步、城乡融合、五区共兴"发展战略的重要区域经济板块。

一 2024年攀西经济区经济运行情况

2024年，经济区锚定高质量发展的首要任务，积极落实各项稳增长政策措施，上半年经济运行稳中有进的发展态势得到持续巩固。

---

* 段莉，博士，四川省社会科学院公共管理研究所副研究员，主要研究方向为宏观经济分析、公共政策与公共管理；孟祥娜，四川省社会科学院，主要研究方向为公共管理与公共政策。

（一）经济发展持续平稳向上

2024年上半年，经济区实现地区生产总值1741.84亿元，占全省的5.91%；①产业结构由上年同期的12.62∶41.68∶45.70调整为11.87∶41.66∶46.47，第一产业比重略有下降、第三产业比重进一步增加。

经济区两市州中，攀枝花实现地区生产总值665.61亿元，位居全省第15位；同比增长6.5%，增速较全省平均水平（5.4%）高出1.1个百分点。其中，第一产业增加值45.56亿元，同比增长3.8%；第二产业增加值348.37亿元，同比增长6.2%；第三产业增加值271.68亿元，同比增长7.2%。产业结构由上年同期的7.03∶52.25∶40.72调整为6.84∶52.34∶40.82，第二产业和第三产业的比重略有增加。

凉山实现地区生产总值1076.23亿元，居全省第9位；同比增长6.2%，增速较全省平均水平仅高出0.8个百分点。其中，第一产业增加值161.17亿元，同比增长2.8%；第二产业增加值377.34亿元，同比增长6.1%；第三产业增加值537.72亿元，同比增长7.6%。产业结构由上年同期的16.08∶35.15∶48.77调整为14.98∶35.06∶49.96，第三产业的比重进一步增加。

表1　2024年上半年攀西经济区GDP及三次产业情况

单位：亿元，%

地区	GDP		第一产业增加值		第二产业增加值		第三产业增加值	
	绝对值	增速	绝对值	增速	绝对值	增速	绝对值	增速
攀枝花	665.61	6.5	45.56	3.8	348.37	6.2	271.68	7.2
凉山	1076.23	6.2	161.17	2.8	377.34	6.1	537.72	7.6
四川省	29463.29	5.4	2142.78	2.8	10546.69	5.4	16773.82	5.8

资料来源：根据四川省统计局、攀西经济区两市州统计局网站数据整理。

---

① 本报告数据主要来源于四川省统计局与攀枝花市、凉山州的人民政府网站、统计局网站。

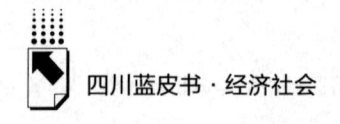

（二）规上工业发展速度超过全省平均水平

2024年上半年，攀枝花和凉山的规上工业发展速度均超过全省平均水平。上半年，攀枝花规上工业增加值同比增长9.1%，增速较全省平均水平（6.2%）高出2.9个百分点。分行业看，10个行业中有6个行业的增加值呈增长状态。其中增速排名前三位的是废弃资源综合利用业、通用设备制造业、有色金属矿采选业，分别增长40.2%、37.6%、32.7%；黑色金属冶炼和压延加工业、煤炭开采和洗选业、电力热力生产和供应业的降幅则较大，分别下降15.7%、9.0%、4.1%。

凉山规模以上工业增加值同比增长超过10%，达到11.7%，增速较全省平均水平高出5.5个百分点。分行业看，7个行业中有6个行业的增加值呈增长状态。其中增速排名前三的是先进材料业、有色金属业、清洁能源业，分别增长15.9%、13.0%、9.2%；仅有生物医药业的增加值有所下降，降幅达到16.6%。

（三）全社会固定资产投资地区差异明显

2024年上半年，攀枝花全社会固定资产投资保持增长，而凉山则明显下滑。攀枝花上半年的全社会固定资产投资同比增长4.3%，增速较全省平均水平（0.9%）高出3.4个百分点。分产业看，第二产业的投资大幅增长，达到28.1%；第一产业、第三产业则明显下滑，分别下滑20.5%和12.8%。分领域看，民生及社会事业投资、产业投资、基础设施投资保持增长，增速分别为26.5%、20.3%和2.3%；房地产开发投资严重下滑，降幅达到43.4%。从1~6月固定资产投资增速变化情况来看，攀枝花固定资产投资呈现出由正转负再转正的波动起伏态势。与2023年同期比较，2024年上半年攀枝花的固定资产投资增速下降的拐点较2023年有所延后，增幅总体上略小于2023年上半年。

2024年上半年，凉山全社会固定资产投资大幅减少，同比降幅达到14.1%。分产业看，第一产业的投资有所增长，为6.7%；第二产业、第三产业降幅较大,分别下降16.9%和13.4%。从1~6月固定资产投资增速变化情况来看,凉山的固定资产投资量持续下滑,但降幅有所收窄。与2023年同期相比,2024年上半年凉山全社会固定资产投资量明显减少。

表2 2023年和2024年上半年攀西经济区全社会固定资产投资增速

单位:%

地区	1~2月		1~3月		1~4月		1~5月		1~6月	
	2024年	2023年	2024年	2023年	2024年	2023年	2024年	2023年	2024年	2023年
攀枝花	5.6	8.7	9.9	-1.2	-1.4	5.4	0.6	3.4	4.3	3.8
凉山	-18.4	9.9	-15.6	12.6	-29.7	11.5	-20.7	9.1	-14.1	7.1

资料来源:根据攀西经济区两市州统计局网站数据整理。

(四)消费市场活力增强

2024年上半年,经济区的消费需求持续释放,消费品市场实现了较快增长。上半年攀枝花的社会消费品零售总额达到153.66亿元,同比增长7.6%,增速较全省平均水平(4.9%)高出2.7个百分点。从经营的地点来看,乡村的市场销售增长快于城镇。其中,城镇实现138.05亿元,同比增长7.5%;乡村实现15.61亿元,同比增长8.4%。从消费的形态来看,餐饮消费增长快速。其中,餐饮收入实现30.24亿元,同比增长28.6%;商品零售实现123.42亿元,同比增长3.4%。从限上企业的商品类别看,15大类主要商品中超九成商品类别的零售额实现不同程度的增长。其中建筑及装潢材料类、家具类、书报杂志类商品的增长最为明显,分别为505.7%、153.7%、56.5%;仅有石油及制品类商品的零售额出现下降,降幅为5.7%。从1~6月社会消费品零售总额的增速变化情况看,攀枝花的消费品市场持续保持增长,但增速有小幅放缓。与2023年同期相比,2024年1~6月攀枝花的消费品市场发展较为平缓,未出现市场波动现象。

2024年上半年凉山的社会消费品零售总额达到440.57亿元,同比增长8.4%,增速较全省平均水平高出3.5个百分点。从经营的地点来看,乡村的市场销售增长略快于城镇。其中，城镇实现319.01亿元，同比增长8.3%；乡村实现121.56亿元，同比增长8.6%。从消费的形态来看，商品零售的亮点较为突出。其中，餐饮收入实现60.65亿元，同比增长8.1%；商品零售实现379.91亿元，同比增长8.4%。从限上企业的商品类别看，文化办公用品类、家用电器和音像器材类、粮油食品饮料烟酒类商品的零售额增幅较大，分别为34.1%、34.0%、30.5%。从1~6月社会消费品零售总额的增速变化情况看，凉山的消费品市场总体保持在8%以上的较快增长水平，但增幅逐渐收窄。与2023年同期相比，2024年1~6月凉山的消费品市场发展速度明显较低。

表3 2023年和2024年上半年攀西经济区社会消费品零售总额增速

单位：%

地区	1~2月		1~3月		1~4月		1~5月		1~6月	
	2024年	2023年	2024年	2023年	2024年	2023年	2024年	2023年	2024年	2023年
攀枝花	8.4	10.2	9.3	6.0	8.4	6.1	8.0	8.1	7.6	8.3
凉山	9.3	11.5	9.2	11.8	8.9	12.3	8.6	11.6	8.4	10.4

资料来源：根据攀西经济区两市州统计局网站数据整理。

（五）财政收支实现"双增长"

2024年上半年，经济区财政收支积极向好，在一般公共预算收入保持较高增速的同时，一般公共预算支出也保持了适当的强度。上半年，攀枝花一般公共预算收入累计超过50亿元，达到50.23亿元，同比增长19.4%。其中税收收入28.21亿元，同比增长2.3%；非税收收入22.02亿元，同比增长51.8%。非税收收入大增，推动财政收入增长较快。一般公共预算支出82.53亿元，同比增长1.1%。其中，在一般公共服务、教育、社会保障和就业三大支出中，一般公共服务支出8.64亿元，同比下降7.2%；而教育、社会保障和就业支出有所上升，分别达到13.87亿元、12.71亿元，同比分别增长5.5%、1.0%。从2024年1~6月一般公共预算收入和支出的增速来看，攀枝花一般公共预算收入基本保持超19%的增长，但增幅逐月略有收窄；一般公共预算支出的增速在经历小幅下滑后微有回升。与2023年同期相比，2024年1~6月攀枝花的一般公共预算收入增长明显；一般公共预算支出的增幅则较小，且波动明显。

2024年上半年，凉山一般公共预算收入累计实现114.74亿元，同比增长9.2%。其中税收收入实现60.33亿元，占一般公共预算收入的52.58%，同比增长2.7%。税收收入仍是财政收入的主要来源。一般公共预算支出397.48亿元，同比增长11.7%。其中，一般公共服务支出30.11亿元，同比下降6.5%。从1~6月一般公共预算收入和支出的增速来看，凉山一般公共预算收入的增速先扬后抑，拐点出现在4月；而一般公共预算支出的增速虽呈现出逐渐回落之势，但增速的绝对值依然较高，始终保持两位数的增长。与2023年同期相比，2024年1~6月凉山的一般公共预算收入增速较为波动；一般公共预算支出增速普遍略高。

表4　2023年和2024年上半年攀西经济区一般公共预算收入增速

单位：%

地区	1~2月		1~3月		1~4月		1~5月		1~6月	
	2024年	2023年	2024年	2023年	2024年	2023年	2024年	2023年	2024年	2023年
攀枝花	125.3	-12.2	31.3	-0.2	28.0	-1.2	23.7	-2.9	19.4	-4.5
凉山	3.1	5.8	13.2	11.5	17.8	18.8	13.9	19.5	9.2	19.1

资料来源：根据攀西经济区两市州统计局网站数据整理。

表5　2023年和2024年上半年攀西经济区一般公共预算支出增速

单位：%

地区	1~2月		1~3月		1~4月		1~5月		1~6月	
	2024年	2023年	2024年	2023年	2024年	2023年	2024年	2023年	2024年	2023年
攀枝花	7.4	24.0	3.2	34.2	-0.1	24.9	2.8	23.2	1.1	16.2
凉山	57.9	14.1	18.7	15.4	15.3	12.8	14.5	12.4	11.7	9.2

资料来源：根据攀西经济区两市州统计局网站数据整理。

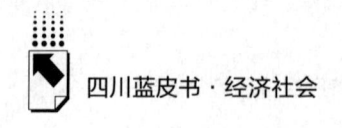

二 攀西经济区经济运行面临的发展环境

经济区迎来新质生产力发展、大规模设备更新和消费品以旧换新政策实施、全面深化改革、省级系列经济政策红利等诸多利好，但也需要注意固定资产投资推动力减弱、外贸进出口拉动作用有限、县域经济发展不平衡等可能带来的不利影响。

（一）重要机遇

1. 习近平总书记提出因地制宜发展新质生产力

当前，我国经济发展面临的国际形势错综复杂，国内有效需求不足，传统经济增长动能减弱。2023年7月以来，习近平总书记在四川、黑龙江、浙江、广西等地考察调研时，提出要整合科技创新资源，引领发展战略性新兴产业和未来产业，加快形成新质生产力。2024年1月，习近平总书记在中共中央政治局第十一次集体学习时对新质生产力做出系统阐述，强调"发展新质生产力是推动高质量发展的内在要求和重要着力点"。2024年3月，习近平总书记在参加十四届全国人大二次会议江苏代表团审议时强调，要牢牢把握高质量发展这个首要任务，因地制宜发展新质生产力。① 这为经济区加快生产力转型、培育发展新动能、开辟新领域新赛道提供了发展方向和前进指引。

2. 大规模设备更新和消费品以旧换新政策积极释放消费需求

2024年3月，国务院印发的《推动大规模设备更新和消费品以旧换新行动方案》提出"两新"的总体要求和五大方面20项重点任务。4月，工业和信息化部等七部门联合印发的《推动工业领域设备更新实施方案》，对推动工业领域重点行业的大规模设备更新改造提出四大方面12项具体任务。

---

① 《习近平在参加江苏代表团审议时强调：因地制宜发展新质生产力》，https://www.gov.cn/yaowen/liebiao/202403/content_6936752.htm，2024年3月5日。

7月，国家发展改革委、财政部发布的《关于加力支持大规模设备更新和消费品以旧换新的若干措施》提出统筹安排3000亿元左右超长期特别国债资金，支持"两新"行动。"两新"政策的实施推进，为经济区推动工业领域重点行业企业数字化智能化设备更新、技术改造和绿色装备推广以及有效挖掘居民消费潜力提供了新机遇。

3. 党的二十届三中全会对进一步全面深化改革进行系统战略部署

2024年7月，党的二十届三中全会审议通过的《中共中央关于进一步全面深化改革 推进中国式现代化的决定》（以下简称《决定》）提出"七个聚焦"①的全面深化改革总目标，从"五个注重"②的改革导向出发系统部署了未来五年我国在14个方面的重大改革任务。作为指导我国全面深化改革的纲领性文件，《决定》勾勒出深化改革的具体时间表和路线图，为四川省、经济区进一步全面深化改革提供了鲜明的行动指南。

4. 省级系列经济政策助推经济区向好发展

2024年上半年，四川省委省政府先后出台《关于以控制成本为核心优化营商环境的意见》《关于持续巩固和增强经济回升向好态势若干政策措施》《"天府粮仓·百县千片"建设行动方案（2024—2026年）》《四川省推动大规模设备更新和消费品以旧换新实施方案》《关于推动新时代县域经济高质量发展的意见》《中共四川省委关于以发展新质生产力为重要着力点扎实推进高质量发展的决定》《关于推动外贸稳规模优结构高质量发展的实施意见》《关于加快构建优质高效服务业新体系 推动服务业高质量发展的实施意见》等政策文件。这一系列政策组合拳为经济区进一步优化营商环境、加快现代化产业体系建设、转变发展方式、提高对内对外开放水平厚植了发展沃土。

---

① "七个聚焦"，即聚焦构建高水平社会主义市场经济体制、聚焦发展全过程人民民主、聚焦建设社会主义文化强国、聚焦提高人民生活品质、聚焦建设美丽中国、聚焦建设更高水平平安中国、聚焦提高党的领导水平和长期执政能力。

② "五个注重"，即注重发挥经济体制改革牵引作用、注重构建支持全面创新体制机制、注重全面改革、注重统筹发展和安全、注重加强党对改革的领导。

（二）主要挑战

1. 固定资产投资对经济的推动作用减弱

近年来，固定资产投资一直是推动经济区经济增长的主要力量。但是，2024年上半年固定资产投资对经济的拉升力却不强。一方面，受国内经济大环境影响，房地产市场低迷，对投资的拖累比较明显。2024年上半年四川房地产开发投资同比下降12.5%，而攀枝花的降幅则达到43.4%，凉山的降幅达到19.9%。另一方面，受产业投资项目滚动接续后劲不足的影响，除攀枝花第二产业、凉山第一产业的固定投资有所增长外，攀枝花的第一产业、第三产业以及凉山的第二产业、第三产业在固定资产投资量上均有不同程度的下降。经济区面临固定资产投资下行压力，这为经济发展的稳定性带来一定隐忧。

2. 外贸进出口对经济的拉动作用有限

外贸是促进国内国际双循环的关键。2022年12月，首列中老班列（攀枝花）正式发车。2023年11月，首列进口班列（老挝琅勃拉邦—攀枝花）顺利开行。中老班列（攀枝花）的双向开行，为攀枝花本地企业、经济区外贸企业更好地开展对外贸易和投资合作提供了更多的机会。但是，2024年上半年经济区的外贸进出口总额仅26.44亿元，占全省贸易进出口总额的0.54%，外贸发展规模总体较小。经济区尚未完全把"经济通道"转变为"通道经济""产业经济"。

3. 县域经济发展不平衡

县域经济是区域经济发展活力的微观表现。经济区内县域间经济发展不平衡问题仍较突出。以凉山为例，据赛迪顾问县域经济研究中心发布的《2024中国县域经济高质量发展研究》的分析成果，四川有7个县（市）入围2024赛迪百强县榜单。其中西昌列第79位，较2023年排名提升6个位次，是四川上榜的7地之首。[①] 但西昌与凉山其他县市之间的经济发展差

---

① 《全国百强县排名第79位！县域经济持续"领跑"，西昌"秘诀"何在?》，https://www.163.com/dy/article/J8EVUMJF0514D3UH.html，2024年7月31日。

距较大。2024年上半年，西昌实现地区生产总值359.28亿元，在全州17个县市中居第1位；而居末位的普格县仅实现地区生产总值19.48亿元，西昌实现的地区生产总值是普格的18倍多；10个欠发达县（盐源、普格、布拖、金阳、昭觉、喜德、越西、甘洛、美姑、雷波）合计实现地区生产总值313.40亿元，相较于西昌差距较大。

三　2025年攀西经济区经济形势展望

展望2025年，在一系列重大发展机遇下，经济区的经济发展将持续保持稳定增长态势，经济发展活力持续增强。

（一）经济发展增速有望继续超过全省平均水平

2025年是各地"十四五"规划的收官之年。经济区的两市州还需聚焦产业转型升级、扩大有效投资、持续提振消费等重要环节和关键领域，以确保"十四五"规划纲要中各项目标任务的顺利完成，为即将开始的"十五五"规划开好局提供有力支撑。2025年，在各项利好因素的带动下，两市州的经济活动将变得更加活跃，经济活力持续增强，经济运行质量将有所提升，经济发展的增速有望再超全省平均水平。

（二）第三产业比重进一步提升

近年来，经济区两市州不断强化文旅强市（州）战略实施，积极促进服务业有效投资，大力培育规上服务业企业，不断催生文旅深度融合的新业态新模式，以旅游业为代表的第三产业发展势头良好，在三次产业结构中的比重不断扩大。随着经济区公路网、铁路网与大香格里拉环线、成渝地区双城经济圈的相继联通，两市州的旅游发展优势愈发凸显。这将有力推动两市州加快文旅经济高质量发展，进一步增加第三产业在地区生产总值中的比重。

（三）固定资产投资企稳回升

一方面，房地产市场有望复苏回稳。2024年上半年，从中央到地方，利好房地产市场发展的积极信号不断释放。2025年，在房地产支持政策的持续发力下，预计经济区的房地产市场将逐步企稳回升。另一方面，项目投资持续拉动。2024年上半年，攀枝花对外发布《攀枝花投资指南》《攀枝花投资机遇清单》，新签约招商引资项目314个，协议投资总额534.51亿元；引进产业项目新增实际投资192.38亿元，同比增长5.54%。[①] 凉山在7月举办的"2024凉山彝族火把节产业投资推介会"上总签约项目74个，总投资额574.2亿元。[②] 这些项目投资的陆续落地，将为投资增长增强后劲。

（四）消费市场规模稳步扩大

一方面，稳就业就是稳消费。2024年7月，四川省出台《关于进一步稳定和扩大就业若干政策措施》。这些具体政策措施的实施有助于更好地稳定和扩大就业，提振城乡居民消费信心。另一方面，促消费政策持续发力。目前，"两新"政策实施效应正在显效。2024年6月，四川省限额以上单位的汽车类零售额达到244.2亿元，同比增长7%，增速开始由负转正。其中，新能源汽车、二手车零售额分别增长59.2%、1.5倍。[③] 2025年，随着"两新"政策的深入实施，城乡居民对汽车、家电、家装等主要消费品的以旧换新速度有望加快，增加对新能源汽车、高能效等级家电、智能家电等的绿色消费、健康消费和数字消费。

---

① 《上半年，我市招商引资实现"双过半"——"攀枝花机遇"加快变现》，http://www.panzhihua.gov.cn/zwgk/gzdt/bdyw/10142052.shtml，2024年8月15日。
② 《2024年凉山彝族火把节产业投资推介会：总签约74个项目，总投资达574.2亿元》，http://sc.china.com.cn/2024/zonglan_0729/545259.html，2024年7月29日。
③ 《四川汽车以旧换新成效显现 6月汽车类零售额增速由负转正》，http://www.stcn.com/article/detail/1262920.html，2024年7月18日。

四 促进攀西经济区经济发展对策建议

在新的发展形势下，经济区要依托比较优势，突出发展重点，不断增强经济发展内生动力。

（一）着力发展新质生产力

大力推进科技创新。鼓励企业加大研发投入，开展关键核心技术攻关、进行前沿性原创技术研究；鼓励以企业为主体建设高水平创新平台，支持钒钛钢铁、新材料、装备制造、能源化工等重点行业领域的龙头企业牵头组建科技创新联合体、产业创新联合实验室，以揭榜挂帅、赛马制等合作形式联合有实力的高校、科研院所和行业内其他重点企业，瞄准产业领域关键、核心、急需技术协同攻关，提高研发效率；完善科技成果转化服务体系，注重知识产权保护，加快科研成果尽快落地转化。坚持高端化、智能化、绿色化发展方向，实施产业强链补链，瞄准产业配套、产业细分领域，推动产业链向深向高延伸；鼓励企业利用"两新"政策实施的窗口期进行设备更新改造、数字化转型；引导钒钛钢铁、能源化工、建材等重点行业的企业加强环保治理，引进先进生产工艺，加强超低排放改造和综合治理。培育发展未来产业。结合"十五五"规划前期研究，描绘出钒电池储能、氢能、商业航天等未来产业发展的路线图，前瞻部署未来产业发展的新赛道。

（二）因地制宜统筹谋划改革任务

党的二十届三中全会为未来五年勾画出中国式现代化的全面深化改革方向。经济区的两市州需坚持问题导向，对照改革任务进行系统梳理，紧密结合自身发展所困、所需，提出切合自身实际的改革发展命题，加强短期、中长期重大改革课题研究设计，明确改革战略方向、改革重点和改革关键。要因势利导，更加注重生产要素优化配置，以劳动力、土地、资本、技术、数据等生产要素领域的深化改革来突破资源要素瓶颈制约，引导各类优质生产要素协同向新质生产力流动、集聚，进一步增强经济发展活力和动能。要试点先行，结合攀西战略资源创新开发试验区、攀枝花共同富裕试验区、天府第二粮仓等建设，加强改革实现路径和实现形式探索，用好用足改革试点探索政策，积极争取将更多改革事项纳入省级改革事项清单，为推进省级层面改革积累经验。

（三）持续提振消费

积极扩大商品消费。加快推进消费品以旧换新，进一步激活汽车、家电等大宗商品的消费潜力；加大绿色消费宣传和支持力度，加快补齐农村公共充换电设施短板，大规模开展绿色产品下乡活动，引导和鼓励城乡居民购买新能源汽车、绿色智能家电、绿色建材等商品。大力推进服务消费。增强餐饮消费活力。依托凉山彝族火把节、大凉山烧烤节、马尔斯绿啤酒美食节等举办契机以及"五一"、国庆、春节等假日节点，开展地方美食特色文化推广，创新餐饮消费场景，提升餐饮服务质量。提升文旅消费热度。策划、打造一批有影响力的特色主题精品旅游线路，丰富文旅产品供给，开发沉浸式演艺、沉浸式夜游、沉浸式街区等沉浸式文旅新业态，持续拓展夜间消费场景，推进"数字+文旅"应用。促进养老、托育、家政、体育等服务消费扩面提质。构建多层次服务消费供给体系，制定服务标准，加强服务质量监测，注重服务品牌培育和建设。

（四）积极推进对外开放

加强中老国际贸易通道建设。以推动中老班列增量提质为引领，加快建设中老班列（攀枝花）集结中心，逐步完善其综合性服务功能，提高服务标准化、智能化、绿色化、共享化水平。坚持培育与引进相结合，壮大外贸主体队伍。支持企业发展外贸业务，开拓国际市场；加大外贸综合服务企业招引力度，引导企业规范经营，细分业务领域，塑造外贸服务特色和优势，减少同质化竞争；加快发展跨境电商、市场采购贸易等外贸新业态，建立跨境电商孵化基地，注重跨境电商人才培养，加强跨境电商信用监管，强化跨境电商物流保障。推动贸易与优势产业深度融合。不断提升跨境贸易便利化水平，积极推动钒钛钢铁、新材料、装备制造企业和农产品加工企业拓展国际市场，扩大钢轨、钒制品、钛产品等工业产品以及芒果、石榴、沃柑、早春蔬菜等农产品的出口规模，带动经济区内更多优势、特色产品出口；同时扩大铁矿石、机械设备等工业原材料、先进设备设施的进口规模，助力优势产业做大做强。

（五）促进县域经济协同发展

按照"抓强、壮干、提弱"的发展思路，分类指导各县筑牢经济增长的底盘。着眼于多元化、特色化发展，综合考虑各县在经济资源禀赋、产业基础、经济总量、幅员人口等方面的差异，因地制宜，明确不同县域发展功能定位，建立和完善差异化的县域经济发展考核评价指标体系和政策支持体系，引导和鼓励各县形成具有区域特色和竞争力的经济发展模式。加快城乡融合发展。有效促进县域经济与城市经济衔接。优化县域营商环境，引导产业链、供应链向县域延伸，促进旅游市场和消费市场向县域下沉，不断提升县域经济发展能级；积极促进县域经济与乡村经济互动。补齐乡村基础设施建设短板，促进现有基础设施提质升级，畅通人才、资本、技术、信息等要素双向自由流动通道，扩大农村公共服务供给，提高农村基本公共服务可及性，提升村集体经济发展动能，逐步缩小城乡差别、县乡差别；打破区域边界，围绕共建产业园区、联育集体经济、联建农民创业园等，探索跨县域、跨乡域联动发展模式，进一步促进优质资源整合，共享抱团发展成果。

参考文献

《习近平：发展新质生产力是推动高质量发展的内在要求和重要着力点》，https：//www.gov.cn/yaowen/liebiao/202405/content_ 6954761.htm，2024年5月31日。

《习近平在中共中央政治局第十一次集体学习时强调　加快发展新质生产力　扎实推进高质量发展》，https：//www.gov.cn/yaowen/liebiao/202402/content_6929446.htm，2024年2月1日。

《中共中央关于进一步全面深化改革　推进中国式现代化的决定》，https：//www.gov.cn/zhengce/202407/content_6963770.htm，2024年7月21日。

B.30
2024~2025年川西北生态示范区经济形势分析与预测

贾兴元 刘宇轩*

摘 要： 2024年川西北生态示范区以清洁能源产业、生态旅游产业、高原特色农牧业为支撑的"生态+"经济发展势头良好，呈现生态保护和经济发展齐头并进的向好态势。2025年，川西北生态示范区按照全国重点生态功能区生态保护和高质量发展典范的导向和要求，服务于国家"双碳"战略全局，大力发展生态经济，扎实推进共同富裕，促进川西北生态示范区高质量发展。

关键词： 生态优先 绿色发展 川西北生态示范区

一 川西北生态示范区经济发展现状

川西北生态示范区[①]生态地位突出、自然资源丰沛、生态文化旅游资源富集。在全省甚至全国的生态安全格局中具有重要的战略地位，作为以"生态"为关键词的区域，经济发展导向不是简单地追求经济总量，而是提高生态保护和高质量发展水平，提高生态经济发展水平。因此，川西北生态

---

* 贾兴元，四川省社会科学院社会学研究所助理研究员，主要研究方向为发展经济学、发展社会学；刘宇轩，四川省社会科学院公共管理研究所。
① 根据《川西北生态示范区国土空间规划（2021—2035年）》，川西北生态示范区范围包括阿坝藏族羌族自治州（文中简称为"阿坝州"）和甘孜藏族自治州（文中简称为"甘孜州"），共31个县（市），总面积约为23.3万平方公里。

示范区的重大使命是建设成为"全国重点生态功能区生态保护和高质量发展典范",其战略定位是"两区三地",即建设全国民族团结进步示范区和国家生态文明建设示范区,建设国际生态文化旅游目的地、现代高原特色农牧业基地和国家重要清洁能源基地。

（一）2024年经济运行总体情况分析

2024年上半年,川西北生态示范区坚持稳中求进、以进促稳,完整、准确、全面贯彻新发展理念,加快构建新发展格局,着力推动高质量发展,更大力度激发市场活力,经济保持平稳增长。川西北生态示范区实现地区生产总值471.58亿元,比上年同期增加44.37亿元,以清洁能源产业、生态旅游产业、高原特色农牧业为支撑的"生态+"经济发展势头良好。

2024年上半年,甘孜州实现地区生产总值241.9亿元,增长5.4%,增速与全省持平、高于全国0.4个百分点,在全省居第15位;其中第一产业增加值为18.23亿元、增长1%,第二产业增加值为74.73亿元、增长8.8%,第三产业增加值为148.94亿元、增长4.5%。地方一般公共预算收入实现34.73亿元,同比增长7.8%,其中税收收入18.79亿元,高于全国10.6个百分点,高于全省4.5个百分点,居全省第11位。地方一般公共预算支出205.54亿元,增长3.7%。金融机构本外币存款余额954.02亿元,增长5%。

2024年上半年,阿坝州实现地区生产总值229.68亿元,同比增长4.1%,第一产业增加值27.88亿元,增长1.3%;第二产业增加值66.03亿元,增长3.1%;第三产业增加值135.77亿元,增长5.1%。阿坝州民营经济实现增加值109.91亿元,占GDP的比重为47.9%,其中第一、第二、第三产业分别实现增加值15.16亿元、48.67亿元、46.08亿元。

（二）生态农牧业发展情况分析

2024年上半年,川西北生态示范区立足高原农牧循环生态发展优势,围绕生态价值高质量转化,以"有机农牧业"为突破口,做大做强优质粮油、生态养殖、高原果蔬等特色产业，一批业态特色鲜明、提质增效明显的产业集群正在成效成势。

2024年上半年，甘孜州农业生产保持提质增效发展态势，农林牧渔业总产值达到36.25亿元，同比增长1.2%。其中，农业产值5.57亿元，增长15.0%；林业产值10.57亿元，增长15.7%；牧业产值19.31亿元，下降3.5%；农林牧渔业专业辅助性活动产值0.8亿元，增长9.7%。全州夏粮总产量1.5万吨，增长1.1%。经济作物数量和效益实现"双增长"，蔬菜及食用菌面积3.7万亩、增长5.1%，产量7.7万吨、增长5.7%，其中食用菌产量327.5吨，增长61.8%；瓜果类播面290亩、下降22.9%，产量152.62吨、增长14.8%；中药材产量464.5吨，增长32.21%；茶叶产量22.8吨，增长20%。林业生产有升有降。木材采运1.4万立方米，增长10.3%；造林面积9377公顷，下降2.5%；林产品采集164.2吨，增长2.5%；虫草产量6060千克，增长14.3%；新增野生食用菌产量7.36吨；新增森林抚育面积2723公顷。畜禽出栏持续下降。猪出栏12万头，下降5.4%；牛出栏20.1万头，下降9%；羊出栏5.3万只，下降17.6%；活家禽7.6万只，下降10.8%。

2024年上半年，阿坝州农业生产保持了稳中有进的态势，实现农林牧渔业总产值48.24亿元，同比增长1.3%。根据初步统计数据，中草药材产量1941吨，增长110.7%；园林水果产量2.51万吨，增长7.0%；蔬菜及食用菌产量9万吨，增长11.4%，其中豆类产量增长129.7%，叶菜类产量增长39.4%；生猪出栏16.96万头，下降5.4%。

（三）工业经济运行情况分析

2024年上半年，川西北生态示范区聚焦资源禀赋优势和阶段发展特征，坚持新发展理念，立足区域定位，推动绿色生态、节能技改、精深加工、链式发展、信息融合、创新驱动的工业高质量发展。

2024年上半年，甘孜州工业发展持续向好，规上工业增加值增长12.5%，较一季度加快4个百分点。从工业门类来看，在新增光伏企业及丰水期发电量快速增长的助力下，清洁能源产业增长迅猛，增速高达20.3%；制造业增加值增长15.6%，拉动规上工业增加值增长0.4个百分点；采矿业下降22.5%。分行业看，八大行业增长面超七成，农副食品加工业、电力热力生产和供应业、非金属矿采选业、非金属矿物制品业、食品制造业、酒饮料和精茶制造业分别增长35.5%、20.3%、14.9%、13.6%、12.3%、1.6%；有色金属矿采选业、医药制造业分别下降23.2%、8.6%。分产品产量看，发电量达244.2亿度，增长39.9%；水泥产量36.2万吨，增长42.6%；铜金属产量0.57万吨，增长13.5%；锂精矿产量3.2万吨，下降12.3%；铅金属产量0.65万吨，下降29%；锌金属产量1.08万吨，下降17.3%。

2024年上半年，阿坝州工业生产总体稳定，规模以上工业增加值（含园区）同比增长3.6%，州内规模以上工业增加值增长3.0%。规模以上工业企业产品销售率为90.1%。分经济类型看，外商及港澳台商投资企业增长6.3%，其他经济类型企业下降21.3%。分轻重工业看，轻工业增加值同比增长9.2%，重工业增长2.7%。分行业看，有色金属矿采选业增加值同比增长44.9%，非金属矿物制品业增长18%，文教、工美、体育和娱乐用品制造业增长15.3%，酒、饮料和精制茶制造业增长12.5%，食品制造业增长8.6%，医药制造业增长4.1%，通用设备制造业增长3.6%，黑色金属矿采选业增长2.1%，电力、热力生产和供应业增长1.2%，有色金属冶炼和压延加工业增长0.9%；化学原料和化学制品制造业下降12.5%，纺织业下降6.8%。从规模以上工业产品产量看，饮料产量增长63.7%，乳制品产量增长33.9%，原铝（电解铝）产量增长23.2%，熟肉制品产量增长15.2%，发电量增长9.0%，饮料酒产量增长5.4%；工业硅产量下降5.3%，中成药产量下降3.7%。

（四）第三产业运行情况分析

2024年上半年，川西北生态示范区第三产业总量快速增长、市场需求逐步恢复、产业发展态势良好。

2024年上半年，甘孜州服务业平稳增长，第三产业增加值实现148.94亿元，同比增长4.5%。其中，住宿和餐饮业增长7.3%，交通运输、仓储和邮政业增长7.0%，批发和零售业增长6.5%，金融业增长5.4%，房地产业增长0.6%，其他服务业增长4.4%。1~5月规模以上服务业企业营业收入增长7.1%。

2024年上半年，阿坝州服务业保持较快增长势头，第三产业增加值实现135.77亿元，增长5.1%。租赁和商务服务业表现最为突出，增长17%；信息传输、软件和信息技术服务业高速发展，增长11.2%，住宿和餐饮业增长6.5%，金融业增长1.4%。全州规模以上服务业发展迅猛，1~5月规上企业同比增长17.2%，实现营业收入14.63亿元；其他营利性服务业增长19.9%，营业收入实现6.1亿元。从行业细分角度看，租赁和商务服务业增长18.5%，科学研究和技术服务业营业收入增长38.9%，文化、体育和娱乐业增长5.9%，居民服务、修理和其他服务业增长28.6%。

（五）投资情况分析

2024年上半年，川西北生态示范区把抓项目投资作为带动经济发展的关键，紧盯清洁能源、电网建设和优势矿产等重点领域，强化要素保障，为经济发展注入强劲的动力。

2024年上半年，甘孜州投资继续保持规模扩大的趋势。在川渝特高压及两河口、孟底沟等重点工程建设带动下，全州固定资产投资实现两位数增长，同比增长15.4%。总量完成全年任务的55.2%，首次实现双过半。分产业看，第一产业投资下降34.4%，较1~5月降幅扩大1.1个百分点；第二产业投资增长16.4%，较1~5月提升17.8个百分点；第三产业投资增长19.8%，较1~5月回落2.7个百分点。从贡献看，水电项目完成投资增长3.4%，拉动固定资产投资增长0.8个百分点；电网建设完成投资增长376%，增速比1~5月提升114.7个百分点，拉动固定资产投资增长24.1个百分点。

2024年上半年，阿坝州固定资产投资保持高速增长态势，同比增长

3.4%。从产业投资情况分析看，第一产业投资表现最为突出，同比增长146.8%；第二产业投资实现大幅增长，同比增长60.2%，其中工业投资增长64%；第三产业投资则呈现下降趋势，下降22.4%。受房地产市场影响，商品房施工面积下降12.4%，商品房销售面积下降18%，房地产开发投资同比下降26.5%。

（六）市场消费情况分析

2024年上半年，川西北生态示范区消费热点不断涌现，消费模式日新月异，消费新动能快速成长，居民消费能力和消费意愿不断增强，多种经济成分、多样经营类型、多元经营业态并存的市场网络和流通新格局初步构筑，消费为促进经济高质量发展注入强大动力。

2024年上半年，甘孜州市场消费承压稳进，实现社会消费品零售总额67.25亿元，同比增长5.9%。从行业视角分析看，批发业零售额11.96亿元，增长13.2%；零售业零售额37.48亿元，增长3.6%；住宿业零售额3.91亿元，增长2.8%；餐饮业零售额13.9亿元，增长7.5%。从经营所在地分析看，城乡消费比较均衡，城镇消费品零售额49.84亿元、增长6%，乡村消费品零售额17.41亿元、增长5.7%。从消费形态看，餐饮收入17.73亿元、增长6.4%；商品零售49.52亿元、增长5.7%，其中限上单位①商品零售17.29亿元、增长8.0%。

2024年上半年，阿坝州消费市场实现平稳增长，全州社会消费品零售总额61.25亿元，同比增长6.4%。按经营单位所在地分析看，农村消费略高于城镇，城镇消费品零售额45.32亿元，同比增长6.0%；乡村消费品零售额15.93亿元，增长7.9%。从消费形态分析看，餐饮收入21.94亿元，同比增长5.6%；商品零售39.31亿元，增长6.9%。通过限额以上企业（单位）的商品零售细分来看，互联网销售呈现快速增长趋势，通过互联网

---

① 这一概念涉及不同行业的特定标准，如对于批发业，年商品销售总额需达到2000万元以上，同时年末从业人员需在20人以上；对于零售业，年商品销售总额需达到500万元以上，同时年末从业人员需在60人以上。

实现商品零售额增长38.9%，达到0.21亿元；汽车类商品零售额大幅增长，同比增长2046.1%；家具类增长114.3%，中西药品类增长12.4%，石油及制品类增长11.9%。

二 2025年川西北生态示范区经济形势展望

单一追求经济目标和产业发展，不是川西北生态示范区的发展导向，其总体发展导向是：在生态示范方面要成为全国民族地区生态文明高度发达、生态经济高质量发展的样板，城乡居民人均可支配收入和基本公共服务主要指标要达到全国平均水平，与全国、全省同步基本实现社会主义现代化。2025年川西北生态示范区经济发展的着力点和重点方向在以下几个方面。

生态文明建设达到更高水平，生态安全屏障功能进一步增强。国土空间保护和开发格局更加优化，森林覆盖率争取达到30%以上，草原综合植被覆盖度达到85%以上，重点河湖生态流量保障目标满足程度大于85%，生态保护长效机制进一步健全，城镇生活污水集中处理、城乡生活垃圾无害化处理基本实现全覆盖，县城污水处理率争取达到90%，行政村生活污水治理达到考核要求，主要江河国省考核断面水质保持在Ⅲ类以上，主要污染物排放总量持续减少。

生态产业发展达到更高水平，生态产业竞争力进一步提升。经济发展更高质量，特色生态产业加快发展，生态经济体系初步形成。国际生态文化旅游目的地初步建成，文化旅游产业发展壮大；高原现代特色农牧业基地建设成效显著，农牧业产业化水平明显提升；水风光互补的国家重要清洁能源基地基本建成，清洁能源装机争取达到2200万千瓦以上。

基础设施水平进一步提升，基本公共服务更加完善。城镇化水平进一步提高，城镇化率达到43%以上。综合交通体系加快构建，电力保障和送出能力持续增强，进一步完善现代物流基础设施体系，水安全保障能力显著增强，信息化智能化水平明显提升，基础设施瓶颈得到有效缓解。居民收入年均增速快于全省平均水平，城乡居民收入差距持续缩小，全民受教育程度不

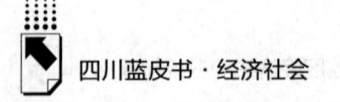

断提升，卫生健康体系更加完善，群众精神文化生活更加丰富，社会保障体系更加健全，基本公共服务主要指标接近全国平均水平。

三 政策建议

面对特色优势资源转化不足、产业发展基础设施短板较多、市场化和对外开放程度不高、资金和人才等要素短缺等制约，川西北生态示范区应充分发挥资源优势和生态优势，以提质升级为牵引，不断增强产业支撑。紧扣生态保护和发展大局、发挥自身优势，以清洁能源为主导，以生态旅游为引领，以生态农牧为支撑，因地制宜写好"三篇大文章"，加快推进清洁能源、生态旅游和重大基础设施等重点项目建设，进一步优化飞地产业园区，积极构建川西北生态示范区现代化经济体系。

（一）构建可再生能源产业体系

科学开发可再生能源资源。坚定不移地走以清洁能源为主导的新型工业化道路，有序开发水电资源。加快建设雅砻江、金沙江、大渡河等"大江大河"水电能源基地，进一步科学统筹抽水蓄能项目建设，积极构建以水电能源为基础的国家清洁能源基地。结合产业发展，用好计划电量调节、直接交易电量、富余电量、留存电量等各项支持政策，营造电价"洼地"，引导产业集聚，支持大数据、水制氢、云计算等绿色载能产业发展，加快建设水电消纳示范园区。

加快光水风多能互补的综合能源基地建设。进一步夯实清洁能源发展基础，加快建设多能互补新能源基地。按照全省光伏基地规划布局，有序推进太阳能资源开发。科学开展测风工作，加快推进高原风电试点示范建设。因地制宜发展就近消纳的分布式光伏、分散式风电。优化清洁能源产业空间布局，构筑风光水储等多能互补的能源体系，提升清洁能源产业竞争力。

完善清洁能源产业管理服务体系。统筹自然保护地、生态保护红线与清洁能源开发布局，加强资金、用地等对清洁能源产业重大项目的支持保障力度,加强清洁能源企业与属地互动合作,完善重大项目属地化的服务和管理体系,优化清洁能源项目建设管理服务流程,让资源优势尽快转化为经济优势和发展优势,提升能源领域应对气候变化能力,保障国家能源安全与地方经济社会可持续发展。逐步构建以企业为主体、市场为导向、政产学研用深度融合的清洁能源技术创新体系,适度发展数字中心等清洁能源应用型企业,促进清洁能源新技术产业化规模化应用。

(二)构建以生态为特色的文化旅游融合产业体系

提升旅游基础设施水平。推动"交通+旅游"融合发展,以配套建设国省干线旅游服务设施为引领,推进国省干线旅游服务品质和能力提升。围绕旅游产业、旅游景区发展需要,加强景区道路、电力、通信、供水、停车场、生态厕所等基础设施建设,完善游客服务中心、购物、娱乐、医疗、供氧等服务设施。统筹发展星级酒店、主题酒店、精品民宿,提升旅游接待服务能力。加快"互联网+旅游"进程,建设智慧旅游体系。

促进旅游产品创新提质。打造"全域、全时、立体、多元"旅游产品体系,开发季节互补旅游产品,深耕"春赏花、夏避暑、秋观叶、冬玩雪"的四季旅游市场。深度开发红色研学、健康养生、休闲度假、山地探险、户外运动、科学考察、演艺娱乐、冰雪运动等旅游产品。促进文旅融合发展,建设一批特色文化体验基地。推进旅游标准化建设,建立标准化研究和实践基地。

培育生态文化旅游品牌。积极申报国家级、省级风景名胜区,创新旅游营销模式,加大重点景区联动和市场开拓力度,提升大熊猫、大九寨、大香格里拉、大贡嘎、大草原等川西北生态示范区独特文旅品牌市场的影响力。组建川西北生态示范区旅游推广联盟,打造具有区域代表性的文化演艺品牌,提升好红原大草原夏季雅克音乐季、康定情歌国际音乐节、环贡嘎山百公里国际山地户外运动挑战赛等节会和赛事的影响力。支持景区和旅游发展企业兼并重组,引进和培育方式并用,建设一批知名旅游企业集团。

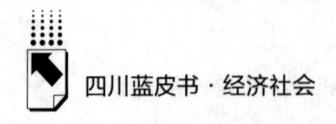

（三）构建高原特色农牧产业体系

改善农牧业发展条件。实施耕地保护与提升工程，加强高标准农田建设。推进智能温室等设施农业建设，推广运用现代农牧业机械装备。推进标准化养殖，完善养殖基础设施。积极开展现代家庭牧场示范，大力发展联户牧场。完善农产品冷链仓储体系，建设农产品市场和流通设施。加强基层农技推广服务能力建设，健全畜牧兽医服务网络，健全农产品质量监管体系。加快发展数字农业。

促进农牧业提质增效。推动畜牧业转型发展，推广"夏秋天然放牧+冬春半舍饲补饲"和"牧繁农育"养殖方式，加强优质奶源基地和现代数字牧场建设，有序发展商品草产业。强化产业协同和合理分工，培育种养大户、家庭农场、专合组织和龙头企业等新型经营主体，进一步发展适度规模化经营模式。加强政策引导和利益引导，提高牲畜商品率。推进特色农牧业基地景观化打造，促进农畜产品转化为旅游商品。

统筹布局现代农牧业发展基地。建设基础好、成规模的现代农牧业发展基地，争创一批国家级、省级现代农业园区。北部高原农牧产业基地，重点发展牦牛、藏羊、藏猪等优势畜牧业和汉藏药材特色产业。雅砻江流域农牧产业基地，重点发展青稞、花椒、春油菜和中藏药特色产业。金沙江流域农牧产业基地，重点发展特色水果、错季蔬菜、酿酒葡萄和中藏药特色产业。岷江和大渡河流域农牧产业基地，重点发展甜樱桃、酿酒葡萄、食用菌、茶叶、花椒、核桃和错季蔬菜等特色产业。

培育特色农产品品牌。推进农产品产地初加工和精深加工，重点开发市场前景好、附加值高的产业和产品，科学推进高原葡萄酒、优质饮用水、牦牛乳制品、藏羌医药、保健食品等特色产品发展。推广"圣洁甘孜""净土阿坝"加企业商标"双品牌"模式，建设成渝地区双城经济圈和东部发达地区的"菜篮子""果盘子"重要供给地。

（四）激发产业发展活力

加大引进和培育市场主体力度。坚持市场主体是产业扩量提质增效的主角与载体这一原则,引进和培育市场主体,激发产业发展活力,进一步优化营商环境,以政府引导和市场主导为路径,壮大市场主体,以市场化手段汇聚和配置要素资源,培育引进更多新增主体,激活助力更多存量主体,充分释放中小微各类市场主体"草根活力",让各类市场主体对产业高质量发展的边际效应持续扩大,努力实现产业转型升级上的规模和效益均衡发展。

推动产业发展要素市场化配置。促进要素市场化配置,促进要素流通产业高质量发展的关键是推动土地、资金、人才等要素的市场配置。土地是发展的重要物质基础,是支撑产业高质量发展的重要保障。川西北生态示范区土地使用受到严格的生态保护红线制约,坚持以"存量"换"增量",充分挖掘存量土地潜力,盘活闲置土地和低效用地。用好产业基础再造和产业高质量发展专项资金,发挥政府投资基金的引导作用,鼓励社会资本投入清洁能源、文化旅游、生态农牧三大产业,带动产业高质量发展。紧盯战略人才、紧缺急需人才,细培产业领军人才,厚植优秀青年人才,着力培养本土人才,促进人才流动和交流。

激发产业发展的市场消费活力。打造消费新场景,激发市场消费活力。消费关联着经济增长,也关联着人民群众对美好生活的向往。打造消费新场景,不断增强消费发展综合能力,成为优化营商环境的重要内容。积极规划旅游集散中心数字化建设,创新数字化营销,通过电商平台、近场营销、直播带货等形式,实现生态产品价值。以文旅融合、生态旅游为基础优化消费场景体验,通过旅游带动特色产品销售、体验消费、个性化产品定制服务等,提升生态农业产品的文旅附加值。

(五)促进产业开放发展

拓展对口帮扶产业发展模式。发挥好东西部协作、省内对口支援和省直定点帮扶的桥梁作用。借助帮扶方量,做强县级农特产品工业园区发展平台,发挥好对口支援平台和桥梁的作用,用好对口支援政策,创新和丰富对口支援内容。积极争取对口帮扶项目,搭建信息互通、资源共享、优势互补、合作共赢的对口帮扶平台,优化联席会议、定期会商等机制。

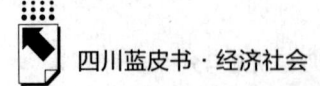

创新东西协作、省内对口支援和省直定点帮扶方式。协同对口帮扶力量，推广消费帮扶订单式销售和采购方式。引导本土企业开发符合市场需求的特色产品。深化人才培养、产业发展、乡村振兴、园区合作等重点领域的受援对接工作，鼓励和支持援建地区优势企业投资旅游、农牧业等特色产业，加强本地特色优势产品在援建地区的市场开拓和品牌推广，推动对口帮扶向对口合作转变。

主动服务对接区域重大战略。推进跨区域交流合作与协同创新。积极融入长江经济带、新时代西部大开发等国家战略和四川"四化同步、城乡融合、五区共兴"发展格局，全面服务成渝地区双城经济圈、巴蜀文化旅游走廊、藏羌彝文化产业走廊建设，推进跨区域交流合作与协同创新。

提高产业发展对外合作水平。加大招商引资力度，提高招商引资质量和水平。坚持以项目质量为中心，健全招商引资机制，积极参与和举办各种跨区域招商引资活动，注重引进产业关联度大、投资强度高、辐射带动力强的项目，吸引社会资本参与景区开发建设，引进旅游投资商、开发商、运营商参与特色旅游线路、景区景点、城镇建设、新村建设、文化娱乐、新能源、中藏医药等领域的投资。拓宽社会资金进入渠道，增强对社会资本的吸引力。

（六）促进城乡融合发展

大力发展中心镇和重点镇。坚持"宜农则农、宜商则商、宜旅则旅"，推动城镇多元化特色发展，推进重要交通节点、重点景区周边城镇功能提升，集中资源力量做强重点镇、中心镇，规范发展特色小镇，推动有条件的中心镇发展成为县域副中心。完善城镇公共服务设施、环境卫生设施、市政基础设施和产业培育设施，优化城镇商贸网点布局，增强对农牧区的辐射带动能力。

促进人口就近就地城镇化。继续推进高海拔生态搬迁、水电开发移民搬迁、地质灾害避险搬迁工作，依托县城和城镇建设定居点。全面落实户籍制度改革配套保障措施，引导农牧民就地就近城镇化。落实居住证制度，推动城镇基本公共服务覆盖全部常住人口。维护城镇落户农牧民的土地（草场）承包权、宅基地使用权、集体收益分配权，建立依法自愿有偿退出农牧区权益制度。鼓励各地根据实际制定进城落户农牧民购房、自建住房的支持政策。

参考文献

《甘孜州2024年上半年经济运行分析》，http：//tjj.gzz.gov.cn/tjyw/article/599631，2024年8月2日。

《阿坝州经济"半年报"出炉整体保持平稳运行》，https：//www.abazhou.gov.cn/abazhou/c101955/202407/b8651ca0505c4a9db5212b030169139a.shtml，2024年7月25日。

《川西北生态示范区"十四五"发展规划》，https：//www.sc.gov.cn/10462/csqygh/2021/6/9/e5685fe8431242b1b0c2b56b716573c4.shtml，2021年6月9日。

城乡治理篇

B.31 乡村振兴背景下四川乡村建设的现实困境与优化路径报告

徐杰 刘萍*

摘 要： 乡村建设是推动乡村振兴战略实施的关键环节，旨在加速村庄实用规划的普及、补齐基础设施短板、提升基本公共服务水平及改善农村人居环境。本报告基于乡村建设内涵，从农业产业、基础设施、文化传承、人居环境、公共服务五个维度审视四川省乡村建设现状，并与全国数据开展比较研究，发现四川省面临产业结构待优化、人才培育需加强、基建资金存缺口、文化传承遇困境、生态保护任务艰巨等挑战，据此，从"产—人—地—文—景"五个维度进一步探查乡村建设中的深层次问题，并提出优化路径：一是整合多元主体力量，促进多方共同参与；二是强化规划引领，确保乡村建设与区域发展规划相协调；三是坚持因地制宜，发展地方特色产业；四是聚焦现实问题，逐一攻破发展难题。

---

* 徐杰，四川省社会科学院社会学研究所副研究员、硕士生导师，研究方向为基层治理、贫困治理；刘萍，四川省社会科学院，研究方向为基层治理。

乡村振兴背景下四川乡村建设的现实困境与优化路径报告

关键词： 乡村建设　农业产业　基础设施　四川经验

一　引言

党的十九大首次提出乡村振兴战略，党的二十大再次明确要"全面推进乡村振兴"，强调"建设宜居宜业和美乡村"，过去七年的中央一号文件都对乡村建设作出专门部署。由此可见，乡村建设与实现乡村全面振兴相辅相成，乡村建设既是实施乡村振兴战略的重要任务，也是推进农业农村现代化的重要内容。同时，乡村全面振兴是乡村建设的目标和方向。乡村建设更是补齐农业农村发展短板弱项的重要抓手。以农民农村的现实情况而言，如何提升乡村建设水平，在乡村建设过程中进一步解决乡村发展不充分、城乡发展不均衡的现实矛盾，成为亟待回答的时代命题。从历史角度出发，在任何时期四川的农村工作在全国都占有举足轻重的位置，丰富多元的省情民意造就了多元化的农村发展面貌，也走出了乡村建设中的天府之路。

二　四川乡村建设的现状

四川省作为西部内陆的省份，地理位置和多元文化特征赋予了其在乡村振兴进程中独一无二的发展基底与现实挑战。四川省整体经济规模近年持续增长，截至2022年底，全省地区生产总值达到5.67万亿元，相比2017年的3.79万亿元，位列全国第六，在西部地区遥遥领先。这一经济成就不仅反映了四川省经济发展的潜力与实力，也为全面推进乡村振兴提供了坚实的经济基础。

表1 2018~2022年地区生产总值排前列省市的地区生产总值

单位：亿元

省市	2018年	2019年	2020年	2021年	2022年
广东	97277.77	107671.07	110760.94	124369.7	129118.6
江苏	92595.40	99631.52	102718.98	116364.2	122875.6
山东	76469.67	71067.53	73129.00	83095.9	87425.1
浙江	56197.15	62351.74	64613.34	73515.8	77715.4
河南	48055.86	54259.20	54997.07	58887.4	61345.1
四川	40678.13	46615.82	48598.76	53850.8	56749.8

资料来源：根据历年《中国统计年鉴》数据整理计算。

就全省范围来看，经济总量和增速存在显著的区域差异，2022年成都市地区生产总值达2.08万亿元，占全省的36.7%。绵阳、德阳、乐山、宜宾、泸州、南充、达州、凉山等地区生产总值均超过2000亿元，但仍有五个市州的地区生产总值未能达到1000亿元（见表2）。2022年成都平原经济区生产总值达3.46万亿元，占全省的61%，而川南、川东北、攀西和川西北等地区生产总值仅占39%。

表2 2017~2022年四川省各市（州）地区生产总值

单位：亿元

区域		2017年	2018年	2019年	2020年	2021年	2022年	2022年经济板块总产值
全 省		37905.14	42902.1	46363.75	48501.64	54087.98	56749.81	—
成都平原经济区	成都市	13931.39	15698.94	17010.66	17838.00	19962.31	20817.50	34670.77
	德阳市	1907.43	2148.39	2325.74	2383.47	2686.96	2816.87	
	绵阳市	2313.57	2613.30	2870.49	3020.54	3404.05	3626.94	
	遂宁市	1046.43	1230.85	1339.71	1375.63	1519.87	1614.47	
	乐山市	1481.61	1709.81	1872.6	2001.17	2194.14	2308.81	
	雅安市	608.54	653.34	723.04	754.59	847.56	902.51	
	眉山市	1149.22	1269.9	1365.71	1403.00	1556.52	1635.51	
	资阳市	688.54	728.63	777.37	807.50	890.50	948.16	

续表

区域		2017年	2018年	2019年	2020年	2021年	2022年	2022年经济板块总产值
川南经济区	自贡市	1166.17	1314.74	1404.21	1440.03	1595.86	1638.42	9324.73
	泸州市	1698.91	1895.55	2071.04	2162.63	2432.70	2601.52	
	内江市	1182.11	1318.83	1412.39	1444.49	1605.53	1656.95	
	宜宾市	1862.19	2349.31	2633.11	2813.34	3196.33	3427.84	
川东北经济区	南充市	1838.25	2115.73	2302.31	2357.85	2610.62	2685.45	8517.98
	达州市	1697.58	1879.53	2027.51	2117.80	2368.28	2502.72	
	广安市	1047.67	1157.00	1250.07	1301.57	1417.82	1425.02	
	广元市	751.81	880.50	953.20	1008.01	1116.25	1139.78	
	巴中市	607.23	704.66	739.87	705.75	737.41	765.01	
攀西经济区	攀枝花市	842.25	941.45	1002.02	1023.82	1150.78	1220.52	3301.88
	凉山彝族自治州	1448.79	1556.48	1670.21	1733.15	1917.4	2081.36	
川西北生态示范区	甘孜藏族自治州	317.31	366.49	388.34	409.94	447.04	471.94	934.45
	阿坝藏族羌族自治州	318.13	368.66	390.03	410.62	449.63	462.51	

资料来源：根据历年《四川统计年鉴》数据整理计算。

党的十八大以来，习近平总书记对四川"三农"工作给予了高度重视，并多次作出重要指示，赋予了新的时代使命。四川不仅要扛起建强粮食和重要农产品保供战略基地的担当，更要成为农业科技革命、乡村产业振兴、和美乡村建设、城乡融合共荣的前沿阵地和重要支点。为此，四川省不断完善乡村建设方面的政策引领工作，出台了《四川省乡村振兴战略规划（2018—2022年）》《"美丽四川·宜居乡村"推进方案（2018—2020年）》《四川省乡村建设行动实施方案》《宜居宜业和美乡村建设规范》《中共四川省委　四川省人民政府关于学习运用"千村示范、万村整治"工程经验在推进乡村振兴上全面发力的意见》等。

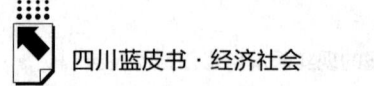

本报告将从农业产业发展、农村基础设施建设、乡村文化建设、乡村人居环境整治、乡村公共服务能力等五个维度分析四川省乡村建设现状。

（一）农业产业发展

农业产业发展是乡村振兴的重要支撑和动力源泉。农业产业作为乡村经济的核心，其发展水平直接关系到乡村振兴的成效。近年来，四川省各级推行众多举措助力农业产业发展：一是加快农业科技创新。四川省统计局资料显示，2019年四川育种企业已有173家，2020年3月四川省已建成9个省级现代种业园区，涵盖多个产业。现代农业装备制造快速发展，全省农业装备上下游企业共500余家，其中规模以上企业有170家，涉及运输机械、种植施肥、林果收获机械等11个领域，分布在13个市州。同时，冷链物流建设成效显著，2019年四川省累计建成冷库面积达68.5万平方米，排全国第三。二是发展乡村特色产业。四川省利用独特的农业资源，初步形成以精品水果、蔬菜、茶叶、中药材为主的种植产业布局，为乡村产业建设打下了基础。

2013~2022年，四川省农林牧渔业生产总值持续上升，2022年达到9859.8亿元，增幅75.4%（见图1）。2023年四川粮食产量取得亮眼成绩。2023

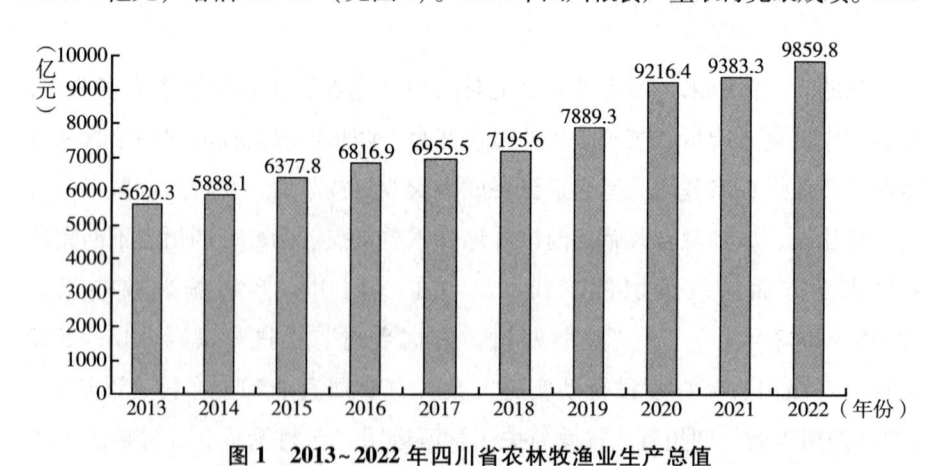

图1　2013~2022年四川省农林牧渔业生产总值

资料来源：历年《中国统计年鉴》。

年粮食总产718.8亿斤，全省平均亩产增幅居全国首位，创26年来新高。此外，生猪出栏6662.7万头、居全国第1位。新建和改造提升高标准农田425万亩，新创建国家和省级现代农业园区95个，加快建设21个国家、省级产业集群。如图2所示，2013~2022年包含农林牧渔业的第一产业产值占四川生产总值的10.3%~12.3%，如图3所示，四川第一产业总产值逐年上升，与此同时农业总产值保持快速增长态势。

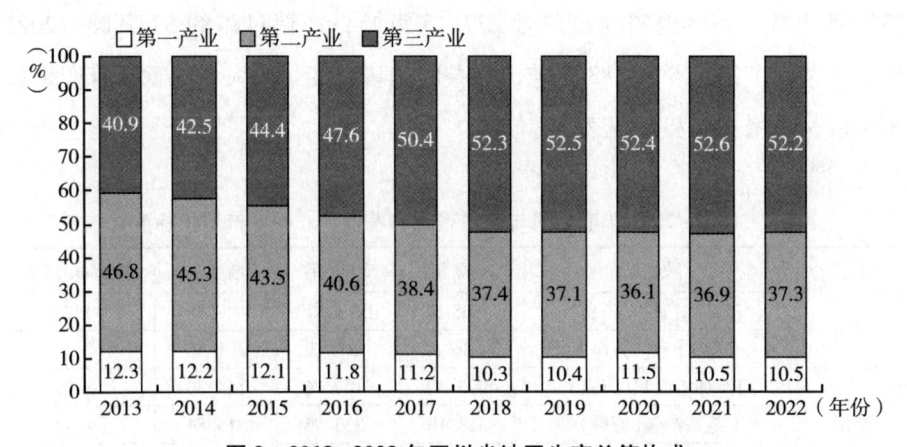

图2 2013~2022年四川省地区生产总值构成

资料来源：历年《中国统计年鉴》。

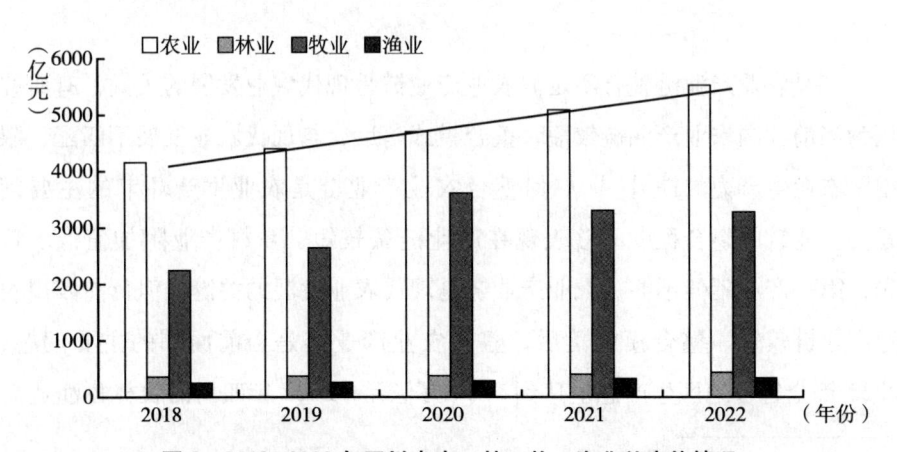

图3 2018~2022年四川省农、林、牧、渔业总产值情况

资料来源：根据历年《四川统计年鉴》数据整理计算。

四川省农业产业成效显著，但与此同时不能忽视在大力发展农业产业过程中存在以下问题。

一是特色产业趋同化。受气候和地形影响，四川省特色产业以果蔬、茶叶和中药材为主，从农业市场规律来看，这些产业容易出现泛化和同质化问题，在生产规模扩大后出现供需失衡。以茶叶为例，四川作为茶叶生产大省，省内多地都把茶叶作为地方特色产业来发展。2023年全国茶叶产量333.95万吨，茶叶内销与出口量277.15万吨，产销过剩约57万吨，2022年全国茶叶产销过剩40.83万吨，而茶叶销售量变化不大，这意味着产销过剩规模呈现增长态势（见表3）。

表3　2022~2023年度全国与四川茶园种植面积、茶叶产量指标变化

地区	项目	2022年	2023年	增减数	增减率(%)
四川	茶园种植面积(万亩)	605.38	598.00	-7.38	-1.22
	干毛茶产量(万吨)	36.63	37.93	1.30	3.54
全国	茶园种植面积(万亩)	4995.40	5149.76	154.36	3.09
	干毛茶产量(万吨)	318.10	333.95	15.84	4.98
	茶叶内销与出口总量(万吨)	277.27	277.15	-0.13	-0.05

资料来源：《中国茶叶产销形势报告》（2022~2023年）。

二是农业产业链整合不足。农业产业链是现代农业发展的关键，有研究认为当前我国农业产业链较短，整合模式落后，与现代农业发展不匹配，限制了农业生产力的提升。[①] 如何整合农业产业链是农业生产环节的主要问题。产业链的整合程度不够表现在产业链条较短、乡村产业附加值低。首先，第一产业延伸不够。农业产业链是现代农业发展的关键，但目前四川农业产业链较短，整合模式落后。整合农业产业链是当前面临的主要问题，2022年全省各地区生产总值达到5.67万亿元，2022年四川的农林牧渔业总

---

① 梁海兵：《乡村产业高质量发展的困境与优化：一个嵌入机制的分析框架》，《学海》2022年第5期；王福、刘俊华、韩丽萍等：《农业产业链新零售商业模式生态化创新机制》，《科学学研究》2024年第9期。

产值近1万亿元，初级产品比重较大，产业主要集中在生产端，以供应原材料为主。其次，第二产业延展不足。农产品缺乏精深加工，部分乡村产业还停留在简单的筛选、分级和简单包装等初级生产阶段，副产品的综合利用水平不高。最后，第三产业发育不全。公路、通信、仓储等基础设施建设滞后，制约了农村生产生活服务能力的提高。

三是农业机械化推广不平衡。我国乡村振兴战略深入推进，农业科技推广对提高农业效率和现代化水平至关重要。如表4所示，2022年六省[①]主要农业机械拥有量方面，四川大中型拖拉机数量为10.56万台（部），远低于其他省份。农业科技推广工作开展不平衡是四川乡村建设过程中的一大现实困境，一是四川地理环境多样，形成了推广的现实障碍；二是多样化的作业环境导致推广成本倍增，加之推广资金投入有限，进一步加剧资金投入压力；三是推广体系存在一定程度的条块分割，部门间协作不畅，导致科技推广资源分散，推广效率低。

表4 2022年六省份主要农业机械拥有量对比

省份	农业机械总动力（万千瓦）	大中型拖拉机		小型拖拉机
		数量（万台）	配套农具（万部）	数量（万台）
河北	8249.1	33.67	45.16	103.40
黑龙江	7090.9	69.58	73.13	86.26
河南	10858.7	44.65	68.33	282.80
山东	11530.5	54.19	62.04	192.16
四川	4923.3	7.82	2.74	13.58
新疆	3075.4	41.21	44.38	29.90

资料来源：根据历年《国家统计年鉴》数据整理计算。

---

① 该数据是根据全国农业六大板块省份中2022年底农机总动力数据进行选择的。具体而言，选择了每个板块内农机总动力排名第一的省份，以横向对比各板块在农业机械化方面的水平。所选省份分别为：华北板块的河北、华中板块的河南、东北板块的黑龙江、华东板块的山东、西南板块的四川、西北板块的新疆。

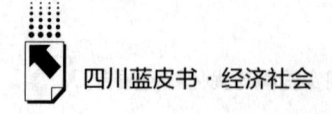

（二）农村基础设施建设

农村基础设施建设是乡村振兴的基石，与农民利益密切相关，包括公路、电网、供水和通信基站等建设与维护，对促进当地经济发展、提升农村居民的生活质量、满足他们对美好生活的追求以及提高乡村的数字化和信息化水平而言至关重要。

截至2022年底，四川省所有建制村实现道路硬化、光纤和4G网络全覆盖，快递服务覆盖率达到100%。全省建成超过1500个县级农业园区，高标准农田超过5000万亩。如图4所示，四川乡村广播和电视覆盖率超过96%，并持续增长。2023年4月，四川省乡村振兴局选定6个县（区）进行基础设施和公共服务布局试点，21个县（市、区）开展农村基本具备现代生活条件建设试点。同年，全省计划建设2.4万公里撤并建制村硬化路和1.86万公里通组路，解决群众出行难题。如图5所示，四川公路里程数在全国领先，2022年公路里程位居全国第一。

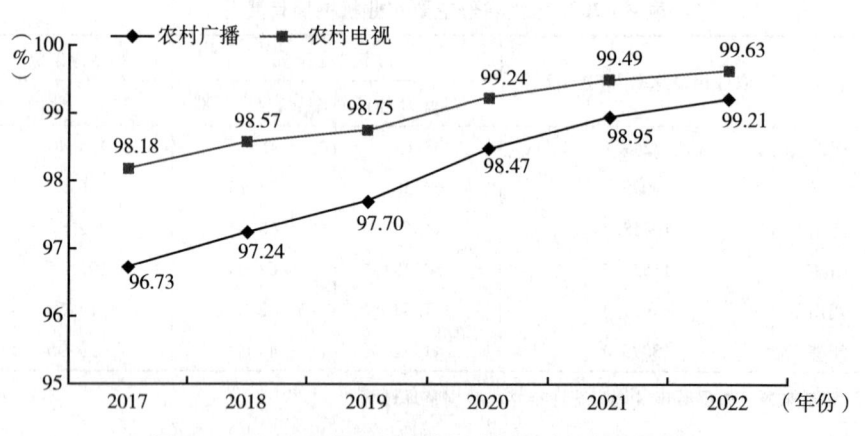

图4　2017~2022年四川省农村广播与电视综合覆盖率

资料来源：根据历年《中国统计年鉴》数据整理计算。

四川省大力开展农村基础设施建设取得了一定的成效，这有助于推动农村经济发展和现代化建设。但四川省的农村基础设施建设仍存在以下问题。

图 5　2017~2022 年主要省份公路里程

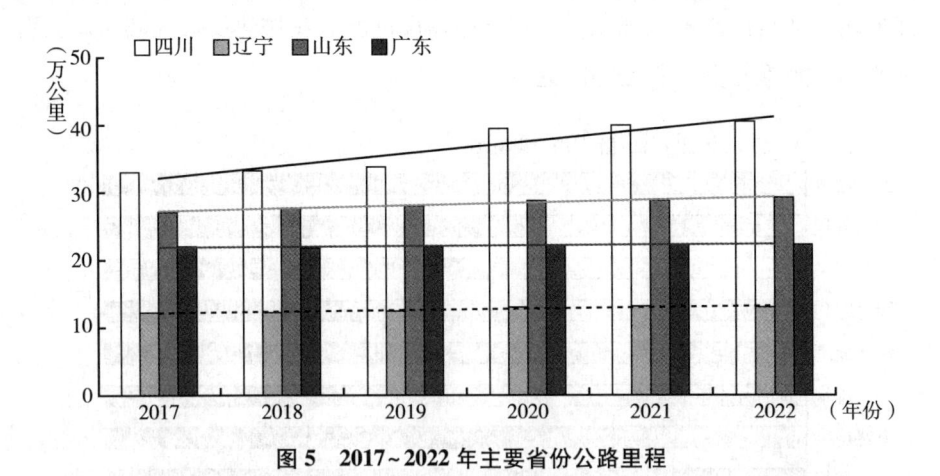

资料来源：根据历年《中国统计年鉴》数据整理计算。

一是建设资金投入不足。农村基础设施建设需求量大，涉及房屋、供水、燃气、道路桥梁、污水处理、环境卫生、垃圾处理设施等方方面面，与县城建设投入相比，乡村建设投入不足。根据《中国城乡建设统计年鉴》，2022 年四川县城市政公共设施[①]投入资金达到 395.4 亿元，而同期四川乡村的投入资金仅为 3.3 亿元。这反映出农村与县城在基础设施建设方面的不均衡，乡村建设资金投入有限。

二是建设不均衡，地区差异大。2022 年辽宁、浙江、湖北和四川在乡村基础设施建设上的资金投入不一，四川低于湖北和浙江，但高于辽宁（见图 6）。对比辽宁、浙江、湖北和四川四省乡村建设投入情况发现，浙江和湖北乡村建设投入较稳定，而辽宁和四川的乡村建设投入则表现出较大的波动性。2022 年四川乡村建设投入 12.7 亿元，相比 2019 年投入的 60.7 亿元，下滑 80%（见图 7）。乡村建设投入不稳定可能导致乡村发展不平衡，主要体现在基础设施建设不稳定，在投入增加的年份，基础设施建设速度可能加快，一些长期滞后的项目得以推进；而在投入减少的年份，项目进度可

---

① 市政公共设施主要包括供水、燃气、供热、桥梁、排水、绿化、卫生、交通等，根据年鉴中对数据的释义，分别统计乡村与县城的市政公共设施投入金额。

能放缓，甚至出现停工现象，影响整体建设进度。乡村建设投入波动还会引发基础设施维护资金不足等问题。

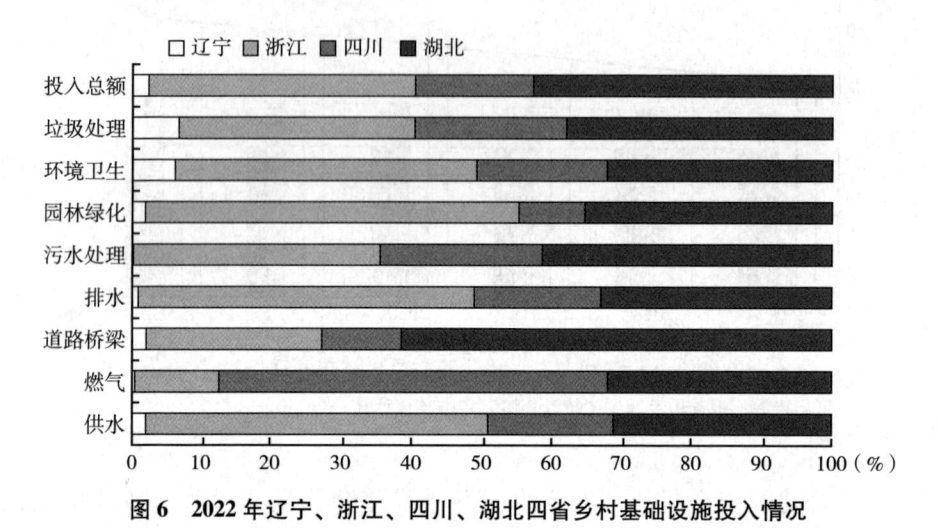

图6 2022年辽宁、浙江、四川、湖北四省乡村基础设施投入情况

	2019年	2020年	2021年	2022年
辽宁	32542	58975	59046	13690
浙江	211247	211618	230712	241404
四川	607416	360920	142023	126670
湖北	294304	253310	277288	243716

图7 辽宁、浙江、四川、湖北四省乡村建设投入情况

资料来源：《中国城乡建设统计年鉴》。

（三）乡村文化建设

乡村文化是中华民族的文化底色，也是乡村振兴的价值引领和精神动力源泉，更是提升乡村社会文明程度的重要着力点。根据《中国城乡建设统计年鉴》，截至2022年，四川省已建成覆盖县、乡、村三级的文化基础设施，形成了农村基层公共文化服务体系。目前，建有县级公共图书馆180个、文化馆185个、乡（镇）综合文化站4318个、村文化室33872个，建成文化共享工程基层点5.2万个，构成了全国最长、网点最多的基层文化设施网络。近年来，在加强传统文化的传承与保护、促进文明村镇和"四好村"建设、培育文化品牌等方面呈现出良好的发展态势，但仍面临以下困境。

第一，乡村文化挖掘有限。乡村文化是中华文化的重要部分，包含历史、民俗、艺术、信仰等，但在乡村建设中，对其的挖掘面临挑战：一是对乡村文化价值认识不到位，导致挖掘和传承不力；二是保护力度不足，如传统手艺和建筑保护不足；三是乡村文化产业发展落后，转化能力弱，乡村文化资源的挖掘与传承工作缺乏资金和人才。

第二，乡村文化传承危机。当前在乡村经济发展中，对于建筑和历史遗迹的保护，以及非物质文化、民间习俗和传统礼仪的传承未得到足够重视。资金短缺和传承断层导致非物质文化遗产保护面临危机。与此同时，乡村青年流失严重，年轻人更愿意到城市生活和工作，导致乡村人才短缺，传统产业和技艺面临后继无人的问题。

（四）乡村人居环境整治

农村人居环境的改善对提升农民的获得感和幸福感而言至关重要，是乡村振兴的基础。据四川省统计局资料，2018年四川省以乡村振兴发展战略为统领，推进文明村（镇）创建，新创建市级文明乡（镇）54个、市级文明村2155个、县级文明乡（镇）357个、县级文明村5187个，全省县级及以上文明村（镇）数量占比达53.41%。自2018年起，四川农村人居环境整治连续5年获国务院督查激励，20个县获评全国村庄清洁行动先进县，居全国第一。大力推进"美丽四川·宜居乡村"建设，2022年底农村卫生厕所普及率达91%，2023年支持2140个行政村开展改厕工作，探索"厕污共治"和高寒干旱地区改厕技术试点。截至2023年11月，省级专项资金3.4亿元用于新增垃圾收集点和转运车辆，40%以上行政村建立垃圾收费制度，97%以上行政村实现垃圾处理体系覆盖，农村生活垃圾和污水有效处理率分别达98%和65.6%，自来水普及率达89%。

自四川省开展农村人居环境整治以来，农村人居环境治理取得了较好的成效，乡村环境发生了巨大的变化，但在实际推进的过程中仍存在一些共性问题。一是村民参与度不高问题。人居环境整治主要依赖政府财政投入和自上而下的推进方式，行政力量作用突出，忽视了农村居民的主体作用。例如，一些地方通过村规民约等制度来推进环境整治，甚至成为一些地方考核村两委治理工作的一项指标，出现了应付上级检查等问题。同时，村规民约的制定缺乏村民参与，内容模板化，执行时奖励容易而惩罚困难，最终导致村规民约形同虚设。二是治理资金问题。资金支持对人居环境整治至关重要，能够确保相应措施的持续实施。乡村环境治理包括但不限于户厕改造、粪污处理、污水治理和垃圾处理等，这些工作需要初始投资和持续地维护运营资金。资金短缺会严重影响这些措施的长期有效性，若成本转移到使用者身上，将增加项目执行的难度。

（五）乡村公共服务能力

公共服务水平的提高是乡村振兴的重要推动力，有助于城乡一体化和农村可持续发展。我国农村公共服务涵盖医疗、文化、社保和信息服务等领域。四川的乡村基本公共服务如教育、医疗和养老因精准扶贫而得到显著改善。四川省教育厅公布的数据显示，2018年全省有农村幼儿园9508所，在园幼儿170.89万人，专任教师（含园长）7.23万人；有农村小学4837所，校舍面积2961.39万平方米；农村初中学校3232所，校舍面积2820.75万平方米。2020年全省教育经费总投入为2689.35亿元，较2019年增长

9.05%。《中国统计年鉴2023》显示，2023年四川省基本医保参保人数达到8132.84万人，参保率稳定在95%以上，2023年农村居民人均政府补助标准由2022年的每人每年610元提高到每人每年不低于640元。如图8所示，四川省卫生机构床位数持续增加，2022年达到68.4万张。

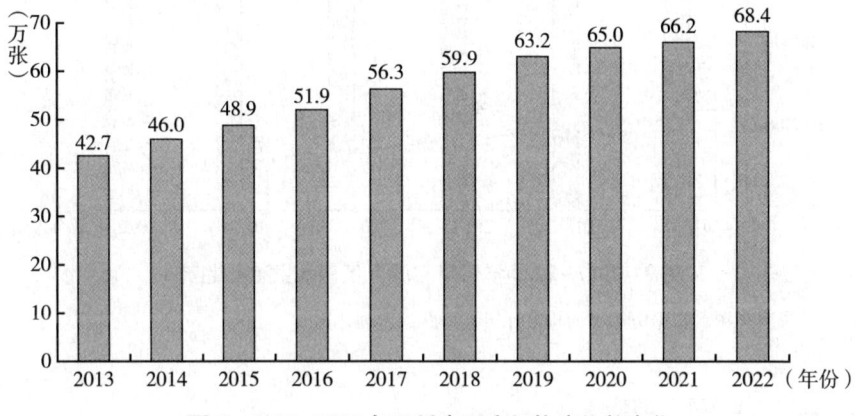

图8 2013~2022年四川省卫生机构床位数变化

资料来源：根据历年《四川统计年鉴》数据整理计算。

近年来四川省低保人数呈下降趋势（见图9），2022年四川省农村低保对象342.6万人，人均补助水平由2017年的1990元/年增加至3062元/年，如图10所示。2023年四川省安排财政资金12.61亿元，用于提高城乡居民基础养老金标准，人均标准由115元提高至133元，排位由全国倒数第一升至第22位。

现阶段最主要的矛盾是"软件"匹配不足，基本公共服务均等化、便利度、质量水平与农民美好生活需要相比还有较大差距，主要体现在以下两个方面。一是高质量人才紧缺。医疗和教育资源在乡村地区分布不足，基层医疗机构和学校面临人才短缺问题。乡村医生和教师队伍老龄化，技术水平和知识更新滞后，难以吸引和留住年轻人才。此外，农村地区条件艰苦、待遇低，进一步加剧了人才流失。因此，提升农村医疗和教育水平，改善工作环境和待遇是迫切需求。二是城乡非均等化问题仍然存在。城乡人口分布与农村基础设施、公共服务存在不匹配的情况。截至2023年11月底，全

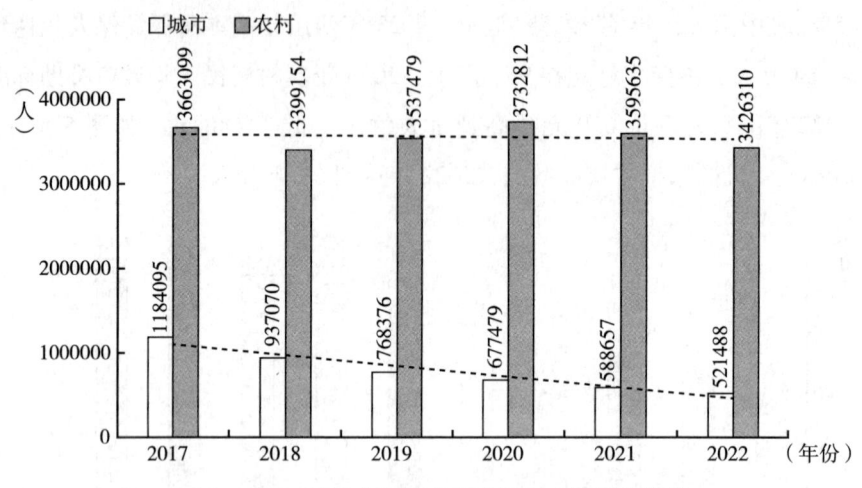

图9　2017~2022年四川省城乡低保人数变化趋势

资料来源：根据历年《四川统计年鉴》数据整理计算。

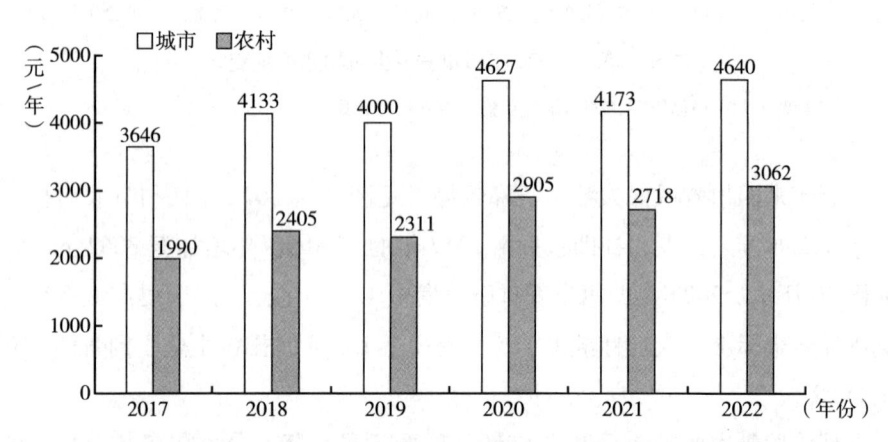

图10　2017~2022年四川省城乡居民人均最低生活保障情况

资料来源：根据历年《中国统计年鉴》数据整理计算。

国城市低保平均标准779元/（人·月），农村低保平均标准615元/（人·月），农村低保标准与城市低保标准之比是1.27∶1。四川省城市居民最低生活保障标准低限为740元/（人·月），农村居民最低生活保障标准低限为533元/（人·月），两者之比为1.39∶1。由此可见，四川城乡低保仍存在一定差距。

三 四川乡村建设面临的困境

（一）产：产业优化与要素集聚之困

"产"指的是农村产业经济发展，经济发展是乡村建设的基础。一是要素聚集难，产业融合度低。在乡村建设过程中，农田水利、教育和科研建设供给长期不足，各要素集聚难，制约了产业融合发展。受限于地理位置和城镇化水平，四川农产品以小规模分散生产为主，多数农产品还未实现"市场化"。另外技术、资金有限阻碍了乡村产业优势的形成。二是特色优势产业发展不足。乡村特色产业如果蔬、茶叶、中药材等已形成市场规模，但高品质产品未实现高价值转化。果蔬主要以初级或粗加工形式销售，导致价格主导权缺失。产品有认证基础，但知名度和美誉度低，推广力度弱，品牌价值未得到体现。

（二）人：主体参与与人才队伍之困

"人"是乡村建设中的关键，有人的乡村才有活力，对农村人才的培养是保证可持续发展的活力源泉。一是农民主体性发挥不够。在乡村建设过程中，建设规划多由政府主导，农民作为参与主体的能动性体现不足。二是人才建设陷入流失与引进两难境地。通过教育晋升实现身份跨越的农村子弟，成为农村人才单向流入城市的主力，同时，农村中青年劳动力也因务工形成了规模巨大的城乡双向流动，虽然收入显著提升，但乡村建设却无人可用，同样，这些因素也成为吸引外来人才的障碍。

（三）地：资源投入与规划并进之困

"地"指的是乡村建设与空间优化，是乡村建设的载体，具体包含村舍、道路、外部空间等一系列人工构筑物。一是多元资金渠道开发与供给不足。一些地区对动员民间资本参与农村基础设施建设的观念陈旧，未能发挥税收等政策工具的撬动作用。越落后的地方投资需求越大，而长期依赖财政转移支付的地方，难以负担建设配套资金。二是建设规划深度有待拓展。乡村建设包括对城镇建设用地、农村耕地和乡村建设用地的规划。部分地区并未设立专业的机构负责农村规划，国土部门和村委会的职责不清，加之专业人才匮乏，导致农村规划随意性大，低效利用财政资源和土地资源。

（四）文：特色挖掘与文化传承之困

"文"是指对乡村文化的传承与复苏，是乡村建设中的内核，包括保护本地风俗习惯、生活生产方式、风土人情、物质文化遗产，以及保存和传承乡村文化记忆等内容。一是乡村文化传承空间载体缺失。乡村公共文化空间是农民参与文化生活的重要场所，但随着城镇化的推进，传统建筑和公共祭祀场所等这些空间正在衰败，农民情感交流和精神寄托的场所减少，乡村的原有文化传统和格局逐渐走向没落。二是乡村文化传承机制缺乏。缺乏能够承担传播、保存或发展乡村文化的人、组织或机构。传承手段落后，村民参与度低。现代化技术融合与利用不足，传播推广受限。

（五）景：生态维护与自然和谐之困

"景"是指乡村中的自然景观资源和生态资源，是乡村建设中的依托。自然生态资源是保证乡村聚落维持自身特征和乡村建设取得成效的重要条件。一是乡村生态环境保护意识不足。一些地区沿用城镇规划思维，盲目追求形式上的现代化，而造成生态破坏、耕地占用。二是农村环境改造设施养护欠缺。缺乏有效的管护机制，管护主体不明确、责任不清，管护经费不足。此外，管护专业化程度不够，缺乏相关标准和专业团队。

四 四川乡村建设的优化路径

为有效破解这些现实困境，需从"党委领导、政府负责、多方参与、整体规划、因地制宜、聚焦难题"等方面构建乡村建设的优化路径,为乡村建设提供有力保障。

(一)促进多方共同参与,协同推进乡村建设

一是发挥党委领导的带头和协调作用,提升乡村建设效率。发挥党委在政策制定、资源配置、社会治理等方面的核心作用,同时探索基层治理创新,加强基层组织建设。二是明确政府职责,加大政策执行力度。确保各级政府落实分级责任制度。政府通过制定发展策略和政策,为乡村建设提供战略性规划和政策支持。三是促进各方参与,增强协同效果。乡村建设需要政府、农民、社会团体及企业等多方参与。鼓励各方合作,确保共同目标,利用各自优势,整合资源,推动乡村高质量发展。

(二)加强整体规划布局,分步推进乡村建设

为确保乡村建设顺利推进,必须深入学习运用"千村示范、万村整治"工程经验,锚定乡村全面振兴的目标,绘制宜居宜业和美乡村宏伟蓝图。基于深入地调研和研究,制定具有全局视野和战略意义的行动计划。地方政府应根据实际情况制定具体规划和目标,保证工作的连续性和政策的稳定。在规划和执行过程中,坚持以人为本的原则,提升乡村建设主体的能力。

(三)坚持特色因地制宜,统筹推进乡村建设

在乡村建设过程中,各地应避免统一模式和盲目跟风,要根据本地实际情况制定规划,考虑资源、风俗、地理位置等因素,确保规划的可行性。同时,要根据各地乡村的实际情况,有针对性地进行村庄环境整治,提高农村人居环境整治的质量,从群众最关心的问题入手,完善农民参与机制和长效管护机制。

案例一:巴中市走出"三生"相融乡村振兴新路径

巴中市遵循生产、生活、生态"三生"相融理念,坚持城乡规划同

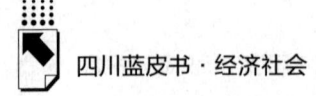

步、产业链条同构、公共服务共享,创新实施产业园区、田园景区、新型社区"三区同建",探索实践致富增收、服务配套、环境保护、基层治理一体推进的乡村振兴新路径。全市已建成巴山田园综合体85个,带动国家级现代农业园区、国家级农业科技园区、省星级园区建设,创建以乡村旅游为核心的国家AAAA级旅游景区16个,1125个行政村达到幸福美丽新村标准。

(四)聚焦现实建设问题,逐一攻破发展难题

解产业优化与要素集聚之困:一是通过调整技术构成和产业布局,促进一二三产业融合发展,培育新兴产业,推进更多新型主体的发展。重视一产和三产之间的融合,做优一产,按照高标准上市要求生产产品,推动生产要素和农产品生产、加工、销售等环节的有机融合,转变生产经营方式,推动产业提质增效。二是以当地的自然资源禀赋、市场需求为导向,围绕有特色、有基础、有发展潜力的产业,因地制宜推动产业转型升级,建设一批农业—文化—旅游"三位一体"、一二三产业深度融合的特色乡村,加快发展新型特色乡村产业。

案例二:自贡市大安区"科技赋能产业,打造高品质肉鸡产业园区"

大安区围绕产业稳定发展、带富一方百姓的目标,推进产业、人才"双链"融合,启动大安区肉鸡现代农业园区建设。目前,该园区已建成现代化种鸡场、自动化饲料厂、现代化孵化中心和肉鸡销售交易平台,在建有3万吨禽肉加工及配套冷链物流项目,致力于养殖产业标准化、规范化的发展,带动运输、检疫、建棚等行业共1000余人就业,间接带动上下游近200家企业发展。

解主体参与与人才队伍之困:一是在乡村建设过程中,始终以满足农民的实际需求和期望为出发点,丰富拓展农民群众参与渠道和方式,为乡村建

设注入持续的活力。二是应聚焦人才招募、培养体系完善、实施分类培训、人才激励、人才评价体系等领域的建设，对乡村人才振兴策略进行全面的规划和设计，致力于推动乡村人才队伍的发展壮大。

案例三：成都市 2.4 万名农业职业经理人成为振兴乡村的"生力军"

成都市在全国率先建立农业职业经理人队伍，持续推动农业职业经理人队伍建设从"重点培育"向"规模增长"转变、从"分散经营"向"抱团发展"转变、从"传统功能"向"现代需求"转变、从"示范激励"向"系统支持"转变。截至 2023 年 11 月，成都市已培养 24026 名持证农业职业经理人，成为乡村振兴的关键力量。由农业职业经理人领办的家庭农场和农民合作社分别达到 4353 家和 3907 家，分别占成都市总数的 28.4% 和 36.7%，其从事的粮食和蔬菜规模生产面积共计占全市的 80% 以上。

解资源投入与规划并进之困：一是拓展渠道筹集建设资金。地方政府应充分发挥乡村振兴战略的导向作用，以及财政资金的撬动效应，积极探索多样化、多渠道的涉农投入机制。二是完善基础设施建设规划。在规划和建设过程中，应融入当地文化特色，采取措施减少对环境的破坏，定期对设施进行经济和社会效益的评估。

案例四：眉山市青神县以基础设施建设为突破口，推动城乡融合发展

青神县通过基础设施建设推动城乡融合，加强与成都及川南地区的交通联系，推进重要道路和铁路建设，升级农村电网，实现5G网络全覆盖，完善物流配送体系，提升交通便捷度，改善农村生产生活条件，促进城乡经济融合。投入 3.5 亿元扩建复兴水库，形成"双水源"模式，建设 450 公里供水管道，实现城乡供水一体化。

解特色挖掘与文化传承之困：一是打破二元对立，构建城乡文化共同体。在制定政策时，应摒弃"城市优先"或"乡村补贴城市"的思维模式，

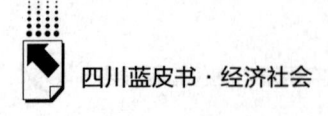

将城乡视为一个不可分割的整体。二是继承乡村文化内核，重塑当代价值。乡村文化应回应当代多元文化共生的价值诉求，树立包容、开放的文化价值取向。

案例五：泸州市根植乡土文化保护利用，让传统建筑"活"起来

泸州市合江县是国家级传统村落保护示范县，以"活态保护、活态传承、活态发展"的"三活"路径致力于保护和利用当地文化遗产，打造成为乡村振兴和文化传承的示范县。结合非遗酿造技艺，吸引20亿元投资建设酿造传承基地，探索酱缸代养和订单农业模式，发展大豆种植基地，打通文旅融合和经济循环之路，创造1000多个就业岗位，让村民在家门口实现就业增收，享受村落发展红利。

解生态维护与自然和谐之困：培养农村居民的生态环境保护意识，鼓励村民参与生态环境保护，建立村民自治机制，共同管理乡村环境。倡导绿色农业、节能减排等生产生活方式。

案例六：乐山市开展"五清"行动，创建乡村振兴示范村

茗新村位于乐山市峨边彝族自治县新林镇茗新村，曾是一个"脏乱差"的"三不管"地段，通过开展"五清"行动，如今已建成全省乡村振兴示范村、全国乡村治理示范村。具体来看，"五清"行动是指农村清河、清渠、清沟、清路、清院。茗新村"五清"行动由村党支部书记牵头负责，村"两委"成员包组分片，公益性岗位人员包段，建立了长效保洁机制。

五 结语

从现实情况看，当前农村基础设施日渐完善，但农村深度规划有待加强；农村基本公共服务水平显著提升，但城乡二元差距存在；人居环境有所改善，但与美丽乡村仍有距离；农村生态环境持续好转，但生态文明建设还任重道远。在推进乡村建设过程中，应注意将自上而下的"党政引领"力量与自下而上的"多方参与"活力相结合，同时兼顾整体规划的宏观布局与因地制宜的微观调整。此外，需聚焦解决发展中的关键难题，以确保乡村建设的质量和效率。通过这种多方面的有机融合，构建起一体化、高效运作的行动网络，不仅有力推动乡村建设，更将为乡村振兴战略的实施注入强大动力。

参考文献

杜春林、张新文：《乡村公共服务供给：从"碎片化"到"整体性"》，《农业经济问题》2015年第7期。

韩克庆：《土地改革、脱贫攻坚抑或社会保障——中国农村减贫的成功经验》，《理论学刊》2021年第2期。

李涵：《乡村振兴背景下西南边境地区产业振兴的困境与路径——基于L县的案例研究》，《当代农村财经》2022年第5期。

刘传俊、康佳、姚科艳：《宜居宜业和美乡村建设：理论逻辑、实践重点与保障路径》，《江苏农业科学》2023年第24期。

裴晓涛：《乡村文化振兴的现实困境及实现路向》，《重庆社会科学》2024年第3期。

汪为、万广华：《乡村建设促进农村共同富裕的理论逻辑、现实基础与政策保障》，《世界农业》2024年第4期。

王猛、黄子俊：《农村基础设施建设政策的范式变迁、内在逻辑与未来走向》，《西南民族大学学报》（人文社会科学版）2024年第1期。

王晓莉：《中国百年乡村建设的历史沿革与有效性初探》，《行政管理改革》2021年第4期。

向德平、张坤：《"乡村建设学派"的理论与实践及对乡村振兴的启示》，《中国农业大学学报》（社会科学版）2023年第3期。

肖义：《城乡融合视角下乡村产业振兴发展困境与出路》，《农业经济》2023年第12期。

B.32 四川易地扶贫搬迁安置区社区治理研究报告

曾旭晖 缪诗雨*

摘　要： 在后扶贫时期，易地扶贫搬迁安置区的后续扶持问题成为政策关注点，安置区社区治理则是其中一项重要的内容。四川省以大型安置区为重点，积极开展安置社区治理工作，在健全社区治理体系、推进人口市民化和社会融入、提升安置区生产生活便利性、促进搬迁群众高质量充分就业等领域涌现出一批可复制、可推广的典型做法。但同时也存在部分搬迁居民融入难、治理主体间利益诉求冲突、内在发展动力和治理人才缺乏等问题，为此，建议完善社区治理组织架构、激活社区发展动能、提升信息化水平和公共服务效能、激发居民自治积极性。

关键词： 易地扶贫搬迁安置区　社区治理　可持续发展

一　引言

易地扶贫搬迁是我国脱贫攻坚时期实施的一项系统性社会工程。由于不少贫困群众生活在条件极其恶劣的偏远地区，客观上存在"一方水土养不起一方人"的现象，就地扶贫措施成效不显著，通过易地搬迁把贫困群众整体上安置到生产生活较为便捷适宜的人居环境，可以从根本上解决贫困问

---

* 曾旭晖，四川省社会科学院农村发展研究所研究员，研究方向为乡村治理、社会流动；缪诗雨，四川省社会科学院，研究方向为社会发展与社会治理。

题，从而在较短的时期内实现脱贫致富。对搬迁群众来说，迁入新社区面临生产生活方式的巨大转变，对其发展产生了深刻的影响。因此，在后扶贫时期，易地扶贫搬迁安置区的后续扶持问题也成为政策关注点，安置区社区治理则是其中一项重要的工作内容。

早在脱贫攻坚后期，随着易地扶贫搬迁安置工作的推进，越来越多的贫困群众入住新的安置社区，后续发展问题已经成为相关政策设计的重要议题。比如，国家发展改革委联合十部门于2019年7月印发了《关于进一步加大易地扶贫搬迁后续扶持工作力度的指导意见》，除了促进就业、发展产业外，还强调要"加强安置区社会治理，促进社会融入"。2020年3月，国家发展改革委发布《2020年易地扶贫搬迁后续扶持若干政策措施》，将易地扶贫搬迁的工作重心全面转向安置区产业就业、社区管理、社会融入等可持续发展问题，要求多措并举巩固易地搬迁脱贫成果，助力新型城镇化和乡村全面振兴战略深入实施。为做好安置区社区治理工作，2020年10月，国务院民政部会同九家部门发布《关于做好易地扶贫搬迁集中安置社区治理工作的指导意见》，提出安置社区组织体系建设、社区治理制度机制完善、社区服务体系建设、加快搬迁群众社区融入、加强安置社区工作者队伍建设等五方面工作。

此后，在深入学习贯彻党的二十大精神的基础上，国家发展改革委等部门于2023年印发《关于推动大型易地扶贫搬迁安置区融入新型城镇化实现高质量发展的指导意见》，提出分类引导大型安置区融入新型城镇化等一系列新要求。在安置区社区治理方面，提出要"建设治理现代化的安置社区"，提高社区服务能力，创新社区治理模式。

二 四川易地扶贫搬迁安置区概况

自2015年起，四川省易地扶贫搬迁工作以"四大片区"为主战场，针对秦巴山区、乌蒙山区、大小凉山彝区、高原藏区等深度贫困地区实施了大规模搬迁，并建设形成一批易地搬迁安置点。据统计，四大片区搬迁规模达

115.82万人，建设集中安置点6334个，其中小型安置点（200人以下）6008个，中型安置点（200~800人）293个，大型安置点（800~3000人）23个，特大型安置点（3000~10000人）9个，超大型安置点（10000人以上）1个。

大量搬迁安置点在较短时期内建成，并入住数量庞大的搬迁群众，这必然为后续扶持工作提出更高的要求。为贯彻落实党中央和国务院的统一部署，抓好安置社区后续扶持工作，四川省结合实际情况，制定了一系列政策措施。2022年四川省乡村振兴局、发展和改革委员会、农业农村厅和民政厅联合印发《2022年易地扶贫搬迁安置点乡村治理专项行动方案》，要求持续推进"党建引领+综合服务+综治保障+科技赋能"的社区治理新模式，不断完善社区治理体系，建立多元社区服务格局。2023年四川省发改委发布《关于推动大型易地扶贫搬迁安置区融入新型城镇化实现高质量发展的实施意见》，提出便利生产生活以融入新型城镇化、加强产业扶持以推动县域产业特色化、强化就业帮扶以促进搬迁群众高质量充分就业、推进社区治理与融入以促进人口市民化和人居环境质量提升五个方面的重点任务。

总体上看，四川省在易地扶贫搬迁工作中取得了较为显著的成效，不仅极大地改善了搬迁群众的住房条件和生活质量，还有效地解决了区域性整体贫困问题，防返贫监测工作作为后续扶持的重点任务也得到有序推进。通过全面延伸覆盖基础设施，提升了安置区的生产生活便利性，在大型及以上安置区均配套建设了学校和社区卫生站，配齐了党群服务中心、人力资源服务中心等综合服务设施，实现了群众的问题有人管、及时管。

同时，建立多元化的就业途径和动态监测帮扶机制，确保了搬迁群众的稳定增收和持续发展。全省易地扶贫搬迁计划实施之后，超过50万的贫困人口开始从事特色农业与林业。此外，20万余人通过劳务输出前往北京、浙江、广州等经济发达地区就业，而10余万人则在家乡实现了就业，民众的收入水平得到了稳定地提升。全省坚持把搬迁群众作为防返贫的重点群体，把安置区作为重点区域，创新实行分类差异化监测帮扶，在800人以上的安置区全面构建相对独立的监测帮扶体系，持续排查农户返贫致贫风险。

这些成果的取得，标志着四川省在易地扶贫搬迁的后续扶持工作中迈出了坚实的步伐，为实现搬迁群众的长期稳定脱贫奠定了坚实的基础。

三 易地扶贫搬迁安置区社区治理的四川实践

易地扶贫搬迁安置社区的后续治理是一个复杂的系统工程。做好安置社区治理是巩固拓展脱贫攻坚成果同乡村振兴有效衔接、持续深化城乡基层治理的重要内容。四川省积极开展安置社区治理工作，在健全社区治理体系、推进人口市民化和社会融入、提升生产生活便利性、促进搬迁群众高质量充分就业等领域涌现出一批可复制、可推广的典型做法。

（一）健全社区治理体系，夯实治理基础

安置社区后续治理工作的总体要求与主要目标是，健全党组织领导下的自治、法治、德治相结合的治理体系。四川省在这方面取得了显著进展，全面建立了以党组织为核心的安置社区组织体系，并不断优化服务体系及其服务机制，形成了高效、协调、多元参与的治理和服务网络。

以网格化治理推进多元共治的社区组织体系建设。四川省着力健全党组织领导，基层群众性自治组织、农村集体经济组织和群团组织、社会组织、业主委员会等多元共治的安置社区组织体系。网格化治理作为社区治理的创新实践，在安置社区各主体之间建立起高效的信息搜集机制和快速反应机制。巴中市通江县板桥口社区探索网格化治理模式，实现"零距离，全天候"为群众服务，通过选举楼栋长将小区纳入全镇网格化管理，构成"居民呼，楼长应；楼长呼，小区应；小区呼，政府应"的反馈体系。甘孜藏族自治州理塘县把原有的党建、综治、城管等网格整合成132个社区网格，坚持1个网格设置1个党小组，聘任专职网格员，形成"县+乡镇+社区+网格+网格党小组+户主"六级治理架构，构建起一贯到底、执行有力的工作体系。安置社区通过网格化治理，促进了政府、居民及社会组织间的有效沟通与协作，共同推动了多元共治格局的形成。

鼓励多元主体参与，吸纳优质外部力量共建社区，健全社区服务体系。四川省推进社区、社会组织、社会工作"三社联动"，培育安置社区社工机构，建立服务站点，支持引导社会组织、专业社会工作者参与社区服务。凉山州越西县城北感恩社区积极吸纳社会力量，成立了妇联、民兵组织，同时完善了工会、共青团等群团组织，建立了15个活动站点以丰富居民的文化生活。此外，社区还设立了包括红白理事会在内的共计11个社会团体。这些团队和组织的存在，使得社区能够有效地满足居民的需求并解决各类问题。为了确保资源的合理分配和利用，社区定期举办供需对接会议，这种方式以"社区提出需求、社会组织展示其项目、双方进行协商"为主要流程，有效制定并实施服务计划。凉山州昭觉县沐恩邸安置点通过政府购买各类群团组织提供的便民服务，在集中安置点提供专业化的优质服务。安置点设立了"四点半课堂"，专为留守儿童提供放学后的课外学习支持，社区还设有"日间照料中心"，专门为新搬入社区且需要帮助的老人提供照料服务。通过吸纳优质外部力量，提升安置社区公共服务能力，建设了完善的服务体系。

落实属地管理原则，补齐管理漏洞。易地扶贫搬迁中，部分搬迁人口户籍地与现居住地分离，造成属地与原户籍村居委会双重管理现象，并产生原户籍地权益、资源保留等问题。在藏区这种现象更为突出，藏区搬迁居民多为牧民，搬迁后与其草场、畜棚等分离，户籍地权益保障问题成为牧民不愿落户、居住地不便管理的重要因素。对此，凉山州在保障搬迁群众的土地承包权、林（草）地承包权、集体收益分配权等权益的前提下，引导搬迁群众落户并成为城镇居民，享受城镇居民的社会保障政策和公共服务。未迁户籍的搬迁户通过申请《居住证》也能获得同等基本公共服务。通过户籍改革引导搬迁群众有序落户，保障搬迁群众的合法权益，明确对搬迁群众在新居住地的管理和服务责任。

（二）加快搬迁人口市民化，促进社会融入

新型城镇化的核心是人的城镇化，推进人口市民化是新型城镇化的首要

任务。易地搬迁群众在教育程度、职业适应性、生活习惯、文化交融以及就业选择等方面都遭遇了巨大的困难。他们所面临的社会融合与社区参与的问题尤为突出,同时,他们的法律观念和法治意识也相对薄弱。

以移风易俗重塑生活方式,促进生活融入。四川省大力推进移风易俗,通过完善村规民约、改革婚丧礼俗、强化关爱引导等方式,持续为搬迁群众开展生活适应性教育培训。一方面,四川省运用量化管理与正向激励双重手段引导搬迁居民日常行为转型,帮助解决生活融入方面存在的困难。另一方面,四川省创新评比考核机制,促进人与人、村与村之间的乡风文明建设。为帮助搬迁群众适应新生活,凉山州布拖县制定了包含20条行为准则的承诺书,明确违规责任和处理方式,并以积分制引导、强化居民日常行为转型,促进居民社会化和社区融入。

激发搬迁居民的主体性,促进群众融入。四川省大力发挥基层群众性自治组织的基础作用,积极引导搬迁群众融入新社区、新环境,并畅通搬迁群众诉求表达、利益协调、权益保障渠道。虽然在易地扶贫搬迁安置过程中,地方政府、村委会或社区都会通过多种渠道了解搬迁居民诉求,但在向上传达过程中存在只反映普遍性问题等现象,部分移民本身存在政策享有意识不强、社区参与主体性不高。凉山州通过完善群众互助机制、规范民主协商制度、健全村(居)民提案制度等措施,充分调动了搬迁群众的参与积极性,促进社区"自治、法治、德治"的有机结合。甘孜理塘以"石榴籽"服务工作为载体,依托"大党委"统筹社区及搬迁户的管理模式,构建"党组织主办、社区居民委员会承办、职能部门协办、社会力量支持、搬迁群众广泛参与"的协同共治机制。

营造公共空间,促进社交融入。社交融入是搬迁居民实现社会融入的关键环节,它关系到搬迁居民能否在新的生活环境中稳定下来,顺利融入当地社会网络,并最终获得社会心理上的归属感。四川省鼓励引导新市民与所在地居民融合交往,通过营造社区公共空间,开展社交活动,增加移民日常交往,构建团结和谐互帮互助的新型邻里关系。巴中市杨坝社区创建"微乐园",将原有单一活动阵地打造成综合性活动阵地,建成休闲广场、老年活动中心和日间照料中心等，配齐音响、桌椅、棋牌、床位、健身器材等，依托"民歌传承中心"品牌，发动搬迁群众积极参与文体活动。搬迁群众活动方式升级为集儿童游乐、老年棋牌、文体活动、康复理疗等于一体的多种休闲娱乐方式，逐渐培育搬迁群众从农村"散居"到社区"集居"的生活习惯。通过公共空间营造，丰富了搬迁居民日常精神文化生活，紧密了搬迁居民日常的交往互动和情感交流。

（三）提升安置区生产生活便利性，融入新型城镇化

在推动大型易地扶贫搬迁安置区融入新型城镇化的过程中，四川省坚持以人民为中心的发展思想，致力于提升安置区的生产生活便利性。通过完善基础设施、优化公共服务、促进产业升级等措施，四川省在提升安置区居民生活质量方面取得了积极成效，逐步构建起便捷、舒适、和谐的居住环境，为实现安置区与周边城镇的一体化发展奠定了坚实的基础。

一体化推进城镇安置区建设发展。四川省在推进城镇安置区建设过程中，秉承一体化发展理念，着力实现基础设施和公共服务的全面提升。通过将城镇安置区的相关项目纳入地方国民经济和社会发展规划，四川省不仅加强了基础设施建设，还提高了交通互联互通水平，加速了安置区与周边城镇的一体化发展。泸州叙永县江门古寨易地扶贫搬迁安置点被纳入小城镇建设的整体规划，从而实现了搬迁安置与产城融合的协同发展。凭借着位于川南旅游环线关键节点的优越地理位置，江门古寨安置点充分利用商业街区、精品景区及农副产品加工园区等资源，使得搬迁的居民得以从深山中走出、融入新的生活环境中去。推动城镇安置区与所在城镇的融合发展，加快了搬迁群众的生产生活方式由农村向城镇的转变，为搬迁群众的稳定安置和长远发展提供了有力支撑。

加强基础设施建设与便民服务建设。四川省着力优化城镇安置区基础设施，提升公共服务水平，确保搬迁群众享有便捷、高效的城镇生活服务，显著地提升了生产生活的便利性，增强了安置区的服务功能和承载能力，加速了易地扶贫搬迁安置区的新型城镇化进程。四川省推广实施了"131"便民

服务模式，以提升居民生活便利性。满足居民日常需求。凉山州印发《凉山州人居环境整治提升工作实施方案》，聚焦村道硬化、垃圾与污水处理、厕所革命、圈舍改善及村庄绿化等基础设施领域，措施包括村内道路硬化、配置垃圾处理设施、分类处理污水、推广卫生厕所、优化圈舍布局及增加绿化面积等。同时，加强托育、养老等便民服务设施建设，更新市政设施，推动智慧化和绿色发展。

（四）促进安置区就业多元化、产业特色化，有效衔接乡村振兴

党中央强调巩固拓展易地扶贫搬迁脱贫成果，确保搬迁群众稳得住、逐步能致富，为推动脱贫地区高质量发展，如期实现中国式现代化打下坚实的基础。四川省在易地扶贫搬迁工作中，通过建立防返贫监测机制和推动县域特色产业发展，确保搬迁群众稳定增收。同时，通过壮大村级集体经济和推进农村集体产权制度改革，激活闲置资产，实现农民和村集体经济"双赢"，为巩固脱贫成果，促进乡村振兴，搬迁居民的后续发展提供了有力的支持。

做好防返贫监测。实施精确的监测与识别策略是作出精准决策的实践前提和降低贫困复发风险的动态保障。四川省积极响应中央对于巩固和扩展扶贫成果的指示，强调防返贫的监控价值，并对动态的防返贫措施执行给予高度关注。四川省致力于全面推进巩固和扩展扶贫成果的战役，坚定守护着防止大规模返贫的底线。每年都会定期对易地搬迁的集中居住区域以及扶贫任务繁重的地区进行一次针对防返贫的联合调查。严格执行"四个不摘"（即摘帽不摘责任、摘帽不摘政策、摘帽不摘帮扶、摘帽不摘监管）的原则，将重点放在乡村振兴的关键支持县、易地搬迁的集中居住区域以及"四大地区"（包括革命老区、脱贫地区、少数民族地区和盆周山区），以确保整个村庄和乡镇不会出现返贫的现象。

开展就业技能培训，培育特色产业。在过渡阶段的后半部分，提升贫困地区的自我发展能力以及帮助其居民获得内在发展的驱动力成为主要任务。四川省在这方面采取了两大关键措施，即通过产业和就业来促进观念的转变

和行动的调整,以实现从单纯的"输血"援助向"造血"自给自足的根本性转变。这种转变将为农村的全面复兴提供坚实的支持。2023年,四川省超过51.9万名易地搬迁的劳动者找到工作,就业率保持在94%以上。随着时间的推移,产业带动的效果逐渐凸显。在800人及以上的安置区,每个安置区至少建立了一个经营实体,最多甚至达到12个。此外,集体经济的发展也取得了显著进步,共创建54个集体经济体,而个人经营者则增至802人。据统计,2022年四川省所有搬迁群众的平均年收入达到12345元,同比增长14.2%。宜宾市屏山县夏溪乡培育多元业态,实现居民可持续增收,通过聚居点内布局超市、火锅店、烧烤店等"楼下经济"实现居民就近就业。依托茶果产业园区加强基础设施,新建便民设施,提升产业效益,使农户通过茶叶和枇杷销售,户均增收1.6万元。通过自主经营和入股经营激活闲置资产,使村集体经济2020年收益2.7万元,2021年收益超10万元。巴中市开展就业技能培训,技术培训脱贫劳动力18200余人次,引导搬迁劳动力外出务工,到产业园区、公益性岗位等就业比例达80%以上,提升就业保障能力。

推进农村集体产权制度改革,持续壮大村级集体经济。农村集体经济是我国社会主义公有制经济的重要组成部分,在"十四五"规划以及2035年的长期目标中强调需要进一步推进其产权制度改革,并推动新型农村集体经济发展。四川省通过发展股份合作、建立集体经济组织等方式,明晰了集体资产的产权归属,激活了农村集体资产,增加了农民的财产性收入,使农民共享集体经济发展的成果,实现了与乡村振兴的有效衔接。乐山市马边彝族自治县荣丁镇光荣村通过实施转型升级项目,利用闲置畜圈发展平菇种植,创新探索了"集体经济+个体户+农户"的模式。村集体经济基金保底入股,第一书记担保资金安全,引入个体户经营、农户参与生产,这种模式不仅扩大了生产规模,还实现了年销售收入超过30万元,村级集体经济每年保底分红2万元。这一做法有效地激活了村级集体经济,为村民提供了更多的公共服务和福利,同时也为乡村振兴注入了新的活力。通过这些措施,2022年光荣村集体经济突破100万元,脱贫人口家庭人均纯收入达到17147元,较 2021 年增长 17.3%，比全省平均水平高出 1/3，成为巩固拓展脱贫攻坚成果与乡村振兴有效衔接的典范。

四　易地扶贫搬迁安置区在社区治理中存在的问题与挑战

四川易地扶贫搬迁安置规模大、多数集中在民族地区，尽管前期完成了大量的后续扶持工作，但是搬迁脱贫户自身生计资源、生计资本较弱，并且面临生活的巨大转变，这为安置区社区治理带来极大的挑战，也是当前亟待解决的核心问题。

一是部分搬迁居民仍然面临融入难问题。迁入群众面临语言障碍、文化差异、社交网络缩小和心理认同等问题。凉山州有多民族语言和文化背景差异，老年移民普通话不熟练，交流难度增加。搬迁群体卫生习惯参差不齐和社区责任感不足易引发邻里矛盾。搬迁后社交圈变窄，移民倾向与老乡交往，难以融入新环境。心理认同感难形成，年长者难以适应新身份，年轻人担心当地居民可能排外，阻碍社会融入。安置区是由不同居住区域的脱贫群众组成，搬迁群体缺乏共同体意识，对社区治理缺乏了解。老年人、妇女、儿童等"三留守"群体以及外出务工人员，对社区治理的目标、机制和理念没有兴趣和能力去关心。安置点的居民普遍持有这样的心态："政府让怎么做就怎么做，我们没有意见，也没有想法。"

二是治理主体间利益诉求矛盾突出。在易地扶贫搬迁后续社区治理过程中，利益诉求矛盾尤为突出，主要反映在搬迁户对不同安置方式的偏好分歧以及对资源分配的不公感。具体而言，当搬迁户面临在村镇附近安置与县城集中安置的抉择时，由于对地理位置、居住条件和就业机会等要素的个性化需求，往往容易引发利益冲突。此外，资源分配不平衡，如住房条件、基础设施和公共服务的差异化提供，同样可能加剧搬迁户之间的矛盾。搬迁户对新居住环境的接受程度不一，以及对未来生计的担忧，也是利益诉求矛盾的具体体现。这些矛盾的产生根源复杂多样，涉及信息不对称、政策设计不足、文化和心理因素、经济利益冲突以及社区参与度不足等多个层面。信息不对称使得搬迁户难以全面掌握各安置点的实际情况，导致无法做出最优选择。政策设计不足表现在搬迁政策未能充分考虑搬迁户的多元化需求，或在执行过程中未能准确传达政策意图，使得搬迁户的利益诉求无法得到妥善回应。文化和心理因素涉及搬迁户对原有生活环境的情感依恋，以及对新环境的适应难。经济利益冲突则源于对搬迁后经济前景的不确定和对生计方式变化的担忧。社区参与度不足意味着搬迁户在后续治理中难以有效地表达诉求。这些因素相互作用，共同导致了易地扶贫搬迁后续社区治理中的利益诉求矛盾。

三是安置区的经济发展缺乏大规模产业的推动，致富缺少内在动力，青壮年劳动力外流。在很多安置点，由于缺乏大规模产业，短期内能提供的就业岗位数量有限，难以满足居民就业需求。居民收入主要依赖农业，青壮年劳动力多是参与政府组织的劳务输出或自行前往发达城市工作，使得安置点人口老龄化问题日益严重。尽管一些社区提供了产业园区和扶贫工作坊等安置场所，然而这些地方的居民往往受教育程度较低，缺乏职业技能，并且对于按照每月支付工资的方式并不熟悉。这使得他们无法达到现代工业生产中的岗位要求，也阻碍了他们融入稳定的就业环境。以美姑县牛牛坝为例，这里设有一个扶贫工厂，可以提供超过 2000 个职位，但是由于技能水平和工作习惯的局限性，只有约 270 人能够达到岗位的基本要求。

四是社区治理领域面临人才短缺挑战。在安置点社区，人才短缺问题主要体现为人才结构失衡、薪酬待遇偏低、考核机制不健全以及人才总量和质量不足等。首先，人才结构失衡，以巴中市的板桥口、杨坝、高店子及昆山村等安置点为例，"两委"干部的平均年龄超过 50 岁，书记兼主任的年龄普遍在 55 岁以上，而缺乏 30~40 岁的青壮年班子成员。其次，薪酬待遇偏低，书记的月薪仅为 3300 元，其他如副书记、副主任等职务的月薪约为 2000 元；楼栋长、网格员等志愿者则无工资，缺乏"五险一金"或其他奖励补贴，导致保障不足，难以吸引到优秀人才。再次，考核机制不科学，基层事务性工作的增加使得社区支部书记面临更严格的考核标准，引发职业倦息，缺乏工作动力。最后，人才总量不足，根据第七次全国人口普查数据，巴中市人口增长停滞，人才流失严重，近五年人口总量未增反减，中心城区的人口增长主要来自乡村人口的迁入，加剧了城乡人口分布的不均衡。人才短缺不仅体现在数量不足，还包括高端人才稀缺和结构失衡，未能形成有效的人才聚集，制约社区发展。

五 推进易地扶贫搬迁安置区社区治理的对策建议

后扶贫时代的易地扶贫搬迁工作对安置区社区治理提出了更高的要求，要满足搬迁群众对美好生活的向往，就需要完善社区治理结构，激发居民的自治潜力，增强社区的经济发展活力。

一是以党的建设为核心，完善社区治理组织架构。加强社区党组织的领导作用，通过选拔公正的党组织负责人和引导高校毕业生到社区就业，提升社区工作者队伍的整体素质和治理能力。同时，探索在党建引领下的社区发展新模式，如吸引优秀农民工回乡和培训村党支部书记，优化社区治理队伍结构，增进居民对社区队伍的信任，提高治理保障水平。

二是促进多渠道就业，激活社区发展的内生动力。通过发展特色农林业、劳务经济、现代服务业等，为搬迁居民提供多渠道就业服务，获得稳定的收入来源，激发其脱贫致富的内在动力。同时，提供就业技能培训，增强搬迁居民的就业能力。鼓励和引导社会资本和社会力量参与社区治理，如通过社区基金会等形式，拓展资金筹集渠道，打造社区特色品牌产业，实现社区自我发展，增强社区发展活力，促进社会资源的流入，加强社区服务体系建设。

三是推动社区信息化和公共基础设施建设，提升公共服务效能。建立社区公共服务综合信息平台，实现社区服务的数字化转型，提高服务的便捷性和响应速度。同时，加强社区公共基础设施建设，如便民设施和产业配套设施，为居民提供高质量的生活环境，推动社区服务均等化和高效化。这不仅有助于提高居民生活质量，也是推动社区经济和社会发展的关

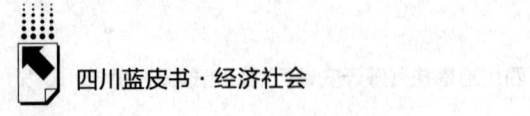

键途径。

四是通过新型社区建设激发居民自治的积极性。建立风险分析和预防机制，依法预防和化解社区矛盾，加强法治教育，引导居民形成健康的生活方式。通过推进"三社"联动，开展文明实践活动，激发居民参与社区治理的热情，增强居民自治能力和社区共同体的凝聚力。

B.33
四川城市非正规空间更新改造治理研究报告*

王海蓉 宾航**

摘　要： 本报告对城市非正规空间更新改造治理实践案例进行研究，发现城中村和棚户区非正规空间长期存在缺少管控、人员流动量大、基础设施老旧、配套功能不完善等问题，成为城市社会治理的重点关注地区，给城市安全和韧性提出了挑战。城市非正规空间更新改造治理要将党建与自治相结合、空间正义与包容性治理相结合、空间改造与城市可持续发展相结合、治理资源下沉与多元共治理念相结合。

关键词： 非正规空间　城市改造　多元治理

在城市空间内，存在正规空间和非正规空间两种类型。正规空间是指城市合理规划形成的空间。非正规空间是指城市居民自发形成的空间。但这并不意味着非正规空间就是不好的空间，而是城市内部社会各个阶层根据实际需要产生的空间形态，承载着城市化发展的一系列矛盾，具有不稳定性，包括城中村、棚户区、城乡结合区域等。

---

* 本文系成都市哲学社会科学规划项目"全周期引领超大城市韧性治理研究"（项目编号：2022AS034）的阶段性成果。
** 王海蓉，四川省社会科学院社会学研究所助理研究员，研究方向为城市社会发展、社会治理；宾航，中共成都市锦江区委党校三级主任科员，研究方向为基层治理。

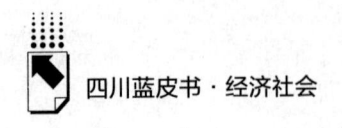

一 非正规空间更新改造的背景

2024年四川省政府工作报告指出,突出"面子"和"里子"并重,深入开展城市有机更新工作。同年,成都市规划和自然资源局等五部门根据《国务院办公厅关于在超大特大城市积极稳步推进城中村改造的指导意见》,结合《自然资源部关于开展低效用地再开发试点工作的通知》,印发《关于以城市更新方式推动低效用地再开发的实施意见》的通知,提出坚持以人民为中心的发展思想,完整、准确、全面贯彻新发展理念,以高质量发展为目标,以内涵集约、绿色低碳发展为路径,聚焦盘活利用存量低效土地,坚持全面统筹、系统推进、积极稳妥、探索创新,着力改善人居环境、完善城市功能、补齐民生短板、提升城市品质,破解"大城市病",提高城市可持续发展水平和现代化治理能力。因此,城市非正规空间社会治理是城市社会整体建设的重要组成部分。2024年自然资源部办公厅印发《城中村改造国土空间规划政策指引》,要坚持以人民为中心的发展思想,以推动高质量发展为主题,充分发挥国土空间规划对城中村改造的统筹引领作用,积极稳步推进城中村改造工作,有效消除安全风险隐患,建设宜居、韧性、智慧城市。

本报告将城市非正规空间更新改造治理案例作为研究对象,从观察者的视角进行实地调研,运用随机访谈、半结构访谈等方式获得实证资料,对研究资料进行分析,从而为城市非正规空间改造更新社会治理提供启示。

二 城市非正规空间特征与空间治理必要性分析

当前,我国正处于"以人民为中心"的新型城镇化发展阶段。与城镇化发展相伴的是城市非正规空间的产生,反映着城市复杂多样的空间肌理,主要包括城中村、棚户区、城乡结合区域等。

第一,城市非正规空间具有边界不稳定和动态变化的特点。非正规空间内部会出现城市贫困、社会分层、空间隔离，以及外来流动人口的居住等问题。《"十四五"新型城镇化实施方案》提出，有序推进城市更新改造。本研究基于上述现实情况，坚持以人为本的包容性治理理念，对城市非正规空间中的城中村和棚户区进行空间治理研究。整体来看，非正规空间中的城中村和棚户区在概念、政策历程、政策意图与实施目的、实施范围、引导主体、改造模式、补偿方式、资金来源等方面存在差异（见表1）。

表1 城市非正规空间改造模式分类

项目	城中村改造	棚户区改造
概念	土地归集体所有，改造需先转化土地性质，推进流程较长	棚户区大多为国有土地
政策历程	尚未形成独立的政策体系和行动方案	2008年在全国推广，已历经15年，接近尾声
政策意图与实施目的	注重扩内需、惠民生	侧重于去库存
实施范围	集中于超大特大城市	面向全国，尤其是库存高企的三、四线城市
引导主体	以市场化为主导，引入更多央企、国企及民间资本参与运营	政府为主导，地方国企为实施主体，更偏政策性
改造模式	严格限制大拆大建，采取拆除新建、整治提升、拆整结合等不同方式分类改造	主要采取拆除重建模式
补偿方式	货币化更多采用"房票"的方式，实物安置则与保障性住房建设相结合	纯产权调换，另划宅基地，纯货币补偿
资金来源	鼓励和支持民间资本参与，多渠道筹措改造资金	政策性金融支持
资金平衡	综合改造代替单一开发，实现可持续运营	资金回收主要通过地产单一开发销售回笼，获取地价、房价增长溢价

资料来源：根据文献整理。

在调研中发现，城中村凭借优越的区位和廉价的房租，成为城市外来人口的主要聚居区域，在空间形态和内部功能上形成了与周围城区不同的社会空间。目前，成都市的城中村不仅是城市发展的见证，也是历史的痕迹。例如，洪河位于龙泉驿区，在城市发展进程中，发展较慢，商业形态没有形成，基础建设依旧是10年前的模样。白家位于双流区，多年来没有规划发展，成为二手车交易市场。机投位于武侯区，由于便宜的租金，成为外来务工人员的聚居地，从而形成了复杂的人员结构场所，给社会治安带来了压力。天回位于成都市三环路与绕城路之间，有很多自建房，导致道路拥挤，存在交通隐患。从上述这些城中村可以看出其特点是，大部分位于绕城高速以内、城乡结合部地区，人口居住密度高，人口流动性强，人口学历不高。在产业结构方面，以第三产业为主，包括住宿餐饮、批发零售和服务业相关的产业等。在硬件基础设施方面，生活设施缺乏、老旧，水电气线路老化，建筑环境品质较差。在社会管理方面，出租房屋管理松懈。综合来看，城中村空间结构有三种类型：自然发展而成的城市村落空间、局部改造的城市村落空间、全盘改造的城市村落空间。因此，针对城中村改造提出了拆除新建、整治提升、拆整结合三类模式。此外，调研发现，棚户区居住人群多为城市原住居民，居住房屋以平房为主，总体而言老旧、密集且基础设施简陋。

第二，城市非正规空间治理的必要性分析。当前，四川城镇化处于加快推进期，呈现出一些趋势性特征：从人口流动看，农业转移人口仍将保持较大规模，稳定在2600万人左右；从空间分布看，城镇人口向大城市和县城"两端"集聚态势明显，四川近四成城镇常住人口居住在成都市、绵阳市、南充市、宜宾市、泸州市城区，近三成居住在县城；从资源要素看，人口跨省跨市流动频繁，城市公共服务供给能力与日益增长的外来人口需求不匹配，城镇化从城乡关系向"城乡+区域"关系加速演变。[①] 今后一个时期，四川新型城镇化建设面临一系列重大机遇，特别是成渝地区双城经济圈建设被列入国家区域重大战略，将带来前所未有的发展空间。四川将坚持以人的城镇化为核心，以转变城市发展方式为主线，以体制机制改革创新为根本动力，以满足人民群众日益增长的美好生活需要为根本目的。

---

① 《书写新时代"小城故事"四川怎么做？》，《四川日报》2023年2月28日。

从城市治理看，城中村、棚户区等非正规空间因来源已久、缺少长期管控、人员流动量大等问题，成为城市治理的重点关注地区，存在市政设施老化、配套功能不完善等问题，城市运行系统日益复杂，城市抵御冲击和安全韧性能力面临挑战。四川既有大城市又有大农村，城乡差距与区域差距相互交织。2023年四川常住人口城镇化率为59.49%，比上年末提高1.14个百分点。[①] 到2025年常住人口城镇化率预计将超过60%、提升幅度高于全国的平均水平，到2035年与全国同步基本实现新型城镇化。新时代城中村改造更新是推进城乡融合发展的内在需求，是城乡混合社会共同体发展的需要。《2024年成都市城中村改造项目机会清单》正式发布，涉及天府新区、东部新区、高新区、武侯区、新都区等8个区共32个项目，涵盖城中村改造项目领域内从项目前期到后期的五大板块，包括咨询策划、勘察设计、开发建设、招商融资、产业运营等需求，总投资约613.5亿元，以社会资本新活力推动经济社会高质量发展。[②]

要辩证看待城中村与城市的发展。目前，成都市城中村常住人口既有原村集体居民，也有大量的外来务工者，社会构成较为复杂，治理体系也体现出城乡交叠的特征。要将"城中村"变为"城中景"，是这一波城中村改造的应有之义，也是实现城市高质量发展的重要契机。在基层社会治理中，既要遵循城市发展规律，也要注重协商共治的方法。

三 城市非正规空间更新改造实践研究

（一）城中村更新改造实践研究

城中村是一个非常复杂的生态系统，由于其土地性质，利益主体的协调难度远远大于历史街区和老旧小区改造。城中村本身就是我国前期快速城镇

---

① 《2023年四川省国民经济和社会发展统计公报》。
② 《2024年成都市城中村改造项目机会清单》。

化过程中遗留下来的历史问题,也是"城市病"的一种表现形式,随着我国城市进入高质量发展阶段,城中村发展的不平衡性越来越凸显,城中村社会秩序不稳定、居住环境差等问题亟须通过更新改造予以解决。

正因社区是成都市新都区较早建设的统规自建房安置小区之一,辖区占地约0.5平方公里,有居民小组8个、商住小区3个、流动人口约4000人、出租房屋7000余间。快速的城镇化进程,使正因社区成为流动人口众多、治安混乱、业态低端、交通拥堵的典型"城中村",在治安秩序等方面存在较大管理压力。在城中村更新改造中,正因社区从"拆改建"向"留改建"转变,走出了一条"城中村"转型发展的善治新路,2022年被评为成都市党群服务中心示范点位、国家级一刻钟生活圈点位。

第一,党建引领强基层。通过"党员带头、居民参与",正因社区在一个月内零补贴拆除了1.45万平方米违建,优化了社区交通系统,新增了公共空间,打造了小游园、微绿地,为后续社区发展治理打下了良好的空间资源基础。首先,党建全覆盖。构建"党建指导员+党小组长"的小单元党建网络和"街巷长+楼栋长"社会治理网格,编织"横向到边,纵向到底"的服务群众"全覆盖网络",形成精细的管理服务网。同时,构建"1+3+6+X"的片区党建全覆盖治理责任体系。其次,做实区域化党建。搭建"1+N+N"的区域化党建新架构,以社区党支部为核心,构筑社区党支部与N个驻区单位党委的联系平台,协调协同社区力量,畅通民意与民情。

第二,社会企业反哺社区建设。社会企业有效解决了市场与政府在社区公共服务供给中的不足、社区治理缺位问题。正因金瑞商务服务有限公司是新都区第一家以社区居民委员会作为投资人的特殊法人独资企业,投资人是新都街道正因社区居民委员会,主要从事市场管理服务、房屋租赁服务、停车场收费等业务。目前公司的资金主要来源于两部分,一是售卖亭的租赁费用,二是新便民市场摊位和管理费用。正因金瑞社会企业连同社区、商家、居民等多元主体结成的"整治联盟"不仅对这片"难题"辖区进行了天翻地覆的改造,还赋予其源源不断的内生动力,持续为社区增添发展动能,不断优化社区服务。这些资金全部用于反哺社区治理,一部分用于街面秩序、社区治安、环境美化等公共管理，一部分用于时间银行、扶贫帮困等社区公益事业。

通过上述实践案例，要思考一个关键问题，即精准识别城中村社区的治理需求。要对居民的不同类型、不同层次美好生活需要，以及不同居民群体的需要进行分类，不仅要以问卷等方式评估居民的表达性需求，而且还要运用多种方法和手段识别居民的规范性需求。

（二）棚户区更新改造实践研究

棚户区居民以国有和集体企业的工人为主。成华区内燃机总厂棚户区改造是成都市北改中最大的棚户区改造项目，共占地面积140亩，有1637户。该厂是20世纪五六十年代的国有企业，后用于安置企业内职工及家属，人口密度大、房屋面积小，居民大多数是已经退休的老年职工，低保家庭，收入较低，属于弱势群体。由于居民文化水平不高，对棚户区改造认识不到位，加上厂房的土地性质存在异议，部分公房已经转为个人所有，有的房屋产权不明，给棚户区改造工作增加了难度。因此，成华区政府发挥居民的主动性和积极性，将项目改造的决定权交给群众，改不改群众说了算，通过居民自治表达群众诉求，引入居民自治改造主体加强监督。从棚户区改造项目启动以来，仅用43天，模拟签约率就超过95%。在政府引导多方参与的工作方式下，在货币化安置、现房安置、期房安置三种安置方式的选择下，内燃机总厂棚户区1800户居民从中受益，从根本上改善了棚户区群众居住生活环境，而原棚户区周边脏乱差问题也得到了有效解决。

第一，鼓励群众参与，凸显民主自治。创新模式，将群众作为改造的主体，由"要我拆"变为"我要拆""怎么改"，引导群众成立自改委，通过群众代表去做群众的工作。作为自改委的代表，能够切身感受棚户区拆迁改造的困难，也能全面了解到每位群众的诉求，成为政府与群众传达意见的桥梁和纽带，既能避免矛盾又能化解矛盾。自改委的作用在于，一方面能够监督项目工作人员工作的规范性，另一方面自改委监督就是群众监督，保证了人民群众对项目的了解、参与项目的权利、对该项目实施过程的监督，提高了项目改造的透明度。棚户区改造工作在政策、流程、实施中都有严格的要求，必须严格按照政策的规定实施，而且牵涉群众利益很广，涉及的棚改资金数额巨大，但凡其中某个环节处理不好就会引发矛盾。居民通过自治可以参与整个过程，起到民主监督的作用。

第二，创新社会治理方式。成华区政府积极引导居民群众自治，允许多方主体共同参与，使政府、企业、群众之间形成政策共同体，把政府主导、企业协同、自改委带动三者有机地结合起来。在棚户区改造过程中政府与企业和自改委共同建立再生伙伴关系，在方案设计、决策和实施过程中，保障各方的利益，提高合作效率，从根源上治理了棚户区衰落的现状。这种多元参与的模式聚集了多组织的资源，平衡了各方群体的利益，有效规避了社会矛盾，推进了棚户区更新改造的再生。

第三，统一补偿标准。坚持补偿工作"一把尺子量到底"，坚决杜绝"老实人吃亏，钉子户吃糖"的不良情况出现，确保补偿工作公平化、公开化、公正化。

四 城市非正规空间治理困境与启示

（一）城市非正规空间治理存在难点

从以上成都市城中村、棚户区更新改造案例可以看出，非正规空间治理存在以下难点。

第一，历史遗留问题较多。城中村由于空间的复杂性和监管的缺失，一直以来是城市管理的空白区，私搭乱建的情况很多，产权关系越来越复杂，土地权属边界不清晰，房屋产权不完整等。因此，要合理合法地解决上述问题，就要统筹协调多方利益。

第二，外来人口挤出效应。调研发现，城中村外来流动人口规模较大，房屋内部人口密度较高，房屋租赁模式复杂，复杂的人口结构为社会治理工作增加了难度。外来人口来自全国各地，语言、文化、生活方式差异较大，导致城中村内部的异质性较高，居民之间的社会交往和社会融合不高，增加了社会矛盾，影响了社区安全。

第三，多主体权益难平衡。在城市非正规空间内部建成环境存在三种不同权利，即所有权、使用权、经营权。三种权利关系之间可以是同一业主，也可以是不同业主，构成了多元复杂的非正规空间权利关系，因此，为了平衡多主体权益，需要进行多元主体的协商。不管是城中村还是棚户区，都存在大量的非正规人群，如外来务工流动人口、弱势群体。这些群体由于法律意识薄弱、维权途径不畅，在博弈过程中往往处于弱势地位，也容易因遭受不公而引发冲突，使得整体的利益难以平衡。

第四，空间文化建设落后。城中村的二元结构造就了其独特的文化。传统村落文化与现代都市文化相互碰撞，外来文化与本土传统共同存在形成了一个复杂的矛盾共同体，没有形成统一的文化生态。另外，在城中村自发进行的建设活动，具有很强的地域文化特性，如街边店、小诊所、裁缝店等非正规的经济生产个体，给社会文化空间治理带来了困难。

（二）城市非正规空间社会治理启示

非正规空间更新改造是涉及多元利益主体的复杂治理过程，以高质量发展为目标、以人为核心的新型城镇化模式，将新市民纳入治理框架。治理倡导多元化的治理目标和治理主体，治理方式强调自主更新、微更新和包容性更新。

第一，引导非正规空间党建统领与居民自治相结合的治理策略。城市非正规空间治理要用党组织引领基层社会治理，要依靠党建引领非正规空间治理，通过基层党组织与群众建立起广泛的社会连接。在治理问题上，社区治理是主体，社区居民是主要的参与者，积极引导居民有序参与非正规空间治理，表达自身诉求，有利于凝聚社区居民对于非正规空间治理的共识。

第二，倡导空间正义与城市非正规空间相结合的包容性治理过程。由于空间生产中资源配置的差异，不同阶层、不同社会群体的权益也会产生差异。空间正义强调空间内各社会主体之间公平享有空间资源和社会资源，尤其是要体现对城市非正规空间非户籍居民的包容。随着城市发展的多元化，包容性治理强调每个公民拥有平等的权利、公平的获得机会。城市非正规空间的包容性治理在解决城市社会问题方面发挥着重要的作用。尤其是城市中的弱势群体的基本生活权益需要得到更多地关注，具体表现在：一是治理主体的包容性。城市非正规空间中的城中村、棚户区有大量外来流动人员，要用包容性治理的方式给予他们更多的支持。二是治理过程的包容性。给予非正规空间内外来流动人口公正的待遇，在政策上保障基本的权利，实现空间内居民的差异性融合。三是治理成果的包容性。坚持共享发展理念，保证空间内居民能够实现利益共享，这也是空间正义的应有之义。

第三，坚持空间改造更新与城市可持续发展相结合的道路。当前，城市化处于快速发展时期且今后仍将保持较高的发展水平。城市非正规空间改造更新与城市的高质量发展息息相关。城市非正规空间更新不仅是对城市空间的开发再利用，更是对城市内涵的更新重塑、城市功能的完善提升，是实现城市可持续发展的重要抓手。城市更新改造不仅是对建筑物的改造升级，更是要改善城市改造区域空间、经济社会结构，同时在融入城市文化、充分利用原有建筑的基础上，采取拆除重建、综合整治、功能改变、历史保护等多种方式，提升城市空间的功能和品质，推动城市高质量发展。

第四，倡导治理资源下沉与城市更新多元共治的公共治理理念。在城市非正规空间内，不同利益主体诉求的多样化极易产生矛盾纠纷，并且这些矛盾具有不断更替性。因此，基于政府、居民、企业等不同利益主体诉求进行多元共治模式探索，主要通过以下三个主体共同作用：由政府主导提供政策支持，系统推进治理改革；由居民自治的民主模式，激发居民自治能动性，构建治理共同体；由社会支持搭建的非营利平台，引导社会资本嵌入。

B.34 四川省社会组织理事会建设调研报告[*]

李羚 李明[**]

摘　要： 社会组织已成为推进我国经济发展和社会进步不可或缺的重要力量，也是党自我革命引领社会革命的重要内容。在社会组织法人治理的体系中，理事会扮演着不可或缺的角色。本报告围绕社会组织理事会建设内涵界定、四川社会组织理事会制度建设实践经验、四川省社会组织理事会制度建设问题以及完善社会组织理事会制度的相关建议进行讨论，认为社会组织理事会建设要分类施策，应规范的加强规范，有基础的要以促进发展为主。并在总结四川社会组织理事会实践的基础上，对四川社会组织理事会建设提出以下建议：提高政府对社会组织的治理水平；理事会建设中政府要寓发展于管理目标之中；提高对不同类型社会组织理事会的运作和管理方面的指导服务能力；开展社会组织理事会建设指标评估试点。

关键词： 社会组织　理事会　四川省

　　社会组织已成为推进我国经济发展和社会进步不可或缺的重要力量。在社会组织法人治理的体系中，理事会和监事会扮演着不可或缺的角色。理事会作为决策核心，负责审议重要事项、制定战略方向，确保组织稳健发展；监事会则承担监督职责，对理事会及组织运营进行全面监督，确保合规性和透明度。两者相互制衡、协作共进，共同推动社会组织健康有序发展。截至

---

[*] 本文系四川省社科院院级课题"党的自我革命战略与行动路径研究"（24FH09）的阶段性成果。
[**] 李羚，四川省社会科学院社会学研究所研究员，研究方向为政治社会学、基层社会治理；李明，四川现代民政研究院理事长，研究方向为社会组织、社会治理政策。

2023年底全省共有社会组织4.5万个,四川省社会组织正在从数量增长阶段转向质量提升阶段。课题组根据社会组织的类型和规模大小分别选取了9家社会组织进行深度访谈,包括社会团体4家、民办非企业单位3家、基金会2家。选择走访的社会组织,一是这些社会组织理事会处于正常运作中,不是"僵尸"组织;二是这些社会组织通过参加等级评估,已经对内部治理机制进行了探索;三是这些社会组织在实践中已经率先开展了理事会建设的具体实践。访谈从社会组织基本情况、理事会基本情况(包括构成、职责)、理事会治理情况、优势和问题、建议等五个方面展开。访谈对象主要为社会组织的负责人、理事长或秘书长等。总体来看,本研究对社会组织理事会治理的"监管要求"和"实际运行情况"有了初步了解,发现理事会规范化建设与有效性运作之间存在差距。本报告将围绕理事会建设内涵界定、理事会制度建设实践经验、四川省理事会制度建设现状以及完善社会组织理事会制度的相关建议进行讨论。

一 理事会建设的问题提出和现实价值研究

促进社会组织健康有序发展事关我国经济发展和社会进步,值得高度重视。中央社会工作部的成立也对社会组织高质量发展提出了新要求。社会组织的高质量发展是满足社会需求、有效解决社会问题的需要,是使社会资源得到有效利用的需要,是满足人民群众对美好生活的向往需要,也是实现国家治理体系和治理能力现代化的需要。社会组织理事会是社会组织治理的核心机构,享有社会组织的章程制定及修改、理事增补及罢免、制定战略发展方向、审议工作报告等权力。监事/监事会是监督机构,监督社会组织遵纪守法,合理专业运作的情况。理事会制度包含一系列成熟的决策和议事规则,是世界范围内被广泛采用的治理形式,在社会组织的内部治理中也发挥着关键作用。同时,社会组织的迅猛发展也为理事会建设带来了新内容。从宏观层面来讲,要从单纯追求社会组织数量增长转变为重视社会组织质量提升。中共中央办公厅、国务院办公厅印发了《关于改革社会组织管理制度促进社会组织健康有序发展的意见》，明确提出要建立以理事会为核心的内部治理结构。《中华人民共和国慈善法》规定，慈善组织应当建立健全内部治理结构，明确决策、执行、监督等方面的职责权限，开展慈善活动。此外，中共中央办公厅和国务院办公厅在多个重要会议上强调社会组织在社会治理中的重要作用，并通过具体措施推动社会组织的发展和完善。这些文件和措施共同构成了中国社会组织理事会制度建设的基础和指导原则。理事会建设实践也给社会组织高质量发展带来新思考。理事会是社会组织的大脑，无论是社会组织的外部治理还是内部治理，其核心都是理事会的治理。王名认为社会组织的治理包含两个层面，一是国家社会的关系，也就是社会组织在整个国家社会中的角色和定位；二是组织层次，即社会组织如何进行科学决策和组织动员。[①] 理事会建设是涉及社会组织使命和组织有效的核心要素，也标志着党对社会组织治理的转型，政党对社会组织兼具孵化者和指导者的双重角色，政党既助推社会组织成长，也将其转化为应对公共事务的合作伙伴。[②] 这涉及理事会的构成、职能、决策程序等社会组织战略发展多个方面。通过加快理事会建设，可以提升组织的治理效能和公信力。当前理事会制度建设现状是什么，如何有效推进理事会建设？这些都是此次调研关注的重点。

我国社会组织理事会建设起步较晚，1998年民政部发布《民办非企业单位章程示范文本》提出社会组织理事会建设，对理事产生、理事会职权、理事会议、理事会领导、理事会职权、监事会会议及职权提供了示范，体现了对社会组织内部治理机制的关注，明确了把理事会作为内部治理核心机制的发展方向。2004年出台的《基金会管理条例》明确提出把理事会作为基金会的治理结构，确定了理事会作为社会组织内部治理的核心机制，确立了当前社会组织内部治理的基本框架。北京市积极搭建"众扶平台"协助和配合主管部门，帮助和支持社会组织运营，是全国首个由社会组织开发并用

[①] 王名：《非营利组织管理概论》，中国人民大学出版社，2002。
[②] 邓理：《借势成长与顺势引导：基层党组织引领社会组织有效治理的行动策略》，《公共治理研究》2023第2期。

于社会组织工作的信息化平台、公共服务平台。该平台囊括了与社会组织相关的所有政策文件，方便社会组织随时获取。同时该平台以赋能社会组织为重点，全方位提高社会组织理事会建设能力，注重理事会制度建设的规范化和专业性。上海市加强社会组织内部治理，制定章程和内部管理制度示范文本，指导社会组织发布《上海社会组织自律公约》，强化社会组织的自我约束和自我监督。2016年广州市印发《广州市社会组织法人治理指引》，规范和健全广州市社会组织法人治理结构和运行机制，促进社会组织健康、规范发展，明确了不同类型社会组织中理事会的定位、职权及会议规则，厘清了理事会、会员大会、秘书处三者之间的关系，更具操作性。

理事会作为社会组织内外部治理责任主体，不仅是社会组织的战略决策机构，也是履行筹资、分配等职能的承载者，搭建一个完整有效的组织机构，尤其是决策机构（理事会），是保障社会组织按照使命运作、有效利用资金，以实现社会效益最大化、提升公信力的必要前提。

二 四川省社会组织理事会制度建设实践及困境

整体而言，四川省社会组织理事会制度建设呈现出一个既有成效又需进一步完善的态势，主要体现为，部分四川省社会组织理事会制度已经取得了较为显著的成绩，首先，出台社会组织内部治理制度，为理事会建设提供了指南。2023年11月研制了《四川省业务主管单位主管社会组织管理办法（参考文本）》（以下简称《办法》），全面梳理了社会组织从登记成立到注销清算、从人员日常运行到重大事项处理、从内部治理到对外活动中业务主管单位履行的职能职责，明确业务主管单位内部综合监管的方法和途径。《办法》的制定，对于健全社会组织业务主管单位管理制度、进一步规范社会组织内部治理、提升社会组织监督管理水平、促进社会组织和公益事业健康发展有较大推动作用。其次，搭建一个完整有效的组织机构，尤其是决策机构（理事会），是保障社会组织按照使命运作、有效利用资金，以实现社会效益最大化、提升公信力的必要前提。2016年，中共中央办公厅、国务院办公厅印发《关于改革社会组织管理制度促进社会组织健康有序发展的意见》，明确提出要建立以理事会为核心的内部治理结构。可以说，在社会组织法人治理结构中，最核心的就是搭建最高决策机构，也就是理事会了。在民政部发布的 2020 年社会组织评估指标指导下，四川省也出台社会组织等级评估指标，并将理事会建设纳入内部治理。以基金会（慈善组织）为例，具体需要考察"按时换届及理事会构成""理事会召开及理事出席情况""理事会会议纪要制作规范""理事会按章程履行职权""决策程序及方式符合规定"等项目，有效地指导各地社会组织等级评估。四川省民政厅依据《社会团体登记管理条例》《民办非企业单位登记管理暂行条例》《社会团体章程示范文本》《民办非企业单位章程示范文本》《中华人民共和国慈善法》《中华人民共和国民法典》等政策文件和法律法规，形成了《四川省社会组织内部管理制度参考文本》《四川省社会组织建设治理规范》，这些政策文本在促进社会组织治理规则尤其是理事会制度的推行和应用中发挥着重要作用。越来越多的社会组织开始重视理事会的作用，通过选举产生理事会成员，并依托理事会进行决策和管理。这种制度化的管理方式有助于提高社会组织的透明度和公信力，也有助于推动社会组织的规范发展。最后，四川鼓励各类社会组织开展理事会建设探索，在实地走访调查中也了解到一些共性的特点和有代表性的成果。以理事会的规模而言，组织一般规模不大，社会服务机构理事会规模更小、更年轻化、女性占比更高、理事领取报酬比例更高、国家工作人员比例更低。社会团体属于会员制组织，理事会规模一般更大。社会团体理事会除规模更大、理事领取报酬比例更低外，其他指标和基金会差异不大。[①] 具体到理事会建设创新方面，不仅注重理事会建设的规范化制度探索，而且也在提升理事会有效理事方面进行了一些积极尝试，为我们开展的理事会建设课题提供了鲜活的案例。

第一，发挥理事会和理事筹资功能。健全社会组织的法人治理结构，核心是要发挥理事会的作用，理事会是大脑，需要帮助组织去发展去筹资，所

---

① 鲁航：《成都市社会组织理事会治理现状研究报告》，《法制与社会》2020 年第 28 期。

以理事会筹资是非常重要的功能。好的理事会,可以促进组织的财务绩效,也能够有效促进组织的信息披露,理事会具有非常重要的作用。理事会筹资功能对理事的构成有着重要价值。理事会的建立是一件头疼的事:是找几个信得过的朋友"帮忙"的模式好?还是找一帮志同道合的同仁为了共同的目标"共同进退"的模式好?四川海惠助贫服务中心在理事会成员的组成方面有着强烈的自觉意识,寻找业内有影响力的人进入海惠并发挥其作用。作为一家扶贫类社会组织,该组织理事会的9名理事包括企业家、大学教授、其他知名慈善组织成员、金融大咖、退休政府官员、资深公益人等,有较强的资源支持和专业决策支持能力,提高了海惠机构的社会影响力和组织活力。当然这种模式,也让我们更深切地感受到理事长本人的风格、强有力的理事长自身在行业的地位和联结人才的能力,以及不断完善的理事会职责和功能的制度保障。

第二,为有效发挥理事会作用配套建立中心组工作机制。理事会如何发挥作用(理事会必须有配套机制和管理团队)方面,爱有戏社会工作服务中心的理事很多是退休的老员工和长期志愿者,他们对机构具体事务有所了解,但随着行业快速发展,也需要加强对于理事的培训,确保理事在了解新兴事物的基础上做出专业的决策。爱有戏设置了一个中心组作为配套机制,理事会和中心组都是集体决策、集体领导。一是保障理事对机构工作的知情权,二是保持理事对机构工作的关注。保障理事会的决策权:重大事项,如年度计划、重要项目计划、工资调整、新增职位等,向理事提供适度(充分不过于杂乱及冗多)的信息,以及提交议题请理事会决策。如重大事项较紧急,但又不能召开理事会,可以电邮或微信群等方式请理事参与决策。每周一下午是中心组会议,对日常经营事宜集体决策。同时也会做一些分权,副主任总干事权力很大,实现理事会的作用发挥和良性运作,有时效性要求的决策大多由中心组负责,具有方向性的决策由理事会负责。

第三,把理事会建设作为行动项目来培育和实施。经营高效的理事会,也要经历一个学习的过程,以积累经验。麓湖社区发展基金会的理事会构成更注重利益相关方的参与,强调理事会成员的使命感和主动性。该社会组织的理事会成员包括社区居民代表、社群代表、发起人代表、专家代表、商家代表，监事会成员包括与麓湖社区发展基金会相关的所有利益相关方。同时，多元的理事会成员构成也催发了社会组织本身人力资源能力的提升。专业委员会正式成立了环境专业委员会，秘书长介绍说："因为理事是由选举产生的，专业可能欠佳。但是在形成决策的时候要求专业度，所以我们的专业委员会就会给他提供咨询服务，专业委员会成员往往都是基金会里有资历的专家，或者某大学某专业教授。为我们的理事会提供咨询服务。"为了保证理事会有效运行，基金会形成一套与现有社会组织制度环境相适应的配套办法，《章程实施细则》《选举规则》《议事规则》等都是在实践中不断提炼总结出来的，操作性很强。《理事手册》里明确理事定位：理事除了在理事会中参与决策，还是项目推动者，资源链接者、善款募集者。同时也会提醒其他角色会有风险：不建议理事去做执行，规避利益相关风险。同时，理事会在理事的任期方面实行动态换届，每年有1/3的理事换届，让理事会既有稳定性又有流动性，保证基金会发展的可持续性。更有人文性的实践是把理事会建设当作项目在做，每年拿出资金支持理事会营造项目，如理事荣誉仪式，上任卸任仪式证书、徽章、纪念册、鲜花，生日小礼物，给理事购买一年几百块钱的保险（社会保险、意外保险），每场大理事会都会有新老交接仪式，全程体现人文关怀。卸任不卸力，离任不离心。在任理事及卸任理事每年都会有聚会，一年至少4次理事沙龙，讨论阶段性问题，形成共识。

第四，注重理事会的专业性。理事会与执行机构关系是社会组织健康发展的关键。怎样发挥理事会的作用又是一件头疼的事："橡皮图章"式理事会好，还是"婆婆"型理事会好？四川省光华社会工作服务中心探索了一条理事会理事的路径，理事会成员也是机构员工。该组织理事会成员共5名，均为机构在职员工，一是均持有中级社工证、具有社会工作专业教育背景，具有参与决策的专业能力和本身的角色职责。二是高度参与的特征。理事会内设了三个专业委员会。三个委员会都是由理事和监事组成，基本上每一位理事和监事都有一个小组角色，也是根据大家各自所擅长的领域来划分的。这种特殊的理事会构成和理事会治理方式能够让理事成员及时获取组织运营信息，有效确保理事会决策的有效性和可操作性，具有较强的灵活性，能够及时作出决策和相应调整，理事会会议以日常工作会议的形式即可召开，极大地减少了理事会的运营成本。每年初或年末积极组织理事会成员外出学习，以保持行业发展敏锐度、提高专业性。

第五，发挥理事会机构的公信力作用。公信力是赢得公众信任的一种能力。社会组织要做出成果，必须有公信力，要赢得服务对象的信任。四川省浙江商会是四川省民政厅首批授予的5A级社会组织，是民政部授予的"全国先进社会组织"、充分发挥社会组织的桥梁纽带和政治引领作用，深化服务内涵，拓展服务领域，创新服务方式，不断提升商会服务会员、服务川浙、服务社会的能力，为促进川浙经济社会发展做出了积极贡献。四川浙江商会成立四川省首个民营外来企业投诉服务工作站，搭建各类服务平台，为会员企业服务；了解会员需求，整合商会资源，聘请四川各市州投促局领导为投资顾问，聘请四川浙江籍退休干部、教授为咨询委员会和专家委员会专家；促进银企合作和国际交流，吸引浙商投资四川，组织浙商反哺乡村建设，协助和参与浙川中西部协同合作。目前在川浙江商人已经超过30万人，具有一定规模的生产企业有1500家，商会会员由100余家发展为覆盖全川分支机构18家、会员3200余家。组织商会企业参与帮扶弱势群体，参与精准扶贫和慈善公益，对地震灾区和自然灾害捐款捐物累计4.5亿元，受到政府及社会各界高度肯定。

理事会作用发挥好，就是一种宝贵的资源。会员越多，参与理事会建设就越热情，本身也说明了社会组织的内在活力。社会团体主要是为会员、行业、社会提供服务的，会员是其第一要位，四川特种设备管理协会规定理事在一些行业性活动中有优先参与权。同时理事的身份是在该领域具有知名度和影响力的体现。发挥理事咨政建策的作用，通过协会平台组织理事会成员获取行业信息、享受组织提供的服务，走出一条政府放心、行业信任、社会认可、百姓好评的新时代社会组织高质量发展道路。

从实践来看，课题组调研的9家四川省社会组织的理事会建设表现出了一定程度的规范性、多样性和专业性。值得一提的是，规范化建设和治理有效性发展面临挑战。从理事会运转的制度化、常态化和创新性来说，在规范和治理关系上，目前理事会建设可以分为四种类型：第一类，有规范但治理弱，属成长发展型。符合外部治理文本要求、建构了相关的理事会制度。但理事会在社会组织发展中的定位还处于探索中；第二类，有规范有治理，属平稳规范型。积极引导社会组织提升规范化治理水平。履行了理事会的职责和达成了理事会的既定目标。能够常态化地开展理事会工作。第三类，成熟创新型。规范性强和治理性强。重点助力社会组织完善治理架构、提升社会组织理事履职能力。第四类，治理失能型。弱规范弱治理。有理事会建制但不理事。理事会和理事在社会组织战略发展、内部治理、工作绩效和社会影响等方面失能。

值得一提的是，仅少数社会组织有成熟创新型理事会。当前社会组织理事会建设不仅表现在发挥基础治理职能的差异上，还体现在筹款、维护外部关系等工作仍需加强。总体来说，理事会建设要强调规范性和健康成长性，相当一部分社会组织理事会缺少使命或使命失效、理事会形同虚设、缺乏制衡及透明度。部分社会组织负责人表示，社会组织内部治理结构尚不完善，各治理主体间存在职责不清、运作不规范等问题。尤其是理事会和执行层的关系，理事会与执行层之间存在信息差，难以有效指导安排执行层的工作开展；理事会职能发挥存在差异。更多参与内部治理，但在外部关系维护、筹款等外部治理领域则履职不够。另外，调研发现，社会组织的日常工作被制度限定，组织只能照办，不利于组织工作创新和服务开展。部分社会组织负责人表示，社会组织想要保持技术效率就要付出更多成本和精力，如麓湖社区发展基金会采取理事会阶梯式换届，需要每年前往民政部门备案处理，极大地增加了理事会的运营成本；一些商会和基金会对理事会成员数量的规定未考虑组织规模大小，不利于组织成员的利益表达；部分社会组织反映，很多社会组织采用理事会制度只是一种形式，可能从组织自身的技术要求来说，往往并不需要理事会制度，或者理事会制度的运转成本很高，组织难以承担，这在小规模社会服务类社会组织中尤其明显。由此可见，这是社会组织理事会发展中面临的问题。

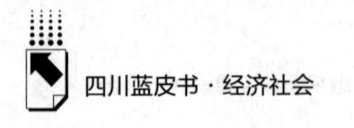

三 四川省社会组织理事会建设的对策建议

提高效能、获取资源、生存发展、完成使命是社会组织理事会高质量发展的方向。把握党中央组建社会工作部的政治考量，把握我国社会组织发展的演进脉络，社会组织理事会建设应强调规范和发展。社会组织是社会主义现代化建设的重要力量，是党的工作重要阵地，是党的基层组织建设的重要领域。目前，社会组织参与社会治理的作用日益凸显，但在基层基础、风险防范、协同机制、支持发展等方面仍存在薄弱环节，亟须通过改革加以突破。四川民政厅在2024年等级评估中提出3A和4A/5A两个不同类别的评估体系，旨在分类治理。3A等级评估指标解决社会组织理事会的规范性建设问题，4A等级评估指标解决社会组织理事会有效发展问题，这是一个很好的探索。总结各地社会组织理事会实践经验，对四川社会组织理事会建设从规范和发展两个维度提出以下建议。

第一，提高党委政府对社会组织的治理水平。理事会建设是社会组织高效运转的关键。党委政府是理事会建设的关键。现在可能更多的是培养发展业务的能力、内部的专业管理能力，忽视了对治理思维的培育和战略引领。理事会的治理政策不仅可以赋能社会组织发展，也可以策略性地利用其应对高度复杂的基层治理任务。赋能与效能是社会组织内部治理的两大逻辑基础。当前在政策层面还需要进一步围绕如何有效推动理事会发挥作用，出台配套支持办法，实质上就是党委政府要为理事会发展提供高质量的服务，如理事会规范化建设专项行动和理事会团队运行能力建设专项行动，支持社会组织拿出一定比例经费用于理事会建设工作，促进社会组织理事会的组织功能和团队能力、理事人才队伍建设。

第二，理事会建设中政府要寓发展于管理目标之中。着力于社会组织监管还是促进社会组织发展？要加强对社会组织的有效监管，防止监管缺失和过度监管两种倾向。一方面，相比社团类社会组织，基金会和非营利社会组织理事会建设注重规范化和促进理事会作用发挥。另一方面，越是等级高的社会组织，越是注重社会组织理事会的有效运行。进一步总结理事会建设的典型案例和理事会建设指标，分阶段、分类别地推动社会组织理事会建设工作，启动强基提促工程，强基主要解决有理事会但不理事的状况，促进理事会规范化建设，提促主要是加快理事会配套机制建设，如理事会团队建设、理事的能力建设等。

第三，提高对不同类型社会组织理事会的运作和管理方面的指导服务能力。强化社会组织理事会团队能力建设。助力社会组织完善治理架构、提升社会组织理事履职能力、实现社会组织各主体的规范互动。政府部门、高校或者第三方专业组织可以通过举办讲座、专题培训班、研讨会等形式，向社会组织负责人、理事会成员以及广大社会公众普及理事会制度的基本知识、运行规则。同时，利用官方网站、微信公众号等，定期发布关于理事会制度的最新政策、优秀案例和实践经验，提高社会组织对理事会制度的认知度和重视程度，同时帮助其掌握理事会制度的运作要领、决策程序和监督管理方法。着力围绕三个共识性问题：社会组织为何要建理事会？社会组织应该有什么样的理事会？发展理事会成员需要注意什么？要克服理论脱离实际、重"术"轻"道"、碎片化的现象，重视理事会制度、机制和能力建设培训的针对性和有效性。特别要重视和增强理事会理事对社会组织管理和项目化运作的能力，解决社会组织高质量发展中的难点和痛点。

第四，开展社会组织理事会建设指标评估试点。要推动社会组织变年度检查为年度报告和信息公开，进一步细化理事会建设考核指标，强调日常运行、制度建设和执行、议事方式、表决程序、决策效果、理事发挥作用、理事监督管理等方面的制度有效性，进一步提升社会组织的可操作性。可参考广州市的做法，针对社会团体、社会服务机构和基金会，从治理框架、治理原则、治理内容等维度，明确会员（代表）大会、理事会、监事会、执行机构等各主体的职责和相关关系，实行决策、执行和监督分立的运行机制。同时，根据四川实践，增加治理能力维度的理事会培育理事的重要职能。理事会建设进入新阶段，从注重制度要求转向强化理事会建设。进一步明晰理事会建设的法定职责，深化法定职责背后的战略定位。确定组织的使命、愿

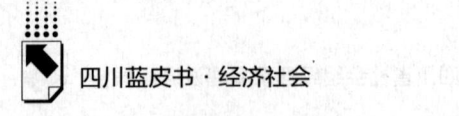

景以及价值观。通过优化理事会成员结构，提高理事会成员的素质和能力。理事会应当建立健全内部监督机制，确保决策过程公开透明，防止权力滥用。确保理事会能够科学决策、民主管理。理事会成员应当具备相应的专业知识和能力，积极履行职责，确保社会组织的决策科学、民主、高效。要制定处理利益冲突的政策。

B.35 成都党建引领"微网实格"基层治理报告[*]

王楠 庄恬[**]

摘　要： 党的二十大报告强调了网格化管理、精细化服务及信息化支撑在健全城乡社区治理体系中的关键作用。面对基层治理日趋复杂的变化、居民不断增长的服务需求，成都市委市政府高位谋划，通过政策制度完善、党组织建设、经费保障、人才培养、智慧赋能等举措，创新推进党建引领"微网实格"基层治理体系建设。本报告在全面总结"微网实格"建设现状及其所取得的显著成效的基础上，系统分析当前面临的挑战与问题，并从夯实党建引领、强化网格管理、促进队伍提能、强化智慧应用等方面提出了建议。

关键词： 党建引领　"微网实格"　基层治理

一　引言

基层治理是国家治理的基石，社区作为基层治理体系的基本单元，其治理成效直接关系到社会的和谐稳定与发展。党的二十大报告明确指出健全共建共治共享的社会治理制度，并强调了网格化管理、精细化服务、信息化支撑在基层治理中的重要性。近年来成都市经济快速发展，产业结构加速调

---

[*] 本文系四川省哲学社会科学规划项目（项目编号：SC24TJ013）、四川省社会科学院社科基金孵化项目（项目编号：21FH18）的阶段性成果。

[**] 王楠，四川省社会科学院社会学研究所副研究馆员，研究方向为城乡社区基层治理、社会组织发展；庄恬，四川省社会科学院社会学研究所，研究方向为社会工作。

整,人口规模持续扩大,已经成为常住人口超过2100万人的超大城市。同时成都作为距全国第二大涉藏地区、最大彝族聚居区最近的超大城市,也是国家战略腹地建设的核心支撑城市,具有人口分布高集聚性、人口结构高异质性、生产要素高流动性、社会管理高风险性的特征。这也加剧了城市治理的复杂性和挑战性,对加强和创新基层治理提出了新的要求。因此,需要以更加科学和理性的态度探索具有时代特征、成都特点的超大城市治理路径机制。

在此背景下,成都市以党建为引领,"微网实格"基层治理为抓手,创新推动治理模式变革和治理效能提升,实现治理服务的精细化、精准化。本报告旨在全面梳理成都市党建引领"微网实格"基层治理的实践探索和主要成效,系统性展现如何以党建为引领,推动"微网实格"这一创新的治理模式在社区层面的落地生根。同时针对目前存在的问题,进行了研判分析,提出了切实可行的建议。成都市的实践探索为其他地区基层治理提供了启示,其中的先进经验和做法值得进一步推广应用。

二 成都党建引领"微网实格"基层治理的主要做法与成效

近年来,成都市在深化基层治理、提升治理效能与治理水平上,探索总结了一系列具有成都特色的实践经验,为推进党建引领社区"微网实格"治理奠定了坚实的基础。"微网实格"治理,是指在党建引领下,将社区进一步细分为不同的网格单元,依托智慧化手段赋能基层治理,将管理、资源、服务下沉落实到每一个微小网格单元。通过汇集多元力量,推动社区共建共享共治,实现基层治理的精细化、精准化、智慧化。

(一)坚持党建引领高位推动,完善政策制度体系

成都市委市政府历来高度重视基层治理工作。在"微网实格"治理的实践中,成都市坚持党建引领高位推动,成都市委成立由市委书记担任组长

的基层治理领导小组，直接部署推动"微网实格"社会治理改革。市委市政府主要领导多次深入基层实地调研、专题部署，推进"微网实格"工作。在市、区（市）县两级成立了由党委副书记牵头负责的"微网实格"治理工作专班，下设7个工作组，统筹组织、政法、社治、民政等29家党政部门共同参与。工作专班加强顶层设计，定期研判"微网实格"治理工作，推进网格党建、居民自治、基层服务等重点工作，发挥统筹协调优势，高效联动各部门解决基层治理难题，高位推动党建引领社"微网实格"治理工作。

完善且有序衔接的政策制度是推动"微网实格"在基层有效实施的关键。为了有效落实"微网实格"工作，成都市各党政机关陆续出台了相关配套政策文件20余件。市委市政府办公厅出台了《关于深化党建引领社区"微网实格"治理机制的实施方案》，从优化网格设置、建强网格党组织、优化组织运行体系、强化要素保障、提升智慧应用化水平等方面对"微网实格"治理工作任务进行了明确。市委组织部出台了《关于加强社区（村）"微网实格"党组织体系建设的指导意见》，强调要把网格党建与网格治理服务深度融合，优化网格党组织设置，发挥组织功能作用。市委政法委、市委社治委制定了成都市"微网实格"划分指导规范和成都市微网格员职责清单，对网格划分、微网格员职责提出了明确的要求。市委政法委、市委社治委、市委编办联合印发了《关于下沉部门资源做强网格责任的通知》，推动相关部门协作配合、赋能支持，构建齐抓共管的工作格局。另外，还涉及治理相关经费保障、网格人员的薪酬保障、人口基础数据建设等政策出台，为"微网实格"治理工作的有序推进提供了强有力的支撑。

（二）细化网格单元，织密基层组织体系

科学合理地划分网格是提升基层治理效能的基础。成都"3+1"微网实格体系是由社区总网格、一般网格、微网格和专属网格组成。总网格以城乡社区、行政村为单位进行划分。一般网格依照中共中央组织部等印发的《关于深化城市基层党建引领基层治理的若干措施（试行）》中的规定

"300至500户的划分标准"或1000人划分,农村社区根据居住分布和人口密度,可将1个村民小组划分为一个或多个网格。微网格在一般网格设置的基础上进行细化,原则上小区、街区以30~100户居民或商家为1个微网格,物业小区按楼栋单元进行划分。在全市范围内构建了社区总网格3045个、一般网格1.4万余个、微网格12万余个和专属网格1.4万余个,将综治、城市管理、民政、应急等各类网格集中整合进一般网格,基本实现了区级指令即时响应,确保在最短时间内(不超过5分钟)传达至户,3小时内完成入户宣传、组织构建及广泛动员任务。

织密基层组织体系是加强社会治理、提升服务效能的重要举措。在科学划分网格的同时健全基层党组织,一方面把支部建在网格上,以街道社区党组织为主导,构建"社区党委—一般网格党支部—微网格党小组"三级组织体系,建成网格党组织(党小组)5.6万个。党员在网格中亮明身份、发挥作用,引导居民积极参与网格治理,形成了党员示范带动、群众广泛参与的生动局面。另一方面加快区域化网格党建,使网格党建与单位党建、行业协会党建联动起来,有效地整合区域资源和力量,建立多方协商机制,共同推动基层治理。目前全市已建立社区网格党建联席会1752个。

(三)加强人才队伍建设,激活多元共治

网格员是"微网实格"基层治理工作的中坚力量和坚实的人才支撑。成都市高度重视人才队伍建设,探索建立网格员进入、发展和退出机制,规范网格员管理流程。从社区党员骨干、业委会、退役军人、热心业主等群体中选拔了一批网格员和微网格员,并加强网格员的培育和赋能,提升网格员队伍的能力和素质。目前已有14.7万名网格员、13.3万名微网格员和1.4万名专职网格员,形成了覆盖广泛、结构合理的网格员队伍。青羊区率先将专职网格员纳入社区工作者队伍,并给予相应的社会保障配套,对专职网格员开展分层分类、全覆盖精准赋能培训。另外,还注重对网格员的激励和补贴。制定《成都市微网格员积分管理试行办法(试行)》《微网格员激励表扬意见》,以积分的形式激励网格员,加强对优秀网格员的评选表扬,已有

10个区（市）县建立激励和补贴机制。建设中路社区探索建立社区"微网实格"积分体系，通过整合社会资源，搭建商居联盟，微网格员可以用积分向商家兑换生活刚需商品、生活服务项目；金牛区建立"量化积分"效能评价机制；邛崃市搭建服务兑换、评先评优、积分捐赠相结合的激励架构；郫都区建立"两力一感"机制等。这些措施有效激发了网格员的工作热情和积极性，为基层治理注入了新的活力。

积极推动社会力量参与网格治理，形成了多元主体共治的良好格局。成都市推动机关企事业单位万名党员干部进网入格，将政法综治、卫生健康、民政应急、市场监管、城市管理等部门力量下沉网格服务，形成了多方参与、协同治理的良好局面。通过建立快递物流、外卖配送、网约出行等企业参与网格治理机制，引导快递员、外卖送餐员、网约车司机等群体在走街串巷中兼顾网格巡查，当好平安"流动哨"。同时，鼓励社会组织、志愿者组织等力量参与网格治理服务，形成了全社会共同参与基层治理的良好氛围。共引导8万名新就业群体、344万名志愿者、1.3万家社会组织、126家社会企业进入网格，有效推动各类主体共同参与基层治理。

（四）推进社区治理精细化、服务精准化

原有的网格化管理方式下网格内服务主体过多，在面对基层复杂多样的矛盾、多元化的居民需求时，服务的及时性、可及性和有效性难以得到保障。"微网实格"治理模式下网格进一步细分，能够把治理触角真正延伸到每一户居民，在微网格内通过"信息收集、问题发现、任务分办、协同处置、结果反馈"闭环工作机制，网格员能够及时发现各种问题和矛盾，上报后能动态显示事件办理流程和办理结果，并对逾期未办事件进行预警提示和跟踪督办，大大提高了事件处置的时效性和有效性。同时加强对网格赋能的支持，结合相关部门的职能职责，通过"网格发现、镇街吹哨、部门报到"的工作机制，强化了部门之间的协同联动机制，有效解决了跨部门协作的难题，提升了治理效能。对于空巢老人、留守儿童、残障人士等重点群体，"微网实格"治理模式可以提供更加精准和有力的帮扶。青白江区以

红、黄、蓝三色分级标准对特殊关爱人群进行分类梳理，建设了"三色"服务特色场景。通过红色人群每日走访、黄色人群每周走访、蓝色人群常态关注的工作机制，实现了对特殊人群的精准服务。金牛区通过实施特殊关爱人员信息摸排更新和精准服务计划等为低保户、失能老人等特殊群体提供了更加贴心周到的服务。以网格为单位开展社区自组织培育、居民邻里活动，提升了居民自治管理、自我服务的能力，也让网格更有活力、更有温度。武侯区在党组织指导下开展邻里"微治理"项目，通过"微网实格"激励资金、社区发展治理保障激励资金、社区"微基金"等支持撬动，采取"民事民提、民事民议、民事民决、民事民办"的方式推动项目落地实施，让居民成为小区治理主体。锦江区通过楼栋长治理队伍密切联系居民群众，楼栋长收集居民诉求，自下而上分级分类处置，邻里之间积极互帮互助，居民诉求及时得到回应，归属感、幸福感得以不断增强。

（五）强化智慧赋能，提升治理效能

智慧赋能已经成为提升治理效能的重要手段。成都市充分发挥大数据、云计算、人工智能等现代信息技术在智慧社区建设中的作用，不断提升社区治理的智能化水平。在智慧蓉城"王"字形结构下，将"微网实格"社会治理平台"一舱两端"（数据驾驶舱、网格管理端、市民服务端）建设纳入智慧城市建设中予以统筹推进，建立基础数据动态更新机制，确保网格内的人口、房屋、企业等信息的准确性和时效性，推动2151.5万人口数量、900.9万套房屋地理和用途、10万余名下沉力量等数据信息进入城市数据资源体系。同时深度融合系统平台诉求感知"智汇"功能和"微网实格"精细治理"人聚"优势，智慧赋能推动服务模式创新。构建线上社情民意实时感知、风险隐患智能预警，线下网格即时响应、条块联动处治的协同治理机制。平台运行响应率达到90%以上，累计处理预警事件和民生诉求216万件，开展风险隐患排查、燃气安全入户、文明城市迎检等专项行动20余次，累计组织发动网格治理力量5000余万人次，微网格员24小时内响应率从首次的40%提升到93%，数字技术的深度运用让基层治理方式更加便捷、效

能显著提升。武侯区通过全区 6101 个微网格微信群，实现区—街—社区三级联动管理、数据联通，建立微信群主题数据库，收集居民关心关注、需求诉求，为各级部门预判民情、服务居民提供参考方向。新津区开发线上场景，线上问需求、提方案、议事项、筹资金、办议案、评效果，实现居民掌上协商线上评事、协作办事。依托市"e管家"，实现居民线上参与项目改造倡议、方案设计、监督评议等 10 万人次以上。

三　存在的问题

（一）网格党组织引领作用还需加强

一是当前的网格内党组织融合程度尚不足。网格内的基层党组织之间在协调联动方面缺乏足够的强度，尚未实现深层次的融合与协同发展。部分社区党组织在运用区域化大党建思维推动工作创新方面能力不足，难以有效激发和引导多元社会力量积极参与基层治理，导致基层治理的内生能力有所弱化。此外，党组织的评价反馈体系尚待进一步完善，党组织与驻区单位之间的双向评议机制落实得不够充分，这在一定程度上影响了治理效能的提升和持续改进。

二是网格党组织在联系服务群众方面还存在一定短板。网格党组织所建立的联系服务群众制度需进一步完善，以更好地适应群众多样化、多层次的需求。当前，服务方式相对单一，缺乏足够的灵活性和创新性，难以全面满足群众的需求。同时，党员"双报到"制度在推动党员参与基层治理方面仍需进一步优化，以提升服务群众的质量和效率，确保党员能够充分发挥先锋模范作用，为群众提供更加精准、有效的服务。

（二）网格设置与管理还需进一步优化

一是网格划分需要调整优化。部分网格的划分标准缺乏科学性与合理性，其设置过程往往遵循既定模式，未能充分考量实际工作开展中的可行性及效率性。例如,将不同小区的不同区域简单归入同一普通网格,这种粗放式的划分反而增加了管理和服务的难度。此外,对于新建成的区域,普通网格的增设未能及时跟进,导致管理空白区出现。针对大型商超、产业园区等具有高人流密度、高度人群聚集以及功能复合性特征的专属网格,其划分还需进一步细化,以更好地适应复杂多变的治理需求,提升管理和服务的精准度。

二是专属网格的管理机制不完善。个别部门对专属网格建设的重视程度不足,行业指导职责的落实不够深入和具体,导致个别专属网格与属地社区之间的联动机制缺失,两者的协同关系尚未有效建立,缺乏长效的沟通联络机制,从而影响了治理效能的发挥。对于涉及多部门共同管理的专属网格,存在"多头管理"却"无人能有效负责"的现象,即各部门间的职责划分不明晰,导致管理上的重叠与空白并存,影响了整体治理效果。

(三)人才队伍建设尚未契合治理需求

一是网格力量有待加强。一方面基层治理的网格力量主要依托社区各类网格员,机关企事业单位力量下沉网格作用发挥得还不够,在网格中参与基层治理较少。另一方面微网格员队伍流动性较大,行政化的工作压力和工作矛盾极大地影响了其工作热情与志愿情怀,而人员变动频繁也使工作开展时缺乏延续性、连贯性。部分微网格员专业能力有待提升,受到年龄、文化程度、学习能力的制约,在法律素养、业务能力、应急处置能力等方面存在不足,难以胜任基层复杂多变的治理工作。

二是激励机制有待完善。一方面激励政策导向存在一定偏差,保障措施不足。目前比较注重以物质奖励为主,但对专职网格员和微网格员的激励应该各有侧重。专职网格员大多没有被纳入社区专职工作者薪酬体系中予以统一保障,职业发展通道还未完全畅通。对微网格员的激励,忽视了精神嘉许、即时反馈、参与感与归属感等,容易影响微网格员的志愿情怀。此外对微网格员的权益保障考虑不周,忽略了意外伤害的风险。另一方面考核机制有待完善。在考核内容中侧重于事件排查率、解决问题数量、工作出勤率等量化指标,但这些指标可能无法全面反映网格员的工作质量和实际效果,与网格治理初衷并不一致。

(四)智慧治理还需进一步深化

一是当前智慧治理平台的整合统一中基础数据的智能化采集机制尚未建立健全。在实际应用层面,基层依赖于"大联动·微治理"和"社智在线"等原有系统进行日常工作管理,同时,镇(街道)级的城市运行管理平台也在并行运作,增加了工作人员的工作负荷,造成了资源的冗余分配与利用效率不高。目前数据采集工作主要依赖于单一的行政推动力量,而未能充分利用多人协同作业以及场景联动下的无感自动采集技术,严重制约了数据采集效率与准确性的提升,也会让数据更新周期延长。

二是优秀智慧应用场景的推广普及程度尚不足。在一些区(市)县、镇街及社区的管理实践中,对于智慧项目的"原创性"建设给予了高度的重视,积极鼓励创新并投入大量资源进行开发与实施,但在一定程度上相对忽视了已成功试点的优秀智慧应用场景的复制与推广工作。这种倾向不仅造成了资金与资源的不必要消耗,形成了较为显著的浪费现象,而且还在一定程度上削弱了居民对于智慧应用服务效果的直观感知与深度认可,从而影响了智慧赋能社区治理的整体成效与可持续发展。

四 对策建议

(一)夯实党建引领,做强网格党建

一是完善工作机制,发挥党组织引领作用。理顺网格党组织与物业服务机构、业委会、社会组织等党组织的协作关系,建立联建共建、互联互动机制,对符合条件的实行"双向进入、交叉任职"。将党建资源有效下沉到网格中,通过党建引领促进网格治理各项工作顺利开展。发挥党员先锋模范作

用,通过开展党员示范岗、党员责任区等活动,激励党员积极参与网格治理和服务群众工作。建立健全网格党建联席会议制度,整合网格内党、政、人、财、物,推行队伍、资源、问题"三张清单"制度,[1] 引导网格党组织作用发挥实质化、显性化。探索建立网格党组织与网格内人大代表、政协委员协调机制,强化沟通协作,共同推动网格治理效能提升。

二是创新服务模式,提升服务质量和效率,是强化党建引领的重要举措。优化网格党群服务机制,推动小区党群服务站与网格服务站、小区邻里互助中心融合,建设服务网格居民的党群服务站,通过"敲门行动"、征集"微心愿"等方式列出群众"需求清单",明确"接单"对象和落实措施,满足居民多样化服务需求。完善机关企事业单位党员干部下派报到管理办法,把党员干部参与基层治理情况作为年度考核、评先评优、选拔任用、职级晋升的重要参考,推动进入网格为群众办实事。

(二)动态调整网格划分,加强网格管理

一是因地制宜优化网格布局,动态调整网格划分。根据地理区位、发展态势、新建小区、楼宇等实际情况,考虑城乡人口密度、服务管理要素等差异,动态调整一般网格、微网格、专属网格,重点解决网格边界不科学、不合理等问题,确保全覆盖、无盲区,更好地适应城市发展和社会治理需求。[2]

二是加强专属网格管理,压实行业部门主管责任,强化网格主体责任,精准分类管理服务。理顺专属网格与一般网格、微网格之间的关系,进一步强化沟通协作和信息共享,形成常态化互动机制。建立专属网格与一般网格并行、微网格支撑的联动运行机制,落实专属网格党组织定期向属地社区党组织报告制度。[3]

---

[1] 《"微网实格"如何赋能"大城善治"?》,《成都日报》2023年10月17日。
[2] 《"微网实格"如何赋能"大城善治"?》,《成都日报》2023年10月17日。
[3] 《汇智聚力写好时代发展"必答题"助力提升超大城市精细化治理水平》,《四川政协报》2023年10月26日。

（三）加强人才培养，完善激励保障

一是通过拓宽选拔渠道、加强培训考核等方式，加强网格员队伍人才培养。通过公开招聘、社会招募等方式吸引更多优秀人才加入网格员队伍，特别是要注重选拔具有社区工作经验、熟悉基层治理的专业人才。完善三级培训体系，建立完善的人才培养体系和培训机制。二是建立多元化激励体系。物质激励与精神激励相结合，整合各类资源，扩大激励资源库。把网格员的激励纳入城乡社区发展治理专项保障资金支持范畴，引导社区基金用于微网格员培训和激励表彰。加大对微网格员的表彰鼓励力度，以"文明兴蓉"为平台，加强对网格员的精神激励。将表现突出的优秀专职网格员作为村（社区）的后备人才予以重点培养，畅通其职业成长路径，明确晋升渠道，提高薪资待遇，激发其工作积极性和创造性。三是建立完善的网格员考核评价机制，对工作绩效进行全面客观地评价，将考核结果与奖惩机制相挂钩。

（四）强化科技支撑，拓展智慧应用场景

一是按照智慧蓉城"三级平台、五级应用"整体建设要求，全面梳理各系统现有各类政务 App 和应用平台，按照必要性原则加强统筹整合，各平台相关功能融合，构建更优的"微网实格"社会治理平台。二是通过科技手段和运营支撑，建立基于社区智慧化服务场景的数据无感生成、智能采集、算法清洗、分类应用机制，从传统的人工采、录、验，变为系统通过多场景自动获取及核验数据、人工辅助填报核验数据，从根本上改变基层数据治理现状。三是制定优秀智慧应用推广政策，鼓励各社区自主运营或引入专业机构联合运营面向居民的智慧应用服务，有针对地进行在地服务，提升居民对智慧治理的参与度和认同感。

社会科学文献出版社

皮 书
智库成果出版与传播平台

❖ 皮书定义 ❖

皮书是对中国与世界发展状况和热点问题进行年度监测,以专业的角度、专家的视野和实证研究方法,针对某一领域或区域现状与发展态势展开分析和预测,具备前沿性、原创性、实证性、连续性、时效性等特点的公开出版物,由一系列权威研究报告组成。

❖ 皮书作者 ❖

皮书系列报告作者以国内外一流研究机构、知名高校等重点智库的研究人员为主,多为相关领域一流专家学者,他们的观点代表了当下学界对中国与世界的现实和未来最高水平的解读与分析。

❖ 皮书荣誉 ❖

皮书作为中国社会科学院基础理论研究与应用对策研究融合发展的代表性成果,不仅是哲学社会科学工作者服务中国特色社会主义现代化建设的重要成果,更是助力中国特色新型智库建设、构建中国特色哲学社会科学"三大体系"的重要平台。皮书系列先后被列入"十二五""十三五""十四五"时期国家重点出版物出版专项规划项目;自2013年起,重点皮书被列入中国社会科学院国家哲学社会科学创新工程项目。

皮书网

（网址：www.pishu.cn）

发布皮书研创资讯，传播皮书精彩内容
引领皮书出版潮流，打造皮书服务平台

栏目设置

◆ **关于皮书**
何谓皮书、皮书分类、皮书大事记、
皮书荣誉、皮书出版第一人、皮书编辑部

◆ **最新资讯**
通知公告、新闻动态、媒体聚焦、
网站专题、视频直播、下载专区

◆ **皮书研创**
皮书规范、皮书出版、
皮书研究、研创团队

◆ **皮书评奖评价**
指标体系、皮书评价、皮书评奖

所获荣誉

◆ 2008年、2011年、2014年，皮书网均在全国新闻出版业网站荣誉评选中获得"最具商业价值网站"称号；

◆ 2012年，获得"出版业网站百强"称号。

网库合一

2014年，皮书网与皮书数据库端口合一，实现资源共享，搭建智库成果融合创新平台。

皮书网

"皮书说"微信公众号

权威报告·连续出版·独家资源

皮书数据库

ANNUAL REPORT(YEARBOOK) DATABASE

分析解读当下中国发展变迁的高端智库平台

所获荣誉

- 2022年，入选技术赋能"新闻+"推荐案例
- 2020年，入选全国新闻出版深度融合发展创新案例
- 2019年，入选国家新闻出版署数字出版精品遴选推荐计划
- 2016年，入选"十三五"国家重点电子出版物出版规划骨干工程
- 2013年，荣获"中国出版政府奖·网络出版物奖"提名奖

皮书数据库　　"社科数托邦"微信公众号

成为用户

登录网址www.pishu.com.cn访问皮书数据库网站或下载皮书数据库APP，通过手机号码验证或邮箱验证即可成为皮书数据库用户。

用户福利

- 已注册用户购书后可免费获赠100元皮书数据库充值卡。刮开充值卡涂层获取充值密码，登录并进入"会员中心"—"在线充值"—"充值卡充值"，充值成功即可购买和查看数据库内容。
- 用户福利最终解释权归社会科学文献出版社所有。

社会科学文献出版社 皮书系列
SOCIAL SCIENCES ACADEMIC PRESS (CHINA)

卡号：813742747785
密码：

数据库服务热线：010-59367265
数据库服务QQ：2475522410
数据库服务邮箱：database@ssap.cn
图书销售热线：010-59367070/7028
图书服务QQ：1265056568
图书服务邮箱：duzhe@ssap.cn

S 基本子库
SUB DATABASE

中国社会发展数据库（下设12个专题子库）

紧扣人口、政治、外交、法律、教育、医疗卫生、资源环境等12个社会发展领域的前沿和热点，全面整合专业著作、智库报告、学术资讯、调研数据等类型资源，帮助用户追踪中国社会发展动态、研究社会发展战略与政策、了解社会热点问题、分析社会发展趋势。

中国经济发展数据库（下设12专题子库）

内容涵盖宏观经济、产业经济、工业经济、农业经济、财政金融、房地产经济、城市经济、商业贸易等12个重点经济领域，为把握经济运行态势、洞察经济发展规律、研判经济发展趋势、进行经济调控决策提供参考和依据。

中国行业发展数据库（下设17个专题子库）

以中国国民经济行业分类为依据，覆盖金融业、旅游业、交通运输业、能源矿产业、制造业等100多个行业，跟踪分析国民经济相关行业市场运行状况和政策导向，汇集行业发展前沿资讯，为投资、从业及各种经济决策提供理论支撑和实践指导。

中国区域发展数据库（下设4个专题子库）

对中国特定区域内的经济、社会、文化等领域现状与发展情况进行深度分析和预测，涉及省级行政区、城市群、城市、农村等不同维度，研究层级至县及县以下行政区，为学者研究地方经济社会宏观态势、经验模式、发展案例提供支撑，为地方政府决策提供参考。

中国文化传媒数据库（下设18个专题子库）

内容覆盖文化产业、新闻传播、电影娱乐、文学艺术、群众文化、图书情报等18个重点研究领域，聚焦文化传媒领域发展前沿、热点话题、行业实践，服务用户的教学科研、文化投资、企业规划等需要。

世界经济与国际关系数据库（下设6个专题子库）

整合世界经济、国际政治、世界文化与科技、全球性问题、国际组织与国际法、区域研究6大领域研究成果，对世界经济形势、国际形势进行连续性深度分析，对年度热点问题进行专题解读，为研判全球发展趋势提供事实和数据支持。

法律声明

"皮书系列"(含蓝皮书、绿皮书、黄皮书)之品牌由社会科学文献出版社最早使用并持续至今,现已被中国图书行业所熟知。"皮书系列"的相关商标已在国家商标管理部门商标局注册,包括但不限于LOGO( )、皮书、Pishu、经济蓝皮书、社会蓝皮书等。"皮书系列"图书的注册商标专用权及封面设计、版式设计的著作权均为社会科学文献出版社所有。未经社会科学文献出版社书面授权许可,任何使用与"皮书系列"图书注册商标、封面设计、版式设计相同或者近似的文字、图形或其组合的行为均系侵权行为。

经作者授权,本书的专有出版权及信息网络传播权等为社会科学文献出版社享有。未经社会科学文献出版社书面授权许可,任何就本书内容的复制、发行或以数字形式进行网络传播的行为均系侵权行为。

社会科学文献出版社将通过法律途径追究上述侵权行为的法律责任,维护自身合法权益。

欢迎社会各界人士对侵犯社会科学文献出版社上述权利的侵权行为进行举报。电话:010-59367121,电子邮箱:fawubu@ssap.cn。

社会科学文献出版社